Gertrud Höhler
Die Anspruchsgesellschaft

Gertrud Höhler

Die Anspruchsgesellschaft

Von den zwiespältigen Träumen unserer Zeit

Econon Verlag
Düsseldorf · Wien

1. Auflage 1979

Gesetzt aus der Times der Linotype GmbH
Papier: Papierfabrik Schleipen GmbH, Bad Dürkheim
Druck und Bindearbeiten: Bercker, Graphische Betriebe, Kevelaer
Printed in Germany
ISBN 3 430 14749 2

Inhalt

Einleitung

Das, worüber die Bürger der demokratischen Staaten heute am besten Bescheid wissen, sind – ihre Ansprüche. Anspruch auf Wohlergehen und Rechtsansprüche auf alle erdenklichen Mittel zu diesem Wohlergehen, das im wesentlichen materiell definiert wird, bestimmen die Haltung des einzelnen gegenüber seinem Staat.

Nicht nur den Staat aber sieht diese Gesellschaft als den Adressaten ihrer Forderungen; auch zwischen den Bürgern selbst hat sich Anspruchsdenken breitgemacht. Es verhindert häufig spontane Akte der Menschenliebe und Einsätze ohne Erwerbswert. Das Denken in Ansprüchen hat sich mit den Reizen der Erwerbswelt aufs engste verquickt, da jene Ansprüche wecken und mit ihren Werbeeffekten jeden Wunsch als Forderung legitimieren.

Staatsmacht, als Schutz nach innen und Abwehrbereitschaft nach außen, ist den Bürgern der modernen Demokratien nicht mehr die interessanteste Qualität ihres Gemeinwesens. Die soziale Versorgerrolle des Staates rangiert über seiner Autorität. Immaterielle Werte als schutzwürdige Güter bei der Gesellschaft anzumelden, dies würde kaum einer der gewählten Staatsmänner heute unternehmen. Die Kluft zwischen Staat und Gesellschaft wächst. Staatsautorität ist so diffus geworden wie die Autoritätsrollen von Eltern und Erziehern. Schüler treten im Bewußtsein ihrer Rechtsansprüche ihren Lehrern gegenüber, Kinder können auf der Ebene der Ansprüche vom 18. Lebensjahr an rechtswirksam gegen ihre Eltern auftreten. Verunsicherte Erzieher in den Familien wagen auch in früheren Stadien des Kindesalters kaum noch, Autorität zu beanspruchen oder gar zu nutzen.

Nicht nur die Bürgerrollen sind anspruchsorientiert; auch die

Familien haben Schwierigkeiten mit ihrer Selbstdefinition und mit dem Rollenverständnis ihrer Mitglieder. Der Rollenkonflikt der Frauen ist das auffälligste und äußerliche Kennzeichen der Umschichtungsprozesse, die in den sozialen Kleinzellen ablaufen. Die Generationenfremdheit der Nachkriegszeit zeugte erstmalig von dem klaffenden Riß, der Eltern- und Kindergenerationen seit den sechziger Jahren in Mißverständnissen und Protest entzweit. Die Leistungsfähigkeit der solidarischen Kleingruppe von Blutsverwandten für die Abschirmung und Einbettung des einzelnen bei seinen ersten Weltkontakten ist in Zweifel geraten. In entschiedener Abkehr gruppieren sich junge Menschen neu: mit Gleichaltrigen, mit Gleichgesinnten. Ihre Zusammenschlüsse sollen in der Regel wertbezogenen Träumen von einer besseren Welt Gestalt geben.

Die »Werte« sind, fast über Nacht, im politischen wie im kulturellen Bereich zum vieldiskutierten Thema geworden. Das Anspruchsdenken stößt an seine Grenzen. Aber noch sind erst tastende Versuche zu einer unerschrockenen Diagnose unseres kulturhistorischen Zustandes erkennbar. Noch bedienen wir uns, auf der Spur unseres schwelenden Unbehagens, voll emotionaler Klagestimmung, der gewohnten Methoden, um den Defiziten auf die Spur zu kommen, die das Unbehagen auslösen. Auch hier glaubt die Wissenschaft sich kompetent. Wertforscher machen sich auf die Suche nach den Bauformen und Funktionsgesetzen der Werte. Die Aussagekraft des Zählens und Messens, der unser Zeitalter bisher vertraut hat, wird ihre Grenzen an diesen neuen Objekten des Forschens finden.

Die Suche nach Werten zeugt von der aufkeimenden Ungeduld der mit Gütern gesättigten Menschen des Westens mit der Unzulänglichkeit der materiellen Tröstungen. Längst gewohnt, Ansprüche auch jenseits der erreichten Bedarfsdeckung anzumelden, sind die meisten dieser Menschen unsicher geworden in der Feststellung eigener, unabweisbarer Bedürfnisse. Die Unterscheidung zwischen notwendigen und überflüssigen Gütern gelingt längst nicht mehr. Die Sättigung wird schmerzhaft und der Anspruch zur leeren Pose, hinter welcher die Melancholie anwächst. Der humanitaristische Affekt, der die westliche Politik prägt, reicht zur Befriedigung der schmerzlichen Sinnbedürfnisse nicht aus, die sich als Sehnsucht nach dem Guten ausbreiten.

Diese Sehnsucht nach dem Guten ist die Verkleidung des Bedürfnisses nach Heilsgewißheit, *certitudo salutis,* die seit dem 18. Jahrhundert im Abendland dahinschwindet. Während sich Glaubensformen erhalten haben, ist dennoch die dezidierte Heilshoffnung aus ihnen entwichen. Der Glaube an den Menschen, der unsere Epoche regiert, produziert nicht Heilsgewißheit, sondern eine sehnsuchtsreiche Humanität, die Ideologie der guten Absicht, welche in alle Lebensbereiche vordringt und weder die Politik noch die Kirchen verschont hat. Von Sozialreligionen und politischer Utopie erhoffen viele wirksame Äquivalente für die Heilsversprechen des Christentums, denen man nicht mehr folgen mochte.

Die Beliebigkeit der Heilswege wird in der modernen Staatsideologie des Pluralismus proklamiert. Die Idee einer solchen von Toleranz getragenen Koexistenz beliebig vieler Lebens- und Sinn-Entwürfe lebt aus dem Optimismus des modernen Menschenbildes, das von aller Bevormundung durch Heilsangebote aus der Transzendenz befreien sollte. Die menschlichen Verkehrsformen werden durch das Recht gesichert. Ausbreitung der Rechtsgeltung und der Rechtsansprüche auch in die sittlichen Bereiche des gesellschaftlichen Lebens war die zwangsläufige Folge.

Auch das Gute und Zuträgliche wird, da niemand es mehr zu definieren wagt, zum »Angebot«, aus dem sich jeder bedienen soll. Da es verbindliche Sinnquellen nicht gibt, kann sich staatliche Macht und Schutzgarantie nicht mehr auf unbezweifelbare Güter richten. Der »Minimalkonsens«, den die Politiker beschwören, ist nur als Trostformel brauchbar.

Teil I

Die Krise der Autorität

1.
Dilemma der Staatsautorität im Pluralismus

Die modernen Demokratien wollen einer Vielfalt von Entwürfen zum Sinn unseres Lebens Raum geben. Im Namen der Humanität soll die Koexistenz verschiedener Leitbilder und Lebensziele gelingen. Die Freiheit des einzelnen soll ruhen in der Toleranz; das Dach des Pluralismus soll das breite Spektrum der Ideen und Bekenntnisse abschirmen.

Ein Aspekt der Einübung in den Pluralismus war die Autoritätsdiskussion der letzten Jahrzehnte. Autorität, die Hierarchien zu stabilisieren und Egalität zu vereiteln schien, wurde von Erziehern und Ideologen als Systemerhalterin attackiert. Ihr Fortbestand schien den Angreifern gleichbedeutend mit der Behauptung von Repression und Ungleichheit. Niemand schien der Autoritäten zu bedürfen.

Unsere Ungewißheit über den Sinn unseres Lebens hat ein Symptom auch im unsicheren Verhältnis zur Autorität. Staatsautorität zumal und die Autorität der Ämterinhaber ist nachhaltig geschädigt durch die jüngste deutsche Geschichte. Enthaltsamkeit in der Nutzung des Begriffs wurde zum obersten Gebot der Mächtigen und zur Leitvorstellung der Regierten. Tatsächlich aber liegen die Wurzeln unseres gestörten Verhältnisses zur Autorität tiefer, als der schnell bereite Hinweis auf die deutsche NS-Vergangenheit wahrhaben will.

Freilich bietet der Blick nach rückwärts den Deutschen auch das traumatisch verdunkelte Bild eines Autoritätsmißbrauchs, dessen Identifizierung vielen einflußreichen Geistern nicht auf Anhieb gelang. Sehnsüchte trübten die Wachsamkeit vieler intellektueller Köpfe; das Autoritätsbedürfnis war angewachsen zum unkritischen Wunsch nach Führung und Halt. So entging es zunächst vielen Bürgern, daß Hitlers Formel, Autorität ruhe auf Popularität, den diktatorischen Anspruch demagogisch tarnte. Die Nachfahren jener Deutschen haben es gelernt, Autoritätsansprüchen deshalb zu mißtrauen.

Hitlers Autoritätsbegriff, der rhetorisch aus Volkswillen und »wirklicher Führung« entwickelt wurde (Regierungserklärung vom 23. März 1933), schläferte das Unterscheidungsvermögen vieler Zeugen ein: Daß hier »Autorität« ohne Freiheit gemeint war, dies kam vielen erst allzu verspätet zum Bewußtsein. Die Diktatur bediente sich einer Autoritätsgläubigkeit, die in den Jahren vor Hitlers Machtergreifung aufgebaut worden war, und sie profitierte davon, daß keine wirksamen Gegenautoritäten bereitstanden, um den Freiheitswillen der Regierten anzuspornen.

Das Versagen ihrer Wachsamkeit, die verhängnisvolle Täuschung all ihrer kritischen Organe vor einem so groß angelegten Verrat der Autorität, hat viele Deutsche später zu Autoritätsgegnern werden lassen. Anstelle ihrer Mißbräuche die Autorität selbst austreiben zu wollen, dies heißt aber, die Ungenauigkeit der abgelaufenen Epoche nicht zu korrigieren, sondern fortzusetzen. Die Autoritätsabwehr, wie sie in den sechziger Jahren Gestalt annahm, wäre unzureichend und unvollständig verstanden, wollte man sie nur aus dem Nationalsozialismus erklären. Die Polemik der Nachfahren richtet sich bezeichnenderweise gegen soziale Strukturen – die Familienhierarchie –, und es sind nicht die Grundvorwürfe gegen das »autoritäre« Prinzip, welche die Jugend aus der nationalsozialistischen Diktatur ableitet. Kulturgeschichtlich ist die Autoritätsdebatte mit älteren Wurzeln verankert: in der Säkularisierung des Abendlandes, im Wissenschaftsfortschritt, im Glauben an die Technik und in den politischen Ideologien, die auf ihnen allen gründen.

Daß wir heute die funktionale Autorität preisen, daß man eine »Auftragsautorität« beschreibt, die übertragbar ist von einer Person zur andern, wird zu Unrecht als aufgeklärte Neuerung eines entgötterten Jahrhunderts gefeiert.

»Auftragsautorität ruht auf dem prozedural ausdrücklich erteilten Auftrag aller als gleichberechtigt anerkannten, erwachsenen Mitglieder einer Organisation und hat sich durch die an diesem Auftrag zu messende Leistung bei der Durchführung auszuweisen. Die Auftragserteilung erfolgt in der Regel durch Mehrheitsentscheidung... Die hier vorliegende Führungs-Nachfolge-Relation ist also auch nicht durch eine Graduierung der Mündigkeit, sondern auf der Basis der prinzipiellen Gleichberechtigung aller Mitglieder... gekennzeichnet, die aber ständig erneuten Überprüfungen unterzogen werden und unterzogen werden müssen. Das Nachfolgeverhältnis ist unter diesen Bedingungen also normengemäß kündbar, und der Wechsel der Führung kann im Rahmen der Ordnung ohne gewaltsamen Bruch mit den geltenden Normen vollzogen werden.«[1]

Auftrag im Namen einer übergeordneten Instanz war Autorität immer. Was man heute attackiert, wenn man Mißbräuche solcher Vollmachten anprangert, ist nicht nur der Mißbrauch, sondern, wo es um Autoritätsformen geht, die man nicht mehr anerkennen will, die Autorität verleihende Instanz. Quellen der Autorität, wie die christliche Lehre fast zwei Jahrtausende eine war, wie sie, von ihrer Lehre abgeleitet, das allgemeine Rechtsempfinden und der moralische Konsens der Christen waren, sind heute verschüttet oder nur noch für bestimmte Gruppen gültig. Persönliches Charisma verschmilzt im Idealfall mit der Auftragsautorität. Wegen des irrationalen Elementes, das solche personengebundene Ausstrahlung spüren läßt, ist dies ein zusätzlicher Quell des Mißtrauens für unser rationalistisches Zeitalter.

Wenn Autorität in die Zweifelsfelder und Verdächtigungszonen gerät, so ist das ein sicheres Indiz dafür, daß die Autoritätsquellen selbst, die Götter einer Kultur also, suspekt geworden sind. Die heutige Autoritätsdiskussion verschleiert diesen Sachverhalt so gründlich, weil die Interessenten einer Entzauberung der Autorität sich dessen am wenigsten bewußt sind. Die auslösenden Umbrüche liegen immer erheblich früher als der Einsatz der Autoritätsdiskussion, als die Diagnose einer Autoritätskrise ablesen läßt. Auch geht es niemals um die Liquidation von Autorität schlechthin, wie die Protagonisten der Attacke glauben, sondern um Austausch: Alte Autoritäten weichen neuen, weil die Autoritätsgaranten, die Auftraggeber, die Quellen wechseln. Friedrich Engels hat das genau gesehen, wenn er konzedierte, ohne Autorität nicht auszukommen.

»Einige Sozialisten haben in letzter Zeit einen regelrechten Kreuzzug gegen das eröffnet, was sie das *Autoritätsprinzip* nennen. Sie brauchen nur zu sagen, dieser oder jener Akt sei *autoritär,* um ihn zu verurteilen. Mit diesem summarischen Verfahren wird derart Mißbrauch getrieben, daß es nötig ist, die Angelegenheit ein wenig aus der Nähe zu betrachten. Autorität will in dem Sinn des Wortes, um den es sich hier handelt, soviel besagen wie: Überordnung eines fremden Willens über den unseren; Autorität setzt auf der anderen Seite Unterordnung voraus. Da nun diese zwei Worte einen üblen Klang haben und das Verhältnis, das sie zum Ausdruck bringen, für den untergeordneten Teil unangenehm ist, handelt es sich um die Frage, ob es nicht ein Mittel gibt, anders auszukommen; ob wir nicht – unter den gegenwärtigen gesellschaftlichen Verhältnissen – einen anderen sozialen Zustand ins Leben rufen können, in dem diese Autorität keinen Sinn mehr hat und folglich verschwinden muß. Wenn wir die ökonomischen – industriellen und landwirtschaftlichen – Verhältnisse untersuchen, die die Grundlage der gegenwärtigen bürgerlichen Gesellschaft bilden, so finden wir, daß sie die Tendenz haben, die isolierte Tätigkeit mehr und mehr durch die kombinierte Tätigkeit der Individuen zu ersetzen...

Wer aber kombinierte Tätigkeit sagt, sagt Organisation; ist nun Organisation ohne Autorität möglich?

Nehmen wir als ... Beispiel eine Eisenbahn. Auch hier ist die Kooperation einer Unmenge von Individuen absolut notwendig: eine Kooperation, die zu ganz bestimmten Stunden stattfinden muß, damit es zu keinem Unglück kommt. Auch hier ist die erste Bedingung des Betriebs ein dominierender Wille, der jede untergeordnete Frage beiseite schiebt, mag dieser Wille nun durch einen einzelnen Delegierten repräsentiert sein oder durch ein Komitee, dem die Ausführung der Beschlüsse einer Mehrheit von Interessenten übertragen ist. In dem einen wie in dem anderen Fall haben wir es mit einer ganz ausgesprochenen Autorität zu tun. Mehr noch: Was geschähe mit dem ersten abgehenden Zuge, wenn die Autorität der Bahnangestellten über die Herren Reisenden abgeschafft wäre?

Aber die Notwendigkeit einer Autorität, und zwar einer gebieterischen Autorität, tritt am anschaulichsten bei einem Schiff auf hoher See zutage. Hier hängt, im Augenblick der Gefahr, das Leben aller davon ab, daß alle sofort und absolut dem Willen eines einzelnen gehorchen.

Wir haben also gesehen, daß einerseits eine gewisse, ganz gleich auf welche Art übertragene Autorität und andererseits eine gewisse Unterordnung Dinge sind, die sich uns aufzwingen unabhängig von aller sozialen Organisation, zusammen mit den materiellen Bedingungen, unter denen wir produzieren und die Produkte zirkulieren lassen.«[2]

Daß Autoritätskrisen an Glaubensschwund gegenüber den Autoritätsgaranten gebunden sind, dies beweist die historische Herkunft unserer zeitgenössischen Autoritätsprobleme. Die Epoche der Aufklärung als das Vorbereitungsstadium der modernen Autoritätszweifel macht auch deutlich, daß unsere Autoritätsdiskussion mit der Auflösung des abendländischen Religionssystems verknüpft ist. Der »mündige Mensch« tritt in der Aufklärung erstmals mit einem Selbstbewußtsein auf, das sich gegen die irrationale Komponente der Autorität ebenso entschieden zur Wehr setzt wie gegen Glaubensforderungen der Religion, denen sich die menschliche Vernunft widersetzt.

In der Abwehr der geistlichen Autorität sind aber zugleich die weltlichen Autoritäten mitbetroffen, weil sie ihre Glaubwürdigkeit überwiegend aus der Analogie zu den transzendenten Autoritäten herleiten. Auch die Aufklärung favorisiert »Erziehung« als die Ausbildung der kritischen Verstandeskräfte und der Vernunft. Sie präsentiert damit im Umfeld der Autoritätsunsicherheit dasselbe Prinzip wie unsere Gegenwart. Wer den vorgegebenen Gewährsgrößen wenig zutraut, der wird bei der Erziehung seiner Nachkommen auch Macht entwickeln, um diese zu lenken. Frei von vorgegebenen Autoritäten, wird dieser Gegner von Autorität aber nun selbst eine gewaltige Energie entwickeln können, um seine Autoritätskritik durchzusetzen.

An dieser Stelle wird offenkundig, daß die Autoritätsgegnerschaft nicht allein mit dem breiten Säkularisierungsstrom unseres Jahrhunderts zusammenhängt, sondern auch mit dem allgemeinen Mißtrauen gegen Macht. Autorität wird von den modernen Kritikern wesentlich definiert als Macht, weil sie Herrschaftslizenzen jeder Spielart an sich ziehen kann, ohne daß die Herkunft solcher Lizenzen immer rational verfolgbar wäre. Das gesteigerte Mißtrauen der rational geprägten Epochen gilt den unkontrollierbaren Wirkungsweisen von Autorität in gleicher Weise wie ihrer Möglichkeit, Macht zu entwickeln. Autorität schafft Hierarchien, gegen die kein rationales Kraut gewachsen scheint, weil aufklärende Unzufriedenheit beim solcherart »Beherrschten« nur schwer Fuß faßt.

Dies hat wiederum mit dem Freiwilligkeitscharakter von Autoritätsverhältnissen zu tun, der für Egalitätsträumer zu einem komplizierten Ärgernis wird. Ein neues Problem entsteht für das Machtmißtrauen dort, wo erkannt werden muß, daß jede Form der Lenkung und Einflußnahme, soll sie machtfrei vonstatten gehen, der Autorität bedarf. Nur sie stellt einen herrschaftsfreien Austausch von Führung und Nachfolge her. Der Soziologe Niklas Luhmann hat diese Qualität in seinem 1975 erschienenen Buch »Macht« beschrieben:

»Führung beruht... auf einer Verstärkung der Folgebereitschaft durch die Erfahrung, daß andere auch folgen – also auf Imitation... Die einen nehmen dann den Einfluß an, weil die anderen ihn annehmen; und die anderen nehmen ihn an, weil die einen ihn annehmen... Der Führer wird unabhängig von konkreten Gehorsamsbedingungen, die ein einzelner ihm stellen könnte.«[3]

Genau betrachtet läßt sich also das hierarchische Prinzip nicht mit der Liquidation von Macht zugleich vernichten.

Wer Macht sagt, meint heute Unfreiheit, und die Autoritätsgegner sehen in der Autorität eine Feindin der Freiheit. Da Freiheit heute weitgehend als Freiheit zum Glück und zum Guten begriffen, ja identisch gesehen wird mit dem Guten, läßt sich der Vorwurf gegen die Autorität, sie präjudiziere die Zugänge zum Guten, besonders wirksam begründen. Würde Freiheit, Herzstück der Trias aus der französischen Revolution, die wir 200 Jahre danach immer noch nicht bewältigt haben, noch als die Freiheit zum Bösen verstanden, dann könnte auch die Wechselbeziehung zwischen Autorität und Freiheit wieder begriffen werden. Über die Freiheit klärt uns insbesondere das Freiwilligkeitsverhältnis zwischen Autoritätsspender und -empfänger auf. Freiheit, so begreift der Lernende, ist nicht das weite Tor zum Glück, sondern ein empfindliches Instrument, das kundige Spieler verlangt.

Nicht von ungefähr beschuldigen uns jene, die Erfahrungen mit der Unfreiheit haben, eines schändlichen Freiheitsmißbrauchs: so Alexander Solschenizyn, der unsere Freiheitsmißverständnisse durchaus den Mißverständnissen von Autorität zuordnet.[4] Längst ist es im Westen üblich geworden, in den frenetischen Warnungen Solschenizyns eine Form der fixen Idee zu sehen. Auffallend aber ist die Übereinstimmung, die Solschenizyns Diagnose für unseren Umgang mit der Freiheit mit Platons Diskursen über die Freiheit in der Demokratie verbindet. Wenn der Russe im 20. Jahrhundert von der Knechtschaft der Materie spricht, in die sich die reichen Länder des Westens begeben haben, so diskutiert Platon das Problem des Lustgewinns folgerichtig mit dem Freiheitsprinzip zusammen: Das höchste Gut der Demokratie sei die Freiheit, so konstatiert er zunächst. Das unersättliche Streben nach diesem Gut verführe aber zur Vernachlässigung aller anderen Aufgaben und treibe in die Unfreiheit.

»Und nun ändert... die Unersättlichkeit nach diesem Gut und die Vernachlässigung aller anderen Aufgaben diese Verfassung und schafft das Verlangen nach einer Tyrannis... Wenn ein demokratischer Staat in seinem Freiheitsdurst schlechte Mundschenken als Berater hat und sich an der ungemischten Freiheit über das Maß hinaus berauscht, dann bestraft er seine Beamten, wenn sie nicht ganz nachgiebig sind und ihm alle Freiheit gewähren... Der Vater gewöhnt sich, dem Kinde zu gleichen und die Söhne zu fürchten, der Sohn will dem Vater gleichen, achtet und fürchtet nicht die Eltern, um nur frei zu sein... Der Lehrer fürchtet in dieser Lage die Schüler und schmeichelt ihnen, die Schüler machen sich nichts aus den Lehrern, nichts aus den Erziehern. Und überhaupt stellen sich die Jungen den Alten gleich und wetteifern mit ihnen in Wort und Tat.«

Zusammenfassend sagt Platon:

»Es schlägt ja tatsächlich in der Regel jede Übertreibung in das Gegenteil um, in den Jahreszeiten, bei den Pflanzen und Körpern und nicht zum wenigsten bei den Verfassungen... Denn ein Übermaß von Freiheit schlägt beim einzelnen wie beim Staat in ein Übermaß von Knechtschaft um.«[5]

Solschenizyn nennt die Unersättlichkeit »Maßlosigkeit« und das ungezügelte Verlangen nach materiellem Glück den Verrat des Geistes an die Materie. Platon meint, das Übermaß an unbewältigten Freiheiten erzeuge einen Rausch, der sich gegen jede Einschränkung dieser Freiheiten aggressiv zur Wehr setzt, ohne auf die Empfindlichkeit des kostbaren Gutes zu achten. Wenn Platon jedes Übermaß an Freiheit in ein Übermaß an Knechtschaft umschlagen sieht, so erscheinen Solschenizyns

Worte, die nicht Reminiszenzen an Bildungsgüter, sondern Erfahrungswerte wiedergeben, wie ein ferner Nachklang dieser philosophischen Einsicht.

Wir befinden uns in einer Epoche der maßlos werdenden Freiheitsforderungen. Der »Anspruch« wird zur Zauberformel: Ansprüche regeln unser Verhältnis zum Glück, zur Freiheit, zum Recht. Die Inflation der Ansprüche überwuchert unseren Einsatzwillen für alle diese Güter.

Intakte Autoritäten, die über einen Vorschuß an Glaubwürdigkeit verfügen, der ihnen Gehör und Gefolgschaft sichert, kann auch der Staat nicht bereitstellen. Die Autorität der Staatsmänner bemißt sich nach zwei Kriterien, die dem Wesen der Autorität höchstens als Beiwerk zugehören: nach Majoritäten und nach dem Gesetz der Bedürfnisbefriedigung. Solche Scheinautoritäten, wie sie heute in Staatsämtern die Regel sind, haben nur eine sehr geringe Bewegungsfreiheit. Quantitätengebunden statt auf die überlegene *Qualitas* einer zweifelsfreien Instanz gegründet, sind die Autoritäten der Staatsmänner von Abhängigkeiten gezeichnet, die den Spender zum Bittsteller und Empfänger bei seinen Gewährsleuten machen.

⋆

Daß jene, denen die Autorität einleuchten soll, die Aura des Inhabers herstellen, ist noch nicht abwegig. Daß sie aber mehrheitlich nach Prinzipien entscheiden, die auf der unteren Skala der Bedürfniserfüllung liegen, dies kann an der Gestalt ihrer Autoritäten nicht spurlos vorübergehen. Wer die Autorität eines Amtes wahrnehmen will, muß heute Majoritäten überzeugen, ohne deren Sinne für das Vernünftige oder das Sinnvolle schärfen zu können. Konnte in Zeiten der kollektiven Geltung der Religion noch ein übergeordneter Auftraggeber die Anforderungen der Autoritätspartner an bestimmte Prinzipien binden, so ist heute, nach dem Verlust der transzendenten Auftragsinstanz, diejenige Seite Auftraggeber, die naturgemäß mehrheitlich dem Lustgewinnprinzip verpflichtet ist.

Freilich argumentieren die Regierenden heute ganz anders. Sie müssen es, eben weil sie von Majoritäten abhängig sind und das Majoritätsprinzip als Synonym der Freiheit vertreten. In der Tat bleibt ihnen kein anderes Legitimitätsprinzip übrig als das der Akklamation von Mehrheiten, seit keine Hierarchie mehr fraglose Geltung hat. Die Machtverwalter argumentieren also mit dem Gesetz. Tatsächlich stützt die Gesetzesautorität jene der Regierenden.

Bei Platon schon ist das Gesetz der unumschränkte Herrscher über die Regierenden, und die abendländische Tradition hat über Montesquieu, Locke und Kant bis in die jüngste Gegenwart die Gesetzesautorität als ein bedeutendes Korrektiv für die Regierenden verstanden, das Schutzpotentiale für die Regierten entwickelt. Nun ist aber auch das Gesetz in unseren Tagen längst vom nagenden Autoritätszweifel und vom selbstgewissen Mitspracheanspruch des mündigen Bürgers relativiert. Noch im 19. Jahrhundert konnte die klaffende Lücke bei den religiösen Autoritäten mit der erstarkenden Gesetzesautorität so gefüllt werden, daß sogar moralische Autorität bei den Gesetzen lag.

Die jüngste Geschichte der westlichen Demokratien hat gezeigt, daß die Gesetzesautorität nicht mehr fraglos anerkannt wird.[6] Mehrheiten sind heute nicht mehr geneigt, die Gesetzgebung als moralischen Akt zu verehren. Dem widerspricht nicht die Diagnose, welche Alexander Solschenizyn gestellt hat, als er von der »Juridisierung« der westlichen Lebensformen sprach. Im Gegenteil bestätigt die Verrechtlichung aller Lebensvorgänge, daß sich das Versiegen von Sinn-Quellen als Höherentwicklung von Humanität und Moral tarnt. Übersteigerte Humanisierungsideen verraten auf diese Weise die Mutationen der Humanität; leidenschaftliche Suche nach dem Guten verhüllt den Verlust der Unterscheidungsfähigkeit für das, was dem Menschen zuträglich und was ihm verderblich ist. Zwangsläufig schwinden damit Rechtssicherheit, Rechtsvertrauen und Rechtsgeltung.

Auch Kritiker aus dem Westen selbst sehen das, was Solschenizyn die »Juridisierung« unserer Lebenshaltung nennt. Daniel Bell, durch die Begriffsprägung »nachindustrielle Gesellschaft« bekannt geworden, nennt in seinem neuesten Buch unter den bedenklichsten Symptomen der modernen Gesellschaftsentwicklung die »Revolution steigender Rechtsansprüche«.[7]

Der Geltungsverlust des Rechts, der mit der inflationären Nutzung der Rechtsmittel einhergeht, wird auch belegt durch die in ihren Folgerungen vielkritisierte Analyse der Meinungsforscherin Elisabeth Noelle-Neumann aus dem Jahre 1978. Die in der Umfrage angesprochenen Studenten wurden unter anderem gefragt, ob sie zur Durchsetzung wichtiger politischer Ziele Gewalt als legitimes Mittel bezeichnen würden. Insgesamt bejahte ein Drittel der befragten Studenten den Gesetzesverstoß, wenn das Ziel, in dessen Namen die Gesetze mißachtet werden, »dringlich genug« erscheint. Der Anteil rechtsgerichteter Studenten liegt dabei, der zeitgeschichtlichen Linie seit den Aufständen der sechziger Jahre folgend, signifikant niedriger als jener der linksorientierten.[8]

Autorität hat also auch die Gesetze weitgehend verlassen. Man fand in Westdeutschland einen Rückzugsposten, der gegenwärtig mit einem Fluchteifer umgebaut wird, der für die geistig-sittliche Notlage aller Beteiligten spricht. Dieser Posten ist das Grundgesetz. Vom Grundgesetz der Republik wird neuerdings wieder viel und laut gesprochen, sofern Politiker das Wort haben. Nicht so sehr die Würde dieses Gesetzes und die Kraft seiner Normen werden gerühmt – das widerspräche der Stimmungslage der Adressaten solcher Reden –; vielmehr ist von Wertkatalogen die Rede, die in diesem Gesetz garantiert seien: Wertebeschwörung ist eines der Indizien für unsere Verluste an verbindlichen Instanzen, die Wertgarantie leisten könnten. Die Autorität des Gesetzes schmilzt in solchen Beschwörungen zusammen auf eine Sicherung unseres Besitzstandes an sozialem Glück und unserer Ansprüche auf Wohlergehen. »Autorität«, unter diesem allmächtigen Gebot unseres Zeitgeistes betrachtet, wird nur geduldet, wo sie sich als Garantin des Wohlbefindens präsentiert.

Diese Flucht zu den »Werten« ist aufschlußreich. Wo ehemals Autoritäten Maßstäbe setzten – im kirchlichen Bereich, im sittlich-moralischen, im ethischen, im staatsbürgerlichen Sinne –, sind die westlichen Demokraten heute um einen »Konsens« bemüht, der sich auf »Werte« gründen soll. Werte wiederum sollen einem mehrheitlichen Bedürfnis entsprechen. Auch sie sind damit in den Quantitätensog geraten und in den Strudel der Bedürfnisdeckung, des Lustgewinns gezogen.

Staatliche Macht möchten die Politiker neuerdings über Wertkataloge legitimieren, die als Allgemeinbesitz vorausgesetzt werden. Glaubwürdigkeit und Legitimität auf der sittlichen Ebene versuchen sie auf diese Weise zu sichern. Scheinbar ist das erfolgreich, weil das Wohlgefallen von Mehrheiten die Mehrheitsdiener – die Politiker – bestätigt.

Hinter dem Autoritätsvakuum bei einzelnen Instanzen und Personen steht der Verlust der Staatsautorität selbst. Auch hier argumentieren nur Voreilige und Vereinfacher mit der jüngsten deutschen Vergangenheit. Dieser Verlust ist älter und tiefer begründet. Auch er hängt mit dem Machtschwund der Religion und mit dem Verblassen des väterlichen Prinzips zusammen, das von der christlichen Religion sanktioniert wurde. Staat und Ämter wurden nicht nur als von Gott beauftragte Autoritäten erlebt, sondern auch als väterlich bergende Schutzmächte, denen die Menschen sich anvertraut fanden und die sie als Erfüller eines eigentlich höheren Willens achteten. Die Entzauberung der Hierarchien vollzieht sich nach der gleichen Gesetzmäßigkeit: Die Familie ist brüchig geworden, die Macht der Kirchen als sittlicher Instanzen weitgehend gebrochen. Der Staat flößt niemandem mehr Ehrfurcht ein, und wir erinnern uns des Wortes von Jouvenel, das Ende der Ehrfurcht sei das Ende der Autorität.[9]

Das Hinschwinden von Staatsautorität bei den jungen Generationen unserer Jahrzehnte erklärt sich daraus: Für die väterliche Autorität fehlen dieser Jugend die Initialerlebnisse, zumal dort, wo die antiautoritären Strömungen im Erziehungswesen wirksam geworden sind. Die Erziehung gegen Autoritäten ist deshalb allzu bescheiden, wenn sie vorgibt, »autoritätskritisch« machen zu wollen. Tatsächlich vernichtet eine autoritätsfeindliche Erziehung die Organe für Autorität. Wo kein Autoritätserlebnis vorliegt – sei dies nun am Vater, der Mutter oder an einer anderen Person gewonnen –, dort wird sich kein Boden für die Abbilder dieser ersten Autorität finden. Die »vaterlose« Gesellschaft ist damit im Grunde definiert als eine Gesellschaft ohne Autoritäten. Sigmund Freud hat in »Totem und Tabu« die Entwicklung der väterlichen Organisationsformen beschrieben:

»Mit der Einsetzung der Vatergottheiten wandelte sich die vaterlose Gesellschaft allmählich in die patriarchalisch geordnete um.«

Max Horkheimer interpretiert diese Formen gesellschaftlicher Ordnung:

»Die Familie besorgt, als eine der wichtigsten erzieherischen Mächte, die Reproduktion der menschlichen Charaktere, wie sie das gesellschaftliche Leben erfordert, und gibt ihnen zum großen Teil die unerläßliche Fähigkeit zu dem besonders gearteten autoritären Verhalten, von dem der Bestand der bürgerlichen Ordnung in hohem Maße abhängt.«[10]

Die Autoritäten im sozialen und politischen Raum funktionieren deshalb bei uns nur noch sehr unzureichend, weil sie »väterliche« Strukturen haben und über das Erlebnis des Väterlichen akzeptiert wurden. Wo diese erste, in der Kindheit aufgenommene Autorität in Partnerschaftstheorien ad absurdum geführt wurde, wachsen Menschen auf, denen jede Institution höchstens Partner, nicht aber Autorität sein kann. Weder die Religion noch die Familienhierarchie liefert heute intakte Vorbilder für Autorität. Deshalb bleibt einzig das demokratische Mehrheitsprinzip zur Legalisierung von Amtsautoritäten übrig. Wie weit diese Auftragsautoritäten verwirklicht werden, ist damit noch nicht entschieden.

Der Umgang der Amtsinhaber mit ihren legitimierenden Mehrheiten, von denen sie sich abhängig wissen, ist zusätzlich erschwert durch die Mutation, die »Autorität« hier durchmacht: Auftragsautoritäten der demokratischen Spielart sind als »Partner« ihrer Auftraggeber häufig in die Defensive gedrängt, die eigentlich der Autorität fremd ist. Autorität, die auf einen göttlichen Auftraggeber verweisen kann, überzeugt vielfach auch ohne Argumente, wenn den Adressaten die Argumentationsbasis fehlt. Das charismatische Element der Autorität also, ihr Freiraum zur Lenkung der Unerfahrenen durch den Einsichtsvorsprung des Erfahrenen, ist in der modernen Version von funktionaler Autorität nicht mehr offiziell geduldet.

Die dynamische Abhängigkeit demokratischer Autoritäten bringt es mit sich, daß die Machtverwalter noch andere Aspekte der Autorität entwickeln müssen, um der bedürfnisorientierten

Mehrheitsmeinung nicht vollends ausgeliefert zu sein. Ohne irrationale Elemente könnte die Machtposition der Staatsmänner auch im demokratischen Staat schwerlich auskommen. Es muß ihnen immerhin gelingen, den Glauben der Mehrheiten an die Tauglichkeit der Beauftragten auch dann zu erhalten, wenn diese ihre Versprechen nur unvollständig einlösen.

Die persönliche Autorität wird heute, getreu den Spielregeln des demokratischen Sozialstaates, ausschließlich funktional begründet und allein über Sachkompetenzen gerechtfertigt. Die Unwahrhaftigkeit dieser Manipulationen mit der zeitgenössischen Autoritätsaversion durchschaut die Intelligenz in stiller Einigkeit über die Spielregeln. Freilich ist die Position der Machtinhaber schwieriger denn je: Ohne eine übergeordnete Macht zitieren zu können, der alle sich unterordnen, verweisen sie auf das autoritätsschwach gewordene Gesetz, dessen stetiger Wandel mit immer rascheren Schritten immer mehr Beliebigkeit auch in diese verbliebenen Normenkataloge trägt. »Die Väter des Grundgesetzes« sind heute zum hilfesuchenden Zitat unserer Mächtigen worden, mythisch verklärt von der Zeit des Aufbruchs, aus der ihre Texte stammen.

Während die Autorität dieser Gesetze zitiert wird, folgen wir mit aller Entschiedenheit dem demokratischen Prinzip, daß alle Macht vom Volke ausgehe und somit eigentlich die Autorität beim Volk liegt. Wir verschweigen dabei wissentlich, daß sich auch im demokratischen Staat immer wieder oligarchische Strukturen – Machtkonzentrationen bei kleinen Gruppen – ausbilden. Sind die Parteispitzen schon politische Führungsgruppen – was nicht bedeuten muß, daß sie politische Eliten wären –, so kristallisieren sich dort noch einmal Kleinstgruppen um einzelne Persönlichkeiten heraus, die Macht entwickeln, ausüben und verteidigen.[11] Autorität mit vornehmlich charismatischen Elementen, wie sie Einzelpersonen entwickeln, gilt heute als verdächtig, ja als illegitim, obwohl kaum einer unter den Herrschenden ohne sie auskommen könnte. Stilles Einverständnis herrscht über die Sprachregelung, die solche Qualitäten der persönlichen Autorität verschleiern soll.

»Führungsqualitäten« werden allenfalls in der Wirtschaft noch mit einem Element der persönlichen Aura in Zusammenhang gebracht. Im Politischen befleißigt man sich, das Phänomen der Autorität auf Sachkunde und Majoritätengunst, als folge das erstere aus dem letzteren, zu gründen. Unser gestörtes Verhältnis zu einer hierarchisch wirkenden Macht wie der Autorität zeigt sich also schon in der Scheu, mit der wir persönliche Autorität umdeuten in funktionale.

Während sich die Inhaber politischer Ämter auch faktisch von den Mehrheiten leiten lassen, weil sie nur durch diese sind, was sie sind, und nur dank der Majoritäten bleiben können, was sie sind, nutzen sie dennoch entschlossen die unreflektierten Zonen, die sich ihnen bei ihren Zuhörern öffnen, wenn sie persönliche Autorität entwickeln. Die Ansehensautorität, die kleine Führungsgruppen in der Demokratie entwickeln, entspricht überdies dem Verehrungsbedürfnis breiter Schichten der Bürger. Diese Differenzierung des Majoritätsprinzips wird mit einem Tabu des Schweigens geschont, um desto ergiebiger nutzbar zu bleiben.

Um die Mehrheiten ihrer Mündigkeit zu versichern und damit das Mehrheitsvotum auch künftig auf sich zu ziehen, pflegen die Politiker das Täuschungsmanöver, als sei ihr Tun und Lassen einzig inspiriert vom Auftrag der Mehrheiten. Damit suggerieren sie den Mehrheiten einen Anspruch auf Sachkunde und Zuständigkeit in allen wesentlichen Fragen der Staatsführung. Die Bürger sind nur zu rasch bereit, diese angebotene Rolle des »mündigen« Mitarbeiters ihrer Staatsmänner zu übernehmen. Je zufriedener in ihren materiellen Ansprüchen sie sich bei ihren Staatsmännern fühlen dürfen, desto bereitwilliger verleihen sie jenen eine Autorität als Majoritätsgeschenk, das ihnen selbst schmeichelt.

Natürlich haben die Politiker ihre Kritikergruppen, die ihrerseits Autorität, in der Regel eine solche der analytischen Sachkunde, entwickeln. Ein geschicktes Balancespiel der Mächtigen – und ihr Glaube an die Tauglichkeit der Demokratie – hält die Grenze zwischen den Auftragsautoritäten und ihren Auftraggebern durchlässig. Wer die Herrschenden im demokratischen Staat attackieren will, tut dies selten, ohne sich an alternative Autoritäten anzulehnen: Das Phänomen der Autorität scheint also unvertilgbar, ob man es nun eingesteht oder nicht, ob man es totschweigt oder verehrt, verachtet oder nutzt. Die allgemeine Scheu vor dem Eingeständnis persönlicher Autorität hat ihren guten Grund darin, daß man für die persönlichkeitsgebundene Autorität kein gültiges Korrektiv in einer höchsten, göttlichen Instanz mehr erblicken kann, das Willkürakte einer solchen Autoritätsperson ausschlösse.

★

Das Mehrheitsprinzip allein kann, selbst wenn die Gesetzesautorität es stützt, Personen nicht bedingungslos in Systeme des Handelns einbinden. Deshalb favorisiert man die Kontrolle und steht dem persönlichen Charisma eher mißtrauisch gegenüber. Man folgert damit uneingestanden sehr zutreffend aus dem Verlust der transzendenten Übereinkünfte, daß Personen-Autorität ohne eine verbindliche Ordnung über den Ordnungen nur schwer aus den Zonen des Mißtrauens zu retten ist.

Unmerklich sind an die Stelle der ehemaligen transzendenten Autoritäten jene des neuen Transzendenz-Ersatzes getreten: der Wissenschaft. Der Wissenschaftsglaube verleiht über die Autorität der naturwissenschaftlichen Methoden den Vertretern der experimentierenden Disziplinen und den Erforschern der naturwissenschaftlichen Gesetzesmäßigkeiten eine wirksame Autorität. Geisteswissenschaftler erringen ähnliche Ansehensmacht heute nur noch dort, wo sie mit psychologischen oder soziologischen Lehren Glaubenspotentiale ideologisch mobilisieren.

Die Autorität von Philosophen gründet sich heute in erster Linie auf das weltanschauliche System, das sie vertreten. Dies bedeutet aber: Autoritätspositionen, wie sie die Vertreter der Kritischen Theorie erreicht haben, entsprechen jenen, die transzendente Lehren wie die Religion ehemals besetzt hielten und für ihre Vertreter nutzen konnten. Das Phänomen der zeitgenössischen Autoritäten auf dem Felde der Philosophie wird durch diesen Doppelcharakter der linken Theorie kompliziert: Nimmt sie einerseits den Platz einer eschatologischen Zukunftshoffnung ein, so besetzt sie andererseits das politische Denken ihrer Anhänger.

Denkanweisungen und Handlungsansätze verschmilzen in den Konzepten der linken Philosophie deshalb, weil ihre Theorie erklärtermaßen politisch ist. Sie ist insoweit politisch folgenreich, weil sie im Unterschied zur Religion Diesseitsbewältigung treibt und ihr Jenseits, auf das sie nach vorn weist, nur ein zukünftiger Teil des Diesseits ist. Anders als die abendländische Religion kann diese neue autoritäre Lehre deshalb nicht »des Kaisers« sein lassen, »was des Kaisers ist«,[12] denn sie hat es, ohne Jenseitsglauben, nur mit den Mächten dieser Welt zu tun.

Wollen säkulare Geistesautoritäten dennoch Hoffnungspotentiale an sich binden, dann müssen sie Veränderungen des unvollkommenen Diesseits dort versprechen, wo die Religion die Vorläufigkeit des Diesseits in der Jenseitshoffnung aufhob. Es ist deshalb eine bei aller Banalität äußerst treffende Feststellung, die wirksamen Geistesströmungen seien »politisch«. Sie sind es überall dort, wo sie entschiedene Diesseitsreligion anbieten und die Glaubenspotentiale der geistig Abhängigen nutzen wollen.

»Autoritäten« mag übrigens keiner von den Jüngeren die Vertreter der Kritischen Theorie nennen. »Autorität« ist die Lehre selbst; ein Indiz, daß hier tatsächlich Charisma wirkt, das die Anhänger den Vertretern der Lehre ohne Zögern zuerkennen. Man meidet peinlich den Begriff »Autorität«, weil es dieselben Gewährsleute sind, die der antiautoritären Strömung in den sechziger Jahren die entscheidenden Impulse und Beweisketten geliefert haben. Das Phänomen ist noch keineswegs durchdacht: Wir haben in der antiautoritären Bewegung der letzten anderthalb Jahrzehnte Autoritätsphänomene von durchschlagender Wirkung. Im Zusammenhang der Erziehungsdiskussion werden sie zu würdigen sein.[13]

Der Wissenschaftsglaube leistet den Machthabenden in der Demokratie Autoritätsdienste einer ebenso unauffälligen wie unentbehrlichen Qualität. Unauffällig bleiben solche Hilfsdienste deshalb, weil kaum jemand sich dem Zeitklima so weit entziehen kann, um zu erkennen, welche Macht die Autorität der Naturwissenschaften in unserem Äon entwickelt hat. Gerhard Szczesny hat vom totalitären Regiment der Wissenschaften über unsere Glaubenskräfte gesprochen, während die göttliche Macht, solange ihr kollektives Zutrauen galt, immerhin nur eine autoritäre Instanz über der Gesellschaft war.

»Die Kraft und Macht der Mythen und Religionen bestand nicht darin, daß sie realitätsgerechte Aussagen zustande brachten, sondern in ihrem Willen, die Welt verständlich zu machen und dem Menschen zu sagen, was er in ihr zu tun habe. Der Marxismus ist die gradlinige Fortsetzung dieses idealistischen Imperativums – nun im Namen der ›Wissenschaft‹. Er ist auch in dieser Hinsicht die schlimmste Form des Idealismus überhaupt, da Wissenschaft den von Mythos und Religion niemals erhebbaren Anspruch stellt, alles erklären, alles genau erklären und alles perfekt und schon hier in dieser Welt dem theoretischen Modell entsprechend machen zu können.«[14]

So nachhaltig sich die Politiker heute der Garantie bedienen, die ihnen die Wissenschaft für ihre Ziele und Versprechungen liefert, so geschickt die Machtverwalter auch mit dem Odium der Objektivität umzugehen verstehen, das ihnen die »Wissenschaftlichkeit« von Analysen als Autoritätsersatz ausleiht: Es bleiben ganz offenkundig Bedürfnisse bei den Bürgern offen, die nur durch persönliche Autorität erfüllt werden können. Persönliche Autorität gründet sich in der modernen Demokratie einerseits auf das Ansehen des Amtes, andererseits auf den Erfolg und die Durchsetzungskraft des Amtsinhabers.

Autoritäten in politischen Ämtern der Demokratie sind aber auch in hohem Maße abhängig von den Chancen, die ihnen die politische Situation bietet. Eine »persönliche Autorität«, die sich unabhängig von Erfolgssituationen entwickelt, wird im politischen Leben also kaum weithin wirken können.

Auf den Vorschuß objektiver Ehrfurcht, der den Staatsämtern im christlichen Staat gegolten hat, müssen die Politiker unserer Zeit verzichten. Die Vorzüge solcher Rationalisierung werden heute gern gepriesen. Man übersieht dabei, daß auch die geliehene Würde eines Amtes, wenn sie von transzendenten Mächten verbürgt wird, den Handlungsernst der Machtverwalter stützen und ihr Verantwortungsbewußtsein so ausweiten kann, wie es einem beauftragenden Wählerkollektiv wohl schwerlich gelingen wird.

Zur unstreitigen Sicherung ihrer Amtsautorität fehlt den heute demokratisch Herrschenden genau jene Zutat an Sinn, die nicht in der Mehrheitsentscheidung vermittelt werden kann und ehemals in der Gottgegebenheit der irdischen Herrschaft geglaubt wurde. Ein Staatsoberhaupt unserer Tage zählt eben diese versiegte Autoritätsquelle heute zu den »letzten Fragen«, die kein Parlament und kein Amtsträger mehr berühren darf, weil sie im weltanschaulichen Freiraum abgestellt sind, den die moderne Demokratie jedem Bürger als pluralistisches Geschenk gewährt.

»Zu dem Minimalkonsens der Demokratie gehört unerläßlich die Anerkennung des unabstimmbaren Bereiches der letzten Fragen; das sind Fragen, über die ein Parlament nicht abstimmen darf, von denen es wissen muß, daß es über sie nicht zu befinden hat, über die auch Mehrheitsentscheidungen nicht zulässig sind.«[15]

Ehemals konstituierendes Element der Staatsmacht, ist das Christentum heute mit andern Möglichkeiten der weltanschaulichen Unterkunft offiziell aus dem politischen Geschehen ausgeblendet. Wer die Obrigkeit noch gut lutherisch »von Gott« glaubt, zieht schlimmste Verdächtigungen auf sich.

Sich in Augenblicken der Bedrängnis auf einen transzendenten Gewährsmann zu stützen, ist den heute Regierenden ebenso entschieden verwehrt wie öffentliche Bekenntnisse des Zutrauens zu einer solchen Macht. Der amerikanische Präsident freilich genießt noch die Vorschüsse eines jugendlichen Erdteils: Er darf allen Ernstes mit der Größe »Gott« operieren, er darf sogar von Gebeten zu diesem Gott sprechen. In den meisten fortgeschrittenen Demokratien werden Gebete in den Freiraum delegiert, der für die »letzten Fragen« offensteht. Die öffentliche Teilnahme der Staatsmänner an religiösen Handlungen dieser Art wird auf Augenblicke allgemeiner Ergriffenheit beschränkt, die Nachsicht bei den Freidenkern gewährleisten: bei den Bestattungen von Terroropfern und an Tagen kollektiver Erschrockenheit nach großen Unglücksfällen und Katastrophen.

Obwohl das amerikanische Volk Transzendenz-Zitate einstweilen noch williger toleriert als das aufgeklärte Abendland, stammt die Begriffsprägung »funktionale Autorität« aus der amerikanischen Soziologie.[16] Kennzeichen dessen, was wir heute unter funktional verliehener Autorität verstehen, ist der Sachverstand, Lieblingsbegriff im Wortschatz der Wissenschaftsverehrung, magische Vokabel zur Exkulpierung der Verantwortlichen durch die Spezialisten. Auf funktionale Autorität ziehen sich auch die Politiker gern zurück, während sie sich vom Charisma der persönlichen Autorität das irrationale Zutrauen der Regierten versprechen.

Die funktionale Autorität lebt ständig in Beweisnot und unter Beweiszwang. Sie ist auf den stets erneuerten Nachweis ihrer Qualifikation durch Sachverstand angewiesen; Politiker operieren hier mit ausgeliehenem Sachverstand. Der moderne Hofstaat ist der Chor der Spezialisten. Die funktionale Autorität hat damit eines der konstituierenden Merkmale von Autorität bereits eingebüßt: die Freiwilligkeit des Sichunterordnenden und das nachweisunabhängige Zutrauen, das keinen Widerruf kennt. Unter diesem Blickwinkel wird das »natürliche« Element der persönlichen Autorität deutlich, das Bertrand de Jouvenel betont hat: Ihre Anerkennung durch die Untergeordneten bleibt ein für diese selbstverantwortlicher Akt von überschaubarer Dimension, weil Personen hier gegenüber Personen handeln.

»Ich nenne ›Autorität‹ (oder auch eigene Autorität, natürliche Autorität) die Gabe, Vorschläge, die man formuliert hat, zur Annahme zu bringen... diese Autorität ist für das Funktionieren jeder Gesellschaft wesentlich, weil es eben Kollektivaktionen geben muß und Konflikte beigelegt werden müssen... das Eigentümliche an der Autorität ist, daß sie nur denen gegenüber ausgeübt wird, die sich ihr freiwillig unterwerfen; dagegen genügt es, daß die Führenden bloß über einen Teil ihrer Untertanen Autorität besitzen, damit dieser Teil ihnen dann die Kräfte liefert, auch die übrigen unter ihre Gewalt zu bringen... Die natürliche Autorität übt auf mich die Anziehungskraft eines Magneten aus und hängt vom Magnetismus des Primus (Name für den Träger einer natürlichen Autorität) ab. Die eingesetzte Autorität hingegen übt auf mich den Zug eines Seils aus, an das ich vorher festgebunden wurde und das mich trotz des Mangels an Anziehungskraft des Primus mitschleppt... Dieser Kontrast läßt sich auch durch einen dem Geschäftsleben entnommenen Vergleich verdeutlichen: gegenüber der natürlichen Autorität ist man Gläubiger, gegenüber der konstituierten Gesellschaft Schuldner.«[17]

Die funktionale Autorität, die sich an Institutionen und Instanzen heftet, bleibt dagegen immer weitgehend abstrakt. Im gleichen Maße aber wie die Abstraktion der Autorität zunimmt, verliert die Freiwilligkeit der Untergebenen an Vitalität. Raymond Aron sieht recht, wenn er den hohen Abstraktionsgrad der modernen Funktionsautoritäten für die Zunahme des Unterdrückungserlebnisses, der »Repression« durch diese gestaltlosen Mächte verantwortlich macht.

»Die heutigen Organisationen stützen sich nicht alle auf traditionelle Macht. Die wichtigen unter ihnen streben nach Rationalität, sie erlauben sich keinen Rückgriff auf das Charisma der Macht und laufen dabei Gefahr, gerade aufgrund ihrer Rationalität Zwang auszuüben.

...Es ist letztlich möglich, daß viele Menschen eher einen herkömmlichen Vorgesetzten oder eine traditionelle Autorität ertragen können als eine Macht, die einfach als notwendig angesehen wird oder durch eine für die meisten fremde Rationalität legitimiert wird. Der Starkult und die Personalisierung politischer Macht sind vielleicht Anzeichen für das Bedürfnis nach einer Autorität mit Charisma, und zwar aus Mangel an traditioneller Autorität, die nach und nach in allen Bereichen, in der Familie, in der Kirche, in der Universität und im Staat ausgehöhlt worden ist.«[18]

»Charisma« also verifizieren die Abnehmer in erster Linie in Personen. Das Gewalt- und Machterlebnis steigert sich im gleichen Maße, wie die Autorität von Personen abgelöst wird und menschliche Dimensionen überragt. Von Institutionen und unpersönlichen Gewalten geht ein erheblich stärkeres Bedrohungserlebnis aus, wenn die Möglichkeit verwehrt ist, diese Institutionenmacht in einer Person zusammengefaßt und »natürlich« verkörpert zu finden.

★

Die Repräsentanten des demokratischen Staates sind sich bei aller dem *Comment* genügenden Pflege eines »funktionalen« Autoritätsgestus dieser Bedürfnislage der Bürger mehr oder weniger bewußt. Sie sind indes längst nicht mehr in der Lage, aus ihrem funktionalen Autoritätsbollwerk in das strapaziöse Klima persönlicher Autorität zu rücken; ihre von Experten allseitig abgesicherte Position erlaubt ihnen persönlich jederzeit den Rückzug vor der Feuerprobe. Ihre Beobachter wissen dies dumpf; und der Mangel an ernsthafter Ehrfurcht vor den Repräsentanten der politisch funktionalen Autorität hängt auch damit zusammen, daß die Zeugen den immer fluchtbereiten, abgesicherten Autoritätsträgern die rückhaltlose Anerkennung verweigern. Dies geschieht trotz des allgemeinen Autoritätsbedürfnisses und erweist die Empfindlichkeit natürlicher Autoritätsverhältnisse gegen Verfälschungen. Selbstverständlich beengt schon ihre Majoritätenabhängigkeit diese Autoritäten; und auch dies fühlen die beauftragenden Majoritäten, wenngleich sie Machthaber anderer Provenienz nicht wünschen. Die Mangelstände an Autorität werden gegenwärtig auf die verschiedenste Weise aufgespalten befriedigt; ein deutlicher Fehlbestand bleibt als merkliche Bedarfslücke offen. Von dieser Lücke zeugen die Rollenkonflikte[19] und die Wertdefizite[20] mit ihren zugeordneten Lösungsversuchen.

Was die funktionalen und institutionalisierten Autoritäten, auf welche die demokratische westliche Welt so stolz ist wie auf ihre kühnsten Fortschritte, von den gewachsenen natürlichen unterscheidet, dies sollte gründlicher bedacht werden. Die Funktionsgesetze und in ihnen die Schwächen unseres politischen Systems wären danach besser zu verstehen.

Nicht allein der Freiwilligkeitscharakter der Autorität wird in den funktionalen Autoritäten geschmälert und verschoben, bisweilen sogar verschüttet. Auch die unterordnende Macht, die jede Autorität entwickelt, geht von den Institutionen, die unsere Achtung als Autoritäten verlangen, als eine Setzung aus – so wie es diesen eingesetzten Autoritäten entspricht. Hat die Wirkung natürlicher Personenautorität etwas Zwangsläufiges, das wie eine Naturgewalt wirkt und daher nicht als Unterdrükkung empfunden wird, so haftet den eingesetzten Autoritäten etwas vom Gebotscharakter einer willkürlichen Setzung an, das bei jenen, die sich unterzuordnen genötigt werden, ein Erlebnis der Nötigung auch dann mit einfließen läßt, wenn sie die ordnende Notwendigkeit solcher institutionalisierten Autoritäten einsehen. Natürliche Autorität dagegen erreicht die Einsicht erst über das Erlebnis der freiwilligen Überzeugung; solche Einsicht wird nicht nur als Leistung, sondern zugleich als Lust erlebt.

Jeder mit Macht Beauftragte im modernen demokratischen Staat wird bemüht sein, seine von der Funktion geliehene Autorität durch eigene, »natürliche« und deren Charisma zu ergänzen, um sich der dann wachsenden irrationalen Einflußmöglichkeiten auf sein Publikum zu bedienen. Der Rückzug auf die Funktionalität der Ämter läßt sich aber dennoch bei den Machtverwaltern immer dann beobachten, wenn sie ein Versagen der persönlichen Autorität fühlen oder die in sie gesetzten Erwartungen nicht erfüllt haben. Solche Rückzüge verunsichern die Untergebenen um so mehr, als deren Zutrauen nicht unerschöpflich ist und Erlebnisse von Fehlvertrauen in eine Person kaum spurenlos zu tilgen sind. Persönliche Autorität läßt sich nicht manipulieren: Sie kann nicht nach Belieben und Bedarf aktiviert oder in den Wartestand versetzt werden.

Mit einem solchen zu verspielenden Guthaben umzugehen, das zugleich eine Verpflichtung birgt, fällt den Verantwortlichen heute auch deshalb schwer, weil für Autoritätsrollen dieses Zuschnitts nicht mehr erzogen wird. Die Tendenz, unpersönliche Instanzen – in einer Art Racheakt des um echte Autorität Betrogenen – für das eigene Wohlergehen und für jeden Mißerfolg verantwortlich zu machen, lehrt jeden Heranwachsenden, eigene Verantwortlichkeiten abzulehnen oder doch minimal anzusetzen. »Der Staat« und »die Gesellschaft« sind die vagen Größen, auf die man jede Forderung und jedes Unbehagen abschiebt. Was einem mangelt, hat ein anderer als man selbst herbeizuschaffen. In der Regel ist dieser andere nicht Person, sondern eine abstrakte Größe, eine Institution, wie man es von früher Jugend an gelehrt wurde. Nun läßt der Erwachsene die unbefriedigenden Autoritäten büßen, die ihn knebeln und verwalten, ohne daß er sie bewundern und verehren dürfte: Er fordert, ohne zu fragen, ob seine Forderungen erfüllbar oder berechtigt sind.

Kaum einer von den so aufgewachsenen Bürgern ist darauf vorbereitet, als Person Verantwortungen einer Autoritätsrolle zu übernehmen, ohne sich des gesamten Abschirmungsapparates zu versichern, den ihm die Autorität der Experten, die Macht der Institutionen und die Absicherung der eigenen Rolle bereitstellen. Autoritätsverfall und Autoritätsscheu treffen sich hier also abermals in einer Woge der guten Absichten, mit denen man alle Macht objektivieren und aller Willkür steuern, jedem gleiches Recht einräumen und die gesamte Autorität an das Volk verschenken wollte.

Aus dieser Autoritätsdiffusion erklärt es sich, daß in den modernen Staaten angesichts offenkundiger Fehler und Mißstände selbst bei angestrengter Suche kaum Verantwortliche gefunden werden können. In der Regel kommt man nach solchen Suchaktionen, die man in einverstandener Theatralik zum immer gleichen Ende führt – wie Rituale, auf die niemand verzichten mag, obwohl alle den Ausgang kennen –, zu dem Ergebnis, das »System« sei schuld, wiederum also eine abstrakte Größe. Hierüber sollte man sich nicht wundern, wenn alle Autorität an solche Abstrakta delegiert und verdünnt wird, wenn nirgends Personen beauftragt werden und Autorität zu entfalten niemandem offiziell erlaubt wird. So bedient sich jeder Amtsinhaber insgeheim seiner Ausstrahlung, sofern er eine solche entwickelt, und entweicht im Konfrontationsfalle zurück ins Glied, Institutionendiener, von Systemzwängen aus jeder Verantwortung beurlaubt, mit dem grenzenlosen Recht auf Schonung, das die Nutzer funktionaler Autoritäten für sich in Anspruch nehmen können, weil die mächtige Institution sie schützt.

Aus der allgemeinen Unzufriedenheit mit dem Hinschwinden charismatischer Elemente im öffentlichen Umgang und im sozialen Alltag ergibt sich eine überraschende und beunruhigende Folgerung: Menschliches Zusammenleben als intakte Gemeinschaft, der eine allerseits genossene Spannung eignet, verliert ohne das Mitwirken natürlicher Autoritäten an Farbe und Substanz. Der freiwillige Zusammenschluß von Menschen im Wechselspiel von Geben und Nehmen funktioniert offenkundig nur, wenn er Autoritätsverhältnisse enthält, das bedeutet: freiwillige Bindungen, in denen Verehrung und Schutz, Freigebigkeit und Geborgenheit, Geduld und Zutrauen führende Rollen spielen. Menschliche Gemeinschaft, so zeigt sich plötzlich, droht zu zerbrechen, weil Motivationsschwund sie heimsucht, wenn Autoritätsverhältnisse als solche suspekt werden oder Institutionen diese spannungsreichen Wechselbeziehungen aufsaugen.

Arnold Gehlens Diagnose von der Entlastungsfunktion der Institutionen ist damit nicht überholt; sie erhält jedoch eine bemerkenswerte Differenzierung, die den inzwischen abgelaufenen zeitgeschichtlichen Entwicklungen entspricht.

In Gehlens 1969 erschienenem Buch »Moral und Hypermoral« wird noch eine positive Würdigung der Institutionen vollzogen. Sie erscheinen dort als

»stabilisierende Gewalten und als die Formen, die ein seiner Natur nach riskiertes und unstabiles, affektüberlastetes Wesen findet, um sich selbst und um sich gegenseitig zu ertragen, etwas, worauf man in sich und anderen einigermaßen zählen kann...«

Gehlen folgert hieraus den

»unschätzbaren Gewinn einer Stabilisierung auch des Innenlebens, so daß sie nicht bei jeder Gelegenheit sich affektiv verwickeln oder sich Grundsatzentscheidungen abzwingen müssen. Diese Entlastung wirkt sich produktiv aus, denn die wohltätige Fraglosigkeit, die dann entsteht, wenn der einzelne innen und außen von einem Regelgefüge getragen wird, macht geistige Energien nach oben hin frei.«[21]

Was Gehlen noch als die stabilisierende, ja sogar »produktive« Wirkung der unpersönlichen Instanzen sah, was er noch als die »bienfaisante certitude« beschreibt, welche durch die Sicherung der Gewohnheiten Energien für höhere Freiheit zu entwickeln erlaube, das zeigt sich heute in einem neuen Stadium. Die Unpersönlichkeit der Institutionen regiert inzwischen so weite Felder des einzelnen Lebensalltags, daß nicht mehr Produktivität freigesetzt, sondern Lähmung der schöpferischen Lebenskraft erzeugt wird. Die depersonalisierten Behördenmächte nehmen für den durchschnittlichen Bürger bedrohliche Formen an, weil er ihre Mechanismen und Gesetzmäßigkeiten nicht durchschaut und sich ihnen ausgeliefert fühlt.

Instanzen konfrontiert zu sein statt Personen erzeugt bei einer Mehrzahl steigende Angst und Unsicherheit auch deshalb, weil das Unerbittliche der Institutionen in der permanenten Drohung mit Sanktionen erlebt wird, die auf das geringste Fehlverhalten des einzelnen folgen. Die Lebensfelder, für welche die Entlastungsrolle der Institutionen wirksam werden könnte, sind für die meisten Bürger kaum noch zu erkennen. Bis auf eine kleine Minderheit, die sich auch ökonomisch, vor allem aber geistig, außerhalb der Institutionenzwänge Freiräume erhalten kann, findet sich die Überzahl der Menschen bei jeder Handlung von Apparaten umstellt und programmiert. Freilich bleibt zu fragen, wie weit sich Mehrheiten überhaupt noch diesen Zwängen und Programmen zu entziehen bereit wären. Dennoch trifft die Diagnose, daß Mangelstände im Bereich der persönlichen Konfrontation von Menschen, insbesondere Mangelstände des Autoritätserlebnisses, inzwischen für breite Mehrheiten derart spürbar werden, daß Ausweichbewegungen in Richtung auf pseudopersönliche Aktivitäten – Bürgerinitiativen, Menschenrechtsbewegungen, Wertediskussion, ökologische Parteien – große Zahlen von Menschen in Ersatzhandlungen für die verlorene »Menschlichkeit«, was immer man darunter verstehen mag, zusammenführen.

Objektivität und Verpflichtungscharakter der Institutionen, die von Gehlen zu Recht unter die entlastenden Qualitäten gezählt werden, verlieren heute auch aus anderen Gründen an nährender Kraft: Der Wandel der Werthaltungen und der Abbau der Bereitschaft, Traditionen fortzutragen, nur weil sie bewährt sind, während ihr Kern in einem ethischen System ruht, das im Verfall begriffen ist, stellt Verpflichtungen in Frage und läßt vormals objektiv Gültiges beliebig erscheinen. Institutionen wie die Ehe stehen weiten Kreisen zumal der elitären Intelligenz längst zur Disposition; ihr Verpflichtungscharakter gilt vielen Menschen, die ihre christliche Substanz nicht anerkennen, als überholt, ihre Objektivität als Relikt früherer Epochen.

Da eine zunehmende Zahl überlieferter Werthaltungen, an ihrer Spitze die christliche Religion und die ihr verpflichtete Moral und Ethik, ins Unverbindliche abblaßte, konnte kaum eine soziale Institution im Schonraum kollektiver Anerkennung überdauern. Der Geltungsschwund der übergeordneten Autoritäten – Gottes und aller ihm verantwortlichen Personen und Institutionen – hat keine jener Einrichtungen und abgeleiteten Autoritäten unbeschädigt gelassen, die im Autoritätssystem des christlichen Abendlandes verankert sind. Deshalb ist auch die Feststellung Gehlens nur noch zum Teil gültig, nach der Institutionen den Menschen, der sich selbst nicht erkennen kann, mit sich selbst vermitteln und ihm den geregelten Abbau seiner Konflikte ermöglichen. Weithin erfüllen die Instanzen unseres Gemeinwesens freilich noch diese Funktion. Es wird aber auch sichtbar, daß mit der zunehmenden Entbehrung persönlicher Autoritäten die entspannende Wirkung der Institutionen nachläßt. Es überwiegt der Mangel an persönlichem Austausch, der Verlust an humaner Zuflucht.

Zugleich durchzieht das Mißtrauen gegen die rational letztlich unkontrollierbare natürliche Autorität von Personen unser gesellschaftliches Leben. Für junge Menschen kulminiert in dieser doppelten Entbehrung dann das Erlebnis des Mangels: Sie sehen sich von Institutionen umstellt, deren Würde ihnen nicht mehr vermittelt wird und die nirgends ethisch aufruhen.

Die überzeugende Vermittlerrolle von lebendigen Autoritäten wird in aller Regel durch die Institutionen und durch die Vergesellschaftung aller Lebensvorgänge vereitelt. Animositäten gegen persönliche Autoritäten werden überdies früh gesät; die antiautoritäre Woge im Erziehungswesen hat eine breite Spur der Unterkühlung durch die jugendliche Generation gezogen, so daß der schmerzlich empfundene Mangel an menschlichen Begegnungen und Vorbildern zusammentrifft mit einer entschlossenen Ablehnung jeder Hingabe an Autoritäten. Junge Menschen entwickeln aus dieser seelischen Notlage utopische Ziele ihrer Autoritätsbedürfnisse, im politischen wie im religiösen Raum, und strafen die erwachsenen Verweigerer bergender Zuflüchte durch aggressiven Idealismus, der den pluralistischen Götzen, die Toleranz, verachtet.

Toleranz ist eines der stolzen ethischen Etiketten der pluralistischen Gesellschaft, an deren Tauglichkeit inzwischen von ganz verschiedener Warte Zweifel aufkommen:

Pier Paolo Pasolini, der mit dem Furor des gläubigen Kommunisten, der Kirche zugetan, eine speziell italienische Version unerbittlicher Kulturkritik entwickelt, konstatiert in seinen »Freibeuterschriften«, »daß die ›Toleranz‹ der für das neue System von Herrschaft so unentbehrlichen hedonistischen Ideologie die schlimmste aller Repressionen der Menschheitsgeschichte ist«, weil sie eine von oben herab beschlossene, eine »Toleranz der Herrschaft des Konsums ist, die formal eine absolute Flexibilität der Sitten erfordert, damit der einzelne ein guter Konsument wird«.[22]

Arnold Gehlen hat im Pluralismus-Kapitel seines Buches über »Moral und Hypermoral« das Phänomen der Toleranz als ein Dekadenzsymptom der westlichen Kultur beschrieben:

»Wenn eine Gesellschaft tolerant wird, d. h. in ethischen Grundfragen Diskordanzen als erträglich proklamiert, dann muß sie entweder in sich oder außer sich keine Feinde mehr haben oder ihre Beschwichtigungsformeln für ausreichend halten; sie mag auch von der Verharmlosung benommen sein, oder vielleicht hat sie bereits einen Tempel der Alleinherrschaft errichtet, in dessen Schatten alle anderen Werte bagatellisiert werden, wahrscheinlich dem Gotte Plutos, der übrigens den Alten als unmündig galt und als Kind dargestellt wurde. Der Übergang von der Toleranz in den Nihilismus des Geltenlassens von schlechthin Allem läßt sich schwer abgrenzen, diese friedliche Tugend ist daher im öffentlichen Bereich ungewöhnlich zweideutig, so daß D.H. Lawrence (Die gefiederte Schlange) die Toleranz als eine ›heimtückische moderne Krankheit‹ beschreiben konnte.«[23]

Robert Paul Wolff, Professor für Philosophie an der Columbia University in New York, hält die Toleranz für ebenso überholt in ihren Leistungen wie den Pluralismus selbst:

»Die pluralistische Demokratie mit ihrem Vorzug, der Toleranz, bildet die höchste Stufe der politischen Entwicklung des Industriekapitalismus... Wir müssen das Bild von der Gesellschaft als eines Schlachtfeldes konkurrierender Gruppen aufgeben und ein Ideal der Gesellschaft formulieren, das höher steht als das bloße Geltenlassen entgegengesetzter Interessen und vielfältiger Sitten. Es bedarf einer neuen Philosophie des Gemeinwesens jenseits von Pluralismus und jenseits von Toleranz.«[24]

Herbert Marcuses Toleranzkritik ist unter dem Stichwort »repressive Toleranz« bekannt geworden.

»Was heute als Toleranz verkündet und praktiziert wird«, so Marcuse, dient »in vielen seiner wirksamen Manifestationen den Interessen der Unterdrückung... Toleranz wird auf politische Maßnahmen, Bedingungen und Verhaltensweisen ausgedehnt, die nicht toleriert werden sollten, weil sie die Chancen, ein Dasein ohne Furcht und Elend herbeizuführen, behindern, wo nicht zerstören.

Diese Art von Toleranz stärkt die Tyrannei der Mehrheit, gegen welche die wirklichen Liberalen aufbegehrten.«

Marcuse bezeichnet Toleranz als einen »Selbstzweck«, der nur dann rein verwirklicht werden kann, wenn er von Herrschern und Beherrschten gleichermaßen geübt werde. »Das Telos der Toleranz,« so Marcuse, »ist die Wahrheit.«[25]

Der Italiener Pier Paolo Pasolini sieht die Toleranz als eines der Verhaltensmuster, die einen kulturellen Umschichtungsprozeß begleiten, den er als »Völkermord« definiert. Den Werteabbau, dem Pasolini einen Roman widmet, verfolgt er in speziellen und charakteristischen Verhaltensmustern, zu denen die Toleranz gehört: »Die falsche Toleranz, die Permissivität« nennt er diese moderne Gesellschaftstugend.[26]

Beim Schwund der Autoritäten im gesellschaftlichen Alltag spielt das Toleranzideal insoweit eine Rolle, als die grundsätzliche Gleichrangigkeit aller, welche die Toleranz zu einem Wert macht, Autoritätsverhältnisse nicht mehr zuläßt. Daß im Autoritätsverhältnis weder Wert noch Rang der Beteiligten in Frage gestellt sind, ist in der zeitgenössischen Ideologisierung dieser Sachverhalte kaum noch jemandem verständlich zu machen. Wer zu seinen Mitmenschen nur noch Toleranzverhältnisse entwickelt, bewegt sich in einem Klima der Duldung mit ihnen, das im Glücksfalle von Einverständnis in der einen oder anderen Frage verklärt wird.

Wiewohl sich Toleranz zu einer gleichmütigen Grundhaltung der Seele entwickeln läßt, die bei der jungen Generation heute nur schwer von Gleichgültigkeit zu unterscheiden ist, fehlen ihr die nährenden Qualitäten, wie sie sich im Geben und Nehmen der Autoritätsverhältnisse entwickeln. Gleitende Übergänge sind damit nicht bestritten: Aktive Toleranz kann als entschiedene Tugend der Nächstenliebe auftreten. Als Vademecum des Pluralismus ist sie aber in der Regel von anspruchsloser Gestalt und ohne jeden Glanz. Autoritätsspannungen entwickeln dagegen Glanz; sie entfachen und erhalten Leben zwischen den Partnern und vermitteln, was Toleranz nur selten gewährt: das permanente Erlebnis von Entwicklung und Fortschritt, in denen die Erfahrung des Wachstums steckt – und damit das unentbehrliche Elixier Hoffnung, ohne das kein Mensch zu leben fähig ist.

Der Toleranzbegriff folgt, wie andere Stichworte unseres gesellschaftlichen Wertekanons, einem Prinzip, das der Psychoanalytiker Erich Fromm mit Interesse verfolgt hat. Das moderne Leitmotiv »Erfolg« belegt Fromms Feststellung, daß jede Gesellschaft »das größte Geschick bei Worten« entwickle, »die für diese Gesellschaftsstruktur besonders wichtig sind...

Vor dem 17. Jahrhundert gab es das Wort ›Erfolg‹ nur im Sinne von folgen, erfolgen, es erfolgt etwas, wenn ich etwas tue... Doch das hat ja nichts zu tun mit dem Begriff, der heute der eigentlich wichtigste ist, nämlich, daß der Mensch ›Erfolg‹ hat.

So etwas war noch im 16. Jahrhundert unsagbar, weil die ganze Idee des Erfolges, also des Sichhervortuns und anderen Überlegenwerdens, in der – noch religiös geprägten – Sprache des Mittelalters gar nicht möglich war. Erst mit der beginnenden Konkurrenz, mit dem Begriff des aufsteigenden Bürgertums kommt es zu dem ganz neuen Begriff: Ein Mann ist erfolgreich.«[27]

Im Zusammenhang mit der Toleranz betrachtet, offenbart der Autoritätenabbau im Institutionenbereich einen weiteren Aspekt. Während die Durchlässigkeit der auf Tradition gegründeten Institutionen im gleichen Maße zunimmt, wie die Tradition als solche an Verbindlichkeit einbüßt, wächst die Beliebigkeit der anzustrebenden Ziele und der zu verfolgenden Wünsche und Lüste ins Unbegrenzte an.

Da die Kataloge des entschieden Verbotenen gleichzeitig schrumpfen, wächst die Orientierungsnot vieler Individuen mächtig an, während sich die Enttäuschungen bei der Suche nach Glücksquellen häufen. Ungeübt und von nirgendwoher angeleitet, in sich selbst Schranken aufzurichten, leiden freigesetzte Menschen unter der Überforderung durch die zunehmende Instabilität aller Werte. Hielte die Institution solche Aufweichungstendenzen noch mit ihren Geboten und Verpflichtungen auf, so wäre sie in der Tat die ordnende und im tiefsten Sinne, nämlich psychisch, »entlastende« Macht, die Arnold Gehlen noch vor zehn Jahren in ihr gesehen hat.

Sicherlich werden weite Kreise auch heute noch von den Pflichten- und Normenkatalogen überkommener Institutionen dirigiert; viele Vertreter der geistigen Eliten aber, die in der Regel vorausdeutende Lebensformen entwickeln, haben die traditionellen Institutionen mitsamt ihrer ordnenden Kraft bereits hinter sich gelassen.

Autoritätenschwund bedeutet also auch zunehmende Orientierungsnot für Mehrheiten. Willig dem demokratischen Gesetz folgend, daß sie es sind, die Autoritäten installieren und zu Fall bringen, beauftragen und vernichten können, entdecken die Mehrheiten der westlichen Staaten Sinnverluste von gravierender Wirkung in ihrem Lebensalltag, denen sie ebensowenig steuern können, wie sie ihre Ursachen zu entdecken vermögen.

Der Philosoph Karl Jaspers hat schon 1949 diese Situation mit ihren Ursachen beschrieben:

»Technik und Politik haben den bisher durch Jahrtausende bestehenden geistigen Zustand fast ausgelöscht. Es gibt nicht mehr die gemeinsame abendländische Welt, keinen gemeinsam geglaubten Gott, kein gültiges Menschenbild, nicht mehr das in allen Gegnerschaften, noch im Kampf auf Leben und Tod eine Solidarität Stiftende. Das heute gemeinsame Bewußtsein läßt sich nur durch Negationen charakterisieren: den Zerfall der geschichtlichen Erinnerung, den Mangel eines herrschenden Grundwissens, die Ratlosigkeit in bezug auf die ungewisse Zukunft.

Der Zerfall der geschichtlichen Erinnerung ist die Folge der gegengeschichtlichen Tendenzen moderner Technik und Politik. Zwar bleiben Überlieferungsfetzen, schon allein durch die Sprache. Mit der Preisgabe der geschichtlichen Kontinuität wird das Bewußtsein des Abendlandes, wird Heimat, Herkunft, Familie gleichgültig, wird selbst in Freundschaften die Verläßlichkeit des Lebenwährenden sinnlos, wird das je eigene Leben gelebt ohne Erinnerung. Durch Ausbleiben der Überlieferung, durch Beschränkung der Erziehung auf das Nützliche und die propagandistisch geformten Auffassungsschemata scheint die Geschichte gleichsam abzureißen.«[28]

Mit dem Dilemma aus Autoritätsscheu und Autoritätsbedürfnis verbindet sich neben dem Toleranzideal, und nur scheinbar im Widerspruch zu ihm, eine Intoleranz dem einzelnen gegenüber, die der Toleranz gegenüber Gruppen antwortet. Mit der Aversion gegen die Individualität des einzelnen ist auch ein Teil der Autoritätenscheu erklärt; denn das Gruppendenken führt zum Mißtrauen gegen die ausgeprägte Individualität, weil sie für eine Abwertung der Gruppe gehalten und als Relativierung des Gleichheitsgrundsatzes erlebt wird. Autoritäten zeichnen sich als Einzelpersonen deutlich von ihrer Umgebung ab. Eine Gruppenkultur wie die moderne Demokratie reagiert deshalb auf so hervortretende einzelne mit einer Allergie ihrer immer noch unvergorenen Vorstellungen von Gleichheit. Klassenressentiments werden virulent, wo Persönlichkeiten durch ihre Ausstrahlung an hierarchische Prinzipien erinnern.

Das Mißtrauen gegen die persönliche Autorität ist daher

auch Indiz der Unentschiedenheit und Unsicherheit unserer gesellschaftstheoretischen Standorte. Immer noch in der Auseinandersetzung mit spätmarxistischen Lehren und ihren Variationen in der Gegenwartsphilosophie, geschüttelt von ideologischen Kleinkriegen der intellektuellen Fraktionen, leben die Demokraten mehrheitlich, ihren Neid- und Rivalitätskomplexen ausgeliefert, das bedürfnisgesteuerte Leben eines nur bedingt mündigen Bürgers. Toleranz ist für solcherart Unfreie eine Forderung, der sie nur gegenüber halbwegs Gleichen nachkommen können. Deshalb endet die Toleranz überall dort, wo man Solidaritätserlebnisse entbehren muß, und der als Außenseiter empfundene »andere« wird mit Intoleranz bestraft. Toleranz von seiner Seite interpretiert man dagegen als Arglist, Herablassung oder Schwäche. Nur im Schutze von Institutionen, deren persönlicher Nutzen noch einzusehen ist, werden solche exponierten Positionen einzelner, wird auch funktionale Autorität geduldet, weil diese nicht primär von der Einzelperson ausgehen.

Der Pluralismus, der die Position von Autoritäten auf so nachhaltige Weise erschwert, könnte auf diesem Hintergrund mit einer Anfrage konfrontiert werden, die das offizielle Bild fortschrittlicher Humanität, das unsere Staatsmänner vom Pluralismus entwerfen, anders akzentuiert. Es wäre nämlich die Frage zu untersuchen, ob nicht der Pluralismus eine zwar äußerst brauchbare, aber in ihrer Leistungsfähigkeit überschätzte Bewältigungsform für den Widerspruch zwischen Gleichheit und Vielfalt ist. Es ließe sich weiterfolgern, ob nicht der Pluralismus eine schwer identifizierbare Variante zeitgenössischer Ideologien ist: eine Lehre, die von der Verquickung des Willens zur Tugend mit den Interessen bestimmter Gruppen lebt.[29] Wenn wir erkennen, daß der Pluralismus dem Grundsatz entspricht, den einzelnen von jeder weltanschaulichen Verbindlichkeit freizustellen, so ließen sich in diesem Prinzip Tendenzen entdecken, die sich für handfeste Interessen der Machtverwalter nutzen lassen.

Der Soziologe Helmut Schelsky hat in einer Rede gegen Ende des Jahres 1978 auf die zunehmende »Entmündigung« der Bürger zu Zwecken der Machterhaltung hingewiesen:

»In den formal freien industriellen Gesellschaften des Westens lautet heute die große Entscheidungsfrage, ob sie den selbständigen oder den sozial betreuten Menschen zum Ziel aller Politik machen. Der Sozialstaat hat eine Unmenge von Mechanismen entwickelt, die den Menschen in seiner realen Selbständigkeit immer mehr entmündigen. Diese Erziehung zur Unmündigkeit und Unselbständigkeit ist längst ein Kennzeichen der herrschaftsbedingten Überperfektionierung des betreuenden Sozialstaates, der viele seiner Notstände selbst produziert, um an der Macht bleiben zu können.«[30]

Die Freigabe jeder weltanschaulichen Positionsangabe antwortet auf die zunehmende Diffusion religiöser und moralischer Bindungen. Der Pluralismus kann deshalb in der europäischen Version immer auch glaubwürdig als die einzig mögliche Antwort auf die Bedürfnisse der Staatsbürger und als die Erfüllung ihrer natürlichen Rechte feilgeboten werden. Daß die offizielle Verankerung der Beliebigkeit aller Maßstäbe jedoch auch die Manipulierbarkeit der so beschenkten Staatsbürger fördert, weil er die Positionslosigkeit der meisten zum Programm erhebt, dieser Einwand wird nicht schon dadurch entkräftet, daß wir die allgemeine Aversion gegen autoritäre Sinnvermittlung konstatieren. Wo es als schutzwürdiges Grundrecht gilt, an nichts zu glauben und das eigene Leben in keinerlei Sinnzusammenhang zu stellen, der über den täglichen Lustgewinn hinausreicht, da schwinden die Sensorien für ein Grundrecht auf Sinnvermittlung und dessen offiziellen Schutz. Lebenssinn wird nicht in der Auslieferung ans Tägliche greifbar, sondern im Bewußtsein einer Bestimmung des eigenen Lebens über seine Zeit hinaus.

Der Orientierungsnot der Mehrheit leistet die demonstrative Freistellung ihrer Sinnbezüge Vorschub. Das Stichwort neuzeitlicher Humanität, der »Pluralismus«, fördert die inhumane Preisgegebenheit jedes einzelnen an seine zufälligen Lebensumstände. Während der Pluralismus als gesellschaftliches Prinzip bewußt darauf verzichtet, Richtungen der Hoffnung und Quellen von Lebenssinn gutzuheißen, die über das Tägliche hinausreichen, fesselt er seine Nutznießer mit einer Unerbittlichkeit ans Tägliche und Triviale, die der proklamierten Humanität widerspricht.

Mit all diesen Einwänden gegen das pluralistische Prinzip als die Staatsideologie unserer Zeit soll nicht bestritten werden, daß ein anderer Weg der Organisation eines hereingebrochenen Übermaßes an Freiheiten in allen Lebensbereichen gegenwärtig noch nicht gedacht werden kann. Den Pluralismus als Ideologie aufzufassen, dies kann dennoch unsern Blick für die Bedingtheit unserer Situation schärfen und uns einen Blickwinkel nahelegen, unter dem unsere Position im gewaltigen Strom der Emanzipation als eine Interessenlage eigener Art verstanden werden kann. Wenn es im Interesse nicht nur der Tugend, sondern auch der Machterhaltung der Staatsmänner liegt, den Pluralismus als die zeitgemäße Religion auszubieten, so erlaubt dieses Faktum einige Rückschlüsse und Folgerungen.

Einzelne Staatsbürger mit festen Sinnbezügen würden zwangsläufig in manchem Aspekt ihres Lebensvollzuges benachteiligt, wenn die offizielle Lehre jene von der beliebigen Verfügbarkeit aller Maßstäbe ist. Die Grade der Beeinträchtigung, die in einem solchen Staatswesen etwa für gläubige Christen entstehen, wenn die allgemeine Ermunterung zur Diesseitigkeitsideologie sie überall umgibt, sind mit der Aufforderung zur Toleranz nicht mehr zu bewältigen. Denn für die Lebensgestaltung eines Gläubigen sind die Fragen seines Glaubens nicht die »letzten«, wie der Staatsmann höflich meint,[31] sondern die allerersten.

Freilich läßt sich einwenden, die Zeiten der Staatsreligion seien endgültig vorbei. Der Staat sei keinesfalls zuständig für die transzendenten Tröstungen seiner Bürger. Hier aber läßt sich antworten, daß die Verfügbarkeit der Sinnquellen etwas anderes ist als die offizielle Maßgabe, auf Sinnvermittler zu verzichten. Eine solche Regel, die im Pluralismus angelegt ist, macht sich eines Informationsversäumnisses schuldig – wenn hier einmal der Jargon des modernen Fetischismus benutzt werden soll. Sie versäumt die Information an den Bürger, daß sein Leben nicht nur in irgendwelchen fernen »letzten« Fragen, an Sonn- und Sterbetagen eines gültigeren Fundamentes bedarf, als es Konsumideologie und Versorgungsansprüche vermitteln können.

★

Unter den Grundrechten auf Leben, auf ein Übermaß an Freiheiten, auf exzessive staatliche Fürsorge und extremes Wohlergehen begräbt die pluralistische Ideologie das Grundrecht auf einen Lebenssinn, der all diesen Polsterungen des Daseins die Orientierung liefern könnte, sie sozusagen erst genießbar machen würde. Die Werbung für das pluralistische Prinzip verschweigt beharrlich, daß der Mensch in der Beliebigkeit aller Maßstäbe verkommt und daß er nur auf dem Hintergrund einer überlegenen Sinngebung sein Leben, Lust wie Schmerz, zu ertragen fähig ist, ohne von der Sinnlosigkeit überwältigt zu werden.

Das Informationsversäumnis der pluralistischen Ideologen ist deshalb so schwerwiegend, weil es die Orientierungsnot fördert. Man könnte daher argwöhnen, die Verwalter von Staatsämtern wollten sich dieser Orientierungsnot bedienen, um angstbesetzte Mehrheiten leichter dirigieren zu können. Und das Versäumnis gibt auch deshalb zu denken, weil die Staatsmänner selbst mit Eifer in den Chor der Wert- und Sinnsucher eingestimmt haben,[32] die auf den Mangel an transzendenter Zuflucht reagieren. Zweierlei ließe sich daraus folgern. Zum ersten wäre es möglich, daß die Autoritätsverwalter ihre Mitwirkung am allgemeinen Sinndefizit nicht erkennen oder für unumgänglich halten. Zum zweiten wäre aber denkbar, daß sie den Sog der Sinndefizite benutzen wollen, um verwendbare Sinnvermittler einzuspeisen, welche die Mehrheiten von ihnen abhängig halten.

Es lohnt sich im übrigen auch die Überlegung, wie weit das Gebot des Pluralismus als Losungswort des Zusammenlebens in einem Staat Aufforderungen zur Unterdrückung entschiedener Meinungsäußerungen produziert. So schränkt man Meinungsfreiheit ein, obwohl man vorgibt oder anstrebt, das gleichberechtigte Nebeneinander vieler Meinungen möglichst rein verwirklichen zu wollen. Wer auftritt und eine entschiedene Meinung vorträgt, verschafft sich in den Augen der Kritischen einen wirkungsvollen Vorteil, indem er diese Meinung feilbietet, während er von anderen Meinungen deshalb schweigt, weil sie nicht die seinigen sind. An der Wahrnehmung eines pluralistischen Rechtes könnte also jeder im pluralistischen Staat gehindert werden, wenn kein Vertreter der Gegenposition verfügbar ist. Damit entsteht ein scheinbares Übergewicht im Augenblick, eine verbesserte Wirkungschance für die vorgetragene Meinung.

Tatsächlich verhält es sich mit dem Pluralismus wie mit seiner Tochter, der Toleranz: Er neigt zur Bevorrechtigung von Gruppen und ächtet den eigenständigen einzelnen, dessen Positionen einer Mehrheit nicht gefallen. Wo sich alle gleichberechtigt fühlen sollen, ergibt sich eine Schmälerung der Rechte des einzelnen; eine längst erwiesene Tatsache in allen Bereichen unseres pluralistischen Lebens, die von Mehrheiten nicht bedauert werden kann, sondern als unverschuldeter Nebeneffekt des Gerechtigkeitsbemühens insgeheim begrüßt wird.

Das gravierendste Problem aber, das die beauftragten Autoritäten im Pluralismus beschäftigen müßte, ist die Tendenz des Systems, dem Wohl des ganzen Gemeinwesens im Endeffekt weniger Aufmerksamkeit zuzuwenden als dem Wohlbefinden der vielen einzelnen. Anders gesagt: Das pluralistische Prinzip schafft eine neue Art der Unterwerfung des Staates unter die Bedürfnisse seiner Gesellschaft und nötigt ihn, das Wohl des Ganzen um des momentanen Wohlergehens der Mehrheiten willen hintanzustellen. Diesem Dilemma läßt sich weder nach den Regeln des Pluralismus noch nach dem Prinzip der funktionalen Autorität steuern.

Der Kulturkritiker Daniel Bell beschreibt in seinem 1978 erschienenen Buch über »Die Zukunft der westlichen Welt« den schon von Arnold Gehlen eindringlich analysierten Zustand als die Tendenz des Rationalismus zum Nihilismus. Der westlichen Gesellschaft, so Bell, fehlt die *civitas,* die Bereitschaft des einzelnen, Opfer für das Gemeinwohl zu bringen.[33] Im November des Jahres 1978 stellte auch in England eine Konferenz aus Politikern, Polizisten, Erziehern und Architekten auf der Grundlage eines Expertenberichtes das erschreckende Anwachsen von Gewalthandlungen und Zerstörungsakten junger Menschen in Wohn- und Versammlungsräumen fest. Premierminister Callaghan skizzierte die Hintergründe solcher aggressiven Abwehr gegen die *civitas:*

»Sinnlose Zerstörungen sind vor allem dann, wenn sie von jungen Menschen angerichtet werden, Signale über einen Zusammenbruch der Normen, der Wertmaßstäbe und der Disziplin in den Familien.«[34]

Ein vertrautes Fazit, fast schon allzu vertraut: Ratlose Therapeuten beschwichtigen ihr wechselseitiges Unbehagen mit selbstkritischen Diagnosen.

Die Idee des Pluralismus im westlichen Europa lebt aus der Übertragung von Wirtschaftsprinzipien auf die Organisation des gesellschaftlichen Zusammenlebens. Die Grenzen seiner Leistungsfähigkeit lassen sich aus diesem Zusammenhang erkennen. Das Pluralismusprinzip folgt dem Leitgedanken, daß im Weltanschaulichen in gleicher Weise verschiedene Gruppen konkurrieren wie auf den Märkten. Der Notwendigkeit folgend, daß die verschiedenen Gruppen sowohl ihr Recht auf die eigene Lehre behalten als auch miteinander friedlich kooperieren sollen, deuten wir den so entstandenen Einigungszwang bei konträren Positionen zum Leitsystem um: Pluralismus als die gleichberechtigte Koexistenz verschiedener weltanschaulicher Positionen.

Beflügelt von diesem Einigungstrick und angestrengt bei seiner Verwirklichung festgehalten, blieben die Politiker im Hochgefühl der eigenen Tugend selbstgefällig mit dem Ausbau des Pluralismus zur zeitgenössischen Kardinaltugend beschäftigt. Dabei entging es sogar den Verantwortlichen, daß sie zur Wahrung der Interessen des Ganzen – des Staates selbst – kaum Bewegungsfreiheit behalten hatten. Forderungen an die mühsam geeinten Glieder des Staates zu richten, neben dem Toleranzprinzip für den Nachbarn auch noch ein Einsatzprinzip für den abstrakt gewordenen Staat zu entwickeln, dies gelingt schon deshalb nicht mehr, weil der Staat selbst sich im Sinne der neuen Tugendkataloge als Versorgungsanstalt angeboten und bewährt hat, für die man kein persönliches Opfer bringt. Einsätze für das Gemeinwesen zu fordern, dies würde eine Überforderung der zur Wahrnehmung ihrer eigenen Interessen erzogenen Bürger bedeuten, weil eben dieser Staat ihnen das Gesetz der Koexistenz als oberste Richtschnur mitgegeben hat: Und Toleranz im Pluralismus, das ist beim modernen Staatsbürger der westlichen Demokratien allenfalls auch Toleranz gegenüber seinem Staat, nicht aber Opfer und Einsatz für diesen.

Die Pluralismusidee erscheint unter diesem Blickwinkel als eine späte und recht vorläufige Variation des Konkurrenzdenkens und des Wettkampfprinzips, mit denen die Revolution der Technik uns überrascht hat. Das Zusammenleben der Staatsbürger läßt sich aber offenbar auf die Dauer mit diesen Marktprinzipien weder zureichend deuten noch heilbringend steuern. Gesellschaftliches Zusammenleben nach dem Verlust der richtunggebenden Größen und transzendenten Verbindlichkeiten ist offenkundig doch mehr als ein Marktplatz der Waren und Rezepte im Geistigen. Eine taugliche Anordnung dieses gesellschaftlichen Lebens müßte danach in einem andern als dem Konkurrenzprinzip gesucht werden. Ein »Minimalkonsens« reicht nicht aus, um die Verluste an Zuversicht und geistigen Zielen auszugleichen.

Auch diese Übertragung des Konkurrenzprinzips auf das geistige Leben konnte zu so allgemeiner Geltung nur deshalb gelangen, weil Autoritätsverhältnisse als Organisationsform des menschlichen Lernens und Zusammenlebens zurücktraten. Jene Version des Pluralismus, die unter den Bürgern der demokratischen Staaten praktiziert wird, ist nicht mehr als das Prinzip, den anderen leben zu lassen. Diese Grundhaltung erfüllt den einzelnen mit dem Bewußtsein seines eigenen Grundrechtes, unbehelligt zu bleiben. Die Mehrzahl der Demokraten fühlt sich nicht mehr für das Ganze verantwortlich. Pluralismus als die säkularisierte Variante der christlichen Nächstenliebe muß auf die Dauer in dieser Richtung entarten, weil die Toleranz für den anderen keiner übergeordneten Motivation folgt. Eine vage Humanität, mit der man niemandem wirklich verantwortlich ist, trägt nicht weit. Autoritätsvakuum auch hier: Wo jeder nur sich selbst – und seinem Gewissen! heißt es mit dem verblasenen Optimismus, dem nur Heuchler oder Utopisten huldigen können – verantwortlich ist, da reagiert bald moralische Willkür. Wo das Motiv der Nächstenliebe nur Wahrung des eigenen Schonraumes ist, da kann ein dynamisches ethisches Gefüge, dem man allerseits verpflichtet ist, überhaupt nicht mehr zustande kommen. Der Staatsmann selbst folgt einer Utopie, wenn er von einer selbstreinigenden Kraft der Gesellschaft spricht.

Der soziale Demokrat des Westens beschwört als politischer Redner nicht nur die »im einzelnen Menschen vorausgesetzten sittlichen Kräfte zur Regulierung seiner Freiheit«, er entwickelt aus diesen auch »innere Regulierungskräfte der Gesellschaft«, denen diese ihre Freiheit verdanke. »Zwang« und »Reglementierung« seien die Alternative beim Versagen dieser Kräfte.[35]

Der Pluralismus, Indiz und Ersatzbildung für den Autoritätsverfall, ist ganz offenbar in der unter uns geübten Spielart kein Äquivalent für die Autoritätsverluste, die unserem geistigen und sittlichen Leben Orientierungspunkte geraubt und Dynamik entzogen haben. Rollenkonflikte und Wertediskussion in unserer Gesellschaft belegen ein aufkommendes, noch unverstandenes Unbehagen, dem man zu entkommen versucht in Richtung auf neue Quellen dynamischer Sinnerlebnisse. Die hastige Gleichsetzung von jeder schöpferischen Spannung zwischen Individuen und Gruppen mit dem hierarchischen Grundübel hat den Verlust solcher produktiven Partnerschaften beschleunigt. Entschlossen, bedingungslos gleichzuordnen, haben wir jede Verschiedenartigkeit der Individuen, auch jene fruchtbare und genußreiche der Autoritätsverhältnisse, dem Argwohn gegen Hierarchien geopfert. Mit dem hier eingehandelten bösen Pfunde wuchern wir zunehmend beklommen. Ökologisch salvieren sich die einen, wertbesessen zeigen sich ihre Brüder, Rivalität oder Angleichung von Mann und Frau proklamieren andere, um den Sinnverlusten zu steuern.[36]

Die Auftragsautoritäten beteiligen sich an diesen Klärungsversuchen, wiewohl sie mit den Früchten der Autoritätsversachlichung schon übergenug zu tun hätten: Sie müssen die Spannung aushalten zwischen der Expertenautorität, deren Sachkunde sie heranziehen, und der Majoritätenautorität, der sie selbst ihre Ämter verdanken. Gegen die Majoritäten Gebote der Sachkunde durchzusetzen, dies gelingt auch mit List nur auf großen Umwegen, die meist Einbußen in der Sache selbst bedeuten.

Der Zwang, Sachprobleme im Zweifel auch falsch zu »lösen«, weil Mehrheiten die richtige Lösung nicht goutieren, korrumpiert auf die Dauer nicht nur die Mächtigen selbst; er vereitelt auch politisch sinnerfülltes Handeln. Sowenig den Majoritäten die problematische Alternative zwischen ihrem Wohlbefinden und der »richtigen Lösung« interessant ist, so sicher erkennen sie den Effekt des Dilemmas, in das sie ihre Auftragsautoritäten nötigen: Sie entbehren Sinnerlebnisse und zögern nicht, auch diesen Mangelstand schleunigst an die ihnen verpflichteten Autoritäten weiterzugeben.

Ein Kennzeichen unserer modernen Gesellschaft ist die Verwechslung von Prestige und Autorität. Prestige als Ansehen und Geltung einer Person bei bestimmten Gruppen ist nicht von objektiven Normen abhängig, sondern entsteht aus Überlegenheitsgesten oder -kennzeichen, die nicht einer überlegenen Norm folgen, sondern den Wünschen einer Mehrheit entsprechen.

Prestige erweckt als gesellschaftliches Ansehen zwar Bewunderung; es bezaubert auch. Aber es schließt Neidkomplexe nicht aus und macht den Bewunderer unfrei: Darin beruht der deutliche Unterschied zur Autorität, die auch bei entschiedenen Verehrern Freiheit und Urteilsfähigkeit schärft, statt sie einzuschläfern.

Das lateinische Wort, dem wir unsern Prestigebegriff entlehnen, *praestigiae,* klärt uns über die Eigenarten jener gesellschaftlichen Qualität auf, die heute bei uns in aller Munde ist und eine durchschlagende Macht über das allgemeine Denken und Urteilen, Wünschen und Streben erlangt hat: Blendwerk, Gaukelei und Vorspiegelungen bezeichnete das Wort. Das Zeitwort »fesseln« verbirgt sich in *praestigiae,* »blenden« und »verdunkeln« sind die übertragenen Bedeutungen.

Wer heute von »Sozialprestige« spricht und damit eine unserer modernistischen Lieblingsvokabeln benutzt, setzt den Begriff häufig genug als Ersatzwort für »Autorität«. Wer von Sozialprestige redet, meint auch, durch dies harmlosere Phänomen die scheu gemiedene Autorität zugleich entschärfen und entwerten zu können. Sozialprestige hängt nämlich im zeitgenössischen Bewußtsein mit materieller Überlegenheit zusammen. Es gelingt deshalb mit der Diagnose, jemand verfüge über Sozialprestige, die Autorität, die man attackieren möchte, in den Dunstkreis der materiellen Güter zu rücken und folgenreich zu verdächtigen.

★

Die Vermischung der Kategorien Prestige und Autorität ist symptomatisch für eine Gesellschaft, die nur noch in der materiellen Ausstattung der einzelnen Bürger Unterscheidungsmerkmale findet – und im wesentlichen nur diese gelten läßt. Wo Weltanschauung pluralistisch beliebig geworden ist, bieten sich auch schwerlich andere Kriterien als die materiellen, um Statusunterschiede zwischen den Beteiligten festzustellen. Im Schatten der materialistischen Ideologien erlangten diese Merkmale obendrein eine unbestrittene Gültigkeit, so daß der Wert einer Person im gesellschaftlichen Leben von ihren Verbindungen und Mitteln abhängig scheint. Tatsächlich reicht das Blendwerk einer guten materiellen Polsterung aus, um jene Art von Ansehen zu erlangen, die man mit »Prestige« bezeichnet. Folgerichtig gelingt der Erwerb von Prestige über den Besitz bestimmter Lebensgüter zuverlässig. Im umfassenden Banne dieser Verwechslung der Werte verdächtigt man den Besitzer von Autorität dann gelegentlich der unlauteren Nutzung von Prestige, wenn die Kennzeichen seines Wirkens zugleich Sozialprestige einbringen.

Die natürliche Aura der Autorität wird durch diese Verwechslung wahrscheinlich häufiger und nachhaltiger geschädigt als wir annehmen; denn Personen mit hohem Sozialprestige scheinen für den ungenauen Beobachter alle Vorwürfe gegen die Autorität zu rechtfertigen, da hier Autorität als persönliche Qualität mit Machtmitteln gepaart scheint. Daß keine Prestigeposition Autorität schenken kann, dies entdeckt nur der unterscheidende Betrachter, wenn er Person und Position voneinander trennt. Zu viele Gaukler – im Sinne des lateinischen *praestigiae* – laufen unter uns herum und wecken den Neid der materiell Schwächeren, während sie deren Bereitschaft einschläfern, das wohlfeile Prestige von der raren Autorität zu unterscheiden. Wer gelehrt wird, einzig das hochzuhalten, was ihm materiell nützt, der wird schwerlich eine Macht ehren, die sich frei von Nutzenrechnungen entfaltet.

Jürgen Habermas hat die Abhängigkeit vom Materiellen, die sich in der Orientierung am Sozialprestige verrät, unter komplizierter Nutzung dieser Verwechslungsspiele angeprangert. Er spricht vom »autoritären Wohlfahrtsstaat«,[37] der seine Bürger durch einschläfernde Versorgung politisch sterilisiere. In solchen Diagnosen eines Vordenkers ist die Denunziation der Autorität durch die Überwucherung mit materiellen Interessen perfekt. Der Staat als der »autoritäre« Versorger ist in Wirklichkeit der allmächtige Prestigelieferant, dem viele deshalb ausgeliefert sind, weil sie, im Sozialneid befangen, die prestigevermittelnden Güter begehren, die er anbietet. Der Grad dieser Abhängigkeit von den Sozialleistungen des Staates ist keineswegs eine Folge von Staatsautorität.

Die Korruption der Autoritätsgeltung wird über die Korruption der Begriffe befördert. Habermas nennt seine Vision einer abrufbaren Funktionsautorität »rationale« Autorität.[38] Die Vokabel bezeichnet überaus treffend jene Qualität der Autorität, gegen die unsere Zeit sich wehrt: Das irrationale Element, das Charisma, soll abgewehrt werden. Deshalb auch betont Habermas als wünschenswerte Eigenschaft von Autoritäten die Austauschbarkeit und Abrufbarkeit: »Rationalität« meint im Sinne von Habermas im Grunde den *Consensus,* der in »herrschaftsfreier Diskussion« erzielt wird. Werden diese Gedankengänge im Begriff der Rationalität zusammengebracht, so ist Autorität in seiner Vision tatsächlich das Produkt aus mehrheitlich befürworteten Diskussionsergebnissen: rationalisierter Mehrheitswillen.

Ein solches Konzept der Autorität zeugt von einem Glauben an die Funktionsfähigkeit und Zuverlässigkeit des Mediums »Diskussion«, der seinerseits auf der Vorstellung gründet, der Austausch von Standpunkten und Argumenten führe zwangsläufig zur optimalen *Conclusio.* Der »*Consensus*«, die Übereinstimmung der vielen in einem gemeinsamen Ergebnis, wird dabei zur Leitidee, die unmerklich den Platz eines sittlichen Wertes einnimmt.

Die Anhänger einer solchen Pseudoethik gehen von der Gleichsetzung einer Majoritätsentscheidung mit einer ethischen Schlußfolgerung aus; sie setzen den Willen der Vielen für das Gute. Auch hier wieder dominiert also *Quantitas* die *Qualitas:* Was die Mehrheit will, wird zum herrschenden Prinzip erklärt; folglich sollen Autoritäten für die Mehrheit nur jene sein, die den Mehrheitswillen verkörpern und erfüllen. Damit ist der Autorität ihr Kern genommen, der dem Träger von Autorität auch die qualitative Distanz verlieh: Denn Charisma ist *Qualitas,* nicht *Quantitas.* Als bloße Abspaltung der Vielen, auswechselbar und beliebig, ist die von Habermas entworfene Autorität eine Rolle, die man präziser als ein Mandat bezeichnen sollte. Dieser Delegierte einer Mehrheit ist nicht zwangsläufig disponiert, Autorität zu sein, und eben dies ist im Konzept der Autoritätsgegner auch gemeint.

»Rationale Autorität« als Begriffsbildung gibt einerseits Auskunft über den utopischen Wunsch, der Ratio auch im ethischen Bereich letzte ordnende Kraft zuzuschreiben, und andererseits über den Versuch, die irrationale Macht von Autoritäten an die Kette zu legen. In solchem Bemühen kommt der im reinsten Sinne einfältige Glaube unseres Zeitalters an den Menschen und seine Kraft zum Guten bestürzend zum Ausdruck. Wer die Addition der Stimmen schon für einen Garanten der Vernunft zu halten geneigt ist, glaubt an die grundsätzliche Überlegenheit des Guten. Gedächten die progressiven Theoretiker unserer Jahrzehnte noch einen ernsthaften Dialog mit der Religion zu führen – und fänden sie noch Vertreter des Christentums, die dem Kanon folgend argumentierten! –, so täte sich hier die unüberwindliche Kluft auf: Die progressive Diesseitsreligion glaubt an den Menschen und muß ihn deshalb für gut halten; die zeitlose Jenseitsreligion lehrt an einen absoluten Gott zu glauben und den Menschen allem Bösen geneigt zu wissen.

Dieser Gedankengang erweist, daß die Autoritätskritiker unserer Tage auch deshalb die Führungsqualitäten weniger bestreiten müssen, weil sie an die ordnende Kraft von Kollektiven glauben. Wer es ernst meint mit der Egalität, der kann gewiß keine qualitativen Unterschiede mehr tolerieren.

Die spezielle Schwierigkeit, welche die progressive Theorie dem durchschnittlichen Abnehmer bietet, ist ihre moralisierende Attitüde. Nur wenige Menschen sind offen bereit, sich für Anhänger des Bösen halten zu lassen. Jene Theoretiker nun, die den *Consensus* der Vielen über die hervorragenden und vorbildhaften Qualitäten und Erfahrungen der wenigen stellen, erwecken ständig den Eindruck eines moralischen Vorsprungs, der ihre potentiellen Gegenredner einschüchtert. Denn wer heute kundtut, er wolle das Gute, findet immer noch gläubige Ehrfurcht unter den Zuhörern. Die Überschneidung von Wertsystemen tut dabei ihre Wirkung: Neue Lehren werden mit alten Denkkategorien bewertet, und diese erweisen sich nur dem als untauglich, der sie bereits aus seinem Denken ausblenden kann. So finden sich heute viele offene Ohren für jene Lehren, die jede Führungsfigur auffordern, ins Glied zurückzutreten: eine verführerische Tugendforderung, wenn man dabei von Gerechtigkeit, Nächstenliebe und der Gleichheit aller Menschen spricht. Überdies gehört es zu den komplizierten Tröstungen entgötterter Jahrhunderte, vom Menschen selbst Entscheidendes zu erwarten.

Um moralisierenden Maßstäben standzuhalten, moralisieren sogar die Träger der Staatsautorität mehr als ihren Geschäften zuträglich ist. Autorität stellt sich auch deshalb nicht mehr in personengebundener Dichte bei den Staatsämtern ein, weil ihre Abhängigkeit von repressiven Moden der Moral die Amtsinhaber eher als angestrengte Lauscher am Volksmund denn als entschlossene Lenker zeigt.

Max Schelers Gedanke, daß auch ein Ethos unter Umständen mit Hilfe von Macht durchgesetzt werden muß,[39] findet heute kaum noch Anhänger. Was aber folgenreicher ist: Er wird nicht mehr verstanden. Daß nicht jedes der begehrenswerten Güter in jenem idyllischen Format angestrebt werden kann, das dem einzelnen aus seiner sozialen Umwelt vorschwebt, dies wird heute schon deshalb nicht mehr begriffen, weil offiziell nicht mehr zwischen den Tugenden der Staatsführung und jenen der privaten Lebensführung unterschieden wird. Darum die Lähmung der Handlungsfähigkeit bei den Herrschenden, ihre Skrupel und ihre Furchtsamkeit vor den wankelmütigen Positionsgaranten, den Mehrheiten: Die speziellen Tugenden des großen Formats, die eigentlich – der Majoritätengunst den Weg bereitend – zu Autoritätspositionen berechtigen, gelten heute nicht nur als antiquiert, sondern als suspekt. Anstelle des Mutes preist man den Zwitter »Zivilcourage«; Tapferkeit erscheint als Torheit, wo niemand mehr ernstlich an Gefahren glaubt; Ehrgefühl gilt vielen als eingestaubte Grandseigneurstugend. Die abgenutzten Tugenden werden allesamt und ohne Federlesen durch die optimistische Idee getilgt, das Gute könne jeder, pluralistisch freigesetzt, auch in hohen Ämtern aus seinem privaten »Gewissen« schöpfen.

So argumentiert eine Epoche, die in den Menschen alles Zutrauen setzt. Das Ethos ist geschrumpft auf Surrogate, die ursprünglich nur Vollzugsformen sind, Hülsen des Wohlgeratenen und Guten. Pluralismus als Grundsatz der Normenvielfalt ist ein solcher ethischer Fassadenschmuck, Solidarität ein anderer. Auf Freiheit, Gleichheit und Gerechtigkeit strahlen diese beiden Organisationsprinzipien so stark aus, daß auch diese Güter relativiert werden.

Fassaden-Ethik sind Pluralismus und Toleranz, Solidarität und Chancengleichheit deshalb, weil sie Richtungen andeuten, in denen die Anspruchsgesellschaft das Gute vermutet. Sie übersieht dabei beharrlich, daß solche Handlungsmuster, die sie für Garanten des Bekömmlichen und Guten, für die Pforten zum Glück hält, keineswegs selbsttätig den Kern des Ethos, das Gute, bilden können. Ein Rahmen von Orientierungsmarken an der Peripherie bleibt auch im ethischen Bereich ein Gerüst, das allenfalls die Umgangsformen unter den Beteiligten sichern kann. Freilich haben wir unseren Mangel an transzendenter Sinngebung inzwischen so weit verinnerlicht, daß uns schon reibungslose Abläufe, wie sie der Pluralismus ermöglicht, zufriedenstellen. Wie oberflächenhaft solche Befriedigungserlebnisse aber bleiben, dies wird inzwischen entdeckt: Die ersten Zeugen des Aufbegehrens sind als Wertesucher und Ökologen unter uns;[40] weitere werden folgen.

Solange wir in den Kern unserer wohlgemeinten Organisationsformen keine ethischen Sinngehalte einschmelzen können, werden die pseudoethischen Ersatzstrukturen keine schützende Macht entwickeln können. Das Konzept der sozialen Demokratie läßt offenkundig keine gründlichere Ethik zu:

»Der Staat vermag die Regulierungskräfte innerhalb der Gesellschaft nicht von sich aus zu erzwingen, weder mit autoritativem Gebot noch durch Mittel des Rechtszwanges. Der Staat ist insofern darauf angewiesen, daß die gesellschaftlichen Kräfte innerhalb des vom Staat garantierten Freiraumes tatsächlich tätig sind.

Will nun unser Staat seinem freiheitlichen Leitprinzip treu bleiben, so sind seine Möglichkeiten zur Abhilfe sehr beschränkt, wenn die inneren Regulierungskräfte der Gesellschaft ausbleiben sollten. Der freiheitliche Staat geht auch insoweit – um der Aufrechterhaltung der Freiheit willen – ein Risiko ein. Seine Möglichkeiten zur Abhilfe sind sehr beschränkt, wenn die inneren, die sittlichen Regulierungskräfte in der Gesellschaft versagen.«[41]

Die mit der Macht beauftragten Autoritäten operieren unentwegt mit diesen ethischen Hülsen, als sei die pluralistische Solidaritätsmoral das gezückte Schwert der westlichen Kultur, mit dem sie auf geistige Eroberungen ausziehen könnte. Einige unter den Machtverwaltern glauben tatsächlich an die überredende Macht der humanitaristischen Idee und an die Überlegenheit moralisch angereicherter Diplomatie. Daß westliche Politiker an die Macht des undefinierten »Guten« auch in der politischen Auseinandersetzung mit dem weltanschaulichen Gegner glauben, dies folgt unmittelbar aus der um sich greifenden Hypertrophie ihres Glaubens an den Menschen und an sein intaktes Verhältnis zum Guten. Ersatzbildung für Ethik ist in den westlichen Staaten wiederum ein quantitatives System, denn wer die *Qualitas* freigibt, kann nur noch durch Zählen Ordnung schaffen. Die Pseudoethik des modernen Sozialstaates ist nach innen das Wohlergehen möglichst vieler und nach außen die moralische Eroberung, die so gut wie nie gelingt, weil der Import-Export von Humanität nicht im Machtinteresse der gegnerischen Ideologien liegt.

Als Ausweg aus dem pluralistischen Dilemma wäre immerhin denkbar, daß die Regierenden den formalen Charakter der Ordnungsprinzipien Pluralismus, Solidarität, Toleranz hervorhöben und auf die ethische Drapierung solcher Verkehrsregeln verzichteten. Dann wäre den Heilshoffnungen der Bürger freier Raum gegeben; ihr Sinnbedürfnis würde nicht durch Masken eingeschläfert und bei Attrappen aufgehalten.

Der moderne Pluralismus, den die Politiker ihren Wählern als das fortschrittlichste Geschenk der Neuzeit anbieten, kann Inhalte nicht liefern, weil er eben diese freistellt. Er ist nicht mehr als die rein formale Aufforderung an den einzelnen, den anderen unbehelligt zu lassen. Wer den Bürgern Organisationsmodelle als Ethik-Ersatz anbietet, der handelt sich freilich jene Demokratengesinnung ein, die den Staat als technokratische Maschinerie versteht und weder politisches noch moralisches Verantwortungsgefühl für das demokratische Ganze entwickelt. Der Staat wird dann der Lieferant von Wohlbefinden, den man ohne Skrupel ausbeutet.

Die mechanistische Weltsicht, der wir dieses neue Staatsverhältnis der Demokraten verdanken, ist zur herrschenden geworden mit der zahlenmäßigen Dominanz jener Schichten in der Wählerschaft, die immer schon zur mechanistischen Weltsicht hinneigten, während die Oberschicht ein ontologisches Bild des Daseins vor Augen hatte.[42] Seit die Repräsentanten einer sinnbetonten Weltsicht sich zurückziehen, weil sie nach den – mechanistischen – Regeln der Quantität unterliegen müssen, ist auch jene Spielart von Autorität, die an seinsbezogene Lebenssicht gebunden war, der kollektiven Abwehr ausgesetzt: Sie erschien den nach vorn drängenden Mehrheiten als der Inbegriff verdächtiger Vorlieben für das Dauerhafte. Persönliche Autorität erscheint, unter diesem Blickwinkel ihrer Gegner betrachtet, als die Repräsentantin eines Bewußtseins, das ständig nach rückwärts blickt, ehe es die Zukunft ins Auge faßt.

*

Die ethische Aufladung von Lustprinzipien ist als Kennzeichen der Neuzeit schon im ersten Viertel unseres Jahrhunderts erkannt worden.[43] Die Ethisierung von Organisationsformen: Diskussion, Solidarität, Selbsttätigkeit, der wir heute beiwohnen, gehört in diesen Zusammenhang. Nachdem das schlicht materielle Wohlbehagen zum ethischen Wert erklärt war, mußten die Zugangsformen und Garantiemaßnahmen rund um dieses Glück an der Materie ebenfalls in den Rang eines ethischen Systems aufrücken. Das Ethos natürlicher Autoritätsrollen wurde eingeschmolzen im neuen Ethos der Verfahrensweisen und Vollstreckungsformen: Rationalisierung der Autoritäten im Mehrheitskonsens bot sich als pseudoethisches Kostüm für die neue Funktionsautorität an.

Der Bürger mit Versorgungsanspruch wird seinen Staat, dem die Gesellschaft als Autoritätsspenderin vorgeordnet ist, nicht ehren, sondern mit Glücksansprüchen überfordern. Von den Forderungen der gebieterischen Anspruchsgesellschaft überbeschäftigt gehalten, sind die Staatsautoritäten in ihren Außenaktivitäten stark eingeschränkt. Da die Staatsmänner überdies mit einem Katalog humanitärer Ideen auf Außenwirkung ausgehen, schmilzt politischer Mut im humanitären Pathos schnell dahin. Wenn die westlichen Politiker angesichts der Ohnmacht des Westens gegenüber den kommunistischen Ländern mit Märtyrergeste von der Unterlegenheit des Guten sprechen, so reden sie keineswegs im politischen Raum, sondern im politischen Familienformat:

»Es ist kindlich zu glauben, man könne hier mit den Gefühlen der Familienmoral auskommen, und sollte es wirklich Politiker und Theologen geben, die das nicht behaupten, um ihre Gegner zu diskreditieren, dann reden sie ›ut ignoras quanta belua esset imperium‹ – als ob sie nicht wüßten, was für ein Untier die Herrschaft ist. Um in Sentenzen zu sprechen: Das Schwert, das man aus der Hand legt, ergreift ein anderer...«[44]

Die Macht, erstrebte Güter zu verteidigen, kann niemals allein aus der guten Absicht oder der rechtschaffenen Gesinnung erwachsen. Nur wer den Menschen im Kern für gut hält, kann den utopischen Versuch unternehmen, mit dem ohnmächtigen Glauben an die gute eigene Sache machtfreie Politik zu treiben.

2.
Autoritätskrise der Erzieher

Bis zur Französischen Revolution waren die Autoritätsvorstellungen, die ein Mensch von Kindheit an zu entwickeln lernte, homogen in ihrer Anordnung: Familie, Kirche und Staat entsprachen dem Muster der väterlichen Initialfigur. Die Auftragsautoritäten in der modernen Demokratie folgen einem grundsätzlich anderen Muster, da sie von den Adressaten selbst konstituiert werden. Das Väterliche bildet nicht mehr das Grundmuster für Autoritätserlebnisse im sozialen Raum. Das Väterliche selbst steht in Frage – nicht zuletzt deshalb, weil seine Funktion als Ordnungserlebnis für das spätere Leben hingeschmolzen ist. Als Alternative wurde in der antiautoritären Bewegung die Partnerschaft von Eltern und Kindern entworfen, bei der dem väterlichen Prinzip keinerlei Leitfunktionen mehr zufallen sollen. Ob das Väterliche auch deshalb in den Zirkel des Mißtrauens geraten ist, weil es keine vorbereitende Funktion mehr für das politische und soziale Welterlebnis hat, mögen Kulturhistoriker erwägen. Hier walten Wechselbeziehungen.

Max Horkheimer, einer der vielzitierten Wortführer in der antiautoritären Familienkritik der sechziger Jahre, der aber schon vor dem Autoritätsaufstand seinen Frankfurter Lehrstuhl verlassen hatte, sieht die Familie »unter allen gesellschaftlichen Institutionen, welche die Individuen für Autorität empfänglich machen... an erster Stelle«. Die Stellung des Vaters erscheint als die Schlüsselposition der unumschränkten Autorität:

»Weil der Vater de facto mächtiger ist, darum ist er auch de jure mächtiger; das Kind soll dieser Überlegung nicht bloß Rechnung tragen, sondern sie zugleich achten, indem es ihr Rechnung trägt. In dieser familialen Situation, die für die Entwicklung des Kindes bestimmend ist, wird zugleich die Autoritätsstruktur der Wirklichkeit außerhalb der Familie weitgehend vorweggenommen: die herrschenden Verschiedenheiten der Existenzbedingungen, die das Individuum in der Welt vorfindet, sind einfach hinzunehmen...«[45]

Sicher ist, daß die Isolation der väterlichen Autorität in der Familie zur Erosion ihrer Konturen beigetragen hat: eine Isolation, die sowohl von der auftraggebenden Instanz wie von den Abnehmerinstanzen ausging: Die Kirche, welche dem Väterlichen transzendente Rechtfertigung geliehen hatte, verlor an Macht, und der Staat trat als Abnehmer solcher Autoritätsbilder zurück. Er entwickelte eine neue Konzeption von Autorität, in der die Hauptmerkmale des Väterlichen fehlen. So hat einerseits die veränderte Struktur der Staatsautoritäten auf die Familie zurückgewirkt; andererseits aber ist das neue Bild des Individuums, das in der psychologischen Literatur schon 200 Jahre vor Freud auftaucht und in dessen Lehre dann wissenschaftlich objektiviert wird, für die gewandelte Auffassung vom Staatsbürger mitverantwortlich.

Während Staat und Familie sich ursprünglich in spannungsvoller Gegensätzlichkeit begegnen, sind heute bei sinkender Staatsmacht und schwindendem Staatsbewußtsein Familientugenden in den politischen Raum gedrungen. Zugleich hat die Familie selbst einen großen Teil ihrer Macht eingebüßt. Sowenig unseren Staatsmännern ihr internationaler Umarmungswille als Indiz dieser fundamentalen Verwechslung der sittlichen Ebenen kenntlich wird: Der drohende Verlust der Familienkultur als eines staatssichernden Faktors ist ihnen deutlich. Deshalb wird heute von Familie viel geredet, zu ihrer Festigung so manches politische Versprechen ersonnen.

Schon in den Tragödien des Aischylos und Sophokles wird der vorgegebene Konflikt zwischen Staat und Familie beschrieben[46]: Die Kleinzelle birgt das Individuum in natürlicher Sittlichkeit und schützt seine Unverwechselbarkeit. Der Staat fügt den einzelnen in größere Einheiten ein und fordert von ihm unter entsprechend übergeordneten Gesichtspunkten. Friedrich Hegel und Sigmund Freud haben dieses Spannungsverhältnis beschrieben, und der Soziologe Max Weber hat es bestätigt; Arnold Gehlen hat ebenfalls an das vergessene Spannungsverhältnis erinnert.[47] Sigmund Freud aber war der antiautoritären Bewegung als Kronzeuge wichtiger; die Soziologie bot auch anderslautende Forschungsmeinungen; die Stunde für den Vergleich all dieser Stimmen mit unserer Situation scheint jedenfalls den Staatsmännern noch nicht gekommen.

Seit der Staat als der universal zuständige Familienvater auftritt, dessen Autoritätsrolle freilich modifiziert wurde, ist der Gegensatz zwischen Staats- und Familientugenden, zwischen politischem Ethos für das Gemeinwesen und familiärer Solidarität, verschluckt worden. Die Familie sieht es längst nicht mehr als ihre Aufgabe an, die Individuen im Kleinverband für die objektiven Belange des Gemeinwesens zu stärken. Vielmehr schmelzen zwischen Familie und Staat die Schwellen hin, da immer mehr Familienbelange vom Staat verwaltet und von den Familienangehörigen willig delegiert werden, immer mehr Forderungen der sozialen Kleinzelle den Staat zu Eingriffen und Zuständigkeiten ermuntern. Die Annäherung ist eine wechselseitige, und es kann nicht mehr verwundern, daß sich nun Sippentugenden in die Argumentation der Politiker schleichen, während die staatlichen Forderungen an den Bürger in Dienstleistungen des Staates für seine Mehrheiten erstickt werden. Der so beschriebene Autoritätsverlust des Staates muß im Zusammenhang mit der Revolution des Menschenbildes gesehen werden, die von den neuzeitlichen Ideologien unter Flankenschutz durch die moderne Seelenwissenschaft bewirkt worden ist. Letztlich ist es die Besinnung auf seine psychologische Individualität und Unverwechselbarkeit, die den Menschen in die Autoritätsabwehr geführt hat. Die Aufklärung zeichnet die Linien dieses hereinbrechenden Mündigkeitsbewußtseins vor, aber wir haben kein Interesse daran, in den Büchern unserer Geschichte zu lesen.

Dennoch sei an die faszinierende Vorübung für den modernen Aufstand der Individualpsyche erinnert, die in der Literatur und Kunst der Renaissance in Italien und Frankreich beginnt. Der Roman, die erdachte individuelle Geschichte, geht mit der Entdeckung der interessanten Einzelpsyche in seine große Zeit.[48]

Sie währt bis ins 19. Jahrhundert und hat ihre Parallele in der

Abfolge deutlich konturierter Einzelgestalten, die mit individueller Leistung in Politik, Wissenschaft und Forschung, Handel und Gewerbe den Geschichtsprozeß prägten.

Der Mensch, der seit der Renaissance sich selbst entdeckt, nachdem er dem Weihrauch der Dogmen entronnen ist, hat es bis ins 19. Jahrhundert nur mit dem Menschen zu tun – und mit den Naturgewalten, denen Respekt und Furcht gelten. Gegner sind individuell faßbar, Feindschaften und Bündnisse richten sich auf überschaubare Größen, die von Personen repräsentiert werden.

Die gestaltlosen Mächte, die Kolosse Technik, Energie, Industrie, der Fetisch »Gesellschaft«, waren noch nicht auf dem Plan. Die geistige Bemühung der analytischen wie der dichtenden Denker gilt seit diesem großen Aufbruch in die menschliche Seelenlandschaft dem Individuum. Montaignes Essais geben von diesem leidenschaftlichen Interesse an den Gesetzmäßigkeiten des Seelenlebens Zeugnis.[49] In der Überschau betrachtet, bedeuten Renaissance und Barock einen wahren Rausch der Selbsteroberung des abendländischen Individuums: Die bildende Kunst portraitiert das Einzelantlitz, der Roman nimmt plötzlich Seelenschicksale wichtig, die Politik honoriert die bedeutende Einzelgestalt.

Mit dem Einbruch der Industrie wird das psychologische Bewußtsein zur Privatangelegenheit; unpersönliche Mächte relativieren den einzelnen und sein Wirken. Sein Einfluß auf die Schicksale wird von kollektiven Tendenzen überdeckt, seine Steuerungsmöglichkeiten schwinden im gleichen Maße wie sein Überblick. Die Familie kapselt sich ein, und das Recht auf die individuelle Liebesgeschichte dringt aus der Literatur und den gehobenen Ständen in die durchschnittliche Existenz. Das Individuum entfaltet weitere Freiheitsräume für seine Seele, während von außen der Druck zur Uniformierung der Wünsche und Möglichkeiten ansteigt. Die Wissenschaft greift nun in das große Thema »Individuum« ein. Während die Kinder einer Pflichtschule zugeführt werden und damit in den Zugriff unpersönlicher Mächte geraten, nachdem die Kirchenmacht das Individuum freigegeben hat, macht sich mit Sigmund Freud die Wissenschaft von der menschlichen Physis, die Medizin, in die bis dahin tabuisierten und nun ebenfalls zur Disposition gestellten Bezirke des Menschen auf, die weder seziert noch exakt therapiert werden konnten: Die Psyche des zu sich selbst gekommenen Individuums wird Gegenstand der Naturwissenschaft.

Seit der Begegnung mit den kollektiven Mächten, die sich jenseits der menschlichen Konfrontation aufrichten, melden sich erste Angebote neuer Weltdeutung. Ihr Boden war durch die Emanzipationsbewegung aus dem kirchlich dominierten Schicksal in die individuelle Selbstbestimmung bereitet. Nach den kirchlichen Autoritäten sollten auch die großen Einzelnen als Lenker kollektiver Geschicke fallen: »Antiautoritäre« gibt es schon unmittelbar nach der Französischen Revolution am Ende des 18. Jahrhunderts, als Radikalliberale und Demokraten sich »Antiautoritäre« nannten. Der Begriff fand freilich erst in unseren Tagen jene kämpferische Nuance und seine ungeheure Verbreitung als Programmvokabel einer ideologischen Bewegung, die sich, nicht zuletzt unter Berufung auf die wissenschaftlichen Erkenntnisse Freuds, zur Ausrottung der charismatischen Autorität in der Wurzel, daß heißt zuerst in den Kinderzimmern und Familien, anschickte.

Erziehungsleidenschaft gehört zu den Charakteristika von Zeitaltern, die den Menschen ins Zentrum ihres Weltverständnisses setzen und entsprechend Großes von ihm erwarten. Wer in den Menschen seine Hoffnungen setzt wie unsere Zeit es tut – wie die Aufklärung es vorprobte –, der muß daran interessiert sein, die menschlichen Fähigkeiten optimal zu nutzen. Er muß an ungeahnte Vervollkommnungsmöglichkeiten schon deshalb glauben, weil er die sparsame Entfaltung der menschlichen Qualitäten in der repressiven Weltsicht der soeben verlassenen Jahrhunderte begründet sieht. Den Opiaten der Religion lastete man den jahrhundertelangen Betäubungsschlaf der menschlichen Fähigkeit an, zu vollkommen glückseligen Zuständen aus eigener Kraft und in seiner eigenen Geschichte zu gelangen, statt sich auf eine nicht mehr irdische Zukunft vertrösten zu lassen.

Vom Glauben an die eigene Kraft zur Vollkommenheit war es nicht weit zu der Überzeugung, das Glück lasse sich auch über Ansprüche verfügbar machen: Der Anspruch auf soziales Glück tritt seither in offener Rivalität zum Zuspruch der Religion auf. Das Christentum hat seine Gläubigen als Empfänger eines Heilszuspruches definiert; dies schloß ein Anspruchsdenken aus. Seit der mündige Mensch seine Geschicke in die eigene Hand genommen hat, sind Heilsversprechen und Gnadenzuspruch dem Anspruch des Menschen gewichen: Als Versorgungs- und als säkularisierter Heilsanspruch regelt er das Denken und Erziehen.

*

Der Erziehungsoptimismus, der zum Emanzipationsrausch des Menschen von alten zu neuen Göttern gehört, findet vorbildliche Gestalt in Jean-Jacques Rousseaus »Emile«, dem Erziehungswerk aus der Mitte des 18. Jahrhunderts, dessen Gedanken erst gegen Ende des neunzehnten Jahrhunderts in das allgemeine Bewußtsein drangen. (Möge auch den Analytikern unserer zeitgeschichtlichen Situation, die heute ungehört bleiben, eine günstigere Stunde schlagen, solange man ihre Deutungen brauchen kann!)

Rousseaus Wirkung ist unbestritten; sie wird hier nicht diskutiert. Aber sein Erziehungsbuch »Emile« enthält Passagen zur Autorität, die allzu selten zitiert werden und heute aus dem allgemeinen Bewußtsein verschwunden sind. Bei einem Wegbereiter der Französischen Revolution, deren Parolen heute in immer neuen Varianten, aber immer noch unverkennbar im Kern, diskutiert werden, muß das verwundern. Dieser Klassiker des sozialen Wandels, der dem Ideal der Antiautoritären entspricht, über eine Revolution des Erziehungswesens die Gesellschaft zu revolutionieren, müßte doch der erwünschte Gewährsmann für die Autoritätskritiker unserer Zeit sein.

Rousseau folgt der Prämisse, die Kreatur komme vollständig gut aus der Hand des Schöpfers und werde entstellt durch den Zugriff des Menschen. Seine Position gegenüber der erzieherischen Autorität ist selbst auf diesem Hintergrund so differenziert, daß die Argumentation unserer zeitgenössischen Pädagogen sich dagegen borniert und einseitig ausnimmt. Insbesondere deshalb muß an Rousseau erinnert werden. Die Autorität, welche er beschreibt, lebt einerseits von der natürlichen Überlegenheit und den Erfahrungsvorsprüngen des Erwachsenen, die einer Wertung nicht bedürfen, zum andern von der »Achtung vor der Tugend«. – »Erinnert euch«, so redet er den Erziehern zu, »daß man selber erzogen sein muß, ehe man einen Menschen zu erziehen wagt. Er muß in sich das Vorbild finden, das er zeigen will.«[50]

Die gesamte Erziehungslehre dieses aufgeklärten und seiner Zeit vorauseilenden Pädagogen kreist um ein Zentrum: Existentieller Einsatz der Erwachsenen für die Erziehung der Kinder. Sein Verständnis von Autorität läßt dabei keine Schattierung vermissen, die im Wechselspiel von *auctoritas, potestas* und *clementia* – von schöpferischer Kraft, von Macht und Gnade – aufleuchtet. Die Autorität, so erläutert er, muß dem Kind als objektive Macht der Verhältnisse erscheinen, nicht als Willkürakt des Erziehers.

»Der Zwang der Verhältnisse muß der Zügel sein, der ihn hält, nicht die Autorität... Er darf gar nicht auf den Gedanken kommen, daß ihr irgendeine Autorität über ihn beansprucht.«[51]

Autorität wird nicht eingefordert, sondern sie erscheint als das objektiv Notwendige selbst, sagt Rousseau. Die modernen Kritiker der Autorität bestreiten aber, daß elterliche Autorität solche Funktionen und Qualitäten habe. Was Rousseau als selbstverständliche Voraussetzung des Erziehungsverhältnisses sieht, die natürliche Autoritätsrolle des Erziehers, das ist in unseren Tagen unerbittlicher Verdächtigungsarbeit anheimgefallen: Autokratisch, repressiv und eben »autoritär« wird der Stil genannt, in dem durchschnittliche Eltern ihre Kinder auf das Leben vorbereiten.[52]

Bleiben wir aber noch bei Rousseau. Seine Vorstellung von der übergeordneten Rolle des Erziehers folgt natürlichen Gegebenheiten, die er immer wieder hervorhebt. Seine Überlegenheit macht den Erzieher aber keineswegs zum unabhängigen Herrscher; die erforderliche Großzügigkeit im Gewähren von Wunscherfüllungen dient mitnichten seiner Freistellung von innerer Anteilnahme und Einsätzen für das Kind. Während die moderne Autoritätskritik den Verdacht nie ganz wird zerstreuen können, daß sie auch eine Freistellung der Erwachsenen von Erziehungseinsätzen im Auge hat, fordert Rousseau mit großer Selbstverständlichkeit: »Ihr müßt eure Zeit, Liebe, Mühe, euch selbst geben.«[53] Welch ein Satz in unserer Gesellschaft! Wenn sie aus der vaterlosen folgerichtig zur kinderlosen Gesellschaft geworden sein wird, dann wird Nachdenken sich rühren. Noch sind wir mit dem Wegplanen der Kinder, mit den Selbstverwirklichungs-Täuschungen der Erwachsenen beschäftigt.[54]

Wie entspannt der höchst kritische Philosoph Rousseau die Funktion der erzieherischen Autorität sieht, erweist sich, wenn er ohne Zögern die Erfahrung des Erwachsenen der Autorität gleichsetzt, mit der dieser dem Kind beistehen soll: »Ihre Erfahrung ist die Autorität, die ihn [den Zögling] leiten muß.«[55] Auch dieser Gedanke, daß Autorität Schutz und Bewahrung vor Gefahren bedeutet, ist in dem zeitgenössischen Argwohn ertränkt worden. Die Schutzmacht der Autorität ist Rousseau auch deshalb so wichtig, weil er sie in den Jahren, die der Ablösung des Jugendlichen von seinem Erzieher vorausgehen, für absolut unentbehrlich hält. »Wer wird ein stürmisches Pferd in einen Abgrund springen lassen, um es zu zähmen?« fragt er lebhaft zurück, nachdem er dem Einwand Raum gegeben hat, man solle vielleicht dem jugendlichen Willen freien Lauf lassen.

Keine Frage freilich sieht Rousseau dort, wo die Antiautoritären unserer Tage ansetzen: Ob denn die Maximen des Erziehers überhaupt zumutbar seien, ob sie irgendein Maß für ihre Richtigkeit angeben könnten, das ihnen erlaubt, den Nachkommen Verhaltensnormen zu verordnen. Wie weit wir inzwischen unseren Marsch in die Wüste unserer Träume fortgesetzt haben, wie weit wir von diesem revolutionären Neuerer entfernt sind, obwohl uns erst hundert Jahre von der allgemeinen Entdeckung seiner Ideen trennen, das zeigt sich in solcher Fragestellung. Wir haben uns von jeder konkreten Gestalt des Tugendbegriffes verabschiedet und operieren mit Organisationsformen, in die das Glück aller einschießen soll wie das Erz in die Form. Da aber niemand die Formel für die Legierung kennt, bleibt es beim Klappern mit Hohlformen.

Der Philosoph der Kindererziehung huldigt nun keineswegs einem simplen Überlegenheitsmodell, das beim Erzieher alle Tugenden versammelt und Autoritätsmißbräuche ausschließt.

Erfahrungen des Kindes dürfen auf keinen Fall durch die Autorität und Erfahrung des Erwachsenen blockiert werden, mahnt er.[56] Auch der in der Kinderpsychologie unabweisbar gewordene Zusammenhang, daß Heranwachsende die schützende Autorität selbst in ihrem Wirken bestätigen, findet sich schon bei Rousseau. Die Ideologen der neuesten Zeit argumentieren hier im utopischen Gesinnungseifer an der Wissenschaft vorbei – ein Kuriosum, das wir uns nicht nur auf diesem Felde leisten.

Die »natürliche Autorität«, wie sie auch Bertrand de Jouvenel beschreibt,[57] hat für Rousseau überhaupt im wesentlichen Schutzfunktionen. Er weicht dabei der Frage nach den Machtkomponenten in keiner Weise aus: Man müsse sich nach der Rechtmäßigkeit von Macht fragen, wenn man sich ihr unterwirft, und mit Rechtmäßigkeit meint er die Unterwerfung unter das Gesetz. Auch die Loslösung des Heranwachsenden von der väterlichen Autorität scheint ihm vollkommen natürlich; der Sohn ist dann, wie jeder Erwachsene, für sich selbst verantwortlich. Die Autorität, welche den Weg in die Gemeinschaft gewiesen hat, wird damit zur Grundlage und Voraussetzung der Selbstbestimmung des einzelnen.[58]

Solche vergleichsweise unbefangenen Vorstellungen von den Verantwortungen des Erfahreneren für den Unerfahrenen, des Vaters für den Sohn, werden heute durch den Filter der Freudschen Lehre modifiziert und durch die ideologischen Postulate der Egalitätsvision so heftigen Verwerfungen ausgesetzt, daß vom Autoritätsverständnis des Jean-Jacques Rousseau bei seinen Erben kaum noch Spuren zu finden sind. Eher könnten heute aufmerksame Konservative den Vorkämpfer der Revolution für sich entdecken, hinderte nicht das allgemeine Vorurteil sie wie ihre Gegner an der freien Umschau auf die Erbschaften, aus denen wir uns bedienen könnten. Wer Rousseaus Autoritätsbegriff aber deshalb geringschätzen möchte, weil jenem die Einsichten der Psychoanalyse gefehlt hätten, der wird sich überrascht finden von den psychologischen Grundannahmen, die der Autor, gleichlautend mit den späteren Erkenntnissen der Psychoanalyse, bereits in seiner Erziehungslehre benutzt. Das Hauptstück unter diesen Voraussetzungen ist die Selbstliebe des Kindes und des Menschen in jedem Lebensalter, deren der Erzieher sich zu bedienen habe, statt sie zu unterdrücken.

Die modernen Autoritätsgegner finden, wenn sie Rousseaus Lehre nicht mehr folgen können, auch bei Freud nur dann Bestätigung, wenn sie ihn unvollständig zitieren. Wer sich mit der Forderung nach Autoritätsvernichtung auf Freud beruft, der folgt bereits einer Ideologisierung der psychoanalytischen Wissenschaft. An solcher zweckdienlichen Entstellung der Freudschen Trieblehre und Verdrängungstheorie haben schon zu Lebzeiten Freuds marxistische Theoretiker gearbeitet, weil sich die Psychoanalyse als Flankenschutz für die marxistische Gesellschaftstheorie unmerklich abwandeln und umbiegen ließ. Auch die spätere Freud-Rezeption der Frankfurter Schule: Horkheimers, Adornos und Marcuses, bediente sich ausgewählter Fakten aus der psychoanalytischen Lehre. Und Jürgen Habermas unternimmt noch 1968 den Versuch, Sigmund Freuds psychoanalytische Lehre für seine Gesellschaftstheorie in Anspruch zu nehmen.[59]

Bei Rousseau ist das Freudsche Über-Ich präsent in der verinnerlichten Vertrauensposition des Erziehers beim Zögling, wenn die Belastungen der Beziehung beginnen. Erst mit der marxistischen Lehre und den ergänzenden Beiträgen der psychoanalytischen Forschung wuchs im 19. Jahrhundert das Mißtrauen gegen solche Programmierung des Bewußtseins. Nachdem die Verbindlichkeit von kirchlichen Bewußtseinsprägungen gebrochen war, verschoben sich die Grenzen zwischen »richtig« und »falsch« in den säkularen Raum: Die Unbefangenheit, mit der noch Rousseau einfach das Mehr an Erfahrung und die Liebe zum anvertrauten Jüngeren, die Einsicht und den entschiedenen Willen zur »Tugend« als Autoritätsberechtigungen angenommen hatte, diese Unbefangenheit war ein für allemal dahin. Was »Tugend« sei, stand zur Disposition; Erfahrung galt nun synonym für traditionalistische Befangenheit; die Liebe zum anvertrauten Kind interessierte vorwiegend in ihren umklammernden und »repressiven« Tendenzen.

Der intuitiv geleistete Erkenntnisvorsprung von Rousseau, der über die Autoritätsanerkennung die Eigenliebe des Kindes zu befriedigen weiß, findet bei Freud vollgültige Bestätigung in den Mechanismen der Beziehung von Ich und Über-Ich. Die Verinnerlichung der Ansprüche des Über-Ich, einer Autorität also, die zunächst in der Regel beim Vater liegt und vorprägend auf alle weiteren Autoritätserlebnisse des Menschen wirkt, diese Identifikation des einzelnen mit den an ihn gerichteten Ansprüchen und Forderungen ist für die Philosophen der Frankfurter Schule der Ausgangspunkt ihrer Autoritätskritik.

Auf der Erkenntnis der psychologischen Machtvollkommenheit, welche Autoritäten entwickeln können, hatten schon die frühen marxistischen Auswertungen der Freudschen Lehre aufgebaut. Die antiautoritäre Bewegung der sechziger Jahre unseres Jahrhunderts nimmt nun den nachhaltigen Einfluß von Autoritäten zum Anlaß, der Autorität selbst als einer gefährlichen Seelenmacht den Kampf anzusagen. Um Mehrheiten für neue Ideen, für ein ganz neues Selbstverständnis zu gewinnen, wie es der historische Materialismus voraussetzt, muß die Macht der Autoritäten gebrochen werden, weil sie ein Element des Traditionsbewußtseins mitführen.

Die Autoritätsanerkennung ist von den Progressiven daher immer auch als ein Produkt konservativer Befangenheit verachtet worden. Daß Kulturgemeinschaften aber zu solchen konservativen Elementen neigen, weil diese ihren Bestand sichern, wurde der Soziologie ebenso rasch klar wie der Psychoanalyse. Der Kampf gegen Autoritätsabhängigkeiten war also von Anfang an auch ein Kampf gegen jahrhundertealte Grundhaltungen der Kulturgemeinschaft, von denen bis heute nicht klar ist, ob sie nicht einem Grunderfordernis der menschlichen Natur entsprechen: Immerhin ermöglichen sie es, daß Menschen sich als geschichtliche Wesen erleben. Sie vermitteln das Bewußtsein der Herkunft, das zur Sinnerfüllung der eigenen Lebensprozesse beiträgt.

Auch die Autoritätsdiskussion behandelt im Grunde nichts anderes als die Frage nach dem Lebenssinn. Während die Autoritätsfeinde energisch Sinnspender austilgen, wenn sie »natürliche« Autoritäten beseitigen, überschätzen sie die psychologischen und soziologischen Rückhalte der Menschen, die es erlauben könnten, ohne Äquivalente für solche Kardinalverluste auszukommen. Utopische Belohnungen für den Verlust der Autoritäten können deshalb niemanden dauerhaft befriedigen.

Die Autoritätskritiker unserer Tage unterschätzen auch die Funktion der Autoritäten als Bestätigungsinstanzen für das Selbstgefühl: Einer Autorität zu gefallen, von ihr gelobt zu werden, ist unverzichtbare Nahrung für Eigenliebe und Selbstwertgefühl. Freilich wollen die modernen Antiautoritären dieselben Effekte über das Solidaritätserlebnis erreichen; sie übersehen dabei aber, daß die Qualität einer Anerkennung von »oben« durch Gleichheitserlebnisse nicht zu erreichen ist. Die Folgerung, das Bewußtsein müsse bis in diese Zonen hinein revolutioniert werden, um das Autoritätsbedürfnis selbst zu vernichten, hat immer noch hypothetischen Charakter, weil wir heute immer noch nicht einig darüber geworden sind, ob nicht doch, mit Rousseau gedacht, Autoritätsverhältnisse den natürlichen Abfolgen der Brutpflege und Ablösung entsprechen.

Differenziert lautet dann die Frage, ob Autorität als Schutzauftrag der Erfahreneren für die noch Unerfahrenen gelten darf, und schließlich, ob der historische Mißbrauch von Einflußmacht, den der Faschismus uns vorgeführt hat, zur Ächtung der Autorität schlechthin ausreicht. Der ideologischen Befangenheit der modernen Autoritätskritiker entspricht es, daß sie schon in dem wertfreien Erfahrungsbegriff Ideologie wittern: »Autoritäres« Verhalten ist im Wortschatz der antiautoritären Strömung unserer sechziger Jahre ein »Machtgebaren«, das »vertikale« Strukturen, also Hierarchien, in der Gesellschaft aufrechterhalten will.

Max Horkheimer freilich hatte ursprünglich, abweichend vom Sprachgebrauch der zwanziger Jahre,[60] den Inhalt des Begriffs »autoritär« festgelegt: auf innere und äußere Handlungsweisen, in denen Menschen sich einer fremden Instanz unterwerfen.

*

Daß für die Ausbildung von Autoritätsstrukturen die Familie den Initialfaktor bildet, dies war in der Diskussion von Anfang an unbestritten. Horkheimer differenziert zunächst noch behutsam, indem er der Autorität im Geschichtsprozeß sowohl fördernde wie hemmende Funktionen zuschreibt. Deutlich wird in diesem seinem Urteil, daß er Autorität grundsätzlich nur funktional gelten lassen kann, als Katalysator für Veränderungen, wie sie schon Friedrich Engels zuließ, als Ordnungsmacht in Auf- und Umbrüchen, aber eben nicht als Schutzmacht des Überlieferten oder gar als Sinnbild einer höheren Ordnung über den wechselnden Ordnungsversuchen der Menschen. Deshalb muß die väterliche Autorität in der Familie, die ein solches Sinnbild gültiger Ordnung war und gelegentlich noch ist, in »Partnerschaft« aufgehen. Die Fremdbestimmung durch das väterliche Über-Ich soll der Selbstbestimmung des Individuums im Planen, Denken und Handeln weichen.

Insbesondere die konfliktlose Anerkennung verschiedener Lebensbedingungen, wie sie in der Familie vorgeübt wird, bereite die Kinder auf die hierarchischen Strukturen im sozialen Leben vor, so Horkheimer zur Rolle der Familie. Die Autoritätshörigkeit, die im gesellschaftlichen Leben zur Garantin der allgemeinen Unterordnung unter die ungleichen Chancen führe, sehen die Kritiker im frühkindlichen Alter vorbereitet. Die Folgerung, schon im Kindergartenalter müsse das Kind aus diesen Strukturen herausgebrochen werden, wurde in den sechziger Jahren dann auch in der Praxis erprobt. Autoritätsgegner unter den professionellen Erziehern glaubten beobachten zu können, daß Kinder entschieden autonom und rational handelten, nachdem sie diese von den gängigen Autoritätsfesseln befreit hatten.[61]

Die Autoritätsdiskussion der jüngsten Zeit hat reichlich Zeugnisse hinterlassen und ungezählte Kontroversen produziert, die im wesentlichen fruchtlos und ohne jenen Erkenntnisgewinn verliefen, den wir suchen müßten. Daß eine Vision des künftigen Glücks unter die Maßnahmen zur Wegbereitung für das Wohlbefinden aller auch den entschiedenen Eingriff in natürliche Zuordnungen wie die Brutpflegesituation aufnimmt, dies ist ein bedenkenswertes Kennzeichen der antiautoritären Strömung. Die naturgegebene Hilflosigkeit des Menschenkindes dauert immerhin länger als bei jedem anderen Lebewesen. Das in diesen Jahren der Hilfsbedürftigkeit wachsende Verhältnis zwischen Betreuer und Kind läßt sich schon wegen seiner Dauer nicht auf einen technisch-hygienischen Akt reduzieren. Die frühkindlichen Erlebnisse der »Überlegenheit« des Betreuers als autoritäre Urerlebnisse abzutun, ist schon deshalb ein unsauberes Verfahren, weil der Erwachsene auch Liebesobjekt des Kindes ist, anfangs vom Kind sogar als ein nicht unterscheidbarer Teil seiner selbst erlebt wird.

Daß die Autoritätsdiskussion der Gegenwart keinesfalls mit der Forschung zur frühkindlichen Psyche oder dem Bestreben zusammenhängt, dem Menschen selbst in seiner biologischen Eigenart gerecht zu werden, dies kann von niemandem mehr bezweifelt werden. Man ist verwundert, dies festzustellen; denn ein Konzept zur Befreiung und Beglückung aller sollte in erster Linie auf einem möglichst realitätsgetreuen Bild des Menschen aufbauen.

Ideologische Utopien verfahren bekanntlich umgekehrt. Idealistische Abstrakta wie Gleichheit, Brüderlichkeit und Gerechtigkeit, Partnerschaft und Solidarität, Toleranz, Selbsttätigkeit und Selbstbestimmung ballen sich zum Instrumentarium einer leuchtenden Vision von der Zukunft des Menschen. Bei der Aufbereitung des Terrains für die Verinnerlichung dieser Begriffe stößt man auf eine unerbittliche Gegnerin, die deshalb bald zur Widersacherin ersten Ranges erklärt wird: Die Autorität als die irrationale Macht zwischen Eltern und Kindern, Lehrern und Schülern, älteren und jüngeren Menschen, aber auch zwischen Gleichaltrigen.

Als Macht der Kirchen war die Autorität schon diffus geworden, als der große Aufstand der sechziger Jahre begann. Für alles Eingeschliffene und Altgewohnte, Hingenommene und Liebgewordene schien immer wieder die Autorität das verräterische Etikett abzugeben: Überall, wo über Nacht verändert werden sollte, fanden sich Bindungen und Verkrustungen zwischen Menschen, für die Autorität, Herrschaft des Menschen über den Menschen, verantwortlich schien.

»Nichtfunktional« im Sinne dieser großen Anklage waren fast alle Verhältnisse von heranwachsenden Kindern und Eltern, fast alle Anhänglichkeiten von Jungen an ältere Vorbilder und grundsätzlich alle Respektverhältnisse von Erwachsenen gegenüber dem Hergebrachten und Überlieferten, also jede »konservative« Grundeinstellung. Jede Konvention geriet plötzlich in den Hagel der Verdächtigungen, jedes Gewohnheitsrecht geriet in den Strudel der Transparenzforderungen, der »Demokratisierungs«-Akte. Autorität schien tatsächlich der Kern aller Übel, weil fast alle Gewohnheitshaltungen einen irrationalen Kern der Achtung von Tatbeständen, des Traditionsdenkens enthielten, für welchen die antiautoritären Protagonisten, bedenkenlos vereinfachend, die Autorität verantwortlich machen.

Die Beliebigkeit der Verdächtigungen von Autorität in den Jahren dieses Sturms auf »autoritäre« Phänomene hatte eine Abnutzung des Begriffs zur Folge, die noch heute jeden Benutzer unsicher macht. Wer von Autorität sprach und spricht, gerät seitdem in ein Klima der Mißverständnisse. »Demokratisierung« und »Transparenz« aller Prozesse haben im Gegenteil Gesinnungsdruck und Anpassungszwänge neuer Art erzeugt, denen sich derjenige willig beugt, der auf der Höhe seiner Zeit sein will.

Gewiß ist die Autoritätsdiskussion an den meisten Familien scheinbar ohne bedeutende Spuren vorübergegangen. In den Durchschnittsfamilien, denen die Befreiung von »autoritären« Strukturen hätte gelten müssen, wird weiterhin konventionell gestraft und repressiv erzogen bis hin zur Berufswahl des Heranwachsenden. Man wird den Verdacht nicht los, der Mittelstand sei den Umstürzlern sehr viel interessanter gewesen, während sie mit den Rechten der weniger aufgeklärten Klassen argumentierten. In den Mittelschichten ist auch tatsächlich viel experimentiert worden: Eltern nutzten die Angebote der antiautoritären Kindergärten, sie verzichteten selbst auf Hilfestellungen und Ratgeberfunktionen bei den Kindern und ließen die Kleinsten ihre Erfahrungen mit den Widerwärtigkeiten der Umwelt machen, ohne leitend und mildernd dazwischenzutreten. Noch sind alle diese Kinder nicht zu Erwachsenen geworden, und wir müssen mit der Bilanz aus solchen elterlichen Autoritätsverzichten noch Geduld haben. Daß mit dem Entzug der Autoritätserfahrung aber auch die Entbehrung des Schutzerlebnisses verbunden ist, dies wissen wir schon heute. Daß dieser Mangel nicht folgenlos bleibt, läßt sich ebenfalls bereits erkennen.[62]

Die große Attacke der sechziger Jahre zeigt alle nachteiligen Folgen eines Pauschalangriffs: Die wahren Mißstände wurden nur teilweise beseitigt; die Konservativen verhärteten ihre Position, weil sie sich mit Recht verkannt fühlen konnten; die ideologische Implikation des Angriffs führte zu einer Motivvermischung abenteuerlichen Ausmaßes bei den Streitern selbst. Deshalb ist eine Sichtung der Ergebnisse, eine Klärung der Sachverhalte bis heute nicht gelungen.

Es entsprach den Argumentationsbedürfnissen und dem vehementen Wohlstandsüberdruß der Angreifer, die Autorität als Angsterzeugerin diskussionswürdiger zu finden denn in ihren positiven Funktionen. Schon der Angstfaktor aber bezeichnet eine Perversion der Autorität, die der Erzieher Rousseau zum Beispiel als gänzlich verfehlt abgelehnt hat. Natürlicherweise hatte die Kritikerschar im geschichtlichen Schlagschatten der Autoritätsperversion des Dritten Reiches leichtes Spiel, wenn sie Autorität schlechthin mit ihrer Entstellung zur nackten Gewalt gleichsetzte. Vom eigenen schlechten Gewissen verunsichert, wagten viele etablierte Ämterinhaber nicht, sich gegen diese Verdächtigungen zu behaupten. Popularisierter Freud lebte im Vokabular der Intelligenz auf: Repression und Frustration, Aggression wurden zu Alltagsbegriffen in einem Kampf gegen die immer mächtiger werdenden Wohlstandsansprüche und gegen die Macht des Wohlbefindens selbst im Nachkriegsstaat.

Als Fetisch für alle diese unentrinnbaren Formen äußeren Behagens richteten die Zukunftsideologen diejenige Macht her, die zum Inbegriff auch für die bekämpfte ältere Generation werden konnte. Da die geschichtliche Spur der Autorität im Einzelfalle ungesichert blieb, gelang es, das Mißtrauen der Jungen gegen die Älteren bis in die Familien zu tragen.

Der Autoritätskonflikt der sechziger Jahre ist zum guten Teil auch Generationenkonflikt; der Bruch zwischen den Zeugen der Hitlerzeit und ihren Kindern ist tiefer als der sprichwörtliche Graben zwischen Vätern und Söhnen. Deshalb war das Echo auf Vordenker wie Habermas, Horkheimer und Adorno bei den Jungen besonders lebhaft. Die Vätergeneration zeigte überdies eine auffallende Unlust zur Diskussion und zur Darlegung ihrer Vergangenheit, die auch aus der Erschöpfung ihrer Energien in den Kriegs- und Nachkriegsjahren begründet werden muß. Wo Positionen von den Älteren verteidigt wurden, geschah dies häufig mit der Starrheit des Besserwissers, mit dem Hochmut des Erfahrenen, der die jugendlichen Aufrührer in ihrem Autoritätsvorurteil bestätigte.

Ihre wichtigsten Beweisstücke bezogen die Antiautoritären aus der soeben abgelaufenen Geschichtsepoche: Totalitäre Herrschaft eines Tyrannen bot ebenso wie die totalitäre Gewalt der unfehlbaren kommunistischen Partei ein Beispiel, was frühzeitige Manipulation des Nachwuchses für ein Staatswesen bedeuten kann. Die entscheidenden Kampfplätze sind Kleinkind-Erziehung und die Umerziehung Erwachsener, so sieht es schon Horkheimer.

Kommunen bilden sich als Versuchsfelder für die Autoritätsabwehr; man diskutiert, um Alternativen zu unterwandern; Einsicht soll den Gehorsam, freie Partnerschaft die Unterordnung überflüssig machen. Die sexuelle Freizügigkeit wird erprobt, Kindern und Jugendlichen wird in der Mehrzahl der Kommunen der Zugang zu allen Formen der Sexualität werbend geöffnet, weil der Triebverzicht als Garant der Gefügigkeit gegenüber Autoritäten gilt. Auch hier wurde der Gewährsmann Freud nur halb gelesen; immerhin wußte dieser, daß mit Triebverzicht Kultur beginnt, so wie Rousseau wußte, daß die Begleitung des Neuankömmlings durch die biologischen Subjekte seiner Existenz eine selbstverständliche Komponente in deren wertfreier Überlegenheit hat.

Das eigentlich Verblüffende ist aber, daß wir in einem Zeitalter der optimalen wissenschaftlichen Ausleuchtung der menschlichen Entwicklungspsychologie hinter die Einsichten weniger kenntnisreicher Zeitalter zurückfallen, ungeachtet der Bestätigungen, die unsere Wissenschaften diesen Einsichten liefern. »Rationale« Autoritäten zu fordern, dies scheint zunächst in ein rationalistisches Jahrhundert zu passen, das vom technischen Fortschritt in Atem gehalten wird. Daß dieselbe Epoche aber ideologische Konzepte ersinnt, deren Grundsätze nicht im geringsten mit den wissenschaftlichen Ermittlungen abgestimmt sind, dies ist ein alarmierender Widerspruch der Entwicklungen. Die Ideologie der Autoritätsgegner geht von Prämissen aus, die sich zwar wissenschaftlicher Erkenntnisse partiell bedienen, etwa dann, wenn die Vertreter der Lehre feststellten, daß der Mensch manipulierbar sei und von Frühprägungen lebenslang determiniert werde.

Um der Utopie vom Menschen aber treu bleiben zu können, in deren Dienst diese Ergebnisse treten sollen, müssen wir andere Forschungsdaten vernachlässigen beziehungsweise totschweigen, etwa jene, nach denen das Kind auf Autorität im Sinne der Orientierungshilfe und Schutzmacht, der bergenden

Liebe und körperlichen Tastbarkeit elementar angewiesen ist, um nicht geistig und seelisch zu verkrüppeln. Grotesk wirkt das unvermittelte Nebeneinander der beiden großen Mächte unserer Zeit, der Wissenschaft und der Ideologie von der Vervollkommnung des Menschen, auf denjenigen, der sich die Freiheit nimmt, beide Stränge miteinander in Bezug zu setzen. Während immer mehr »altmodische« Vorstellungen zur Abhängigkeit des Kleinkindes von seinem Versorger bestätigt, ja um ein Vielfaches übertroffen werden durch die moderne Forschung,[63] entwickeln die zeitgenössischen Ideologien ein Bild vom Menschen, das von all diesen Erkenntnissen unberührt auf einer Stufe des utopischen Wunschdenkens stehenbleibt, ohne Realitäten zu berücksichtigen.

Reagiert so ein technisch-rational überanstrengtes Jahrhundert auf die Verweigerung von Glaubenszielen? Die Verweigerer sind aber mit den Suchenden identisch, und die Feldzüge im Namen der Rationalität, die für transzendente Träume vom künftigen Menschen geführt werden, offenbaren, daß der Widerstreit im Zentrum des modernen Individuums selbst liegt, das sich überfordert sieht von seinen eigenen Ansprüchen: dem menschlichen Verstande alles anzuvertrauen und zugleich mit seinen irrationalen Sehnsüchten irgendwo Zuflucht zu finden. Die kritischen Philosophen und Soziologen unserer Zeit sind die Indikatoren dieses allerseits verschwiegenen und verkannten Konfliktes: Während sie die Kinder aus ihrer natürlichen Geborgenheit reißen, um sie ideologisch zu verplanen, versprechen sie Menschheitsbeglückung für eine strenggenommen »transzendente« Zukunft, da niemandem versprochen werden kann, daß bereits er an ihr teilhaben werde.

Dem Glück, das wir beschwören wollen, kämen wir näher, wenn wir die Erkenntnisse anwendeten, die Kinderpsychologen längst belegt haben. Statt dessen wenden wir uns von den realen Belangen ab und blicken in eine verklärte Zukunft, der wir das gegenwärtig mögliche Glück der Wehrlosen opfern. Wir verfahren damit nicht anders als die finsteren unaufgeklärten Zeitalter, die wir ob ihrer Fixierung auf irrationale Ziele verachten.

*

Das ist der eigentlich diskussionswürdige Grundzug der antiautoritären Diskussion: Daß sie den Menschen selbst, den sie aus Unfreiheit und Unterdrückung befreien wollte, nicht als Subjekt seiner Entscheidungen und Erkenntnisse meint, sondern als disponibles Objekt einer ganz bestimmten Vision vom Menschen, die sich an jedem »autoritär« rächt, wenn er sich in dieses Bild nicht fügen will. Wir verfügen über Beispiele für die Unerbittlichkeit der Befreier, wenn die Freigesetzten sich nicht im Katalog der Befreiungsmotive bewegen.

Die philosophischen Vordenker des antiautoritären Aufstandes von 1963 sind von den Praktikern der Bewegung später des »Verrats« bezichtigt worden: Horkheimer und Adorno insbesondere, aber auch Habermas, der vor Gewaltanwendung warnte, wurden von ihren enttäuschten Anhängern offen verhöhnt.

Was die Kindererziehung betrifft, so ist der Protest gegen die heimliche Gewaltherrschaft vieler Eltern über ihre Kinder noch heute und vermutlich für alle Zeiten ein notwendiger Aufschrei Gequälter und Unterdrückter. Nicht mit Autorität, sondern mit Autoritätsmißbrauch haben aber die Repressionserlebnisse zahlloser Kinder zu tun, denen intakte Autoritäten später unter Umständen Heilung ihrer seelischen Verletzungen bringen könnten. Auch die Herrscherattitüde unzähliger Lehrer wird zu Recht kritisiert; mit Autorität hat jedoch auch sie nichts gemein.

Den Autoritätsgegnern geht es auch letztlich um etwas anderes. Sie wollen den autonomen Menschen, der wahrhaft »sein eigener Herr« ist und niemandem gehorchen muß, aber auch frei wird von dem Bedürfnis, sich jemandem unterzuordnen, jemanden zu verehren und über sich selbst zu setzen. Darum geht es im Grunde: Der Mensch soll eingeübt werden in das Grunderlebnis der stufenlosen Egalität und, was schwieriger zu sein scheint, er soll üben, in der Gleichordnung aller seine Lust und Beglückung zu finden. Dieses Ziel der Autoritätsstürmer entzieht sich aber immer wieder, weil die totale Gleichheit aller dem einzelnen die Geborgenheit verweigert.

Ohne Autoritäten zu leben, dies bedeutet nicht nur Schutzlosigkeit; es bedeutet letztlich ein Dasein ohne Hoffnung. Denn Hoffnung richtet sich an der Vision dessen auf, was wir selbst nicht oder noch nicht sind, sie erneuert sich an Beispielen, nicht an der abstrakten Utopie. Wer mehr erfahren hat als wir selbst, mehr einsieht und uns dennoch umarmt, dem vertrauen wir uns gerade deshalb an, weil er seine Macht über uns nicht benutzt, um uns zu vernichten, sondern um uns in ihrem Schatten zu bergen. Dieses Bild, das die Autorität jedem vermittelt, der sie erfahren hat, ist zugleich Sinnbild dessen, was der Mensch sich als transzendente Zuflucht vorstellt. Er will deshalb diese Metapher seiner transzendenten Hoffnungen nicht entbehren.

Was die Autoritätsgegner aber wollen, ist im Grunde nichts anderes als die Verwirklichung erlöster Zustände: Die Autorität als Zeugin der Stufenordnung erinnert sie schmerzlich an die Unvollkommenheit der Welt, in der es Gefolgschaften und Abhängigkeiten gibt. Lassen diese sich bei offenkundiger Knechtschaft und Tyrannei noch leicht verklagen, so zeigt sich die Autorität als eine Macht, die freiwillige Unterordnung provoziert. Sie gilt den Kritikern deshalb als besonders gefährliche Gegnerin und als Garantin des »falschen Bewußtseins«.

Der Kampf gegen die Autorität, den die Philosophen und Ideologen meinten kämpfen zu müssen, ist ein Krieg im Namen einer Paradiesesutopie; denn die erträumte Egalität ist immer auch Chiffre für Erlösungssehnsucht. Wer nun ohne die Glaubenssätze der Religion Durchblicke in die Schuldlosigkeit und ins vollkommene Glück öffnen will, der wird beim Menschen mit den Merkmalen der Unvollkommenheit aufräumen, wenn er vom Menschen selbst die eigene Vervollkommnung erwartet. Es ist wiederum ein quantitativer Aufräumungsakt, der hier ungetrübte Zustände herbeiführen soll. An den qualitativ ganz anderen Eingreifer aus der Transzendenz wenden sich die säkularen Heilslehrer nicht mehr.

Der antiautoritäre Aufstand erscheint in diesem Lichte als aggressiver Idealismus, wie er immer dann entsteht, wenn utopische Hoffnung Beweise ihrer Berechtigung zu schaffen sucht. Wenn wir den Kampf gegen die Autorität als einen Feldzug der säkularen Menschheitserlöser verstehen, der einer Vision vom Überklettern der Paradiesesmauern im Diesseits entspricht, dann gelingt es, den verhüllten Idealismus der Streiter zu würdigen.

Solche Würdigung der Kampfmotive ermöglicht es uns zwar,

die antiautoritäre Ideologie nicht nur als das Angst-Syndrom gegen den Autoritätsmißbrauch, sondern auch als den Notschrei aus der qualvollen Vorläufigkeit des Daseins zu begreifen. Sie verhindert aber auch eine Klärung der Fronten: Hier tarnt sich Rigorismus als Humanität, wenn Vorkämpfer eines erträumten künftigen Menschen den jetzt und hier Lebendigen den Boden unter den Füßen wegziehen wollen, um für künftige Schwerelosigkeit vorzusorgen.

Kompromißloser Glaube, das kennt die Menschheit aus ihren religiösen Verirrungen, produziert gnadenlose Radikalität. So werden Vorkämpfer einer utopischen Humanität zu inhumanen Verächtern des lebendigen Individuums. Die Vision von der Glückseligkeit ist immer auch ein Wunschbild vom Schwinden aller Unterschiede. Sie enthält auch den Traum von der Entbehrlichkeit aller Autoritäten. Die Zeitgenossen unglückseliger Zeiten dagegen trösten sich an den Ahnungen des Vollkommenen, die auch das Charisma der Autorität vermittelt. Deshalb spenden Autoritäten immer auch den Vorgeschmack endgültiger Freiheit. Weil dies so ist, blüht in der trostlosen Egalität niemals jenes Glück auf, von dem die Anspruchsideologen träumen. Auch die Freiheit der Gleichen feiert keine Jubelfeste, weil die Menschheit zum Genuß solcher paradiesischen Zustände nicht disponiert ist: Von vorläufigen Bedürfnissen in Atem gehalten, gelähmt von unseren eigenen Ansprüchen, träumen wir den folgenlosen Traum vom herrschaftsfreien Glück.

Teil II

Konflikte der sozialen Rollen

3.
Der Rollenkonflikt der Intelligenz

Die »Reflexionselite« der westlichen Welt trägt diesen Titel, den die Soziologen ihr verliehen haben,[64] nur noch mit ironischem Recht. Analytiker der zeitgeschichtlichen Situation beziehen wir eher von außen: Raffinierte Spielarten genüßlicher Selbstverleugnung probt die Crème des westlichen Geistes, wenn sie östliche Intelligenz zur Systemkritik heranzieht. Erst im Tadel von links fühlt sich eine Mehrheit der westlichen Intelligenz angemessen vertreten. Freilich gibt es auch Varianten der Anklage, die von dieser geistigen Führungsschicht ungern gehört werden. Die entschieden unbequemste Version solcher West- und Kulturkritik präsentiert gegenwärtig Alexander Solschenizyn, vielen linken Geistesarbeitern noch bei seinem Eintreffen im Westen ein teurer Gast, heute ein Ärgernis für viele, inzwischen sogar schon für rechte und linke Intelligenz ein Dorn im Fleisch, das schlechte Gewissen der westlichen Elite, ein Rufer in der Wüste.

Ihrer Rolle war die Intelligenz in unseren allzu ausgewogenen Zuständen indessen längst entflohen; mag sein, daß Alexander Solschenizyn sie auch daran erinnert, wenn er heute aus den grünen Bergen Vermonts jene Analysen leistet, die den freiheitsberauschten Europäern des Westens nicht mehr gelingen.

Freilich gefiel sich seit den sechziger Jahren auch die westliche Intelligenz selbst in Intelligenzkritik. Ihre kritische Würdigung der eigenen Rolle kam allerdings nicht aus einer Neigung zur Selbstkritik zustande; vielmehr verdanken wir sie der Aufspaltung des Geistes in Fraktionen, leichthin Rechte und Linke genannt, die einander unerbittlich und zuweilen mit einiger Klarsicht bekämpfen.[65] Schon die Strategien dieser Auseinandersetzung gaben Anfang der siebziger Jahre reichlich Aufschlüsse über Selbsteinschätzung und Aufgabenverteilung der westlichen Intelligenz. Soziologen und Kulturkritiker, Politikwissenschaftler und Journalisten haben sich als Protagonisten auf dieser Bühne gegenseitig die Stichworte geliefert. Die intellektuelle Existenz reichte bis in die Künste und gar in die Reihen der Politiker. Wer mit geistigen Gütern handelte, galt als »Intellektueller«. Ehrentitel und Schimpfwort zugleich, fand der Begriff vor allem bei den Soziologen lebhaftes Interesse. Seine Herkünfte aus der Dreyfus-Affäre[66] und seine Geschichte in den Parteiungen der seither verstrichenen zweihundert Jahre sind von den Intellektuellen der Vergangenheit und der Gegenwart beleuchtet worden. Die Spaltung der zeitgenössischen Intelligenz in »linke« und »rechte« Geister ist unterdessen deutlicher als das verbindende Element.

Der »Intellektuelle« als Geistesarbeiter hat in der jüngsten Vergangenheit an Attraktivität eingebüßt: Nachdem der linke Aufbruch der sechziger Jahre eine polemische Aktivität der Rechten provoziert hatte, der eine unentschiedene Beruhigung der gesamten Diskussion folgte, scheint nun der Intellektuelle als Akteur im Kulturprozeß die Protagonistenrolle delegiert zu haben. Wie sein angemessener Platz eigentlich zu beschreiben sei, darüber war man sich angesichts der Aufspaltung in Fraktionen so gründlich uneinig, daß es verbindliche Regieanweisungen für diesen Part in den letzten Jahren nicht mehr gab. Die Intellektuellen selbst waren gefangen im Gesinnungsstreit mit ihresgleichen; Bekenntnisse wurden ausgetauscht, und Konfessionen zugunsten politischer Kurse überdeckten jenes Bild vom Intellektuellen, das den geistig Überlegenen als den Analytiker und Zeitdeuter, als den Kulturkritiker und weitblickenden Warner über den Parteiungen des Tages zeigt.

Den Intellektuellen scheint, wie alle anderen Staatsbürger auch, in den letzten Jahren das Frösteln des Massenzeitalters so mächtig befallen zu haben, daß er in der Stallwärme von Gesinnungen seine Zuflucht nahm, statt sich den Wind der rauhen Großwetterlage um die Nase wehen zu lassen. Die beinahe zu intellektuellem Niveau gekommene Debatte zwischen den so aus ihren Bastionen argumentierenden Gesinnungsintellektuellen verlor an Vitalität, seit den Diskutanten ihr weltanschauliches Bekenntnis wichtiger wurde als der Durst nach Erkenntnis.

Fand sich noch bis in die sechziger Jahre unseres Jahrhunderts das Charakteristikum der Intellektuellenrolle in ihrer Machtferne, so klärte der deutsche Regierungswechsel 1969, daß die stolze Opponentenrolle längst mehr einem Zufall der politischen Geschicke als der weisen Analytiker-Distanz der Intelligenz entsprach. Mit dem Anbruch der sozialdemokratischen und liberalen Machtverantwortung wanderte ein ganzer Heerzug von bislang »kritischen« Intellektuellen auf offizielle und inoffizielle Beraterposten und Chefanalytikerplätze. Das Odium des Verkannten löste sich von den Vorrednern der linken Intelligenz, sie wurde hoffähig und verlor einen guten Teil ihrer Aura.

Aber sie verlor ganz offenkundig im Klima der Zustimmung von Mächtigen noch mehr: Sie büßte Handlungsspielräume ein, weil sie Denkfreiheit aufgab, um den politisch Verantwortlichen ideologische Interpretationshilfen zu gewähren. Das kritische Potential intellektueller Köpfe wird durch den Wechsel in die offiziellen Machtbezüge zwangsläufig eingeschläfert. Können sie sich als Oppositionelle an der Märtyrerrolle schadlos halten, so gefährdet der Rausch des politischen Erfolges ihre Unterscheidungskräfte.

Indessen wurde die Mäßigung ehemals radikaler Positionen unter den geistig Verantwortlichen auch erzwungen durch die Ansätze des Terrors, die mit der Berufung auf zeitgenössische Intellektuelle Zusammenhänge herstellten, aus denen sich die linken Theoretiker der jüngsten Vergangenheit eiligst zu befreien trachteten. In Handeln umzusetzen, was sie als spekulatives Gerüst, fern jeder Handlungsverantwortung, angeboten hatten, dies überforderte die gedankenreichen, tatenarmen Helden gründlich. Gesteigert wurde diese Rollenunsicherheit durch die verstörende Konfrontation mit durchschlagenden Handlungen junger Menschen, die sich für diese ihre Taten auf die Denker ihrer Zeit beriefen: Rezepte seien ihre Entwürfe doch nie gewesen, beteuerten die erschrockenen Geistesväter ihren empörten intellektuellen Söhnen.

Aggressive Enttäuschung der Söhne ächtete diese Vordenker; die Verständigung über die Kluft zwischen Theorie und Anwendung gelang nicht mehr. Die Intelligenz hatte es aufgrund dieser Berufung von Gewalttätern auf Theoretiker des

Umsturzes schwer, ihre analytische Aufgabe im aufkommenden Terror glaubwürdig wahrzunehmen. Die Fronten des politischen Alltags teilten längst auch die Intellektuellen in zwei Lager, die sich an den Austausch von Gesinnungsbekenntnissen gewöhnt hatten. Die Radikalisierung »linker« Ideen in spektakulären Aufständen, die sich bald zur Woge verdichteten, wurde von rechts als Beweisstück gegen den weltanschaulichen Gegner genutzt. In der Verteidigung der eigenen Positionen gefangen, hatten auch die Linksintellektuellen nun keine Zeit für jene Deutungshilfen an die politisch Verantwortlichen, die man für die Aufgabe des Intellektuellen halten möchte.

Beide Fronten der Intelligenz verschleuderten ihre Erkenntnisvorsprünge in der Polemik gegen den andersdenkenden Intellektuellen. Zu diesem Bekenntniskrieg trug in der ersten Hälfte der siebziger Jahre eine selbstbewußter werdende Rechte bei, die den Versuch unternahm, die Chance des machtfernen Intellektuellen nun auf der Seite der Opposition zu nutzen, nachdem die intellektuellen Gegner im und um das Lager der Mächtigen sichtlich an Differenzierungsvermögen verloren. Die Erkenntniskräfte zeigten sich aber auch auf der Rechten von Bekenntnisdrang und Konfessionenlust zersetzt; die Positionsangabe eilte auch hier jeder Analyse voraus, und die konservative Zeitdeutung trug durchfettende Stempel weltanschaulicher Prämissen.

Die Selbstdefinition der Geisteselite litt unter dieser Rollenkrise freilich kaum. Was sie an Erkenntnisleistung schuldig blieben, das kultivierten die Geistesarbeiter in ihrem Selbstverständnis. Die linken Vorausdenker des Aufstands zogen sich verstört vor den ihnen zugemuteten Urheberschaften zurück; sensible Linke usurpierten »konservative« Positionen, um die rechten Ausrufer einer »Tendenzwende«[67] zu verunsichern – was augenblicklich gelang.

Tatsächlich drangen Probleme nach vorn, die man bislang auf der konservativen Seite verbucht hatte: Ökologie wurde über Nacht eine Domäne der linken Intelligenz, und kaum einem Konservativen gelang es auf Anhieb, den Technokratievorwurf, der doch zu den ältesten gehört, glaubwürdig abzuwehren und im Boot der Umweltschützer Platz zu nehmen, ohne sich alsbald über Bord gespült zu finden.

Dem »rechten« Intellektuellen gelang in unseren Tagen der Durchbruch in die Intellektuellenrolle nicht mehr. Der Status des Zeitkritikers und Kulturkommentators ist zu Anfang der sechziger Jahre von der Linken besetzt worden und seither, gleichviel wie differenziert inzwischen die Begriffe von der »Rechten« und »Linken« bei den Zuschauern geworden sein mögen, von rechts nicht annähernd so attraktiv gefüllt worden. Die linke Intelligenz hat in den Jahren des aufkommenden Wohlstandsüberdrusses eine geistige Macht entwickelt, der sich die geistig interessierte Jugend mit ihren wachsten Köpfen zuordnete, weil hier der Kampf gegen die Väter, eine Durchgangsstufe der jugendlichen Entwicklung, von »Vätern« vertreten und sanktioniert wurde.

Diese Bestätigung »von oben« – durch Autoritäten! – führte dann auch zum Ausharren unzähliger junger Studenten in dieser Entwicklungsphase der Vaterabwehr, die sich zur Abwehr der gesamten, »väterlich« erlebten Welt steigerte. Der Sturm auf die Autoritäten ist mit Argumenten versorgt worden von der Intelligenz, von jenen also, denen die geistig abhängigen Mehrheiten Einblicke in übergeordnete Zusammenhänge zutrauen. Die abhängigen Geister erkannten dabei freilich nicht, daß die Intellektuellen, die ihnen den Weg wiesen, längst zu Träumern und Ideologen geworden waren, während der allgemeine Erwartungshorizont in ihnen immer noch die unbestechlichen Vorausdenker und Existenzdeuter sah, für die sie selbst sich auch dank getrübter Erkenntnislust noch immer hielten und halten.

Seit die weltanschaulichen Bindungen der intellektuellen Fronten Motive und Argumente liefern, ist der Rang der Erkenntnisse hingeschwunden; erst die Einfärbung der Befunde macht diese gesprächswürdig. Der Wettstreit der Geister ist seither nicht mehr ein solcher der hochsensiblen Erkenntnisse, sondern vielmehr einer der leidenschaftlichen Konfessionen.

Die Intellektuellen erweisen sich mit diesem Habitus nicht mehr als geistige Wächter, sondern als Symptomträger der Krisen ihrer Zeit. Wären die Intellektuellen nicht mit wirkungsvollerem Machtpotential ausgestattet als je zuvor, so wäre dieser Befund belanglos. Den geistigen Eliten fließen aber heute Zuständigkeiten zu, die weder die Kirchen noch der Staat weiterhin ausfüllen: Die Kirche weicht als verordnende Macht aus dem säkularen Alltag zurück; ihren Verbindlichkeitsanspruch darf sie nur noch Freiwilligen als »Angebot«[68] unterbreiten. Der Staat beschränkt sich auf Organisationsformen und Ordnungsfunktionen, die lediglich die alltäglichen Abläufe sichern. Als hohle Aktionsweisen saugen diese Hülsen die ideologische Botschaft der Intellektuellen auf, weil die Geisteselite mit Denkerallüre und dem Anspruch auf Überblick die Plätze von Priester und Fürst gleichzeitig füllt. Da die Einflußmöglichkeiten der ideologietrunkenen Intellektuellen den Politikern, die Einfluß suchen müssen, nicht verborgen blieben, beschäftigen sie heute Intellektuelle als Berater.

Der Machtverwalter hält sich heute einen Intellektuellen wie der alttestamentliche Pharao den Sterndeuter. Ins Träumen geraten, wie der Intellektuelle sich heute präsentiert, hat er auch den unsicheren Mächtigen ein moralisierendes Konzept von internationaler Politik aufdrängen können, obwohl er doch kraft Amtes von Politik gar nichts versteht. Als falscher Prophet assistiert er nun, von utopischen Visionen benommen, den Praktikern und bestärkt sie in ihrer Handlungshemmung, indem er ihnen jede Strategie ausredet zugunsten einer möglichst redlichen Gesinnung.

Das humanitäre Pathos, das unsere Politiker in Sachfragen schwächt, ist zu einem guten Teil in der ideologischen Küche der Intellektuellen zubereitet, die keine Handlungsverantwortung zur Überprüfung ihrer Rezepte zwingt. Da auch zur Wissenschaft die Grenzen seit jenem Augenblick fließend geworden sind, da die »Wissenschaftlichkeit« zum Konsumgut erklärt wurde, gelten die Analysen der Intellektuellen jedem Abnehmer auch als »wissenschaftlich« – was immer noch soviel bedeutet wie: verläßlich, unbezweifelbar. So rächt sich die Wissenschaftsverehrung, mit der wir die Religion stolz ausgetrieben haben, auf komplizierten Wegen.

Symptomträger unserer zeitgeschichtlichen Sinnverluste sind die Intellektuellen trotz ihrer scheinbaren Führungsrolle deshalb, weil der Sog der säkularen Heilslehren viele von ihnen erfaßt hat. Ihre analytischen Fähigkeiten ertrinken im Bad der Ideologien; ihre Sensibilität wird nicht Erkenntnissen nutzbar, sondern flieht an die Quellen irrationaler Tröstungen: Politische Utopien fesseln viele unter ihnen. Selbst die geistige Tat erstickt in den Lähmungen des analytischen Organs: Der Intellektuelle unserer Tage lebt auf Kriegsfuß mit der Realität, die sein Erkenntnisboden wäre. So von Orientierungsnot befallen und von den metaphysischen Sehnsüchten verlockt, die unser Zeitalter geringgeachtet und deshalb doppelt belebt hat, steht der Vordenker und Deuter als Protagonist der allgemeinen Sinnverluste auf der Bühne, mit leeren Händen und verträumtem Kopf, ein Held, den Visionen blenden, während die Realität seiner Geistesarbeit bedürfte.

★

Nicht nur der Traum vom irdischen Elysium ist es, der unsere klugen Köpfe schwächt. Jene Tugenden, die man öffentlich verachtet, sind längst verloren: Der Mut zum Beispiel ist abhanden gekommen – nicht nur jener, den man ohnehin nicht mehr benötigt, weil Gefahren domestiziert sind und für unseren Schutz das allgewaltige Gesetz sorgt. Nein, auch der intellektuelle Wagemut, jene Geisteskühnheit, wider den eigenen Vorteil zu handeln, wenn teurere Güter als der eigene Vorteil auf dem Spiele stehen, gilt nichts mehr. Mit Geschick wurde für Begründungen gesorgt: Die Aufwertung des persönlichen Vorteils zum ethischen Gut stellt jedermann von Einsätzen für objektive Güter frei.

Der Güter höchstes ist das Wohlbefinden, so lehrt uns unsere Wirklichkeit, wohin wir schauen und lauschen. Zu Anspruchshaltungen erzogen, fordern wir blindlings. Wie anders könnte unser Staat sich zum ergebenen Diener allein des materiellen Wohlbefindens seiner Bürger machen, wenn dies nicht ein unschätzbares Gut wäre? So belehrt, so aufgewachsen, so total durchtränkt mit Materie, sieht jeder Bürger Mut als lächerliche Qualität überalterter Tugendvögel, welche die Stunde der Toleranz nicht begriffen haben: Mut ist überflüssig, niemand hindert dich, wenn du niemanden belästigst. Die Humanitätspredigt, an der die Intellektuellen führend mitwirken, erfordert keinen Mut und gefährdet keinen der Prediger unmittelbar in seiner Freiheit.

Der Mangel an Mut tarnt sich übrigens gern mit dem Zauberwort »Humanität«: Mit ihr kann das Zurückweichen vor der inhumanen Gewalt verbrämt werden. Der sensible Intellektuelle liefert auch hier wieder die Krönung des Blendwerks: Während es den Staatsmännern anstünde, den Gegner als den Bedroher der Freiheit zu würdigen, plädieren ihre intellektuellen Ratgeber mit Erfolg für Gutgläubigkeit und Verständnis. Der Irrtum bricht sich Bahn, als sei der Freund des Guten dann besonders tugendreich, wenn er auch von anderen nur Gutes annimmt. Mit solchen Lehren wird heute westliche Politik gemacht, und es kann behauptet werden, daß die Intelligenz an den moralisierenden Begründungen für politisches Handeln besonderen Anteil hat.

Auch die Irrlehre, das Gute in unseren Absichten habe gewissermaßen ansteckende Wirkung – oder doch moralischen Aufforderungscharakter für den politischen Gegner –, ist nicht ohne Mitwirkung der Intellektuellen zu so breiter Geltung gelangt, daß sie als offizielles Handlungsmotiv von Politikern vertreten wird. Große Mehrheiten sind mit derart emotionalen Zutaten im rauhen Alltagsgeschäft heute ebenso sicher zu gewinnen wie mit dem absoluten Gegenteil, der nackten Gewalt, wie sie auf Richtplätzen unseren Vorfahren zum kollektiven Genuß gereichte.

Die ethische Aufhöhung politischen Handelns wird aber heute deshalb besonders leicht verkäuflich, weil hier die Mangelstände unserer Zeit Linderung erfahren: Gefühle, die nicht mehr an Altären aufruhen können, im Familienverband kein Entfaltungsfeld mehr finden, Tugendsehnsüchte, die im sozialen Alltag als lächerlich gelten, finden hier Anerkennung auf einer öffentlichen Bühne. Sie erreichen damit ein Format, das den mitempfindenden Bürger über sein privates Ich hinaushebt und ihm die Illusion verschafft, an größeren Zusammenhängen mitzuwirken.

Es klafft ein Widerspruch: Freilich hat die Intelligenz das Wohlergehen als den einschläfernden Götzen unserer Tage demonstrativ verachtet; gewiß sind nicht mehr Intellektuelle besitzbesessen als Angehörige anderer Schichten – eher weniger, weil ihr Brachland an Freizeit kleiner bleibt. Dennoch aber propagiert die Intelligenz ein humanitaristisches Ethos, dessen Herkunft aus den Überflüssen unserer westlichen Welt unverkennbar ist. Daran zeigt sich, wie tiefreichend das Klima einer Epoche wirkt und wie breitgefächert seine Ursachen sind.

Auch die Intelligenz bekräftigt das Anspruchsdenken, auch sie definiert den Bürger als Konsumenten, wenn sie seine Anspruchshaltungen im Materiellen auf einer geistigen Ebene verteidigt: Das Recht auf soziale Totalversorgung wird als ein Anspruch des Bürgers von intellektuellen Protagonisten nicht nur verteidigt, sondern verabsolutiert: als sei auch im geistigen Sinne nur der Versorgte vollwertig. Geistige Ansprüche aber zu nähren und sie den materiellen überzuordnen, dazu faßt in öffentlichen Auftritten kein Intellektueller so leicht den Mut. Die Anspruchsgesellschaft hat selbst in ihren geistigen Schichten die Weisheit der Askese vergessen.

Wenn der Intellektuelle den Wohlstand mit seinen Symbolen ablehnt und die Dürftigkeit seines Alltags kultiviert, so atmet er dennoch die Luft der Überflüsse. Auch er ist geprägt von den verweichlichenden Bequemlichkeiten seiner Zeit bis in die Substanz. Womit hängt dies zusammen?

Die materielle Sorgenfreiheit ist nur ein Aspekt der fortschreitenden Einebnung der Schwellen, mit der wir leben, und sie ist, weil am leichtesten kenntlich, wahrscheinlich sogar der überschätzte unter allen Faktoren, die unsere kulturgeschichtliche Situation bestimmen. Der Freistellung von materieller Sorge und der weitgehenden Entlastung von persönlichen Verantwortungen für das leibliche Wohlergehen der Anvertrauten entspricht auf dem geistigen und moralischen Sektor eine solche Sturzflut von Freiheiten, daß der einzelne außerstande ist, sie zu nutzen.

Eine solche Überfütterung mit Glücksmitteln freilich kann noch nicht die Substanz von Glück mitliefern; sie kann nicht einmal die Organe für »Glück« erzeugen oder die Seelen zur Aktivierung dieser Organe ertüchtigen. Das hängt damit zusammen, daß Glück eben nicht nur Gütermengen oder soziale Polsterung bezeichnet. Glück ist vielmehr eine sittliche Kategorie, die nur nebenbei der Materie als eines Katalysators bedarf.

Die Intelligenz nun, von der wir erwarten könnten, daß sie als Kritikerin der Überflußgesellschaft die Empfindlichkeit der Balance von ganz verschiedenartigen Glücksgütern im sittlichen Bereich kennt, sie huldigt einer anspruchslosen Vision von den Zugangsformen zum Glück.

Da die progressiven Intellektuellen selbst das soziale Glück in eine zeitliche Distanz vor uns hinstellen, die jede Kontrolle ihrer Theorien vereitelt, fehlt es an entschiedenen Gegenstimmen zu ihren utopischen Entwürfen. Ungeachtet ihrer Wohlstandskritik bedient sich die Intelligenz nämlich aus einem System von Vermutungen, das auf quantitativen Größen aufbaut. Das Glück der möglichst großen Zahl soll aufbauen auf der Egalisierung aller Startplätze, auf der Chancen-Egalität im Wettkampf, der dann freilich streng genommen fallen müßte, auf gleicher materieller Ausstattung – kurz: gleiche Wegzehrung zu gleichem Ziel.

So ausgesprochen, klingt der Gedanke nur dann schlüssig, wenn wir annehmen, auch die hier beschenkten Individuen seien gleich. Diese Grundannahme wird zwar modifiziert, wenn man die Visionäre dieser Paradieseshoffnung fragt: Die Verschiedenartigkeit der Individuen soll unerheblich werden vor der – und durch die! – Gleichschaltung ihrer Existenzbedingungen. Der Gedanke nun, das Heil aller sei über die Uniformierung der Heilsmittel zu erreichen, muß jeden erschrecken, der den Menschen mehr liebt als das abstrakte Gute, nach dem die Ideologen streben. Gleichbehandelt bis in die Knochen, werden die verschiedenen Individuen auf verschiedenartige Weise Not leiden; der Weg zum Glück wird sie keineswegs kollektiv verklären.

Der folgenschwere Irrtum der intellektuellen Propheten liegt in der Verwechslung von Transportmitteln und Verpackungsformen mit der ethischen Füllung des erstrebten Gutes. Die auf Formalien fixierten Analytiker können hier die Selbstanalyse nicht leisten und deshalb ihren Standort nicht erkennen: Die Fesselung an die Materie geht auf Erden viel weiter als die hoffnungstrunkenen Ideologen wissen wollen. Der Mensch läßt sich trotz seiner geistigen Spannweite, trotz seiner Teilnahme an der Transzendenz nicht aus der Materie lösen. Er läßt sich deshalb nicht mit Gerechtigkeitsmitteln gerecht machen, nicht mit Glücksmitteln glücklich und nicht mit Freiheitswegweisern frei. Um die angebotenen Güter genießen zu können, bedarf er einer sittlichen Sinngebung über die materielle Gestalt der Güter hinaus. Frei zu sein, dies wird ihn erst beglücken, wenn er nicht in der Wüste umherirrt; Glücksmittel werden ihn nur ergötzen, wenn ihn die so vermittelte Glücksmöglichkeit in seinen Sehnsüchten nach transzendentem Zuspruch erreicht und Erfüllung spendet, die über ihn selbst hinausweist.

Was heißt das? Verlassen wir die eifernden Fraktionen der Gesinnungsethiker einen Augenblick, um Stimmen zu hören, die keiner dieser Fraktionen angehören: Das Glück, sagt der antike Staatsphilosoph Platon, wird verursacht vom Guten.[69] Schon ist die pluralistische Quantitätenrechnung gesprengt und die Ebene der Sittlichkeit eingeschoben: Das vollkommene Wohlbefinden in angemessenen Umständen, so meint der antike Denker, wird in einer Welt der Zahlen nicht greifbar, es sei denn, man duldet die Beimischung von Werthaltungen, deren Hoffnungen und Ziele nicht in Quantitäten meßbar sind. Das Gute – schon wieder zögert der moderne Zeitgenosse: Wie soll denn diese Wurzel des Glücks beschaffen sein, wenn jeder, pluralistisch freischwebend, seine Lebensgüter definieren kann, wie er sie wünscht? Platon verschlägt mit seiner Antwort den modernen Komplikationsdenkern die Sprache, wenn er zur Definition des Guten sagt: Die Götter sind gut. – Ist das eine Antwort? fragt der aufgeklärte Sohn des 20. Jahrhunderts. Gott ist gut, wiederholt der Philosoph, und er ist der Urheber des Guten.

Platon im Dialog des Sokrates mit Adeimantos:

»›Ist das Gute nützlich?‹ – ›Ja!‹ – ›Also auch die Ursache des Glücks?‹ – ›Ja!‹ – ›Das Gute ist also nicht nur für alles die Ursache, sondern nur für alles, was sich wohl verhält…‹ Sokrates erklärt seinem Dialogpartner, ›daß Gott Gerechtes und Gutes schuf, die Menschen aber durch die Züchtigung gebessert wurden… Gott aber, den Guten, schuld an einem Unglück werden zu lassen, derartiges darf – und dagegen ist mit allen Mitteln anzukämpfen – niemand in seinem Staat, sofern er ihn in guter Verfassung haben will, sagen noch darf es jemand hören, nicht jung noch alt, nicht in Dichtung noch in Prosa; denn es wäre gottlos, dies zu sagen, schädlich für uns und in sich widerspruchsvoll.‹«[70]

Keineswegs geht es hier darum, Religionssysteme zu unterscheiden und den antiken Götterhimmel neben die christliche

Offenbarung zu halten. Die Aussagen sind einfacher und gültiger, als es den gespaltenen modernen Seelen einleuchten will. Das Glück, das unsere Zukunftsdenker über Beglückungsprogramme für Mehrheiten einfangen wollen, entzieht sich mit seinen Wurzeln, wenn es als rechenbare Größe gesucht wird.

Nun werden die humanitären Ideenproduzenten einwerfen: Wir wollen das Gute für jedermann, nichts als das Gute, deshalb all unser Bemühen, die ungleichen Vorteile, die ungerechten Engen, die Bedürftigkeiten und Bedrängnisse aller in einem großen Akt der Humanität zu beseitigen.

Dies ist das Zentrum des Problems. Diese *Humanitas* ist eine Rechengröße, dennoch und immer noch, denn sie vergleicht und zählt zusammen, dividiert, addiert und hofft auf Segnungen, wenn ehrlich subtrahiert und verglichen worden ist. Dieses Gute, das die zukunftstüchtige Intelligenz herbeiphilosophieren will, kann sich nicht einstellen. Wir müssen den ideologischen Magiern nicht den erhofften Aufschub gewähren, von dem ihre Lehren leben: daß die Zukunft noch nicht begonnen habe. Wir sind auch nicht auf die Vergleiche angewiesen, die Gläubige dieser Provenienz uns sofort aus der Hand schlagen: jene Beispiele aus sozialistischen Systemen. Wir können erkennen und begründen, daß so weder das Gute noch das Glück sich werden zwingen lassen, denn beide leben von der Teilnahme ethischer Prinzipien, die nicht im Menschen selbst wurzeln.

An diesen Prinzipien teilzunehmen, während sie einer Ordnung über den menschlichen Ordnungen entstammen, dessen war der antike Philosoph, den die Christen einen Heiden nennen, bei aller stolzen Menschensicht sicher. Uns blieb der geschichtliche Ort vorbehalten, an dem die Vordenker und Zukunftsplaner selbst diese bescheidenste Form der Transzendenz streichen. Die energischen Vorkehrungen für ein diesseitiges Jenseits reduzieren die Ethik auf ein System von Verkehrsregeln. Die Humanität, die als Motto für das Gleichheitsglück der Zukunft ausgegeben wird, ist nicht nur deshalb inhuman, weil sie vergißt, daß die verschiedenen einzelnen erst dem geträumten Ganzen Proportionen geben, nicht aber eine eingeebnete gesichtslose Masse.

Die versprochene Humanität ist menschenfeindlich vor allem deshalb, weil sie mit dem Versprechen, allen das Glück zu schenken, darüber hinwegtäuscht, daß sie den ärgsten Feind des Menschen weder besiegt noch domestiziert hat: den Tod. Eine Zukunftslehre vom Heil aller, die den Tod – totschweigt: das ist unsere armselige Bilanz im aufgeklärtesten aller Jahrhunderte. Im Vollbesitz aller sinnlichen Wahrnehmung, die eine phantastisch werdende Technik uns ermöglicht, erschrokken und gebannt zugleich vor den Möglichkeiten der unerschöpflichen Natur, kundig wie nie zuvor in der Physis und in der Seele des Menschen, im Wasser und auf der Erde, unter der Erde und in der Luft, den kleinsten Teilen der Materie auf die Spur gekommen, wahrhaft Herren des Kosmos, im Guten wie im Bösen; – Besitzer so vieler gesicherter und so vieler ungesicherter Gewißheiten und Beweise, lassen wir die eine und einzige Gewißheit aus, an der niemand vorbeikommt, die den Erfahrenen wie den Unerfahrenen, den Armen wie den mit Gütern Gesegneten bevorsteht, solange sie leben: den Tod.

*

Von den Anfängen der Menschheit her war der Tod die mächtigste Gewißheit und zugleich die schwerste, mit der die Menschen auszukommen hatten: Der Tod, und nur er, war jedem sicher. Er war auch die Gewähr dafür, daß alle gleich werden, was folgern läßt, daß sie, vom entscheidenden Punkt aus gesehen, nämlich vom einzig sicheren Blickpunkt aus, alle gleich sind. Die Menschheit dachte sich deshalb eine Instanz, in ungezählten Variationen, aber immer und unermüdlich neu, die dieses Menschenbild verantwortet und diese letzte Gleichheit meint. Die Menschen kämpften hart mit dieser ihrer unumgänglichen Gewißheit: Weil niemand unter ihnen war, der den Tod kannte, war er der Feind, der ihnen allen gemeinsam war und sie einte von Anfang an und im Ende endgültig.

Kult und Religionen gründen auf dieser vielstimmigen, einenden Furcht vor dem großen Feind. Frühe Kulturen sammelten sich im Ritus, um der Angst Herr zu werden, sie beschworen Götter, um über diesen Abgrund, der sich auftat, hinaus hoffen zu dürfen, – um das Nichts, das den Verstand übersteigt, dem Verstande untertan zu machen. Man fand Götter, die Gewähr für die Überwindung des Nichts in diesem Abgrund leisteten, Göttergestalten, die selbst die Kluft durchschritten und den Menschen nachzogen.

Die Menschheit fand schließlich den großen Gegenentwurf zum Nichts: das Immer, die Ewigkeit, auch sie undenklich, unausmeßbar und gerade deshalb ein Gegengewicht gegen die unerhörte Zumutung des Abbruchs, des Verlöschens aus der Zeit: die Zerschmetterung der Zeit in umgekehrter Richtung, in Richtung auf die triumphierende Dauer, wo das atemstokkende Nichts gegähnt hatte: das wiedergefundene Leben, kindlich ergriffen, von Göttern garantiert, Trostpfand gegen den Angreifer Tod, die Flamme gegen sein Schwert.

Die Feindschaft ist so alt wie die Menschheit, und sie ist die schmerzlichste Mitgift des Menschen, auch dort, wo er sie bändigen kann durch seine irrationale Zuversicht.

Wo ist der Tod in den Zukunftsentwürfen, in den Gegenwartsprogrammen für unser Glück, die unsere Denk-Aristokraten, unsere Vorträumer uns liefern? Was sagt der Intellektuelle seinen abhängigen Geistern über ihre geheimste, tiefste Furcht? Nein, er muß ihnen dazu nichts sagen, dies ist ein richtiger Einwand. Wenn er aber von ihrem größten Feinde schweigt, gegen diesen kein Rezept vorbringt und ihn keiner Silbe würdigt, nicht einmal zugibt, daß es diesen Erzfeind gibt, dann darf er nicht zugleich Heilsversprechen verkaufen, welche die Seelen seiner Zuhörer betreffen, Entwürfe, die Erfüllung versprechen, Glück, das Gute, so als stürbe bis dahin niemand, so als wäre das, was er feilbietet, der Sprung über die Kluft, von der niemand spricht.

Wir sprechen unterdessen sehr aufgeklärt vom Tod. Alle, ja gewiß, alle sprechen von ihm, medizinisch, vernünftig, weise, abwägend, sogar ein wenig okkultistisch reden wir vom Tode gegenwärtig; wir haben Leute unter uns entdeckt, die »drüben« waren, plötzlich und in reicher Zahl, es gibt gleich Bücher über ihre Erlebnisse.[72] Das ist eine der Maßnahmen im aufgeklärten Spätjahrhundert, dem Feind sein Schwert zu entwinden. Wir sind es gewohnt, die Grenzmauern niederzulegen, und wir machen uns nun an diese: Die Wege zum Tod, sagen solche gierigen Lauschoperationen, sind durchlässig. Die Medizin erzählt euch längst davon, nun tun es auch die Laien, Erlebnisberichte aus dem Jenseits, Marschtagebücher zwischen Leben und Tod, Filme aus der Grauzone, nur nicht dieser endgültige Abgrund, der Absturz ins Nichts. Mildern, domestizieren, entdämonisieren lautet das Motto dieser Zähmungsversuche an der Bestie.

Derweil ist sie reißend wie eh und je, die Bestie Tod, unberechenbar und von derselben schmerzenden Endgültigkeit wie zu Anfang aller Zeiten. Er, der Tod, der in den Weltentwürfen der intellektuellen Ideologen fehlt, ist zugleich die große Fehlerquelle in ihrer Rechnung. Es gibt kein Glück im Schatten des unbesiegten Todes, keines, dessen Quelle das Gute wäre. Denn das Gute, dessen Zipfel ergriffen werden kann, gehört uns nur leihweise und auf Abruf; es ist uns nicht einmal voll kenntlich, weil es nicht von uns gemacht ist. Daß das Gute nicht des Menschen Werk ist, wird freilich heute lauthals bestritten. Warum aber, wenn das Gute voll in unserer Hand liegt, treiben wir nicht längst in Strudeln und Wogen des Glücks? Aufgrund äußerer Umstände, wegen materieller Barrieren? Das wäre lächerlich, denn nichts ersehnen seit Millionen von Jahren die Menschen mehr als das Glück. Die neuen Sterndeuter unserer Zukunft haben, weil sie den Tod verdrängen, auch das Böse geleugnet. Wiewohl sie es nicht bestritten haben: Sie verleugnen im Grunde seine Macht, denn wer sich im Besitz der Mittel zum Guten glaubt, der unterschätzt das Böse, ja er verkennt es in so tragischer Weise, daß es ihn von hinten anfallen und zu Fall bringen könnte, da er ja seine Gestalt nicht kennt.

Unglückselig laufen die Geschicke, wenn die Herren des Verstandes zu Wegebauern werden, unseliger noch, wenn ein kollektiver Taumel, der dem Schweigegebot um den Tod folgt, die Menschen erfaßt, die nun glauben, sie seien im Besitz des Guten und damit Verwalter aller Glücksmittel. Die Abwesenheit des Todes im allgemeinen Bewußtsein – denn so ist es: Unzählige leben ohne einen Versöhnungsversuch mit dem letzten Feind – ist die notwendige Folge nicht nur aus dem Glauben an die Verfügbarkeit des Guten, sondern auch aus dessen Kehrseite: aus der Leugnung des Bösen.

Die Genesis des Alten Testamentes, die das Erbe vorgeschichtlicher Völker aufgenommen hat, beschreibt diesen Zustand so: In den Besitz der Verfügungsmacht über das Gute zu gelangen ist der älteste Menschheitstraum. Der Mensch nährt

Argwohn, daß die Götter die Allgewalt über das Gute und den Umgang mit den Glücksgütern sich selbst vorbehalten wollen und ihren Geschöpfen nur Prisen des Glücks, nur Brosamen des Guten zukommen lassen, während sie selbst, die Götter, als Verwalter des Guten und des Glücks Berge versetzen können, ja eine neue Welt bauen und die Herzen der Menschen bewegen.

Das Verführungsversprechen lautet deshalb nicht von ungefähr in dieser Geschichte: Ihr werdet sein wie Gott. Und das bedeutet: werdet unterscheiden können, was gut und böse ist. Der Mensch gibt sich diesem Versprechen hin. In der Genesis-Erzählung zerrinnt seine Götterhoffnung in der erneuten Konfrontation mit Gott. Wo diese aber nicht erfolgt, beginnt die freigesetzte Menschheit, das Gute, das ihr einzig begehrenswert ist, zu verwalten, weil sie glaubt, es klar vom Bösen unterscheiden zu können und über das Böse Macht zu haben wie ehedem die Götter. In solchen vernunftberauschten Äonen sind die Führer der großen Massen die Verwalter der Vernunft. Erst in unseren jüngsten Jahrhunderten, nachdem die Götterwelt schon halbwegs abgeräumt war, konnte man auf den Gedanken kommen, daß Verstand zu haben so etwas wie ein Stand sein könnte, ein Gnadenstand gar, da es transzendente Gnade nicht mehr im allgemeinen Bewußtsein gab.

Erst mit dem Verblassen des abendländischen Götterhimmels konnte der Intellekt, ein Teilaspekt der menschlichen Existenz, so zentral erscheinen, daß man Leute mit lebhafter Intellektarbeit als – »Intellektuelle« bezeichnete. Daß sie es sind, die heute die Rezepte geben, die Folgerungen ziehen, die Politiker mit Prognosen gängeln und die Ehrgeizigen mit Theorien lenken, folgt aus dem hohen Renommee, das unter uns Verstandestätigkeiten haben, seit die religiöse Weltdeutung ins Abseits geriet. Unmerklich übernahmen deshalb die Geisteshirten die weltanschauliche Versorgung mit. Von Mehrheiten bewundert, in ein Klima stürmischer Verehrung und fieberhafter Nachfrage geraten, weil allenthalben Sinnverluste aufbrachen, sahen sich die so erhöhten Propheten über die Gegenwartsbewältigung hinaus der Zukunft mächtig: Entwürfe einer konfliktfreien Zukunft unter der Flagge der neuen Göttin Humanität wuchsen organisch aus dem Boden jener Lehren und

Bedarfslagen hervor, die seit dem Ende des 18. Jahrhunderts in wechselseitiger Einwirkung vorgedrungen waren.

Der Intellekt, jene zur Pseudo-Berufsbezeichnung degenerierte Gehirnfunktion, könnte – wenn es denn schon Menschen gibt, die sich ohne sachgebundene Zwecke seiner bedienen, Berufslose sozusagen, die in alle Töpfe, Scheunen, Schuppen, Werkstätten und vorgeblich sogar in alle Gehirne gucken –, der Intellekt also müßte, derart freigesetzt, seiner Zeit als Barometer und Wetterfahne dienen können. Statt dies zu sein, betätigen sich die Intellektuellen längst als Magier, als Sterndeuter und Regenmacher. Sie sind Wetterproduzenten statt -berichterstatter, und die Winde blasen, wie sie ihren Mantel hängen.

Die Hypertrophie des Selbstbewußtseins der Intellektuellen ist aber nur ein Teilstück der großen abendländischen Hypertrophie der geistigen Selbsteinschätzung Denkgewandter. Daß die Intellektuellen ihren Analytikerposten preisgaben zugunsten einer Verordnungsposition, die sich unmerklich zur Produktionsstätte von Heilslehren fortentwickelte, liegt in der Logik unseres entgötterten Systems.

Wir wissen aus der Kulturgeschichte, daß es Gefühlsmoden gibt, denen Kollektive anhängen und nach denen sie ihre Gefühlsakzente setzen. Neben den Moden des Fühlens gibt es Moden der Gesinnung. Unsere jüngste Vergangenheit hat das Phänomen hervorgebracht, daß Gesinnungsmoden gerade unter den traditionellerweise kritischen Geistern, unter den Intellektuellen um sich griffen: Die Mehrheit der sogenannten Linksintellektuellen folgte einer Mode des Fühlens, Denkens und Diskutierens, als sie sich für Stil und Wortschatz der Linken entschied.

Natürlich paßt auch geistiges Modebewußtsein in unsere Zeit; aber diese Erscheinung in den Reihen der geistigen Elite zu beobachten, macht den Betrachter nachdenklich. Wurde mit dem analytischen Geist nicht die Vorstellung verbunden, hier walte keinerlei Vorurteil und Verführung, hier sei eine Schonzone vom Modischen, Immunität gegen Trends, wie sie das urteilsschwache Publikum verlocken? Wo bleiben Wächterrollen, wo der Part des kühlen Beobachters, wenn selbst die überlegenen Intelligenzen sich emotionalen Strömungen eher anvertrauen als dem Durst nach Erkenntnis?

Die Rolle einer unabhängigen Intelligenz scheint heute noch weniger entbehrlich im Ensemble der Geistesarbeiter als in jenen Jahrhunderten, aus denen wir kommen.[73] Da wir nämlich den Spezialisten kultivieren mußten, um im Wege der Aufgabenverteilung noch ein Mosaik des Verstehens aus unseren wissenschaftlichen Erkenntnissen zu bauen, fehlt nicht nur der universal gebildete Kopf, der angesichts der Wissensmenge zum Anachronismus geworden ist. Es fehlen überdies Intelligenzen, die sich vom Spezialistentum und von Gesinnungszwängen freihalten, um für die Überschau, für das Verstehen frei zu sein: Zeitanalytiker, die wir eben deshalb besonders dringend brauchen, weil der ausschnitthafte Blick auf unser Kulturgeschehen die Regel geworden ist; und Ausschnitt erfordert mit der zweckmäßigen Versenkung ins Detail immer auch Beschränkung.

Schon zeigt sich eine Fülle von Entwicklungen, die wir aufgrund der Fächerung unseres Blicks in lauter Spezialrichtungen nicht früh genug erkannt haben. Schon finden wir uns umstellt von Folgen unseres Fortschrittsoptimismus und des unreflektierten Humanitarismus, ohne daß wir nun Zeit fänden, die Genese dieser Erscheinungen nachzutasten und verfehlte Wege nachträglich zu beschreiten. Hier wäre die Rolle der analytischen Intelligenz, durchaus der Platz des *homo universalis,* der erkenntnisbesessen und nüchtern in die Arena blickt, statt trunken von emotionalen Attacken in der Solidarität mit Gesinnungsgenossen aufzugehen.

Freilich brauchte der nüchterne Beobachter einen ausbalancierten Emotionenspiegel, seine Transzendenzbedürfnisse müßten nicht dort Nahrung suchen, wo er seinen kritischen Verstand einbringen soll. Für solche Disziplinleistungen des Geistes muß ein Gegengewicht weltanschaulicher Auslastung Garantie leisten, und hier setzt das Problem der zeitgenössischen Intelligenz ein. Weltanschaulich nirgends gültig befriedigt, müssen die Intellektuellen heute in ihrem Erkenntnisauftrag mehr suchen als nur die strenge geistige Beschäftigung. Ihre analytische Leidenschaft ist getrübt von Sehnsüchten und Träumen; entsprechend trüb wird das Gemisch, das sie als Ergebnis ihrer Intellektuellenrolle anbieten.

Viele Intellektuelle sind der Versuchung nicht entronnen,

mittels ihrer geistigen Macht auch Felder in Besitz zu nehmen, auf denen man keinerlei Taten von ihnen erwartete: Sie produzieren Heilslehren und verteidigen diese, als seien sie intellektuelle Analysen unserer Situation oder die passende Antwort auf unsere Notlagen.

Die abhängige Mehrheit kann die emotionale Herkunft dieser Konzepte nicht durchschauen und nimmt die intellektuelle Gestik als ein Signal der Zuverlässigkeit. Schon als Kulturdeuter trügen die Intellektuellen eine bedeutende Verantwortung. Im Zeitalter der machtbewußten Presse[74] und der Tummelplätze in den Medien, deren sich die Intelligenz bemächtigt hat, wird diese Verantwortung unabsehbar, die Einflußmöglichkeit schwindelerregend.

»Die Notwendigkeit, ad hoc eine mit Überzeugungskraft ausgestattete Information zu geben, zwingt dazu, Leerstellen mit Mutmaßungen auszufüllen, Gerüchte und Vermutungen anzuhäufen, die dann nie mehr widerlegt werden, sich aber im Gehirn der Massen festsetzen... Trotz all dieser Eigenschaften wurde die Presse zur stärksten Kraft in den westlichen Staaten, stärker noch als die Kraft der exekutiven Macht, der legislativen und der Justiz... Nicht durch eine unmittelbare Ausübung von Druck, wie im Osten, sondern durch dieses Auswahlprinzip der Mode, durch die Anforderung, dem Massenstandard Genüge zu leisten, werden die am besten selbständig denkenden Persönlichkeiten vom Beitrag zum gesellschaftlichen Leben ferngehalten, und es tritt das gefährliche Phänomen des Herdentriebes zutage, das eine wirksame Entwicklung abschnürt.«[75]

*

Daß ausgerechnet in diesem Augenblick ideologische Gewölke die Intelligenz betäuben, ist ein verhängnisvoller Umstand, dessen Gefährlichkeit nur wenige Beteiligte erkennen. Von den Unbeteiligten kann diese Lage kaum jemand zutreffend einschätzen, weil kaum ein Unbeteiligter über lebhafte Erkenntnis-Interessen verfügt: Wer intellektuell interessiert ist, hat bereits einen der Gesinnungshäfen zur Linken oder Rechten angelaufen. Der Richter, der ihnen allen, ob links oder rechts Erkenntnisbeschränkung übend, ihr Portrait liefert, wird von links und rechts belächelt – mittlerweile auch von rechts, das ist der jüngste »Erkenntnisfortschritt« der Rechten, vermutlich ein Stück Boden, das wieder im Wettstreit mit der Linken gewonnen wurde statt im Angesicht des Kritikers: Es ist Alexander Solschenizyn, dessen Richteramt die westliche Intelligenz derart schmerzlich ins Zentrum trifft, daß Rechte wie Linke ihn, zunächst behutsam, nun aber mit anschwellender Stimme, abwehren.

Nichts ist für den Zustand der westlichen Vernunft so decouvrierend wie das Faktum, daß nicht einmal mehr den Boten aus anderen Teilen der Welt geglaubt wird, weil man den eigenen Horizont für die Welt hält. Angesichts der leichtsinnigen, von oben herab formulierten Kommentare, die dem geschundenen Menschen Solschenizyn heute zuteil werden, wenn er dem Westen von seinen Erfahrungen erzählen will, ohne jeden Respekt vor dem Leiden, ohne jede vernünftige Vorsicht gegenüber dem System, das wir nicht gründlich genug kennen – angesichts dieser Leichtherzigkeit fühlt man sich an die weise Gleichnis-Antwort Abrahams an den reichen Mann erinnert, als dieser im Jenseits um Zeugen der Wahrheit für seine noch lebenden Brüder bittet: »Wenn einer von den Toten zu ihnen ginge!« Abraham wehrt ab: Wenn sie die Stimmen nicht hören, die zuständig sind für Berichte über die Wahrheit, weil sie die Wahrheit gesehen haben, dann werden sie auch nicht aufhorchen, wenn einer von den Toten aufsteht.[76]

Kläglich decouvriert sich die westliche Intelligenz durch ihre Argumentation gegenüber dem kompetenten Kritiker; sie kultiviert Mißverständnisse, wie man bei schlechtem Gewissen zu tun pflegt, um unentdeckt zu bleiben. »Solschenizyn übertreibt«, bemerkt der deutsche Intellektuelle herausfordernd.[77] Von der strategischen Notwendigkeit solcher Übertreibungen wissen diese ausgeruhten Kritiker längst nichts mehr. Solschenizyns philosophische Erörterungen über die »Juridisierung« unserer Gesellschaft[78] erweist sich erst als wahrhaft berechtigt, wenn man den deutschen Intellektuellen antworten hört, zur »Dorflindenjustiz« könne man in unserem differenzierten System nun wahrhaftig nicht mehr zurückkehren.[79]

Der westliche Intellektuelle erkennt den östlichen Analytiker nicht mehr als Intellektuellen, der seine eigene Aufgabe teilt, ergänzt und durch eigene Erfahrungen bereichern könnte:

»Bedingungslosen Applaus findet Solschenizyn eigentlich nur noch auf der Seite eher unpolitischer Konservativer, die ihre dunkelsten Ahnungen artikuliert finden.«

Der Pressekritik des Russen hält der arglose Jurist des Westens entgegen:

»Das Fehlen eines rechtlich vorgegebenen Maßstabs zur Unterscheidung von guter und schlechter Presse ist Kern der Pressefreiheit.«

Hatte Solschenizyn aber eine ausgerechnet rechtliche Kontrolle gefordert? – Vielmehr kann der westliche Gesprächspartner wieder einmal nur »juridisch« antworten, wo der Kritiker sittlich argumentiert. »Die Leser, Hörer und Zuschauer sollen entscheiden«, fährt er fort. »Nur ihre reale Entscheidungsfreiheit gilt es zu sichern.« Eben diese Sicherung vermißt der östliche Beobachter. Er ist auch nicht geneigt, die guten Absichten des westlichen Intellektuellen für gute Taten zu halten, wie es dieser erwartet. Wo Beobachter mit Ost-Erfahrung die Abschnürung der geistigen Einzelbeiträge beobachten, triumphiert der angesprochene Westintellektuelle mit Mißverstehen: »Mittelmäßigkeit« sei jedenfalls »politischem Abenteurertum vorzuziehen«. Kann abgekämpften Lagerinsassen aber nach politischen Abenteuern der Sinn stehen?

Soviel bewußtes Mißverstehen möchten wir selbst den ertappten westlichen Geistern nicht zutrauen. Wir müssen deshalb erschrocken folgern, daß Solschenizyn mit seinem Hauptbefund zum Zustand der westlichen Demokratie tatsächlich unter uns überhaupt nicht verstanden wird.

Die westliche Intelligenz wählt den einfachsten Weg: Sie fühlt sich verkannt von dem apokalyptisch warnenden Visionär aus dem Osten. Der westliche Intellektuelle beruhigt jeden Selbstzweifel mit dem Bemerken, dieser Kritiker aus der fremden Welt habe die unsrige immer noch nicht verstanden. »...Daß ein so kluger und wohlwollender Beobachter auch nach vier Jahren Aufenthalt im Westen kein rechtes Verständnis für unser politisches System gewonnen hat«,[81] dies scheint dem angeklagten Westen die schlüssigste Erklärung für die Tatsache, daß dieser Kritiker nicht zum Schweigen zu bringen ist.

Eine Intelligenz, der ihr unversehrtes Traumpotential wichtiger ist als Aufklärung über die Realität: Das ist der Geist des Westens, jener Geist der Normenvielfalt und der Toleranz, auf den er stolz ist wie auf einen Supermarkt der Ideen. Wir sind längst nicht mehr darauf eingestellt, jemandem Rechenschaft abzulegen, daher die allergische Reaktion, wenn ein Redner auftritt, der Rechenschaft fordert. Betört von der Objektivität der Methoden, treibt der Westen eine Art des materialisierten Humanismus, der zum »naturalisierten Humanismus« des Karl Marx[82] in einen nur scheinbaren Gegensatz tritt.

Das Experiment des Humanismus, das sich über Jahrhunderte fortentwickelt hat zum »mündigen« Individuum des 20. Jahrhunderts, das um sich selbst kreist und nichts mehr außer sich selbst unterscheidet, hat im Westen wie im Osten seine Blüten getrieben.

Immer noch betäubt von jenem Traum, der im Osten längst einer herben Wirklichkeit gewichen ist, grollt die westliche Intelligenz jedem Boten aus der Realität. Die Vision vom sozialen Glück ist einstweilen die Lieblingsidee im westlichen Denk-Ersatz. Auch zum Denken nämlich gehört Mut: Und es gebricht uns am Mute, so scheint es, unsere Lage ernstlich zu durchdenken.

4.
Rollenkonflikte in der Familie

Die sozialen Selbstverständlichkeiten, mit denen wir leben, sind jung und in raschem Wandel begriffen. Unser Zutrauen in die Tragfähigkeit so vieler ungeprüfter Lebensformen muß deshalb mehr verwundern als die Krisen unseres Selbstverständnisses in diesen unseren Rollen. Unsere Reaktion auf die Rollenwandlungen, die seit mehr als hundert Jahren in immer rascherem Tempo in unser physisches und psychisches Leben eingreifen, macht sich erst zögernd bemerkbar, weil wir von Anpassungszwängen in Atem gehalten werden.

Seit das Industriezeitalter die Familie aus ihrer soeben erst hermetisch verschlossenen Nußschale hervorschüttelte, ihre Mitglieder für ein Außenleben neu definierte und gebieterisch in Besitz nahm, muß jeder von uns mit einer Aufspaltung seiner Person in private und öffentliche Rollen zurechtkommen, die ihn privat und beruflich, persönlich und offiziell verschieden definiert. Nicht mehr Erwerbsgemeinschaft und Ausbildungsstätte ihrer Mitglieder, verlor die Familie mit dem Einbruch der Industrie ihre wirtschaftliche Bedeutung rascher, als ihre Mitglieder realisieren konnten. Desto enger rückten sie zusammen; die Welt draußen war nicht mehr nur des Vaters Welt. Nach außen zu vertreten war auch nicht mehr der Kosmos einer Hausgemeinschaft, sondern schließlich nur noch der kleinste Verband aus zwei oder drei Generationen. Die Außenberührung der Frauen, ja der Kinder sogar, stieg an, nachdem die Produktion außerhalb des Hauses nach Arbeitskräften verlangte und die häusliche Fertigung nicht mehr konkurrenzfähig war.

Über die Vorgänge, die zu neuen Absicherungsmaßnahmen der Kleinzelle Familie geführt haben, ist gründlich nachgedacht und geforscht worden;[83] was uns fehlt, ist die Analyse unserer gegenwärtigen Lage. Auch hierzu forschen wir eifrig auf verschiedenen Spezialgebieten, ohne Zeit für die Besinnung auf Schlußfolgerungen, ohne Energie zur Zusammenschau zu finden. Wie Männer und Frauen sich miteinander und abweichend voneinander heute erleben, haben wir zwar zu klären versucht; wir haben auch zeittypische Krisen entdeckt, in denen wir nach Orientierung suchen: Verhaltensstörungen nennen wir sie hilflos, »Midlife crisis« haben wir, den Amerikanern folgend, einen anderen Aspekt dieser Orientierungsnot genannt; Neurosen haben wir alle, behaupten wir mit intelligentem Blick von der Mittelschicht an aufwärts; »Partnerschaft« zwischen Mann und Frau gelingt uns zunehmend schwerer, seit wir sie für zeitgemäß halten. Partnerschaft mit Kindern erproben wir mehr theoretisch als praktisch, halben Glaubens wie fast alles, was wir in unserem Rollenpuzzle mit uns und anderen praktizieren.

Am entschiedensten aber haben die Frauen auf die großen Umwälzungen der vergangenen zweihundert Jahre in unserer Familienkultur reagiert. Beobachten wir ihre Position in diesem Knäuel der Veränderungen, so trifft sie der verunsichernde Wandel von allen Seiten: Was des Mannes Leben verändert, das greift auch in das Leben der Frau, und was die Kinder mit dem großen Umschwung zur Pflichtschule erfaßt, was in die Zueinanderordnung aller durch die außerhäusliche Kinderarbeit eingreift, das schlägt immer voll in das Leben der Mütter, Ehefrauen und Haushaltsführerinnen durch. Ihre Rolle war es, die, immer enger definiert, mit immer schmaleren Zuständigkeitsbereichen aus den Turbulenzen hervorging; ihr Part in der Ehe war es, der zusehends schrumpfte, als das Personal verschwand und die Kinder öffentlich miterzogen wurden, als sich zusätzlich das Tun des Mannes ihren Blicken zu entziehen begann.

Der Kult des Kindes, der schon in der Mitte des 18. Jahrhunderts aufgekommen war,[84] hielt die Frau zwar scheinbar schadlos; eine verminderte Kindersterblichkeit und das Aufblühen der Medizin machten ihre Aufgabe erfolgreicher, als sie sich auf die Pflege ihrer Nachkommen verwiesen und zur teilnehmenden Dienerin der Weltkontakte ihres Mannes umdefiniert fand.

Die Unruhe unter den Frauen ist vielleicht auch deshalb im 19. Jahrhundert größer geworden als die der übrigen Familienmitglieder, weil auf die Frauenrolle alle Lasten der Veränderung fielen, die sich für Männer – die Kinder waren ohnehin ausgeliefert – teils als vorteilhaft, teils als wertneutral erwiesen.

Der Mann, der aus seiner agrarisch und handwerklich umrissenen Welt nun in größere und zugleich unpersönlichere Zusammenhänge gerät, mag eine Weitung seines Horizonts empfunden haben, ehe die »Fremdbestimmung« ihn verstörte. Die Familie reagiert auf das Andringen der Außenwelt, das sie zugleich mit dem Verlust ihrer wirtschaftlichen Selbständigkeit trifft, mit der traditionellen Waffe der Gruppe: Sie rückt zusammen. Nicht nur rein äußerlich werden die Kontakte dichter – Kontakte, zu denen nun auch mehr Zeit ist als ehedem, denen mehr Privates eignet, seit Schlafzimmer die Eheleute vom Personal absondern, seit der Mittagstisch nur von Verwandten besetzt ist. Auch im Bereich der Emotionen macht sich Rollenvielfalt breit: Die Jugend läßt sich nicht mehr ohne weiteres auf die Auswahlentscheidung des Vaters bei der Wahl des Ehepartners ein; sie duldet auch die bedingungslose Priorität wirtschaftlicher Gesichtspunkte bei solchen Verbindungen nicht mehr.

Man entwickelt Gefühle und behält sie nicht der leidenschaftlichen Liaison im Verborgenen vor, sondern knüpft an diese Gefühle die Heirat. Materieller Nutzen der Verbindung wird zweitrangig, die Zustimmung einer Dorfgemeinschaft hat nicht mehr das verordnende Gewicht, das ihr für die Sippengemeinschaft der bäuerlichen Haushalte noch bis in die zweite Hälfte des 18. Jahrhunderts zukam.

Der Amerikaner Edward Shorter hat dem Hervortreten des Gefühls als Motiv des Zusammenlebens in seinem Buch zur Familiengeschichte gesteigerte Aufmerksamkeit gewidmet.

»Der wichtigste Wandel in der Brautwerbung des neunzehnten und zwanzigsten Jahrhunderts«, so meint Shorter, »war die Entdeckung des Gefühls. Zwei Dinge traten ein. Die Menschen fingen an, Liebe und persönliches Zusammenpassen an die Spitze der Liste der Kriterien bei der Wahl der Ehepartner zu setzen. Diese neuen Maßstäbe drückten sich als romantische Liebe aus. Und zweitens begannen nun auch diejenigen, die weiterhin die Kriterien der Vernunft und des Wohlstandes anwandten, sich innerhalb dieser Grenzen romantisch zu verhalten... Wenn wir von Romantik sprechen, so reden wir von

Spontaneität und Einfühlungsvermögen: der Fähigkeit des Paares, sich seine eigenen kleinen Formen von Zärtlichkeit und Liebe zu schaffen... Beide Dimensionen der romantischen Liebe haben eine radikale Abkehr von der Tradition zur Folge... Um dieses romantische Ideal zu verwirklichen, mußte das Paar sich von der es umgebenden Gemeinschaft distanzieren, denn die Gemeinschaft war der große Vollstrecker und Agent der Tradition.«[85]

*

Gefühlsleidenschaften sind eines jener Privilegien, die vom Adel in die bürgerlichen Stände übernommen werden. Die Soziologen haben an diesen verschwiegenen Zonen der Sozialisierung bisher wenig Interesse gezeigt. Die Faszination, die von diesem Sektor der Entsprechungen ausgeht, ist jedoch von ganz eigenem Reiz; belegt diese Sozialisierung des Gefühlslebens doch die Unabweisbarkeit von Entwicklungen, ihre Verzweigung in jede Pore des gesellschaftlichen und des persönlichen Lebens, in jeden Winkel der kollektiven Psyche.

Die Geschichte der Leidenschaften als Historie der Demokratisierung des Gefühls zu schreiben, sollte sich eigentlich die Sozialwissenschaft nicht entgehen lassen. Der erste literaturfähige Ausbruch der Individualpsyche aus den vorgegebenen sozialen Kontexten findet nämlich weit früher statt, als die systematische Kultur der Individualpsyche im Roman vermuten läßt: Tristan und Isolde,[86] das Liebespaar von Stande, das sich aus den höfischen Zusammenhängen löst und seine Lebensform einzig auf sein Gefühl stellt, übt die Lockerung der geistlichen und weltlichen Fesseln vor, die jahrhundertelang nur zaghaft, nämlich im Tempo der menschlichen Anpassungsfähigkeit an neue Weltsichten, weiterentwickelt wird.

Erst mit der allgemeinen Steigerung des Entwicklungstempos zu atemberaubenden Dimensionen, hinter denen die menschliche Psyche weit zurückbleibt, revolutioniert sich auch die Entwicklung auf dem Gefühlssektor. Historisch betrachtet und mit den Herkunftsentfernungen dieser Evolution verglichen, überstürzt sich vom Ende des 18. bis ins 20. Jahrhundert die Veränderung der Lebenswerte, Emotionen und Gefühle; der Wandel ihres Stellenwertes eilt der Anpassung der Seelen und Geister voraus.

Irritiert und dennoch weiter drängend, finden sich die Paare und Familien, die Einzelwesen in einem Strudel der Unverbindlichkeiten wieder, der schließlich jedes Gefühl nivelliert und jede Entscheidung unerheblich macht. Was ist da geschehen? Wesentlicher Faktor in den Entwicklungen der jüngsten Seelengeschichte scheint tatsächlich die Geschwindigkeit zu sein.

Rein physisch ist der Mensch für Geschwindigkeiten bis zu dreißig Stundenkilometern ausgerüstet, so ermittelt unsere Forschung. Tatsächlich bewegen wir uns längst viel schneller über die Straßen und durch die Lüfte, durch das Wasser. Den Anpassungsaufgaben, die sich uns dabei stellen, sind wir erstaunlich gut gewachsen. Was unsere seelische Beweglichkeit angeht, so verfügen wir über weit vagere Daten; die Grenze zwischen dem Zuträglichen und dem Zerstörerischen ist überdies nur mit großen Ermessensspielräumen anzugeben.

Tristan und Isolde scheitern mit ihrer Leidenschaft an den gesellschaftlichen Zwängen. Die psychologische Kunst des Dichters aber beweist sich darin, daß sie keineswegs von außen aktiv irritiert werden: Der Zwiespalt vielmehr liegt in ihrer Seele selbst. Das erträumte Glück will sich in der totalen Isolation, nur auf das vereinigende und beglückende Gefühl gegründet, nicht einstellen. »Die Gesellschaft«, wie wir es heute nennen, erweist sich als unentbehrliches Lebenselement, in das die Liebenden zurücktreiben. Das Paar wird eingefügt in soziale Zusammenhänge, die der Leidenschaft ihren Platz anweisen.

Die Macht der sozialen Zusammenhänge des einzelnen blieb selbst in den Kreisen des Adels lange ungebrochen. Aber das Wissen um die Mächte des Gefühls kann nicht mehr weggedacht werden, weil sein Boden immer fruchtbarer wird: Die transzendente Beglaubigung für die weltlichen Zwänge, die in der Konvention gestaltet wurde, jene Beglaubigung, welche die Kirchen verwalteten, schwand seit dem Augenblick, in dem Menschen das tiefe Gefühl überhaupt als eine positive Macht ernstzunehmen bereit waren. Wer aus der gesellschaftlichen Konvention, aus den Verantwortungen seines Standes, aus den höher angesetzten Werten der höfischen Verpflichtungen ausbrach, um einer abstrakten Gefühlsmacht, der Göttin Minne zu huldigen, der trat in Wahrheit in den offenen Konflikt mit dem Garanten aller gesellschaftlichen Konventionen, mit dem christlichen Gott ein.

Tristans Ausbruch aus den vorgebahnten Wegen der Sitte erfaßt gleich das gesellschaftliche Umfeld mit: Keineswegs im luftleeren Raum entführt er seine Geliebte, sondern als Betrüger und Intrigant, als ehrloser Brautwerber raubt er sie seinem Verwandten Marke, der sein Vertrauen in ihn gesetzt hat. Die Kampfansage ist also durchaus vollständig; sie trifft den Hof nicht nur mittelbar, sondern ganz gezielt, und sie verachtet die Kirche nicht nur zufällig, sondern mit aktivem Gegenentwurf: Die Liebesgrotte[87] ist ein Pendant zum Kirchenschiff.

Man schreibe eine abendländische Gefühlsgeschichte, nachdem die Historie der sozialen Beziehungen geschrieben ist! Freilich gestaltet sich ein solches Unternehmen nicht ganz einfach. Der Literarhistoriker Erich von Kahler hat sich, wenig beachtet wie viele der wahrhaft bedeutenden Einzelfälle unseres Geisteslebens, dem Phänomen der Individualisierung der Schicksale gewidmet, wie es die Literatur widerspiegelt.[88] Er weist Zusammenhänge nach zwischen den jeweils gültigen Mythen und dem Menschenbild der Dichtungen; er entdeckt die Beseelung des Geschehens und schließlich der Einzelfiguren im Zuge der Humanisierung des Kultus:

»Achill ist zwar auch noch ein Halbgott, und die Ilias spielt zum großen, ja entscheidenden Teil unter den Göttern... Aber die Sphären sind hier schon klar unterschieden und die Götter in ihrem Bereich ebenso humanisiert wie die Menschen... Im Alten Testament endlich zeigt sich das Menschentum vollendet. Der Mensch ist ganz Mensch, nur Mensch, und er ist frei; seine Freiheit ist gestiftet durch Gottes Bund mit ihm... Von Anfang an ist er vor eine Wahl gestellt... David, im Gegensatz zu Achill und Gilgamesch, ist ganz und gar ein sündiger Mensch, verstrickt in seine rein menschlichen Konflikte.«

Das »spirituell-moralische Element« des Christentums fördert die Verinnerlichung des Erzählens. Die Renaissance sieht von Kahler dann als die Epoche des Aufbruchs in die individuelle Psychologie:

»In einer Zeit, in der die Geltung überirdisch autoritativer Werte ins Wanken gerät und jeder einzelne ganz aus eigenem Fug zu operieren beginnt, werden Deckung und Vorsicht und eine besondere Aufmerksamkeit auf das Verhalten und den Charakter des Nebenmenschen nötig. Das Studium der Menschenbehandlung führt zur Psychologie.«[89]

Die Psychologie als eine politische Notwendigkeit wird hier begreiflich, wenn wir an Macchiavelli, aber auch an die noch ganz zweckfreien Seelenerkundungen eines Montaigne in Frankreich denken. Die Bewußtseinsbeobachtung folgt, weitet sich aus auf Umwelt und Natur: Die Außenwelt wird selbständig im gleichen Maße, wie das Individuum sich selbst als einen Kosmos im Kleinen erfährt. Der moderne, vielschichtige Menschentypus beginnt sich zu begreifen. An der revolutionären Wende, die mit der Französischen Revolution für Europa markiert wird, während ihre Vorboten lange schon wirkten, gruppiert sich auch das private Leben der vielen einzelnen neu. Die Gefühlsgeschichte des Abendlandes müßte ihre Zeugnisse für die Umschwünge im Seelenhaushalt der Menschen finden, die sich teils in den äußeren Verhältnissen begründen, zum anderen in deren behutsamer Umwandlung ablesen lassen.

Die äußeren Verhältnisse: In das Denken der Familien dringt ein neues Prinzip ein, das wahrscheinlich auch ihre Gefühlsorganisation nicht unbehelligt läßt. Es ist das marktwirtschaftliche Konkurrenzdenken, das die Selbsterhaltungstriebe der Hausväter beschäftigt. Die Ausbreitung des Gedankens, auch über den eigenen Bedarf hinaus nach Gütern und Besitz zu streben, hat mit dem Erstarken der Industrie ihren Anfang genommen. Heute verwundert die meisten Menschen das Ansinnen, nur für den eigenen Bedarf arbeiten zu sollen; die Interessen fangen erst bei jenen Gütern an, die nicht mehr bedarfsdeckend sind, und für die Bedarfsdeckung sieht man jemand anderen als sich selbst unmittelbar verantwortlich: den Staat, jenen zum Sozialmonstrum aufgeschwollenen Versorger, der ein Zerrbild des abgedankten Vaters ist.

Die Einwirkungen auf die Familie sind aber mit dem Einbruch des Industriezeitalters so vielschichtig, daß ein einheitliches Bild kaum entworfen werden kann. Der Rückzug der Zweigenerationenfamilie auf sich selbst, die steigende Zuversicht angesichts der Kinderleben, der eine intensivere Zuwendung zu den Kindern entspricht, sind schon mehrfach determiniert.

Weicht die Familie nur dem Außendruck, der ihren Zufluchtscharakter für die Mitglieder lebenswichtig macht? Huldigt sie der Gefühlskultur, weil hierfür endlich Zeit verfügbar wird, weil endlich auch die Abschirmung der Paare gegen die Umwelt erreicht ist? Nimmt sie ihre Kinder wichtiger, weil deren Leben sicherer erhalten bleibt, oder trägt die steigende Sorgfalt in der Fürsorge zur Lebenserhaltung bei? Gewiß ist bei den meisten dieser Fragen mehr als eine Antwort richtig.

Daß unsere Kultur der Kleinfamilie, die vom Staat und von den Kirchen mit bewegten Worten als verehrungswürdig dargestellt wird, sehr jung ist, dies müssen wir uns ins Gedächtnis rufen, wenn wir unsere zeitgenössischen Krisen der Ehepartner, der Eltern, der Kinder begreifen wollen.

Tristan und Isolde übrigens hatten keine Kinder. Darin sind sie dem neuen Kult der unabhängigen Zweierbeziehung,[90] der unter uns geübt wird, näher als man annehmen möchte.

Die Rollenverteilung zwischen Eltern und Kindern, zwischen Mann und Frau wird simpler, nachdem der Mann außer Haus beschäftigt ist und die Kinder in die Pflichtschule gehen. Die geschrumpfte Familie beginnt mehr Wert auf sich selbst zu legen. Mit dem Schwinden der objektiven Notwendigkeit um die Organisation des Hausstandes wachsen die emotionalen Begründungen an.

Daß die Ehepartner aus Liebe heiraten, wird wesentlich, und daß man seine Kinder pflegt, ihr kindliches Leben nicht nur als unfertiges Erwachsenenleben sieht und beobachtet, ergibt einen zusätzlichen Wert für die kleine Gruppe. Weil der objektive äußere Halt für die Lebensgemeinschaft schwindet, erstarken deren subjektive Begründungen. Während der überpersönliche Stellenwert der Familie auf ethische Dimensionen reduziert wird, wächst ihre individuelle, bergende Macht entsprechend an.

Die Zahl der Kinder nimmt ab, während mehr von den geborenen Kindern am Leben erhalten werden. Das sittliche Pathos, das nun als Abwehrhaltung nach außen im Kleinfamilienverband entwickelt wird, muß überwiegend von der Frau gewährleistet werden. Das moralische Klima der Familie ist weiblich geprägt und wird von den Männern ganz betont unter die Verantwortlichkeit der Frau gestellt. Diese ist zunächst auch durchaus vollbeschäftigt, das kleine Gemeinwesen gegen die feindlicher werdende Außenwelt abzuschirmen, die Kinder zu versorgen und den biologischen Erfordernissen aller Beteiligten gerecht zu werden. Solange diese Aufgabe im Kanon der ererbten Werte als hochwertig – und auch immer noch: als gottwohlgefällig – erlebt wurde, bestand kein Grund zum Aufruhr.

Freilich wird die Frau nun abhängiger: Nicht nur ihre Außenkontakte schwinden, auch die Ernährerrolle des Mannes wird dominierend, während die Frau nur noch Ergänzungsdienste zur Lebenserhaltung des Verbandes leistet, die sich nicht unmittelbar materiell definieren lassen wie ehedem ihr Eier- und Geflügelverkauf, ihre Mitarbeit bei Saat und Ernte. Die Balance der Lebensgemeinschaft Familie wird empfindlicher, weil die Rollen sich stärker voneinander entfernen. Dem Ernährer stehen Ernährte gegenüber, was auf die Dauer nur bei den Kindern selbstverständlich und unproblematisch bleiben kann. Zunehmend wird der moralische Wert der Lebensgemeinschaft Familie bei der Frau verankert und von ihr garantiert. Das männlich definierte Familienverständnis wird entscheidend bestimmt vom männlichen Verständnis der Frauenrolle: Sie garantiert den sittlichen Gehalt des kleinen Kosmos; sie ist auch für den Mann selbst ein sittliches Vorbild, das er teils aus wirklicher Verehrung, teils den Zweckmäßigkeiten der weiblichen Unterordnung folgend, hochhält.

Aus dem so veredelten Status läßt sich, da Arbeit hinreichend vorhanden ist, durchaus eine lohnende Existenz auch für die Frau aufbauen. Zwar schwindet von Jahrzehnt zu Jahrzehnt ihr Einblick in die Welt des Mannes und im gleichen Maße ihr nachvollziehendes Verständnis für seine Tätigkeiten. Das Paar wird zu einem Zusammenspiel mit sehr verschiedenen Rollen gezwungen, und die Isolation der Einzelfamilie macht diese Rollenentfernung besonders deutlich spürbar. Seit auch Kindern eine eigene Lebensphase »Kindheit« zugestanden wird[91], sieht jeder der Beteiligten sich noch einmal vereinzelt: in seinem Geschlecht und der zugehörigen Rolle, in seinem daher verschiedenen Bezug auf die Kinder und, als Kind, im Hinblick auf die zunehmend anders definierten Erwachsenen und Eltern.

Männer- und Frauenrollen ragen schon ins Kinderdasein prägend hinein, so daß die neue Distanz schon im frühen Alter befestigt wird. Auch das Kinderleben bringt nun, da die Erwachsenen es zu würdigen meinen, ganz neue Isolationen mit sich: »Kindgemäß« von Erwachsenen abgetrennt, werden Kinder »kindlich« beschäftigt und »kinderfreundlich« belehrt. Solange sie im Erwachsenenalltag ihre Lehrzeit zubrachten, wurden sie gewiß als Kinder kaum zur Kenntnis genommen und in spezifischen Bedürfnissen vernachlässigt oder übergangen. Seit die Gesellschaft sie aber entdeckt und kaserniert hat, sie hegt und belauscht, sie niedlich, entzückend – und allzu häufig komisch – findet, trennt die Kinder von den erwachsenen Menschen eine neue Kluft des Mißverstehens. Im 20. Jahrhundert beginnen die Versuche, diese Kluft wieder zuzuschütten. Unter Mitwirkung der allmächtig gewordenen Wissenschaften führten die guten Absichten auch hier nur gelegentlich zu rettenden Taten.

*

Die kleiner gewordene Familie verbindet nach dem Schwinden der gemeinsamen Erwerbsinteressen im wesentlichen das Zusammengehörigkeitsgefühl. Wirklich unabhängig ist nur einer in dieser Gruppe: der Ernährer selbst. Er betont deshalb seine emotionale Bindung an die Familie und entwickelt ein christlich unterstütztes Ethos des Hausvaters weiter, das einer machtvollen abendländischen Tradition entspricht. Auf sich selbst verwiesen und nicht mehr entlastend eingebettet, ist die Familie auch ihren internen Spannungen ungeschützt ausgesetzt. Sie kann freilich, auf der positiven Seite, Gefühle von Gattentreue und Geschwisterliebe kultivieren wie kaum je zuvor. Vor dem drohenden Hintergrund der aufsteigenden unpersönlichen Mächte, die das Leben der einzelnen in Besitz nehmen, entfaltet sich im 19. Jahrhundert eine gefühlsbetonte Familienkultur wie das letzte Aufflackern des Bewahrungswillens gegen die Vorherrschaft der unpersönlichen Materie.

Die ersten Entwürfe für die Einebnung der Idylle sind fanfarengleich in der Französischen Revolution bekanntgemacht worden; unerbittlich wiederholen sie den nachdrücklicheren

Ansturm mit den Konzepten des historischen Materialismus, die den Aufgang des Industriezeitalters wie Prophezeiungen begleiten – Texte freilich, die niemand zu lesen versteht und die der Westen bis heute nur in der Trance des neugierigen Toren entziffert.

Familie als Gefühlsgemeinschaft, auf eine Gefühlsentscheidung von Mann und Frau gegründet, ethisch abgestützt durch kirchliche Sakramente zwar und durch Brutpflege-Instinkte mit Nestwärme gepolstert: ein anspruchsvolles Konzept voll kaum erfüllbarer Postulate scheint sie für Generationen zu werden, denen die umstandslose Gefühlszuordnung nicht mehr gelingt, weil sie niemandem und keiner Instanz mehr ein solches Gelingen schulden. Unzumutbar scheinen die Erfordernisse der Gefühlsgemeinschaft auch jenen, die den Konflikt der individuellen Entwicklung mit dem Solidaritätsprinzip der Familie an sich selbst erleben. Unerträglich scheint Familie heute schließlich jenen jungen Menschen, die den Umgang mit der Generation der Väter und Mütter nur noch als Last erleben.

Familie als Gemeinschaft des Gefühls – das ist zunächst ein Abenteuer in unerprobten Bereichen, in denen sich niemand außer den gehobenen Ständen sorglos tummeln durfte, weil die ökonomischen Erfordernisse obenan standen. Freilich begann noch ein weiterer Pfeiler, auf dem die Sippengruppe selbstverständlich aufgeruht hatte, brüchig zu werden. Fast zwei Jahrtausende hat das christliche Abendland dem Zusammenleben einen Wert beigemessen, der über die Arbeitsökonomie hinausreichte. Da Familie und Großfamilie als Lebensformen nicht allein von menschlichem Ermessen abhingen, war über Jahrhunderte hinweg manche Nachfrage als abwegig, ja häretisch erschienen.

Auch die zusammengerückte Kleinfamilie weiß sich noch unter dem göttlichen Gebot – soweit sie katholisch geprägt ist, sogar im christlichen Dogma geborgen und beauftragt. Das Wissen, einer transzendenten Macht mit dem Grundmuster des eigenen Lebens zu gefallen, gab dem ehelichen Leben und der Aufzucht der Kinder einen Sinn, den die Ehepartner nicht selbst zu füllen brauchten, weil er vorgegeben war. Mangelndes Wohlbefinden in der gottgefällig gewählten Lebensform wurde deshalb zunächst in Mängeln des einzelnen Individuums begründet; die Norm selbst, der man mit Eheschluß und Familiengründung gehorchte, war sakrosankt. Diese Norm auf ihren Sinn zu befragen, das konnten einzelne und Gruppen erst unternehmen, nachdem sie den Spender solcher Ordnungen nicht mehr absolut verehrten.

Der forschende, selbstbewußt in seine Geschichte wandernde Mensch setzt schon in der Aufklärung andere Akzente als der naiv Gläubige: Die Verbindung zweier Menschen, ihre gemeinsame Kinderaufzucht findet man christlich zwar akzeptiert und von der Bejahung des Christengottes bestätigt. Die Lebensform selbst jedoch läßt sich in weit entfernten Kulturkreisen entdecken als die zweckdienliche Ordnungsleistung der Völker in ihrem Sexualleben und in den Zuständigkeitsfragen für die Kinderbetreuung. Auch ganz andere Formen des sozialen Zusammenlebens finden sich, und mit dem Schwinden der unbedingten Ehrfurcht vor dem einen Gott und seinem verbrieften Willen setzt sich die Phantasie der aufgeklärten Forscher in Bewegung, um zunächst andere Formen der Lebensorganisation zu denken, schließlich, nachdem der Gedanke seinen Wagnischarakter verloren hat, sie zu erproben.

Alternativen für die Heilshoffnungen der Europäer eröffneten sich seit der Französischen Revolution ohnehin von verschiedenen Seiten. Es kann daher nicht verwundern, daß auch die Familie sich im Spiegel dieser neuen Lehren, bei gleichzeitiger Lockerung ihrer religiösen Verankerungen, aus anderer Perspektive sieht. Zugleich bringt die Neudefinition ihrer Mitglieder als industrielle Arbeitskräfte, als Kinderarbeiter oder Schulkinder, als Hausfrauen, deren Wirkungskreis sich ins Hochprivate verengt, eine Störung der Balance mit sich, die Fragen und Erwägungen erlaubt scheinen läßt, die in der soliden Großgruppe nicht aufkamen.

Da der geschrumpften Familie nun äußere Begründungen für ihren Zusammenhalt teils rein sachlich, zum andern emotional abhanden kommen, kultiviert sie ihr Innenleben in jeder Beziehung. Das Zuhause wird ein ethisch verklärter Bezirk, die Gattenliebe und das Hegen der Kinder werden als Bollwerke gegen die andrängenden Gefährdungen von außen konzentriert entwickelt und mit ernster Hingabe genossen. Tatsächlich meldet sich die äußere Bedrohung in vielerlei Gestalt, und dem nachvollziehenden Beobachter kann die moderne Brüchigkeit des Familiengedankens bei den geistig führenden Schichten nicht mehr verwunderlich erscheinen.

Außer den politischen Angeboten zur Einebnung der Familienstruktur, wie sie im Marxismus-Leninismus angelegt sind, meldete sich gegen Ende des 19. Jahrhunderts die Wissenschaft zu Worte, um idealen Vorstellungen von der hegenden und gottwohlgefälligen Kleinzelle gründliche Aufklärung widerfahren zu lassen. Mit dem Wind, der seit der Revolution in Frankreich gesät war – dessen Vorboten aber, leichte Brisen, schon von der Aufklärung her herüberbliesen –, fielen auch die schützenden und kirchenfreundlichen Tabus vor dem Bilde des Menschen selbst. War er bislang in seinen seelischen Belangen entscheidend von der Religion definiert und verwaltet worden, so leuchteten längst die segensreichen Möglichkeiten einer medizinischen Forschung ein, die solche Tabus als die reine Unvernunft der Toren entlarvt hatte: Seit der menschliche Körper für die Medizin zugänglich war, hatten unzählige Todesschicksale sich als zufällig und abwendbar erwiesen. Das Selbstbewußtsein des Menschen stieg im Angesicht dieser Beweise seiner Kunst mächtiger an, als wir uns heute, im längst ausgebrochenen Unbehagen über das Abenteuer der Forschung, klarmachen können.

Die systematische Nachfrage, ob die Familie eigentlich eine bekömmliche Art der Unterbringung für das Individuum sei, wird erst möglich, nachdem Familie nicht mehr im unbefragbaren, heiligen Bezirk der Religion untergebracht ist. Solange die Familie als die einzige erlaubte Form der Gruppierung von Menschen verstanden wurde, konnte auch dem Mißlingen solcher Zusammenschlüsse nur am Rande Beachtung geschenkt werden. Mit dem Aufbrechen der alten Tabus über dem Seelenleben der Menschen entsteht plötzlich die Möglichkeit, das Scheitern von Bindungen, die seelische Katastrophe aus dem individuellen, verordneten Schicksal in ein vermeidbares Unglück umzudeuten: Steigendes Forscherselbstbewußtsein und schwindende Dogmenmacht bedingen und durchdringen sich wechselseitig. Die Erfahrungen der medizinischen Forschung im Bereich der Kindersterblichkeit und im Kampf gegen bis dahin allmächtig geglaubte Krankheiten begründeten einen

Wissenschaftsoptimismus, der noch bis in die heutige Zeit fortwirkt.

Die Akzente dieser Zuversicht liegen aber zunächst auf der Erkenntnis des forschenden Menschen, daß mit der Preisgabe religiöser Schranken Verbesserungen und Erleichterungen ganz ungeahnter Art für den Menschen erreicht werden können. Was wir fernen Beobachter heute trocken als »Säkularisierung« bezeichnen, läßt sich auf dem Felde der Wissenschaften wahrscheinlich viel angemessener dem Glücksrausch eines Kindes vergleichen, das Geheimnisse der Welt entdeckt, vor deren Erkundung die Erwachsenen immer gewarnt haben: Künftig wird es keinem Gebot mehr vorbehaltlos trauen, keine Warnung mehr ganz ernst nehmen. Der Vergleich erlaubt eine weitere Parallele: Solange das Zutrauen des Kindes zum Erzieher sehr tragfähig ist, wird es Geboten und Warnungen auch künftig folgen. Solange das Zutrauen zur alleinverbindlichen Lehre der Kirche sehr tragfähig war, hielten die Gläubigen sich fraglos in den gegebenen Lebensordnungen für geborgen. Maßstab war weniger das persönliche Wohlbefinden oder das eventuelle Potential der Wünsche als vielmehr die Billigung der zuständigen transzendenten Macht, in der man sich wohlfühlte.

Deshalb ist die Beeinflussung von Wissenschaftsglauben und schwindender Macht des Christentums eine wechselseitige: Wissenschaft allein würde nicht hinreichen, um die Macht der religiösen Überzeugungen zu schwächen, wie die selbständigen Entdeckungen des Kindes nicht hinreichen würden, den Erzieher als Gewährsmacht auszuschalten. Die Wissenschaft von der menschlichen Seele, die nun in harte Konkurrenz zur christlichen Lebensbedeutung tritt, ohne dies erklärtermaßen anzustreben, spielt eine noch heute wachsende Rolle beim Abbau der Verbindlichkeiten: Der historische Augenblick, in dem die Erkenntnis möglich wurde, daß die heiliggehaltene Lebensform Familie neurotisierende Effekte in Kettenreaktion produzieren könne, und jener weitere Augenblick, in dem die Aufnahme dieses Blickwinkels durch Laienkreise gewagt wurde, jener Moment unserer Geschichte öffnete die Tore für eine Wanderung ins Unbekannte, die wir noch heute fortsetzen.

Ein Weg ins bis dahin Unbetretene ist es, auf dem wir uns befinden, weil das vorgegebene Maß verlorengegangen ist und nun mit stets sich wandelnden Maßstäben gearbeitet werden muß, abhängig vom Fortgang der Wissenschaften und, wesentlicher, vom Fluß der Moden, von der Lagerung unserer Neigung und Einsatzfreude, von den Prinzipien unseres Lustgewinnstrebens und von unserer Liebe zum Menschen. Hier hat auch das Bersten der Familienstrukturen seine Ursache: Ausgeliefert unseren unsteten Entdeckerlaunen, Knechte unserer blind verfochtenen Ansprüche, machen wir alles, worauf wir stehen müßten, um komfortabel zu arbeiten, zum Gegenstand unserer Erkundungen. Wir arbeiten dabei wie ein Seiltänzer ohne Seil; die Füße im Nichts, tasten wir, wie wir am besten in einer Welt ohne Götter unsere Schritte setzen sollten.

Die neuen Götter, die wir als Schutzmächte für dieses Tun gewonnen haben, sind so disponibel wie wir selbst: Sie garantieren unsere Unsicherheit statt Gewißheiten zu verbürgen, die uns beim Vorstoß in Neuland begleiten könnten. »Pluralistisch« beschirmt, sind wir den Prinzipien Unentschiedenheit und Ungewißheit ausgeliefert. Die Symptomwissenschaften eines auf den Menschen gestellten Jahrhunderts, Psychologie und Psychoanalyse, Soziologie und Politologie, öffneten Türen, die man bis dahin teils in frommer Scheu, teils aus Traditionstreue verschlossen gehalten hatte. Wie es jemandem zumute ist, der hinter solchen Türen Instrumente entdeckt, die ihn zu ganz neuem Erlebnis seiner selbst und damit zu ungeahnten Möglichkeiten auffordern, das können wir wiederum in der Kindheit eines jeden Menschen ablesen. Schübe des Erkennens schüttelten die Interessenten dieser neuen Entwicklung, Schauer der Abwehr überliefen die wohlgeborgenen Bürger, denen helleres Bewußtsein ihrer Zustände wenn nicht vom Teufel, so doch in jedem Falle beunruhigend erscheint.

Auch dieses neue Wissen, das, vor allem aus der Psychoanalyse kommend, die Familie in ein zweifelhaftes Licht rückte, erwies sich als Macht: Die Macht, über altgewohnte Strukturen verfügen zu dürfen, schien in dem errungenen Wissen wie von selbst gerechtfertigt. Nach diesem Prinzip ist die Forschung des 20. Jahrhunderts bis in unsere Tage verfahren; Zweifel melden sich erst jetzt.[92]

★

Die modernen Seelen- und Umweltwissenschaften, Psychoanalyse und und Soziologie, hätten freilich nicht in die Familie Unruhe tragen können, ohne daß Keime dieser Instabilität schon im Zentrum dieser Lebensform aufgegangen wären. Schon bald nachdem sie sich zu einer kleinen, gefühlsbetonten Bastion gegen die Massenentwicklungen des Industriezeitalters zurechtgeschrumpft hatte, wurde die Familie von allen gesellschaftlichen Bestätigungen verlassen: In ihrem Innern mußten Maßstäbe weitergelten, für die es von außen keinerlei Bekräftigung mehr gab. Ihre Mitglieder mußten, wenn die Familie stark bleiben sollte, Qualitäten entwickeln, die im öffentlichen Leben Schritt um Schritt beseitigt wurden. Einsatzwille für diese Gruppe, Aufopferung für die Blutsverwandten, Verzicht und Bescheidung, Schutz des Schwächeren und Machtverzicht des Stärkeren um der verbindenden Liebe willen sollten im Familienkreise weiter gelten, während draußen jeder zum Rivalen wurde, Wettkampf zum Lebensprinzip erklärt und das eigene Glück in der »Selbstverwirklichung« erblickt wurde statt im Beitrag zu familiärem Kollektivgenuß.

Gewiß bot die Kleinzelle zunächst Schutz vor den Turbulenzen einer gnadenlosen Wettkampfarena. Insbesondere die Männer wußten und wissen diesen Windschatten häuslicher Geborgenheit zu schätzen. Die Frauen aber, denen sich mit den Weltkontakten ihrer Männer auch deren Berufstristesse und deren Frustrationsdruck entzog, glaubten sich zunehmend um die ganze Welt betrogen. Männer- und Frauenrollen klafften immer weiter auseinander, Mißtrauensspielräume wuchsen deshalb an, Verständigung über die Art der erlebten Belastungen mißlang immer gründlicher und erschwerte die verbliebenen Kontakte. Eine Überschätzung der »draußen« geleisteten Männerarbeit begleitet uns aus den Anfängen der außerhäuslichen Erwerbsarbeit bis heute.

Ohne eine hinreichende Überschau über die Belastungen des Mannes war die Frau, als Verantwortliche für das Familienklima, zunehmend gedrängt, sich zur Dienerin umzudefinieren, die den Gemütshaushalt des Mannes mitversorgt, ausgleichend und verständnisvoll auf kommentarlos abgelieferte Mißstimmungen eingeht, horchend und aufmerksam, mit seismographischen Qualitäten ausgestattet, die Polster für Leib und Seele in die jeweils passende Position schiebend.

Viele Differenzen des äußeren Alltags, die für sich genommen wertfrei sind, werden auf diese Weise zu inneren Differenzen des Paares aufgeladen: Jeder sieht sich mit speziellen Problemen jetzt auf dramatischere Weise allein, weil seine Gefühlsbindung an den Partner ein tragender Pfeiler der Verbindung geworden ist. Der moderne Entwurf der Partnerbindung in der Ehe geht sichtlich ohne Geschichtsbewußtsein von dieser Isolation des Gefühlsduos »Ehepaar« aus. Theodor Lidz:

»Das Ich muß in der Ehe nicht nur das Selbst, sondern auch den Partner und die Ehe als in sich geschlossenes Ganzes mit einschließen. In der optimalen Ehe wird der Partner zu einem zweiten Ich, dessen Wünsche und Bedürfnisse und dessen Wohlbefinden zugleich mit denen des eigenen Ichs erwogen werden...«

Jürg Willi:

»Die Persönlichkeit wird in der Auseinandersetzung mit dem Partner umstrukturiert... Dieser gegenseitige Anpassungsprozeß ist schwierig und gefährlich... In der engen Intimität bilden sich Verschmelzungsphänomene mit... destruktiven Folgen.«[93]

Die Aufteilung der Lebens- und Handlungsfelder nötigt aber nun beide, Mann und Frau, sich auch als Einzelindividuen zu erleben, nicht mehr nur als Bestandteil der Familie. Offiziell bestehen zwar die Idealbilder weiter, nach denen einer im anderen aufgehen und einer des anderen Last tragen soll. Währenddessen wird die Entdeckung unabweisbar, daß der eine die Last des anderen weder genau abzuschätzen noch überhaupt in ihren Konturen zu erkennen vermag: Jeder hat seine Welt und jeder, so zeigt sich, lebt mit den Mißverständnissen über die Welt des andern, mit Mißdeutungen, die daraus folgen. Gewiß ist dies auch ehedem schon so gewesen, als man Seite an Seite auf dem Feld arbeitete, als der Mann zum Viehmarkt zog und die Frau zum Gemüseverkauf. Aber solche Nuancen des wechselseitigen Verständnisses hatten überhaupt keinen Stellenwert und waren deshalb nicht existent.[94]

Die neue Seelenwissenschaft, die auch Ausfluß dieser Fortschrittsprobleme ist, stand schon mit Deutungs- und Lösungsangeboten bereit, als die Lage in den bürgerlichen Kreisen noch kaum bewußt war. Traditionell, wie Kollektive leben, folgte man den eingeschliffenen Verhaltensmustern, fühlte auch immer noch eine gewisse Verpflichtung zum Glück in diesen Formen, weil – zu allen Zeiten! – Scheitern in den verordneten Systemen für persönliche Unzulänglichkeit gehalten wird. Sigmund Freud trat als Protagonist der kommenden Problemstellungen auf den Plan, vorausdenkend, wie Erfinder zu sein pflegen, sensibel für den Geist einer noch nicht ganz angebrochenen, aber schon aus allen Fugen des Altgewohnten hervorbrechenden Zeit.

Freud bereitet der Familienkritik der sechziger Jahre unseres Jahrhunderts den Weg durch seine Autoritätskritik. Soziologie versteht er – nicht zum Wohlgefallen der Soziologen – als angewandte Psychologie. Er erfaßt damit die charakteristische Entwicklungslinie des wissenschaftlichen Interesses, das die prägenden Faktoren für die Einzelpsyche in der Umwelt aufzusuchen beginnt. Was Freud und seine Schüler über die frühkindlichen Prägungen des Schuldgefühls, über das »Gewissen« und über die Autoritätsabhängigkeit des einzelnen zutage förderten, dies bot besonders den Familienkritikern der allerjüngsten Zeit reichlich Belegmaterial für ihre Anklagen gegen die soziale Kleinzelle.

Der Psychoanalytiker Erich Fromm wird konkreter als Freud:

»Allerdings gehen die ersten entscheidenden Einflüsse von der Familie aus, aber die gesamte Struktur der Familie, alle typischen Gefühlsbeziehungen innerhalb ihrer, alle durch sie vertretenen Erziehungsideale sind ihrerseits selbst bedingt vom gesellschaftlichen und klassenmäßigen Hintergrund der Familie, von der Sozialstruktur, aus der sie herauswächst... Die Familie ist das Medium, durch das die Gesellschaft bzw. die Klasse die ihr entsprechende, für sie spezifische Struktur dem Kind und damit dem Erwachsenen aufträgt: Die Familie ist die ›psychologische Agentur der Gesellschaft‹.«[95]

Die Verquickung von soziologischem und psychologischem Interesse und Befund ist in dieser Darstellung unbestreitbar.

Die Soziologie reagierte mit Reflexionen über die Wirkungen des sich ankündigenden Übermaßes an Wissen,[96] das sich auch für die sozialen Schutzzonen der Menschen als eine beunruhigende Größe geltend machte. Insbesondere die kirchliche Ehelehre hatte die Familienmitglieder angehalten, sich nicht als einzelne, sondern als Funktionen in der Gemeinschaft zu erleben. »Selbstverwirklichung« – das Zauberwort des modernen Individuums – geschah nach dieser Auffassung eben im sozialen Verband, in der Rolle als Mutter, Vater, als Ehepartner, als Kind dieser Eltern. Und geglückte Selbstfindung wurde bis zu den anderslautenden Befunden der Seelenforscher mit der gelungenen Rollenfindung identisch gesehen. Der Nachdruck, mit dem der einzelne aus diesem Verband herausgelöst wurde, um am Arbeitsplatz Geld zu verdienen, in der Schule zu lernen, allein das Haus zu versehen und die Nahrung für Abwesende zu bereiten, allein die Säuglinge zu pflegen, wurde durch die neue psychologische Betrachtung des Individuums noch unterstrichen.

Das Kind wurde außen neu definiert als Schüler und für die Wissenschaft einzeln interessant als neurotisiertes Objekt seiner Eltern, als Opfer frühkindlicher Frustrationen und Schocks. Die Ehefrau und Mutter, der Ehemann und Vater gingen nun grundverschiedenen Tätigkeiten nach und hatten die Familienzuständigkeiten entsprechend aufgeteilt, so daß kaum noch Überschneidungen von Pflichten und Tätigkeiten vorkamen: Eltern sind sie zwar immer noch beide, aber die Kinderversorgung obliegt nun der Mutter, die außerhäusliche Arbeit dem Vater, die emotional intensiven Zonen des Familienlebens werden der Frau zugedacht, die nüchterne Außenrealität dem Manne zugeordnet.

Wiewohl wir heute längst die Krisenträchtigkeit so scharf getrennter Zuständigkeiten erkennen, wiewohl wir Mann und Frau auf ihre jeweils halbe Welt neurotisch reagieren sehen, hat die rollentrennende Kleinfamilie bis in unsere Tage recht gut funktioniert. Daß viele ihrer Beglückungsformen in ihrem Bollwerkcharakter gegen eine feindlicher werdende gesellschaftliche Wirklichkeit lagen, dies erkennen wir erst heute. Die Familie hat, eben aufgrund ihrer Zufluchtseigenschaften, die Entwicklungen der industriellen Wirklichkeit nicht elastisch reflektiert, sondern durch Hermetik abgewehrt. Die Insel des Privaten, das weiche Nest, in dem man die rauhe Wirklichkeit ausblendet: so wurde und wird ein Versäumnis verklärt, das sich freilich auch in seinen segensreichen Zügen würdigen ließe, dürften wir nur sicher sein, daß der Preis für das Gaukelspiel von der heilen Welt nicht zu hoch wird.

Die aufmerksamen Begleitwissenschaften haben nach der Erforschung der Einzelpsyche die gemeinsame Seele des Paares ins Auge gefaßt und therapiewürdig gefunden; die Verhaltensstörungen der Erwachsenen aber strahlten aus auf deren Kinder, so daß sich diese nicht als Einzelwesen behandeln ließen, wenn man Erfolg haben wollte.

Die Familientherapie gibt als Reaktion der Wissenschaft auf den Rollenkonflikt der Familienmitglieder Auskunft über die heillosen Verstrickungen, die jeden einzelnen an seine Leidenssymptome fesseln: Ein funktionierendes Zusammenspiel mit negativem Vorzeichen. Die Wissenschaftler tauschen sich über ihre Befunde und Lehrmeinungen aus. Bruno Bettelheim, weltweit bekannter Kinderarzt und Therapeut, erklärte bei einem solchen Meinungsaustausch im Jahre 1978, daß häufig genug die Gefühlsumklammerung durch die Eltern Kinder überfordert. Schon die Bibel habe von den Kindern verlangt, ihre Eltern zu ehren – Liebe könne nicht befohlen werden.

»Bettelheim«, so berichtet ein Beobachter des Kongresses, »entwarf ein außerordentlich pragmatisches Bild von der Familie, die nicht auf Liebe, sondern auf ökonomischen Gesetzen gegründet sei. Ein Kind brauche zwölf Jahre, um selbständig zu werden – und nicht zwanzig. In der Geschichte habe das Kind im Familienverband mitgearbeitet, nachdem es von den Eltern angeleitet worden sei. Die Mitarbeit habe das Gelingen der Familie mitgarantiert. Das alles habe bedeutet, die Eltern zu ehren.

Noch ein wichtiger Hinweis des Mannes, der 250 Problem-Kinder und drei eigene erzogen hat: Heute würden Kinder bei sexueller Frühreife bis zum 20. Lebensjahr in Abhängigkeit gehalten – also Konfliktstoff genug.«[97]

Nicht zuletzt durch diese Umklammerungstechnik hat die Familie, als Ort der Regeneration, die Männer gegen das Klima der Leistungsgesellschaft widerstandsfähiger gemacht, als sie im inhumanen Tempo der technischen Entwicklungen hätten werden können. Die Kleinfamilie hat es ermöglicht, daß kulturelle Güter und Traditionen weitergetragen werden konnten, während sie im Arbeitsalltag schon keinen Platz mehr hatten. Die Familie war mit der Verteidigung überkommener Werte beschäftigt, hatte auch sich selbst erst zu genießen begonnen: die private Gefühlsgruppe ohne große Außenreibung – als sie sich schon wieder ändern sollte. Anpassung an die rasenden Wandlungsstürme der Industrialisierung zu leisten, dies gelang in der entschlossenen Verteidigungsstellung selbstverständlich nicht.

So blieb der Zufluchtsort der arbeitenden Väter, Kinder und Mütter auf einem historischen Punkt stehen, der alle zwar doppelt wohlig barg – der Bürger ist traditionsverbunden! das vergessen wir heute gern –, aber schließlich solche Gegensätze zwischen dieser Innenwelt und der Außenwirklichkeit aufbrechen ließ, daß aus Gegensätzen Widersprüche wurden: Nicht nur den Kindern leuchtete ihr Nest in diesem bizarren Zeitbaum nicht mehr ein; die Eltern waren längst verstört von ihren grundverschiedenen Lebensrollen, als ihr privates Schneckenhaus dann zusätzlich in Konflikt mit der rüden Arbeitswelt geriet.

Die Lebensmaximen, nach denen der einzelne in der Arbeitswelt zu funktionieren hat, entfernten sich zusehends weiter von jenen, die in der Familie gelten müssen, wenn sie ein solcher Ort der Erquickung und des Ausgleichs bleiben soll. Jeden der Beteiligten nötigt aber dieser Gegensatz der Szenarien, zwischen denen er herüber- und hinüberwechseln muß, zum An- und Ablegen so verschiedener Kostüme, daß die Schizophrenie der Rollen nach innen dringt und zu Konflikten jedes einzelnen mit sich selbst und mit den kontradiktorischen Welten führt. Wiewohl es vielen Menschen – und den Männern besonders gut – gelingt, sich in einer dieser Kulissen für die andere schadlos zu halten, strapaziert diese Schizophrenie im moralischen und ethischen Bereich auf die Dauer auch die ungenauesten Naturen.

Steht die Außenwelt für »Arbeit« und einige spezielle Formen des Vergnügens – auch für die im Familienraum verbotenen –, so steht die Familie in diesem Bühnenwechselspiel für »Freizeit«. Das klingt positiv; und doch bezeichnet gerade diese Verteilung von Lebenssphären auf Kulissen den Kern der Familienkrise unserer Zeit. Wenn wir das ansteigende Unbehagen an der Leistung, die Familie für den einzelnen heute zur Lebensbewältigung und Lebensvorbereitung bietet, stets nur so interpretieren, als »versage« die Familie vor ihren Aufgaben, und wenn wir daraus folgern, sie sei »überholt«, so ist das eine sehr ungenaue Beschreibung der wirklichen Sachverhalte. »Überholt« worden ist die Familie von all jenen Entwicklungen im technisierten Zeitalter, die ihrem Wesen widersprechen. Wo Familien, wo Ehen zerbröckeln, da spielt häufig genug eine Übertragung des Wettkampfprinzips auf die häusliche Gemeinschaft mit ein: Dies beweist, daß die Familie, wenn sie die solidarische Gemeinschaft verschiedener Lebewesen bleiben will, in vielen ihrer Hauptmerkmale einen Gegensatz zu den herrschenden Lebensprinzipien bilden muß.

Freilich hat sich heute dieser Gegensatz so weit verschärft, daß die Widersprüche zwischen der existenzsichernden Außenwelt und der bergenden Regenerationszelle viele Menschen derart verwirren, daß sie ihre Familien zerstören, da sie die übermächtige Arbeitswelt nicht zerstören können. Eine Fülle jener scheinbar sinnlosen Aggressionen, die sich heute gegen die Familie als Institution richten, ist selbstzerstörerisch nur im Effekt; im Ansatz erkennen wir die ohnmächtige Abwehr der strapazierten Individuen gegen die Zerrissenheit ihrer Existenz auf grundverschiedenen Schauplätzen.

*

Die Strapaze der gegensätzlichen Welten hat in der entschiedenen Trennung von Lebens- und Arbeitswelt nur ihr äußeres Signal. Daß Arbeit und Leben überhaupt in diese widernatürliche Spaltung gezwungen wurden, begründet eine ganze Kette weiterer Notstände, in deren Reibungsfeldern jeder einzelne in der Industriegesellschaft Tag für Tag existieren muß.

Daß der Mensch ein arbeitendes Wesen ist, auch dies wird im großen Selbstversuch des mündigen Fortschrittsmenschen ausgeblendet. Den attraktivsten Mißverständnissen, die zu diesem Befund in unseren Tagen ausgestreut werden, soll kurz Raum gegeben werden. Die Befreiung der Menschen von den Lasten der Ungleichheit ist in den Augen vieler Diskutanten gleichbedeutend mit ihrer Befreiung von Arbeit. Daß die »Freizeit« von der Arbeitszeit strengstens unterschieden wurde und »Arbeitszeit« eigentlich nur im Begriff der »Arbeitszeitverkürzung« bekannt geworden ist, dies ist das erste Symptom eines zunehmend gestörten Verhältnisses zur Arbeit. Die Verachtung der Arbeit spielt in unserer Gesellschaft eine tragende Rolle bei mannigfachen Entscheidungen. Der »Arbeitsplatz« und die »Arbeitslosigkeit« werden ja nicht deshalb als Statuszeichen und Makel verstanden, weil sie Gewährung oder Verweigerung einer ursprünglichen Befriedigung bedeuten. Arbeit zu haben bedeutet den Zugang zu materiellen Gütern, und erst wegen dieser Zugangsqualität schafft der Arbeitsplatz Sozialprestige.[98]

Gegen die Idee, der Mensch benötige die Arbeit als einen Segen, er schleppe sie nicht als ein Übel, wird heute am häufigsten eingewandt, die Arbeit der meisten Menschen sei nicht mehr menschenwürdig. War es aber menschenwürdigere Schwerarbeit, bei unbegrenzter Arbeitszeit den Pflug durch die Furchen zu pressen, das Korn mit der Hand zu dreschen, die Kühe zu melken, ungeschützt den Widrigkeiten der Witterung ausgesetzt, ohne eine anklagbare Behörde, auf die man allen Unmut, jede Mißernte und allen Mangel als Forderung abladen kann?

Der Riß zwischen Arbeit und Leben, der unser Jahrhundert charakterisiert, war in jenen Landwirtsfamilien noch nicht denkbar. Familie und Leben waren eins, Arbeit und Familie bildeten eine Lebenseinheit. Als die Arbeitswelt von der Familie abrückte, begann der Riß zwischen Arbeit und Leben zu klaffen. Als die Existenzsicherung aus dem Familienalltag ausgeblendet wurde, trat der materielle Nutzen der Arbeit in den Vordergrund. Nicht von ungefähr heißt heute »arbeiten«: »erwerbstätig« sein. Gewiß hat diese Entwicklung auch darin eine Ursache, daß die Mehrheit der Arbeitenden fortan nicht mehr in dem Bewußtsein arbeitete, am eigenen Besitz zu wirken. Aber wenn wir an die Bedarfsdeckung zurückdenken, der die Familienarbeit im wesentlichen diente, so enttarnt sich die wettkampfartige Arbeitsweise des Industriezeitalters als weniger bedarfs- und stärker gewinnorientiert.

Zugleich mit der materiellen Aufladung der Arbeitszwecke wächst die Verachtung der Arbeit. Den wahren Kern dieses

Abscheus verkennt jeder, der die Arbeit selbst als unwürdig und erniedrigend darstellt. Das Unbehagen gilt im Grunde inhumanen Zwecken der Arbeit, die dort beginnen, wo die Lust am Gebrauch der eigenen Kräfte und die Bedarfsdeckung aufhören. Was den Menschen knechtet, ist durchaus nicht die Arbeit selbst; es sind die Zwecke, die ihn nötigen, es sind Konkurrenz- und Rivalitätsdenken, der Wettlauf um die materiellen Güter, die Sozialprestige vermitteln, Neidkomplexe, die seinen Eifer dirigieren und seine Arbeitslust denaturieren in Arbeitszorn und Arbeitswut: Er beginnt die Arbeit selbst zu hassen, weil sie ihn in die Strudel seiner immer größer werdenden Bedürfnisse zieht, ihn unfrei macht, ihn hetzt, ihn knebelt.

In Zahlen gibt eine Umfrage des Instituts für Demoskopie in Allensbach Auskunft über die Destruktion der Arbeitsmotive: »Welche Stunden sind Ihnen ganz allgemein am liebsten – die Stunden während der Arbeit oder die Stunden während Sie nicht arbeiten, oder mögen Sie beide gern?« So lautete die an Arbeiter gerichtete Frage. 1962 antworteten 36 Prozent der Befragten: »Wenn ich nicht arbeite.« 1972 waren es bereits 45 Prozent und 1975 schon 78 Prozent. Nimmt man die 16- bis 29jährigen Arbeiter als eine Gruppe für sich, so fallen die Prozentsätze noch einmal höher aus: 39 Prozent 1962, 53 Prozent 1972 und 62 Prozent 1975 sagen: Die liebsten Stunden sind mir die, in denen ich nicht arbeite.

Die Meinungsforscherin Elisabeth Noelle-Neumann kam für das Jahr 1962 zu dem Ergebnis, daß 51 Prozent aller Berufstätigen – also nicht nur der Arbeiter – die Arbeitsstunden und die Freizeit gleichermaßen schätzten. 1975 berichteten von einem solchen Gleichgewicht ihres Lebensgefühls nur noch 47 Prozent aller Berufstätigen und bereits ein Jahr später, 1976, nur noch 36 Prozent. Die Stunden ohne Arbeit schätzen nach Noelle-Neumanns Umfrage 1962 noch 36 Prozent am höchsten, 1976 dagegen schon 56 Prozent der Erwerbstätigen, also mehr als die Hälfte aller im Beruf Stehenden.

Im Dezemberheft 1976 des »Merkur« berichtet Eberhard Moths, daß nur noch zehn Prozent der Berufstätigen einen erkennbaren Zusammenhang zwischen Arbeitsleistung und Einkommen sähen. Freilich ein deutbarer Befund, der unter Umständen mehr über die psychologischen Realitäten aussagt als über die realen Verhältnisse.

Mit Sicherheit ist der gesellschaftliche Wert »Arbeit« unter uns dahingeschwunden. Der Widerspruch zwischen dem moralischen Anspruch der ständig steigenden Forderungen nach weniger Arbeit und einem moralischen Wert eben dieser Arbeit ist von Mehrheiten so gelöst worden, daß sie von einem Grundrecht auf möglichst wenig Arbeit bei möglichst viel Verdienst ausgehen. Daß unter diesem offiziell vertretenen Motto die Arbeit unter der Hand zu einem Unwert geworden ist, der nur noch als unliebsame Einschränkung von Freizeitrechten verstanden wird, kann nicht mehr verwundern.

Der Soziologe Helmut Schelsky wies im Dezember 1978 auf die speziellen Aspekte der gewandelten Arbeitsauffassung in akademischen Berufen hin:

»Im Zusammenhang mit der Rolle der beruflichen Selbständigkeit gewinne die Frage der Berufs- und Arbeitsmoral in den modernen Gesellschaften eine entscheidende und hart realistische Bedeutung. Schelsky sprach von einem augenfälligen Verfall der Berufsmoral.

›Ärzte werden immer mehr Gewerbetreibende, Rechtsanwälte schlagen sich auf die Seite der Verbrecher, Professoren werden zu klassenkämpferischen Indoktrinateuren, Beamte werden immer mehr parteikorrupt.‹ Die Arbeitsmoral der breiten Schicht von güterproduzierenden Beschäftigten stimme noch am meisten mit diesen Forderungen der Verantwortlichkeit vor sich selbst überein, sei jedenfalls höher als die Arbeitsmoral der totaladministrativ gesteuerten Produktion in den Arbeiterstaaten des orthodoxen Marxismus.

›Solche Verfallserscheinungen moralischer Selbstverpflichtung und Selbstachtung lassen sich nicht durch Gesetze, Anordnungen oder Disziplinierungsmaßnahmen beheben.‹ «[99]

Die Perversion der Arbeitszwecke ist es, die zum zeitgenössischen kollektiven Haß auf die eigene Arbeit und auf die Arbeit anderer geführt hat. Wer mit Lust arbeitet, wird von jenen verachtet, die selbst zu dieser Lust nicht mehr finden; er gibt auch Anlaß zu neuer eigener Selbstknechtung, weil der Rivalitätstrieb wähnt, hier sei einer auf der Jagd nach Vorteilen, die anderen deshalb entgehen könnten. »Solidarität« in solchen Zuständen zu predigen erscheint plötzlich wie der zynische Witz eines Unbeteiligten oder der idealistische Traum eines Ahnungslosen.

Der amerikanische Forscher Daniel Yankelovich ist den Symptomen der Arbeitsunlust, die sich über die ganze westliche Welt auszubreiten scheint, nachgegangen. Seine Nachforschungen führen zu folgenden Thesen, die er im einzelnen belegt:

»Arbeit wird nicht mehr als sinnvoll empfunden. Für immer mehr Männer liegt der Sinn der Arbeit darin, eine angenehme Freizeit zu ermöglichen. Für immer mehr Frauen liegt der Sinn der Arbeit darin, finanzielle Unabhängigkeit zu erreichen. Es wird schwieriger, arbeitende Menschen zu Leistungen zu motivieren: Sie identifizieren sich nicht mehr mit ihrem Beruf, die Berufsrolle bestimmt nicht mehr das Verhalten.

Eine der auffälligsten Charakteristiken des alten Wertsystems war die Tendenz der Menschen, sich selbst mit ihrer Arbeitsrolle zu identifizieren. Europäische Besucher waren in den Vereinigten Staaten oft überrascht, wenn Amerikaner sich mit dem Wort vorstellten: ›Ich bin Autohändler‹, ›ich bin stellvertretender Manager der Wäscherei am Marktplatz‹, ›ich bin Hausfrau‹, ›ich leite die Personalabteilung im Kaufhaus Penny‹.

Für die Neue Generation gibt es vermutlich keine größere Quelle des Unbehagens als diese traditionelle Gleichung zwischen persönlicher Identität und Rolle am Arbeitsplatz. Wenn ein Mensch sich dieser Rolle unterordnet, wird er in ihren Augen zum Objekt, sein Menschsein wird in einer schwer definierbaren, aber sehr wesentlichen Weise reduziert. Der Mensch des neuen Wertsystems sagt so etwas wie: ›Ich bin mehr als meine Rolle, ich bin ich selbst‹. Der Mensch der Neuen Generation fordert, daß seine oder ihre Individualität anerkannt wird.

Wenn wir in unseren Umfragen Menschen danach fragen, welche Aspekte ihrer Arbeit wichtiger für sie werden, betonten sie an erster Stelle ›being recognized as an individual person‹ – ›anerkannt werden als der Mensch, der ich bin‹.

Es wird schwieriger, arbeitende Menschen zu Leistungen zu motivieren: Geld und Erfolg sind keine großen Anreize mehr.«[100]

Die Familien nun, in denen die Windstille von diesen Konkurrenzbühnen genossen werden soll, sind von den Keimen einer arbeitsfeindlichen Lebenssicht vergiftet. Zwischen Mann und Frau haben längst die Konkurrenzen um die Erwerbstätigkeit begonnen. Die moralische Kraft der einzelnen reicht nicht aus, so verschiedenen Lebensgrundsätzen in so krasser Rollenspaltung zu huldigen: Der allmächtige Materialhunger eint zwar einerseits die Familie in kollektivem Gewinnstreben. Aber die tiefe Rollendivergenz im Innern der Familien führt hier zu internen Verdachtskomplexen, die den Ort der Regeneration mit eigenen Turbulenzen füllen: Die Frauen argwöhnen nicht nur üppigere Weltkontakte bei ihren Männern. Sie wenden auch das draußen geltende Gewinnprinzip, dem man als Kleingruppe untertan ist, plötzlich in einer hausinternen Kleinkonkurrenz gegen ihre Männer an.

Daß »Arbeit« kein ethischer Wert mehr ist, dies hat seine verhängnisvollsten Folgen im Familieninneren, wo nun Frauen die gesellschaftliche Maxime übernehmen, von der ihre Männer den Zufluchtsort »Familie« freihalten wollten: Die Frauen wollen »Erwerbsarbeit«, um eigene Prestigezugewinne zu machen. In der Frauenbefreiungsdiskussion wird dieses Streben differenziert moralisch aufgehöht; in der Tat scheint es zunächst nur ein beliebiger Aspekt. Beobachtet man aber genauer, so verzweigt sich dieses Motiv aufs raffinierteste in den scheinbar immateriellen Argumenten der Befreierinnen.

Gewiß war es eine gewagte Erwartung, die Frauen wären immer weiter bereit, im Strom der genuß- und gewinnorientierten Aktivitäten als Pfeiler einer selbstlosen, ehtisch hochwertigen Arbeitsmoral ihre erschöpften und korrumpierten Männer zum Ausruhen einzuladen. Die Familenmitglieder, verarmt zur Freizeitgemeinschaft, eint im Industriezeitalter das gestörte Verhältnis zur Arbeit. Gegen das Grundübel Arbeit schirmen sie sich aber dennoch mit schwindendem Erfolg ab, weil die Freizeitbewältigung durch die Familie selbst nicht gelingen will. Der Einbruch der Erfolgs- und Prestigekriterien aus der Profitgesellschaft in die Familien war im Zeitalter der Massen nicht aufzuhalten.

Die Familie selbst hatte nichts gegen das Eindringen dieser allgewaltigen Lebensmaßstäbe aufzubieten: Hier nun mußte der im 19. Jahrhundert unternommene Versuch scheitern, durch Abdichtung der Kleinstgruppe nach außen deren Substanz zu retten. Diese Substanz kam auf anderen Wegen abhanden, welche durch die Verstärkung der Außenmauern nicht zu verriegeln waren: Es sind Sinnverluste, welche die Familie in ihrer Abwehr gegen familienfeindliche Lebensprinzipien geschwächt haben. Die Abdichtung der Privatgruppe nach außen konnte zwar den Zustrom der gewinnorientierten Wettkampfregeln noch eine ganze Weile aufhalten. Über die Neuprägung der Mitglieder drang aber der Bazillus dennoch in das Innere der privaten Schutzburg ein.

Der defensive Charakter des Zusammenrückens der zwei Generationen erweist sich in jenem Augenblick, als gegen den Ansturm der Profitgedanken kein wirksamer Familiengedanke zur Verfügung steht. Die Kleinfamilie wurde als Zufluchtsstätte verteidigt, weil die neuen Winde rauh zerzausten, was man in Traditionen liebgewonnen hatte. Im inneren Kreise kultivierten ihre Mitglieder eine Skala von Tugenden weiter, die im Arbeitsalltag dahinschwanden; sie erquickten sich am nicht profitinteressierten Gefühlsklima daheim, ruhten von den Feindseligkeiten aus, im sicheren Bewußtsein, geliebt zu werden. Der Stellenwert der Liebe stieg deshalb gewaltig an.

Als aber die Unruhe von außen hereindrang, war der einzelne wehrlos, weil jeder nur sich selbst verteidigte, nicht aber ein höherwertiges Prinzip: Kaum einer fand sich noch bereit, gegen das Wohlstandsprinzip eine transzendente Sinngebung der Familie zu behaupten. Die harmonische Verbindung von Arbeit und Leben mißlang. Alles spielte und spielt noch eine Weile auf der Bühne weiter, deren Erbauer niemand mehr ernst nimmt – in einem Stück, dessen Autor und Regisseur keiner mehr kennt.

Familie als das Zusammenwohnen gewinnbezogener Erwerbstätiger mit unterdessen recht lästig werdenden Nachkommen, die den Gewinn schmälern und vielen Erwachsenen selbst kein Lustgewinn mehr sind, erscheint als ein recht zufälliger Zusammenschluß von teils an Gleichem, teils an sehr Verschiedenem interessierten Individuen. Denn während der Mann für seine Doppelrollenleistung der konstanten Nestwartung durch die Frau zu bedürfen meint, strebt die Frau in seine Welt. »Familie« wird zur Fiktion, weil die Qualitäten ihrer Mitglieder, von denen sie lebte, außer Kurs geraten sind.

Lange noch haben die Familienväter gerade ihre Doppelrolle im Bereich der Moral genossen: In den Familienbelangen kultivierten sie wie in einem Rechtfertigungszwang all jene moralischen Traditionen, denen sie außerhalb dieser Gruppe nicht mehr folgten. Familie war und ist auch in diesem Sinne ein

Schonraum für verlorene eigene Integrität. Auch deshalb reagieren ihre Mitglieder auf den Verlust dieser Zuflucht so empfindlich.

★

Die verbliebenen Schutzqualitäten, die Familien für ihre Angehörigen noch haben, werden gestützt durch die zunehmende Unwirtlichkeit der Außenwelt. In den bergenden Bau ziehen sich die geschundenen Wettkämpfer zurück, nicht nur, um dort Abschirmung vor den Unbilden der Arbeitswelt zu finden: Sie nehmen im Schonraum der Familie ihre Zuflucht, auch um ihr besseres Ich zu erleben: Einsätze ohne materiellen Lohn; Zuwendung zum anderen Menschen ohne Zwecke und Absichten. Die Familie gewährt auch noch das unverfälschte Erlebnis, jenseits materieller Leistung gebraucht zu werden, ja geliebt und individuell aufgenommen zu sein. Aber diese nährenden Qualitäten der sozialen Kleinzelle entwickeln sich nur auf dem negativen Hintergrund der unbarmherzigen Profitgesellschaft ringsum.

Es fehlt an positiven Definitionen, die den Mitgliedern auch über die Gefühlsbindungen hinaus Halt gewähren könnten: Den Blick eines Schirmherrn der Familie sehen wir mehrheitlich nicht mehr auf uns ruhen, wenn wir diese Lebensform wählen. Auch sie wird längst verstanden als Zweckgemeinschaft, die dem wechselseitigen Nutzen dienen soll. Tragende Macht könnte die Familie aber nur entwickeln, wenn sie als Sinnquelle für die einzelnen in ihr pulsenden Leben begriffen würde, die mehr nährt als nützt, mehr die Substanz aller trifft als ihre materielle Ausstattung.

Solange Familie zu haben auch bedeutete, das Wohlgefallen einer höheren Macht auf sich ruhen zu fühlen, war den Pflichten des einzelnen in dieser Lebensgruppe ein überlegener Sinn verliehen. Fehlt diese Orientierung an einer Ordnung über den Ordnungen, so hängen Glück und Unglück der Beteiligten von ihrer persönlichen Leistung für den Kreis ab – Leistung also auch hier. Das Wettkampfprinzip ist beim Schwinden der religiösen Sinngebungen durch alle Fugen des Abwehrbaus in die Familie eingedrungen. Deshalb sind die Erquickungen der

Paare in der Freizeitgemeinschaft heute empfindlich gestört, die Geborgenheit der Kinder hat entsprechende Störfelder aufgenommen, und die Seelenkunde ist von der erfolgsarmen Therapie des einzelnen zur Behandlung der Zweierbeziehung übergegangen, die in Familientherapie mündet.

Den irritierten einzelnen ist nicht mehr einzeln zu helfen, wenn sie spezielle Pathologien der Kleinzelle in sich tragen. Als Sigmund Freud den einzelnen Erwachsenen, das einzelne Kind aus dem Verband herauslösen und einzeln heilen konnte, durfte die tragende Kraft der Familie noch als eine intakte Größe in die Rechnung eingesetzt werden. Nachdem die Krankheitserreger der Konkurrenzgesellschaft auch in die privaten Schutzräume eingedrungen sind, treten die Leiden der einzelnen als kollektive Prozesse in Erscheinung, aus denen das Individuum nicht mehr ohne zusätzliche Wunden herauszulösen ist.

Die Familie ist als Lebensgemeinschaft in eine schwere Umweltkrise geraten, und ihre Mitglieder, die sich von dieser Zufluchtsform nicht oder noch nicht lösen können, treiben in den Strudeln ihrer Rollenwidersprüche, ohne vergleichbare Zufluchtsorte zu finden. Da sie zusätzlich kein Glaube an einen überlegenen Willen mehr für das Miteinanderleben stärkt, brachen sie aus in Experimente oder in manifeste Krankheitssymptome, die einen Helfer beschwören sollen. Überfordert vom Tempo der technischen Entwicklung, die den einzelnen zur Unperson verdinglicht, können die einzelnen weder ihre Lage noch den Notstand ihrer Rückzugsposten, der Familien, klar beschreiben. Zwar weiß man nichts so klar zu formulieren wie die eigenen Ansprüche auf Zufriedenheit und Wohlergehen. Als Anspruchsgemeinschaft werden all jene plötzlich solidarisch in ihren Forderungen an den Staat, die im Privatleben kaum noch Ansprüche von Menschen dulden. Blindlings fordert die Mehrheit Ersatzleistungen für Familiengeborgenheit in den Sozialleistungen des Staates ein. Ratlos erleben wir, daß die erworbenen Güter keine humane Wärme entwickeln.

5.
Rollenkonflikte der Paare

Die zeitgenössische Pathologie der Gattenbeziehung trägt die Kennzeichen dieser schon seit hundert Jahren vorbereiteten Verstrickung im privaten Fluchtraum ohne eine transzendente Gewährsmacht. Mit sich allein und aufeinander angewiesen, suchen die Partner zunächst alle Quellen der Zuversicht und des Glücks, der Sicherheit und der Hoffnung im Gegenüber. Gestört ist deshalb nicht nur ihre Harmonie, sondern auch ihre Distanz zueinander. Wer versucht, einander alles zu sein, muß alle Grenzen zwischen sich und dem anderen niederlegen. Der zeitgenössische Trend zur Gleichstellung der Ehepartner hat bei allem rühmenswerten Gerechtigkeitsgehalt dieser Entwicklung Vorschub geleistet: Wer nirgends außer im Partner Halt findet, der muß *allen* Halt im Partner suchen.

Der in der Therapie von Paaren erfahrene Analytiker Jürg Willi vermerkt als Regel:

»Innerhalb des Paares müssen die Partner... klar voneinander unterschieden bleiben und klare Grenzen zwischen sich respektieren... Während Jahrzehnten wurde in der westlichen Industriegesellschaft dem romantischen Ideal ›Liebe als exklusive Zweisamkeit‹ nachgestrebt. Die damit verbundene Überlastung der Ehe führte zur Enttäuschung. Die heutige Kritik an der Ehe kann zum Teil als Folge des Scheiterns dieser idealistischen Eheperiode angesehen werden... Nach wie vor ist es aber eine der größten Schwierigkeiten in Paarbeziehungen, die Trennung in der Liebe zu akzeptieren, den Partner in seiner Andersartigkeit zu respektieren und sich selbst nicht für ihn aufzugeben. Dieses Getrenntsein in der Liebe enttäuscht die Sehnsucht, mit *einem* Menschen wenigstens die verlorene Mutter-Kind-Symbiose, die Urharmonie und das ungetrennte Einssein wiederzufinden.«[101]

So ergibt sich der scheinbare Widerspruch, daß die gesellschaftliche Rollendifferenz, unter der beide leiden, zur unseligen Verstrickung in eine ersehnte Symbiose der Seelen führt, die nicht mehr in die heilbare Leidensgeschichte eines einzelnen, sondern in die simultane Erkrankung des Paares führt. Die Verstrickung ist deshalb besonders wirksam; denn keiner von beiden kann klar auf das gemeinsame Leiden blicken, und keiner kann den Knoten, der beide umschlingt, lösen.

An dieser Ehepathologie hat neben der Geschlechtergleichstellung auch die antiautoritäre Strömung ihren Anteil: Die Grenzverläufe zwischen allen Beteiligten sind unscharf geworden; was die antiautoritäten Diskutanten als das glückbringende und befreiende Ideal priesen, das hat sich für den Kosmos der Älteren und Jüngeren im Familienverband zur Quelle eines neuen Nivellierungsschubs entwickelt. Zur herrschenden Orientierungsnot in der bürokratischen Umwelt trat nun die Entgrenzung im privaten Bezirk.

Jugend sucht seither zunehmend die Bindung an Gleichaltrige, so daß eine Grenzverwischung nach außen die Situation zusätzlich verschärft. Mit ihrem Paarkonflikt beschäftigt, können die Eltern ihren Kindern in der Regel keine zuverlässigen Rollen mehr anbieten, weil sie selbst auf der Suche nach Heilung sind. Der Aufruhr der Frauen hat zusätzliche Unruhe in die Familien und in die Paarbeziehungen getragen.[102]

Auch die Erwachsenen sind seit Jahrzehnten durch Experimente verunsichert und in Selbstüberforderung verstrickt. Die sexuelle Freizügigkeit fordert vom einzelnen Unterscheidungsleistungen, die er kaum bewältigen kann, weil Eifersucht sich ebensowenig verstandesmäßig ausschalten läßt wie das Bedürfnis nach Liebe und Besitz. Einem Fortschrittsideal folgend, das die Paarbindung mit ihren Lasten öffnen soll, um allen Beteiligten Erleichterung von moralischem Zwang zu bringen, mißachten viele junge Erwachsene ihre eigene Bedürfnislage, die Eindeutigkeit zumindest in irgendeinem kleinen Lebensbezirk verlangt. Die Kommunenexperimente[103] zeigen alle einen eklatanten Leidensdruck der Mitglieder, wenn sexuelle Promiskuität erzwungen wird. Die scheinbaren Widersprüche dieser Befunde lassen sich aufklären.

Die Ehepaare verletzen allzu häufig die Grenzen zwischen

ihren Individualitäten, so ermittelt die psychotherapeutische Forschung.[104] Fliehen diese Menschen – und in der Regel sind es von der Zweierbeziehung Enttäuschte, die sich in Kommunen zusammenfinden[105] – in den beliebigen und wechselnden Austausch sexueller Gemeinsamkeiten, so stellen sich früher oder später wieder Paarzuordnungen her. In den Kommunen ist das Leiden der Paare an der Entgrenzung ihrer Beziehung nach außen auffallend; in der Ehe überwiegt häufig der Druck der allzu intensiven Symbiose, in der die Partner einander mehr sein wollen, als einer dem anderen ohne Persönlichkeitsverluste sein kann.

Dem widersprüchlichen Bedürfnis, im Gefühlspartner ganz aufgehoben zu sein und zugleich den Verantwortungen und Konflikten einer solchen Bindung zu entkommen, versuchen zunehmende Minderheiten durch einen Rationalisierungsakt zu steuern. Sie wohnen allein und pflegen Intimkontakte ohne Gefühlsaufwand. »Single« nennt die sprachgewandte Trendforschung diesen neuen Typus des Glückssuchers.[105a]

Soziologisch ist diese junge Variante der Partnerschaftsexperimente bereits ausgeleuchtet und abgehorcht: Die Unabhängigkeit wird von den Alleinlebenden als höchster Wert verteidigt; von Liebe möchten die meisten nicht sprechen, wenn sie gefragt werden, was sie an ihren Partner binde. Die vaterlose wird zur kinderlosen Gesellschaft: Die herangewachsenen Söhne verweigern die Fortführung der väterlichen Lebensform. Sie lehnen damit die Lebenswerte ihrer Väter ab. Der Kontakt zu anderen Menschen in all seinen Vollzugsformen scheint aber den meisten unter diesen »Singles« unentbehrlich. Was sie erproben, ist genau betrachtet die Folgenlosigkeit von Leben; sie möchten ausschalten, was verpflichtet – auch die Liebe – und nur die angenehmsten Abschnitte zusammenschneiden zur bequemen Auslese: Höhen ohne Tiefen, Neigung ohne Pflicht, Genuß ohne Erwachen.

Die Single-Bewegung trägt die Symptome unserer kulturhistorischen Phase: Die Unlust, ein ethisches Bewußtsein differenzierter zu entwickeln als das materielle, weist auf die grundsätzliche Abwehr sittlicher Handlungsaspekte. Die Lebensorganisation dient vornehmlich und einvernehmlich dem persönlichen Lustgewinn; Reibungszonen werden ohne emotionalen

Aufwand verlassen. Auch der untaugliche Partner kann verlassen werden, ohne daß man Verletzungen davonträgt. Die Verödung der Gefühlskräfte, die aus der Technik der flüchtigen Partnerschaften folgen muß, entspricht der Welle der Verweigerungen, mit denen jugendliche Menschen sich an den Forderungen des Lebens vorbeizuschleichen versuchen. Was sich als selbstbewußte List tarnt, dem Leben die besten Seiten abzugewinnen, das trägt die verschwiegenen Spuren der Resignation vor dem Reichtum menschlicher Beziehungen. Die Verweigerung der »Singles« gibt aber auch Auskunft vom Verlöschen der sittlichen Impulse unter öden Lustprinzipien. Was überlegen und souverän wirkt, ist im Grunde die Zerbröselung des Lebenszusammenhangs in Augenblicke, die immer nur zum Momentgenuß, nicht aber zum Lebenssinn zusammentreten.

Was die Frauenbefreierinnen versuchen, ist der »Single«-Bewegung verwandt durch die Abwehr, die Geschlechterspaltung als Schicksal anzunehmen und zu gestalten. Freilich sind die Feministinnen konsequenter in ihrer Verweigerung. Der typische »Single« dosiert seine gegengeschlechtlichen Kontakte; er stuft implizit den Partner als Bedroher ein und wehrt Gemütsbewegungen zynisch ab, um letztlich unbehelligt zu bleiben. Die so praktizierte Partnerschaft ist in Wahrheit ein Benutzungsvorgang: Der Mensch bedient sich des Menschen, um seine Primärbedürfnisse zu stillen. Er meidet Einsätze; er hält sich schadlos.

Die Krise der Lebensform Familie spricht aus solchen mißlingenden Heilungsversuchen. Aus der Anlage der Selbstheilungsversuche wie aus ihrem Scheitern wird aber auch beispielhaft klar, daß die Ursachen der Erkrankung dieser Lebensform sowohl in der Außenwelt wie im Verlust der inneren Sinngehalte von Familie liegen. Wenn die äußere Anpassung an eine unpersönliche Welt mißlang, so deshalb, weil die Substanz der Gegenposition bereits so stark verdünnt war, daß sie gegen die allmächtige Materialwelt nicht mehr aufkam.

Familie als das Nein zur Profitwelt, als das Nein zum Wettkampf, als der Widerstand gegen die Alleinherrschaft von Zweck und Nutzen, Familie als die Trutzburg einer ethischen Welt- und Menschensicht, die überall, auch in den Herzen der Menschen, längst außer Kurs geraten war, weil Spendermächte und höhere Sinngeber vergessen waren, konnte in solcher Defensivhaltung nicht überleben. Heruntergekommen zur Zweckgemeinschaft, kultivieren nun viele Familien hypertrophe Gefühlsabhängigkeiten, die aber den Gott über der Gemeinschaft nicht ersetzen können.

Der Rollenkonflikt der Geschlechter ist von einer Vielfalt, die den genauen Beobachter erschrecken müßte. Unentwirrbar verquickt zeigen sich Krisen, die für jedes der Geschlechter am anderen entstehen, und solche, die beide mit der Außenwelt, mit ihren Kindern haben. Verschlungen ineinander zeigen sich weiter die Rollenverweigerungen – wie sie extensiv die Frauenbewegung vorführt – und die Rollenverluste, für die viele Männer und Frauen rastlos Ersatz zu schaffen suchen. Während die Frauen ihren Anteil an der modernen Profitgesellschaft fordern, bereiten sie in der Rollenannäherung auf der öffentlichen Bühne einer neuen männlichen Rollenunsicherheit im privaten Schonraum den Weg. Der weibliche Aufbruch in Richtung Männerrollen bringt auch die Kinderrollen in eine Krise. Schließlich entdecken beide, Mann und Frau, eine spezielle Turbulenz ihrer Rollenkonflikte im mittleren Lebensalter, wenn die Kinder gehen, der Mann am Ziel ist, die Frau am Ende ihrer traditionellen Rolle.

Da kein übergeordneter Sinn diese sich wandelnde Gemeinschaft über die Strecken der empfindlichen Balance hinwegträgt, häufen sich nun die existentiellen Katastrophen. Gelehrt, dem Lustgewinn einen zu hohen, wenn nicht den höchsten Platz einzuräumen, folgen Männer der Erneuerungshoffnung bei jüngeren Partnerinnen. Frauen machen ihre Bilanz nach Maßgabe ihres Temperaments: bitter oder entschlossen. Kinder haben sich häufig genug schon früher abgewendet und ihre Sehnsüchte in Gruppen Gleichaltriger getragen oder in Kommunen nach Heilung gesucht.

Die Midlife-crisis, die den erwachsenen Suchern nach Lebenssinn zunächst einmal begrifflich Halt gab, ist als Erfindung oder Entdeckung, wie sie in der allgemeinen Diskussion behandelt wird, weniger interessant als in ihren Wurzeln, die Erfinder wie Entdecker mit gutem Grund vernachlässigen. Daß auf den Ruhe- und Wendepunkten des Lebens heute Panik ausbricht, daß an die Stelle des ruhigen Genusses die Verlustangst tritt, daß die Freude am Vollbrachten im Frösteln vor dem Verlassen der Jugendräume zerfällt – dies spricht dafür, daß auch die aufwärts gelebten Phasen, nach denen man nun Umschau hält, mit abgeblendetem Blick gelebt worden sind.

»Wir müssen dem gewaltigen Unterschied zwischen der Vorstellung, die wir mit Zwanzig von uns hatten, und dem, was wir mit Vierzig tatsächlich erreicht haben, mutig ins Auge sehen«, sagt die Amerikanerin Gail Sheehy, deren Buch bei uns 1976 die Midlife-crisis-Literatur anführte. »Doch wenn wir unser Ideal-Ich tatsächlich verwirklicht haben, was geschieht dann? Wenn wir den alten Traum durch einen neuen ersetzen, haben wir möglicherweise für die Zukunft keine Energie mehr übrig, obwohl uns noch einiges bevorstehen kann... Wenn uns unsere Sterblichkeit voll bewußt geworden ist und wenn die Wirklichkeit unsere magischen Hoffnungen nicht zu erfüllen vermag, erscheint uns jede der von uns gewählten Rollen und jede Lebensstruktur als zu beengend... Jeder Blick nach innen scheint gefährlich...

Da das Dilemma in diesem Jahrzehnt die Suche nach Authentizität ist, besteht die Aufgabe darin, sich in seine einzelnen Teile aufzulösen und zu einem neuen Ganzen zusammenzusetzen. Aufgelöst wird das eingeschränkte Selbst, das wir bisher waren, weil es den kulturellen Normen und den Vorstellungen unserer Umwelt entsprach.«[106]

★

Man hat die Ganzheit des Lebens heute ungern vor Augen, weil sich über ihr kein versöhnlicher Sinn mehr wölbt. Die favorisierte Lebensphase heißt Jugend; sie durchquert die Mehrheit mit Genuß und Jagdgeschick. Daß die größeren Zusammenhänge in diesem Lebensentwurf des einzelnen fehlen, wäre noch nichts Schädliches, fehlte nicht obendrein das Bewußtsein, mit allen Phasen dieses Lebens irgendwo untergebracht zu sein.

Die sogenannte Krise in der Lebensmitte, die heute diagnostiziert wird, beweist – auch wenn es sie nur als Phantom gäbe –, daß die Gewinn- und Besitzethik, auf die wir unser Leben bauen, dem Gott Erfolg verpflichtet ist. Jenseits der massiven Erfolgsphasen sieht der Mensch unserer Tage keinen Lebenssinn mehr. Die Unterschätzung der Arbeit im Begriff der »Erwerbstätigkeit« führt in jener Krise zum Unwertgefühl der Frau, welche die sichtbaren Erfolgsbeweise, ihre Kinder, an das Leben verliert. Dieselbe Fehleinschätzung der Erwerbswelt führt beim Manne zu dem dumpfen Empfinden der Stagnation: Wer seine Gewinne nicht mehr steigern kann, wird schwer verwendbar. Die ethische Aufladung der materiellen Lebensaspekte fordert jetzt ihren Tribut: Eine Rechnung voller Fehler rächt sich. Auf der Mitte des Weges, da sie für alles vorgesorgt haben, nur nicht für den Sinn des eigenen Lebens, finden viele sich enttäuscht, verzagt, von tiefer Angst befallen.

Es ist dieselbe Angst, welcher der junge Mensch mit Stolz und Mut ins Antlitz gesehen hat, der er die Stirn geboten oder sein Leben voller Wagemut hingehalten hat, weil er unausschöpfliche Kräfte spürte: Die Angst vor dem Tod. Wir leben dem Besitz, dem Erfolg, dem Lustgewinn, wo immer er sich greifen läßt, und wir werden von unserem Staat darin bestätigt, dies seien unsere vornehmsten Rechte. Daß es ein überlegenes Recht auf das Bewußtsein unserer Vergänglichkeit gibt, dies verschweigen die Machthaber.

Sozial gepolstert, für die Anspruchsgesellschaft erzogen von Jugend auf, für Wege des geringsten Widerstandes dressiert, arbeitsfeindlich und zerstreuungssüchtig, steuern wir unser kleines Schiff mit möglichst wenig Fracht: Zwei Kinder sind schon große Last, der Staat ernährt und wird geschmäht, wo er nicht mehr gibt als wir brauchen. Meistens gibt er mehr. Für jede unserer Verantwortungen gibt es andere Verantwortliche, meist gestaltlose Behörden, denen wir delegieren, was uns obliegt. Wir segeln mit gutem Wind. Zur Lösung unserer neurotischen Schadensfälle haben wir die Wissenschaft.

Und plötzlich ist es uns, als schöpften wir nicht mehr aus dem vollen, worauf wir doch, wie uns von früher Jugend an versichert wurde, ein Anrecht haben. Wir schauen um uns: Der Sommer unseres unstillbaren Vergnügens ist vergangen, Schönheit und Lust gehen sparsamer mit uns um und üppiger mit anderen. Das Füllhorn der glücklichen Überraschungen scheint ausgeleert.

Mancher reagiert mit unerhörter Energie. Der Mann rüttelt seine Handschellen, die ihn an eine ebenfalls enttäuscht um sich blickende Frau fesseln; die Frau beginnt, ihr ganzes Leben rückwärts mit bitterer Anklage vor ihrem Manne aufzublättern: Sie ist nichts im Lichte der Erwerbswelt, und sie braucht dafür Schuldige. Der Mann ist schuldig, er an erster Stelle, weil er alle Vorteile zu besitzen scheint, die sie nicht hat, und die Kinder sind Schuldige, freilich solche ohne Schuldfähigkeit. Der Mann begehrt auf, daß sein Aufstieg zu Ende sein soll, der Riesenkuchen aufgegessen bis auf schale Reste, und die Frau wird bitter, weil sie ihre Lage ausweglos nennen muß, wenn sie die Maßstäbe der Welt zugrunde legt, vor denen sie nun keine Familienpflicht mehr schützt. Macht sich nun ihr Mann auf die Jagd nach Erquickungen, so ist sie doppelt verlassen, da ihr nicht einmal der Partner ihres Leidens bleibt.

Woher diese Zusammenbrüche? Ein Anstieg, der so katastrophal endet, muß die falsche Route gewählt haben. Und in der Tat: Die Kriterien, nach denen auf der Höhe des Lebens bei vielen Menschen die Hoffnungslosigkeit diagnostiziert wird, sind Maßstäbe einer erfolgs- und prestigebesessenen Gesellschaft voller Ansprüche, der das Vordringen zu sittlichen Kategorien in der Daseinseinschätzung nicht mehr gelingt. Genötigt, sich weiterhin an eigentlich jugendbezogenen Kategorien zu messen, fühlt der erwachsene Mensch ein schmähliches Versagen. Was er ist und erreicht hat, galt nur, solange es sich in täglicher Jagd um Vorteile manifestierte.

An Substanz und sittlichem Wert gewonnen zu haben, dies gilt nichts in einer Gesellschaft, die auf das Sichtbare und Käufliche, das Rechenbare und Eßbare setzt. Nach den Kriterien einer an Daueradoleszenz erkrankten Gesellschaft ist deshalb der Mann im Zenit nur noch einer, den sie auf den Abwärtspfad schickt. Die Frau ohne Erwerbstätigkeit mag angereichert sein mit den Erfahrungen ihrer Erzieherarbeit: Wem könnte sie diese verkaufen? Was sie ist, schlägt nirgends zählbar zu Buche, so meint diese Gesellschaft – und wundert sich, daß die Frauen den Mutterberuf nicht mehr wollen.

Mit dem Besten, was Menschen für ihre Kultur tun können, mit der Erziehung der Nachkommen, steht die Frau da als eine minderwertige Größe der Gesellschaft. Welcher Widersinn, daß dieselbe Republik nach Müttern ruft, die sich ihren Kindern widmen, wenn sie deren frei geschenkte Leistung geringer bewertet als jede beliebige Profitjagd. Es gelingt nicht mehr, die Frauen zur Bewahrung einer längst verlachten Sittlichkeit anzuhalten, mit der sie die familiären Schonzonen verklären und das bessere Selbst ihrer Männer sein sollen. Wenn der Mann auf der Höhe seines Lebens keinen Halt mehr in dem so verklärten Familienkastell findet, dann zeigt sich ein weiteres Mal, daß die Mauern dieser Festung verwittert sind und daß in den Seelen der Rollenspieler längst die Uhren anders gehen.

Die Krise des Mannes, die eine Krise seiner Außenexistenz ist, wird in der Regel von der inneren Zelle nicht aufgefangen; der Rang seines Zufluchtsortes als Fluchtburg vor der einzigen Wirklichkeit, die er anerkennt, ist damit eindeutig bestimmt. Der Wert der Familie bestimmt sich also nicht aus dieser selbst, sondern von außen: Daheim zu sein ist für Regenerationsphasen angenehm, aber die Familie ist eine defensive Position. Scheitern in der Welt ist für den Mann totales Versagen; Scheitern in der Familie ist nur ein partieller und reparabler Verlust. Brechen diese Pfeiler nun, so sucht der Mann neue; er belebt ein Feld über die frische Aussaat des anderen: Ihm bleiben Fluchtwege offen.[107]

Die Frau sieht es mit aufkeimendem Haß auf die Ungleichheit der Rollen; rückblickend scheint ihr, dem Weltbild des Mannes gemäß, ihre gesamte Familienleistung wertlos, weil diese sie für nichts ausgestattet hat, was die Außenwelt jetzt von ihr verlangt, um sie als vollwertiges Mitglied der Gesellschaft anzuerkennen. Verliert sie ihren Mann nun auch im institutionellen Sinne, so büßt sie obendrein ihren sozialen Status ein. Sie ist niemand mehr, da sie gesellschaftlich nur über ihren Mann etwas war. Übrigens sind sie beide niemand mehr, wenn der Mann in der Berufswelt versagt: Der Mensch ist, was er schafft. Er ist dies aber nur im Vollzuge ständig neuer Leistungen; was er an Werten schafft, geht unter, wenn es nicht materiell zusammenschießt.

Tugenden also, die in der Lebensmitte vorzuweisen wären, werden als persönlicher Luxus belächelt. Wer die Aufstiegsphase hinter sich hat, ahnt die große Stille, die ihn jenseits des jugendlichen Lärmens erwartet. Gewohnt, seelisch unter dem Existenzminimum zu leben, findet er nun keinerlei Instrumentarium in sich selbst, um der Stille nach dem Sturm positive Züge zu verleihen. Diese Stille ist die Vorahnung des unumgänglichen Ausgangs jeder Existenz, des Todes. Erschrocken spürt der erfolgsorientierte Prestigebesitzer, daß seine gesellschaftlich gültigen Qualitäten hier nichts ausrichten. Gewohnt, die Hindernisse abzuräumen, fühlt er nun seine Ohnmacht doppelt dramatisch, weil ihm Organe fehlen, seine Lage zu begreifen: Er ist ausgeliefert. Ausgeliefert an Lebensgesetze, die mächtiger sind als er, ausgeliefert offenkundig auch einer Macht, die mit diesem ersten Schwinden seiner Macht über das eigene Leben erste Signale aussendet, die bislang nur für andere gültig waren: Der Tod spricht mit ihm, plötzlich ausgerechnet und unerhörterweise mit ihm, nicht mehr nur mit anderen, deren Kontakte zum Sterben überschaubar und gerecht erschienen.

Auf uns selbst hat der Tod kein Recht, mit diesem Bewußtsein leben wir, denn wir meiden die Stimmen sorgfältig, die uns an das Vorrecht des Todes auf uns, gerade uns, erinnern wollen. Uns gilt Wachstum alles; die Kategorien der Wirtschaft sind mächtig und gelten kurzerhand auch für uns selbst. Wachstum unserer Kräfte und Möglichkeiten, Expansion in die Materie und ihre Angebote, unermüdliche Ausbreitung unserer Erwerbs- und Besitzlüste berauschen uns.

Diese Gesellschaft erkennt uns nur an äußeren Zeichen, sie anerkennt auch nur das, was wir schaffen, und hat kaum Verwendung für das, was wir sind, wenn es sich nicht materialisieren läßt. Wir schaffen also rastlos, und die Frauen, mit ihren zerrinnenden Leistungen im sittlichen Bereich, verehren wir drinnen als unser aller Alibi für korruptes Gewinnstreben draußen. Während wir draußen schachern, erwirken sie drinnen mit unserm Segen und von unsern Mitteln ernährt – immerhin, immerhin! sagen die Männer – das Himmelreich.

So wie einst das Wettkampfprinzip in die Totale der Lebenssicht eindrang, so wie Quantitätendenken in Gestalt des Konkurrenzprinzips die Frauen überfiel und ihnen nicht länger erlaubte, ihre sittlich höherwertige Rolle gegen das Vordringen des Materialprinzips als einen Wert zu behaupten, so will es heute nicht mehr gelingen, gegen die gebieterische Formel vom Wachstum die naturgegebene Kurve des menschlichen Lebens anzuerkennen und zu ertragen, die vom Auf und Ab alles Lebendigen geprägt ist. Unsere Leitgedanken im wirtschaftlichen Leben sind der Aufstieg, der Anspruch, das Mehr, das Wachstum. Mit Wachstum meinen wir aber *Quantitas,* auch wenn wir »Lebensqualität« sagen. Denn diese sogenannte »Qualität« setzt sich aus quantitativen Größen zusammen.

Wir meinen, das Mehr bringe in jedem Falle das Besser. Mit dieser Verwechslung fallen wir hinter die bescheidensten philosophischen Erkenntnisse zurück und nähern uns der Barbarei. Die barbarische Gewaltherrschaft der Quantitäten übertragen wir auf unser Bild vom Menschen. Er taugt etwas, solange er Vermehrung seiner Güter leistet, Zuwachs an Meß- und Zählbarem, nicht Zuwachs an Geist und Sitte, an Tugend und Verstand.

Da steht er nun, der Vierzig- oder Fünfundvierzigjährige, und hat kein Wachstum mehr vor sich. Sein Mengenwachstum ist gestoppt, sein Wert sinkt rapide. Die Anspruchsgesellschaft rächt sich: Seine eigenen Ansprüche kehren sich gegen ihn, sobald seine Leistungsfähigkeit nachläßt. Verspätet erkennt er, daß im Anspruchsprinzip alle Tugenden fehlen, auf die er jetzt angewiesen wäre: wahre Toleranz, lebendige Humanität, praktische Liebe zum Menschen.

Eine Wirtschaft, die nicht mehr expandiert, scheint uns ebenfalls zum Verfall verurteilt. Unser Verhältnis zum Leben, zur Wirklichkeit ist gestört. Wir ertragen das Leben selbst nicht, so zeigt sich. Wir haben seine Grundregeln ausgeblendet und meinen, wir blieben ungestraft. Wir rechnen nicht mit der Rache der Naturgesetze, weil wir glauben, uns die Natur untertan gemacht zu haben. Herren des Kosmos, wähnen wir uns im Besitze der Mittel, das grundlegende Naturgesetz zu brechen: das Gesetz des Wandels, des Auf und Ab, des Gebärens und Vergehens.

Im unmittelbaren Umfelde von Werden und Vergehen verzeichnen wir blendende Erfolge: Die Hemmschwelle vor der Vernichtung des Werdenden haben wir bereits erfolgreich passiert;[108] wir domestizieren ein Tabu, wenn wir wachsende Leben austilgen nach unserem Ermessen. Das stärkt die allgemeine Zuversicht, daß unser Vormarsch in die Machtbezirke der Natur noch lange nicht beendet sei.

Die Krise auf der Lebensmitte ist also zu verstehen als unser Versuch, ein allgemeineres Phänomen in einem Begriff zur Ruhe zu bringen, um unsere Herrschaft über die Krisen auszubreiten. Parallel zu dieser Krisenentdeckung läuft die Erkenntnis von Wachstumsgrenzen für die Wirtschaft, von Expansionsgrenzen für die Technik. Selbstbeschränkung predigen die ganz Verträumten, Überdruß und lähmende Sattheit melden Mehrheiten, ohne für höhere Orientierungen ansprechbar zu sein. Der Satte, der Betrunkene will schlafen, nicht denken. Und wenn der Satte aus dem Druck der Speisen, der Trunkene aus seinem Rausch erwacht, dann wollen beide essen und trinken, denn die Zustände verlangen nach Repetition: Wer vieles hat, wird immer mehr haben wollen.

Die Midlife-crisis des einzelnen zeichnet die Krise unserer wachstumsorientierten Gesellschaft nach. Gewohnt, das Wachsen nur in Mengenwerten zu zählen, können wir Reifung nicht wahrnehmen – zumindest nicht als einen Wert erkennen. Auch für unser gesellschaftliches Besitzwachstum eine Alternative zu finden, die uns ähnlich optimistisch einstimmt wie die endlose Gütervermehrung, gelingt uns einstweilen nicht. Vertiefungsversuche für unser öffentliches und privates Dasein prägen zwar die zeitgenössische Diskussion: Sie handelt von »Werten«[109] –; aber in unserer Seele neue Werte zu etablieren, das will auf dem ethischen Ödfeld, das die Feuer des Materialismus gebrannt haben, nicht über Nacht gelingen. Unser verdorbener Magen hungert nach Speisen, die wir nicht beschreiben können, deshalb werden wir noch lange brauchen, bis wir mit ausgeruhten Sinnen aufnehmen können, was wir im Übermut der materiellen Euphorien verworfen haben.

6.
Die Rollenkonflikte der Frauen

Die Krise im Selbstbild der Frau trägt Unruhe in unsere Gesellschaft. Sie strahlt aus auf das Selbstbild und das Lebensgefühl des Mannes, sie greift nachhaltig ein in das Selbstverständnis und Lebensklima der Kinder. Die Frauenbewegung ist unterdessen in allen Variationen erprobt und analysiert worden. Bei den Zeugen weiblicher Selbstklärung ist Ermüdung eingetreten, ohne daß revolutionäre Veränderungen der Frauenrolle spürbar würden. Mit Sicherheit aber wandelt sich der Part der Frauen seit einigen Jahrzehnten stetig: Die Zahl der Frauen, welche die herkömmliche Gattinnen- und Mutterrolle ausschließlich füllen, nimmt weiter ab, und das weibliche Bewußtsein in diesen Rollen ist in unverkennbarem Fluß.

Es sind nicht nur die Verlockungen der Erwerbswelt, die den Frauen auf ihrem verlorenen moralischen Posten zu schaffen machen. Die Ausblendung der Männerwelt aus dem Frauenalltag macht sie mißtrauisch, nachdem die Langeweile erste Unruhe säte. Die Geringschätzung der Öffentlichkeit für nichtbezahlte Arbeit läßt nur starke Charaktere unter den Frauen unberührt. Erzogen, den Mann für privilegiert zu halten, vermuten die Frauen seine Privilegien in seinen Weltkontakten, in allem, was er »draußen« tut, ohne daß sie es voll übersehen.

Seit der Mann außerhäuslich arbeitet, ist der Eindruck unvermeidlich, als entziehe er sich den Familienbelangen, »lasse« seine Kinder pflegen, »lasse« durch die Frau seinen Zufluchtsort warmhalten, »lasse« kochen und putzen, um ins gepflegte Nest heimzukehren, ein König im Kleinen, der draußen und drinnen die Erfolgsfigur spielt und die Seinen von sich abhängig weiß. So zur Dienerin aller sie umgebenden Menschen geworden, fühlt die Frau sich deklassiert, und das jahrtausendealte Vorrecht des Mannes auf Führungsrollen und Machtpositionen bestätigt sie in ihrem Ungerechtigkeitsempfinden.

Als das Zeitalter anbrach, in dem Egalitätsideen zu den höchsten Werten gehören, mußte die Frauen ein spezielles Revolutionsbedürfnis erfassen. Dem Aufkeimen dieses inneren Aufstands, aus dem dann bald ein äußerer wurde, leisteten verschiedene Entwicklungsakzente der Gesellschaft Vorschub. Die Isolation der Frau in ihrer häuslichen Rolle, der Riß zwischen Arbeitswelt und Leben müssen seit dem neunzehnten Jahrhundert wesentlich von der Frau kompensiert werden. Der Mann pendelt zwischen beiden Welten hin und her; ihm bleibt der Blick auf die Ganzheit der Welt erhalten.

Die Frau aber muß in aller Regel mit einem beschränkten Rahmen auskommen. Sie intensiviert ihren Emotionenhaushalt zum Ausgleich, liebt ihren Mann und umhegt ihre Kinder mit einem Gefühls- und Seelenaufwand, wie er in der kollektiven Erwerbsphase der Familie unbekannt war. Die Lebensaussichten der Familie stabilisieren sich mit der höheren Lebenserwartung der Kinder; der Frau wird Bestätigung ihrer Einsätze zuteil. Die männliche Verklärung ihrer Rolle, die dem Zuwachs an Härten im Berufsleben entspricht, kann sie zusätzlich beglücken und von ihrer Unersetzlichkeit überzeugen.

Die Amerikanerin Betty Friedan, heute eine Seniorin der Frauenbewegung, die skeptisch auf deren radikale Mutationen blickt, hat zu Ende der fünfziger Jahre noch recht maßvoll ausgedrückt, was sie damals als die Rollenbeschränkung der Frau sah:

»Wer weiß, was Frauen zu sein vermögen, wenn sie endlich sie selbst werden können? Wer weiß, was die Intelligenz der Frauen leisten wird, wenn sie sich frei entfalten kann, ohne die Liebe verleugnen zu müssen? Wer weiß um die Möglichkeit der Liebe, wenn Männer und Frauen nicht nur Kinder, Heim und Garten teilen, nicht nur die Erfüllung ihrer biologischen Rollen, sondern auch die Verantwortung und Leidenschaft der die Zukunft gestaltenden Arbeit und die volle menschliche Erkenntnis, was sie sind? Die Suche der Frauen nach sich selbst hat kaum begonnen.«[110]

1970 klingt das schon ganz anders: Die Amerikanerin Shulamith Firestone macht klar, daß die Gangart sich entschieden geändert hat. »Gäbe es ein umfassenderes Wort als Revolution, wir würden es benutzen.« Die Frauen sind die »ausgebeutete

Klasse«: Das ideologische Waffenlager, das Marx und Engels bereitstellten, wird für neue Zwecke geplündert.

»Der neue Feminismus ist für die radikalen Feministinnen nicht einfach die Wiederauferstehung einer wichtigen politischen Bewegung für soziale Gleichberechtigung. Er ist die zweite Welle der bedeutendsten Revolution der Geschichte. Sein Ziel ist der Umsturz der ältesten und rigidesten Klassen-/Kastengesellschaft, die es gibt, einer geschlechtsspezifischen Klassengesellschaft, einer Gesellschaft, die sich in Jahrtausenden konsolidiert hat und den archetypischen Männer- und Frauenrollen eine ungerechtfertigte Legitimität, einen scheinbaren Ewigkeitsanspruch verliehen hat. Für diese Perspektive bedeutet die Pionierleistung der feministischen Bewegung im Westen nicht mehr als eine erste Attacke, ihre 50 Jahre lange Verspottung nur eine erste Gegenoffensive – der erste Schritt auf dem langen Marsch zur Befreiung von einem tyrannischen Herrschaftsgebilde, das die Natur errichtet und die Männer ausgebaut haben.«[111]

Die Frauenbewegung ist ein kompliziertes Phänomen schon deshalb, weil der Rollenüberdruß der Frauen keineswegs dem bekannten Begründungsschema folgt, daß hier eine Menschengruppe im Bewußtsein aufbräche, nicht mehr gebraucht zu werden. Im Gegenteil: Ein Gutteil des weiblichen Zorns richtet sich eben gegen die Tatsache, das sie sehr intensiv benötigt werden. Nicht von einer Rollenentleerung in diesem einfachen Sinne von Funktionsschwund kann also hier die Rede sein. Was die Frauen anprangern, ist der Mißbrauch ihrer Person, die Verplanung ihrer Lebenszeit in Betreuungsrollen für die freie Entfaltung anderer. Sie fühlen sich nicht nur mißbraucht in diesen Funktionen, nicht nur um wesentliche – wie sie meinen: die einzig wesentlichen – Teile des Lebens betrogen, sondern auch unterdrückt vom männlichen Weltverständnis, geknechtet als Zulieferer für männliche Lebensrollen, als Sklavinnen für ihre und der Männer Kinder.

Daß minderberechtigte Gruppen aufstehen, dies gehört in den Zusammenhang des abendländischen Umwälzungsprozesses seit der Französischen Revolution. Es gehört überdies zusammen mit der fast gleichzeitig ausbrechenden Allergie gegen die Bevormundung durch Religion. Wer seine ehemals in der Gottwohlgefälligkeit erschöpfend definierte Rolle in die eigene

Regie nimmt, überdenkt sie neu. Für die Frauen stand bei dieser Neuentdeckung ihrer Rolle auch die Neubeurteilung des eigenen Parts im Geschlechterzusammenspiel zur Debatte. Ließ man jede Verklärung und jede Vorbewertung durch ethische Prinzipien fallen, so blieben Benachteiligung, Zweitrangigkeit, Abhängigkeit vom Manne, Fesselung an die Kinderbetreuung, Zwang zur Stagnation gegenüber der ausgeblendeten Arbeitswelt, Ausschluß aus den Wettkämpfen der Profitgesellschaft, Auslieferung an die Natur in einem Zeitalter, da man sich allerseits voller Optimismus an die Bändigung natürlicher Abhängigkeiten des Menschen heranmachte.

Da die Macht der Ansprüche gegen Überlieferungen und Sitte, gegen die Religion selbst, alle Rechte durchzusetzen versprach, entdeckten auch die Frauen unter diesem Motto ganz neue Aspekte ihrer gesellschaftlichen Rolle. Sie, die den Hauptakzent ihrer Rolle bis dahin im Hegen und Betreuen, Gestalten und Dienen, Erziehen und Lieben gesehen hatten, sahen sich durch das neue gesellschaftliche Anspruchsethos aufgefordert, ihren Part unter veränderten Vorzeichen zu verstehen. Töricht erschienen die privaten Einsätze im Lichte einer revolutionierten Moral, die jeden »Selbstverwirklichung« auf dem Wege über Anspruchshaltungen lehrt. Das Heer der Frauenbefreierinnen bildet eine besonders vitale Zelle der Anspruchsgesellschaft, weil es diese Gesellschaft mit ihren eigenen Kategorien zu schlagen ansetzt. Die männlichen Verfechter unbegrenzter Ansprüche verwickeln sich in Widersprüche, wenn sie mit dieser Reinkultur des Anspruchsdenkens konfrontiert werden. Nachdenkliche Beobachter könnten an der Perversion des Anspruchsprinzips bei extremen Feministinnen die Schädlichkeit dieses Scheinethos für die erträumte Humanität ablesen.

Bald mußten die Frauen argwöhnen, ihr Ausharren in der traditionellen Rolle sei für die Männerwelt der Garant ihres Fortschritts. Als Hüterinnen des heimischen Herdes fühlten sie sich mit einer fossilen Rolle abgefunden, während die Männer die immer bunter werdende Welt draußen unter sich aufteilten. Das Nest warmzuhalten, während ihre Männer draußen objektive Erfolge sammelten, alle Weltkontakte nur mittelbar über ihren Mann zu beziehen und immer nur soviel zu sein wie er, dies konnte den Frauen im Wandel der allgemeinen Maßstäbe nicht mehr einleuchten. Mit aggressiver Gründlichkeit haben sich die Frauen an die Herleitung ihrer minderberechtigten Situation gemacht: Das »Patriarchat«, als das allmächtige falsche Bewußtsein abendländischer Geschichte und Kultur, wurde durchforscht und angeprangert, als gelte es, eine kollektive Sünde des einen Geschlechtes gegen das andere zu entlarven.

In der Tat entdeckte man die Spuren der Frauengeringschätzung schon in der Genesis-Erzählung von der allerersten Sünde, die schon hier charakteristischerweise dem weiblichen Geschlecht zugeschoben wurde. Unentrinnbar der Zirkel: Die Griechengötter waren noch familienähnlich organisiert, ihre Dynastie bevorrechtigte zwar die Männer, ließ aber Frauen zu. Im Christentum war selbst die Gottheit nur noch Mann, der halbgöttliche Sohn zwar von einer Menschenfrau geboren, wie unumgänglich, aber in seinen unfehlbaren Qualitäten eben doch vom männlichen Gott her männlichen Geschlechts.

Zwar ziehen die kämpferischen Frauen aus dem ethnologischen Faktum Nutzen, daß es auch matriarchalische Zeitalter gegeben haben muß; den Bruch der Männerherrschaft können sie mit solchen Beschwörungen dennoch nicht beschleunigen. Schon die Genesis also und ihre mythischen Quellen sehen die Frau als Urheberin der Sünde; ein männlich bestimmter Gedanke, so läßt sich einwenden, der es erlaubte, für den sexuellen Sog der Frau Rache zu nehmen, der den Mann von jeher unfrei machte. Wie dem verführten Adam der Christus, so steht der verführten Verführerin Eva die Heilsgebärerin Maria gegenüber; als Dienerin des göttlichen Willens freilich, ganz in der Frauenrolle, demütig, passiv, sich opfernd.

Diese Grundmuster der religiösen Tradition entsprechen gewiß ihrerseits bereits einem Weltbild, das den Mann in der dominanten Rolle und die Frau ihm untergeordnet gruppierte. Die Forschung mag entscheiden, welche Phasen der Menschheitsgeschichte das Übergewicht haben: die Mutterkulte oder die Männerherrschaften.[112] Aus einer offenkundig sehr stabilen Männerherrschaftsgeschichte in Turbulenzen gelangt, die bereits Veränderungen im Rollenverhalten der Geschlechter zeitigen, haben wir übergenug mit der schwierigen Deutungsarbeit zu tun, die uns der moderne Rollenkonflikt der Frau zumutet.

Zwar verehrt die Männerwelt die Spenderin allen Lebens in einem Netz galanter Regeln voller Höflichkeiten und zeichnet sie gesellschaftlich aus. Andererseits aber stuft dieselbe männliche Welt sie als unwürdig und zweitrangig ein, zu unwert, um an männlichen Beschäftigungen und Vorlieben teilzunehmen; wertlos war sie schon in den antiken Hochkulturen als weiblicher Säugling gegenüber dem Knaben. Dieser Widerspruch deutet auf einen Konflikt im männlichen Frauenbild hin, auf einen Konflikt des Mannes mit sich selbst und seinem Geschlecht, der in der Hast und Polemik der weiblichen Aufstandsarbeit noch nicht geklärt werden konnte.

Männer als Deuter der weiblichen Rolle gehen, wie Sigmund Freud, so entschieden von der Höherwertigkeit eines als Mann gelebten Lebens aus, daß ihre Befunde eher für das vorgefaßte Weltbild als für die Zuverlässigkeit ihrer Forschung sprechen. Freilich diskutiert auch Sigmund Freud nur ein historisches Bewußtsein der Frau, wenn er die Minderwertigkeitsgefühle des kleinen Mädchens auf die Entdeckung des »fehlenden« männlichen Geschlechtsorgans zurückführt. Sein Fund sagt wenig, so wichtig er für die Therapie seelischer Erkrankungen sein mag. Die Tatsache, daß Frauen von frühester Jugend an über die eigene Zweitrangigkeit informiert werden wie Männer über ihre Herrenrolle in der Spezies Mensch, hat durch Freud freilich überzeugende Belege hinzugewonnen.

Freud ist mit seiner Analyse der weiblichen Geschlechtsrolle ein Gefangener seiner historischen Situation. Anders läßt sich die an Naivität grenzende Unbefangenheit, mit der er seine Theorie vom »Kastrationskomplex« des Mädchens vertritt, nicht einordnen. So zutreffend seine Beobachtungen sein mögen: es fehlt doch der Schritt, den natürliche wissenschaftliche Neugierde über diese Funde hinaus tun würde, um ihre historische Bedingtheit zu erforschen.

»Die Entdeckung seiner Kastration ist ein Wendepunkt in der Entwicklung des Mädchens. Drei Entwicklungsrichtungen gehen von ihr aus; die eine führt zur Sexualhemmung oder zur Neurose, die nächste zur Charakterveränderung im Sinne eines Männlichkeitskomplexes, die letzte endlich zur normalen Weiblichkeit.... An die Vorgeschichte anknüpfend, will ich hier nur hervorheben, daß die Entfaltung der Weiblichkeit der Störung durch die Resterscheinungen der männlichen Vorzeit ausgesetzt bleibt...«[113]

Die Frauen zeigen sich auch heute noch so intensiv von ihren Befreiungsbemühungen in Anspruch genommen, daß ihnen immer noch entgeht, welchen männlichen Konflikt mit dem Weiblichen die zwiespältig wahrgenommene Herrscherrolle des Mannes verbirgt. Im Umgang mit dem Weiblichen, so lehren nicht nur die großen Dichtungen des männlichen Abendlandes – Goethes »Faust« sammelt alle Aspekte –, wird der Mann sich seiner Schwächen und Laster einerseits, andererseits seines Schutzwillens und seiner Bewunderungslust für das ganz andere im Weiblichen bewußt –; ein ganz anderes übrigens, das er offenkundig weniger begreift als die Frau umgekehrt das Männliche.

Friedrich von Schiller schreibt die Verse:

»Ehret die Frauen! sie flechten und weben
Himmlische Rosen ins irdische Leben.«

In Goethes Tasso klingt dieselbe Verklärung der Frauenrolle an:

»Willst du genau erfahren, was sich ziemt,
So frage nur bei edlen Frauen an.«

Die Ottilie der »Wahlverwandtschaften« schreibt in ihr Tagebuch:

»Der Umgang mit Frauen ist das Element guter Sitten.«

An welche Bedingung sich diese Frauenverehrung der Männer knüpft, sagt Goethe in »Hermann und Dorothea«:

»Dienen lerne bei Zeiten das Weib nach ihrer Bestimmung!«

Und Mephisto im »Faust« rät dem Schüler:

»Besonders lernt die Weiber führen.«

Verehrung und Machtanspruch des Mannes scheinen nicht zu trennen von einer Unsicherheit den Frauen gegenüber, die, auf die Frauen projiziert, als Unberechenbarkeit des Weiblichen erlebt wird. Auch hierüber gibt die Dichtung reichliche Auskünfte. In Vergirls Äneis heißt es:

Varium et mutabile semper femina – Ein Weib ist ein immer wechselndes und veränderliches Wesen.

Die Frau gilt als listig, weil der Mann sich häufig von ihr überrascht, vor unerwartete Wendungen gestellt findet:

»Es ist keine List über Frauenlist«,

sagen schon die Sprüche des Alten Testaments.

*

Wenn Männer immer wieder ihre Leiden an den undurchschaubaren Listen der Frauen geschildert, wenn sie immer wieder das »Launenhafte«, Unberechenbare, Tückische des weiblichen Wesens beschworen haben, das sie zu Ausgelieferten und Sklaven macht, so steckt darin weitgehend die Übertragung einer subjektiven Not, die in eigenen Bedürfnislagen ihre Ursache hat, auf das Gegenüber, das den männlichen Bedürfnissen und Machtansprüchen nicht wie erwartet folgt. Auch die Männer bestreiten nicht, daß ihre sexuellen Triebe stärker sind als jene der Frau. Nicht nur die männliche Aggression im Bereich der Sexualität leitet hieraus ihre Berechtigung ab, sondern das Bild der weiblichen Verführerin, der Circe, der Sirene, der Erinnye, hängt eng mit dieser männlichen Selbsterfahrung zusammen.

Da der Herr den Knecht definiert und dies ein Bildnis aus der Optik des Herrn wird, muß die Frau Verführerinnenzüge tragen, wenn der Mann sich von ihr unwiderstehlich angezogen fühlt. Daß die männliche Tradition unserer Kultur die Frau zugleich die Herrin der Sitte, die Schirmherrin des Anstandes nennt, dies ist eng mit der männlichen Erkenntnis verknüpft, daß die Frau nicht denselben Triebzwängen unterliegt wie der Mann, daß sie seine Versuchungen und Leidenschaften, seine Laster in der Regel nicht teilt. Der Mann tut nun alles, um sich die Frau in dieser Rolle als anbetungswürdige Tugendschützerin zu erhalten. Sie veredelt sein Haus und, wenn er sich in diesem Kreise bewegt, ihn selbst; sie entspricht seinem Traum von der besseren Natur des Menschen und nährt den Tugendwillen des Mannes. Wenn er sie einsperrt und bewacht, um sich diese Quellen seiner Bewunderung zu erhalten, so fühlt die Frau sich oft in Verkennung seiner Motive eifersüchtig gepeinigt und verfolgt.

Freilich ist auch dieser Rollenzwang des Mannes gegenüber der Frau ein Herrengebaren, das von der prinzipiellen Verfügungsgewalt über Frauenrollen ausgeht. Die klassische unglückliche Liebe ist sicherlich nicht nur deshalb in der abendländischen Literatur immer eine Manneslieb zu einer unerreichbaren Frau, weil diese Literatur weitgehend von Männern geschrieben wurde und wird. Der Herrscherattitüde des Mannes würde eine Literatur voller geglückter Entführungen und

Eroberungen ja gewiß weit näher liegen. Die unglückliche Liebe eines Mannes zu einer Frau ist auch deshalb so nachhaltig literaturfähig geblieben, weil sie einer Grundsituation zwischen Männern und Frauen so Ausdruck gibt, wie diese vom Manne erlebt wird.

Da das männliche Bewußtsein die Formulierung der Kulturgeschichte bestimmt hat, wird hier Frauengeschichte nur in jener Beleuchtung erzählt, unter der die Frau dem Mann erscheint: im Filter seiner Absichten und Wünsche, in der beugenden Linse seiner Selbstsicht und seines Anspruchs auf Herrschaft auch beim Geschäft der Deutungen. Machte man sich die Mühe, die Männerliteratur unserer großen Dichtungsepochen in diesem Sinne »gegen den Strich« zu lesen, so würde den Frauen unweigerlich klar, wie viele männliche Urteile über das weibliche Wesen viel weniger vom Herrschaftsanspruch und der Unterwerfer-Mentalität des Mannes als von seiner Ratlosigkeit geprägt sind, das Weibliche ohne weibliche Deutungshilfen verstehen zu sollen.

Auch die Frauen selbst haben über Jahrhunderte ihre eigene Rolle dem von Dichtern und Denkern entworfenen Frauenbild angepaßt – keineswegs nur aus Demut und Gehorsam oder aus schlauer Unterwürfigkeit. Sie übernahmen das männliche Portrait des Weiblichen, weil es das einzige war, das zur Verfügung stand – und selbstverständlich auch deshalb, weil sie über den Mann und seine Weltdeutung sich selbst in der Welt erlebten.

Die Welt war die Welt des Mannes; und bis tief in unser Jahrhundert hinein haben Frauen Welt aus zweiter Hand erlebt. Daß es ihnen auffiel und sie zornig machte, dies ist das eigentlich Neue an den Zuständen; und der Ausbruch dieses Zorns ist historisch nicht zufällig: Die Verschärfung der Rollenzwänge, die Vereinsamung der Frau in ihrer Rolle und, wichtiger als beides, das unerbittliche Vordringen veränderter Maßstäbe für den Wert des Menschen und seines Tuns nähren die Keime eines Mißbehagens, das, vordem durch Tradition und Kirche, aber auch durch die Gemeinsamkeit des Lebensalltags überdeckt, nur unterschwellig geschwelt hatte.

Als die Wissenschaft die Frauenrolle zu erforschen begann, fand sich erwartungsgemäß eine spezielle Pathologie der Frau in ihrer Rolle. Daß es eine kongruente männliche Pathologie des Rollenzwanges gibt, wurde erst nach Jahrzehnten weiblichen Aufruhrs entdeckt. Viele Männer reagierten mit demselben Kurzschluß, den die Frauen vorgeführt hatten: Wie diese in die männlichen Herrschaftsbereiche vorgedrungen waren, so stürmten jene nun die für typisch »weiblich« gehaltenen Gefühlszonen: Zärtlichkeit, so hieß und heißt es, fehle den Männern, ihre Emanzipation vom Rollenzwang zur harten Männlichkeit sei das, was den Frauen eigentlich fehle. Männergruppen betreiben die Rollenannäherung, um das verlorene Terrain wiederzugewinnen – oder doch, um dumpfen Unvollständigkeitsempfindungen der beiden Geschlechter entgegenzukommen.

»Erst seitdem uns der Feminismus tatsächlich... unserer Vervollständigung beraubt hat«, schreibt der sensible Italiener Marco Lombardo-Radice, »die wir narzißtisch stets in den Frauen gesucht haben, haben wir das Problem der Einsamkeit uns ernsthaft zu stellen begonnen... Denn zu jener Wiederbegegnung mit den Genossinnen... werden wir als erstes und wichtigstes ein anderes ›Bedürfnis‹ nach der Frau mitbringen müssen, das nicht mehr durch unsere Brutalität von früher verdorben ist... Es ist also offenkundig, daß wir uns einer schweren kulturell-edukativen Konditionierung gegenübersehen, die dem Mann in der Heterosexualität die einzig mögliche und akzeptable Äußerung der eigenen Sexualität vorweist und somit in der Frau auch und vor allem das passive Instrument zur Befriedigung der eigenen biologischen Bedürfnisse...«

Lombardo-Radice entwirft »Fährten«, auf denen Männer nach Lösungen suchen könnten. »Aber haben wir denn wirklich Lust?« fragt er dann. »Ja und nein, glaube ich.« Und seine Begründungen für das Nein sind sehr viel zahlreicher als jene für das Ja. Sie fächern das schillernde Rad der Liebe auf:

»Weil die Liebe, die wir für euch empfunden haben und empfinden, mit all ihren Verdrehtheiten und Monstrositäten doch immer etwas sehr Schönes war... Weil wir Lancelot lieben, der Ginevra liebt, auch wenn er ein chauvinistischer Mann und sie eine Unterdrückte ist. Weil wir nicht darum verlegen sind, euch zu sagen, daß wir euch lieben. Weil das Leben kurz ist und dem Manne (und der Frau) nichts geschenkt wird. Weil wir wissen, daß wir es nicht mehr fertigbringen werden, die ersten neuen Männer zu sein, und deshalb vielleicht am liebsten die letzten Männer von früher sind.«[114]

In die Familien ist mit der zeitgenössischen Rollenangleichung nicht mehr Frieden eingezogen; die Wurzel des allgemeinen Wankens unserer kulturellen Erbschaften scheint mit dem Tausch und der Angleichung von Rollenkennzeichen noch nicht gefunden.

Auch in der Frauenbewegung schwingt ein mächtiger Akkord jener utopischen Sehnsüchte mit, die im Egalitätstraum unserer Tage unverhüllt auftreten. Einige der inspiriertesten Kämpferinnen, wie die zitierte Shulamith Firestone, ziehen denn auch mit unerbittlicher Konsequenz die Linien durch bis in eine Zukunft, die vom Geschlechterzwiespalt frei sein soll, frei von den Rivalitäten der Männer und Frauen untereinander und gegeneinander, frei von Werbung und Eifersucht, Verführung, List und Betrug, von Schmerzen und Vernichtung, die Männer und Frauen einander zufügen.

Aus solchen Visionen leuchtet der gültigste Aspekt dieses weiblichen Aufruhrs in unserem Jahrhundert: die Sehnsucht nach endgültiger Schonung, Sehnsucht nach Räumen, in denen endlich der ewige Geschlechterwettstreit außer Kraft gesetzt ist und Friede, reine Daseinsfreude, volle Identität mit uns selbst geschenkt wird.

Die utopischen Entwürfe der Feministinnen verraten viel mehr über die virulenten Entbehrungen, die uns alle heimsuchen, als die Kämpferinnen selbst erkennen. Daß die Geschlechtertrennung heute, im Jahrhundert der äußersten Geschlechter-Annäherung, einen solchen Leidensdruck produziert, dies überrascht zwar auf den ersten Blick. Ist nicht sehr vieles gelungen, von dem vor hundert Jahren niemand zu träumen wagte: viel Gerechtigkeit, viel gleiches Recht für Männer und Frauen, Freiheit von sexualmoralischem Zwang, Freiheit von Schwangerschaftsängsten; Freiheit von Tabus, wohin wir blicken, Freizügigkeit in kaum ausschöpfbaren Ausmaßen für den einzelnen?

Was immer wir von diesen Errungenschaften halten mögen: Die freie Zueinanderordnung von Mann und Frau wird durch nichts mehr behindert. In diesem Augenblick aber ist die Auseinandersetzung beider um ihre Rolle auf dem Höhepunkt. Die Feindseligkeit vieler Frauen gegen die Männer ist entschieden und kompromißlos. Die Psychotherapeuten der Paarbeziehung sind, während alle Barrieren fallen, die man ehedem für Neurosen verantwortlich machte, überbeschäftigt.

In den Zukunftsträumen der Feministinnen können wir lesen, welche Krankheit die Geschlechter gegen die soeben überwundene Herrschaft der moralischen Tabus eingetauscht haben. Nicht die permissive Moral allein macht sie krank, wie so viele Kritiker vorschnell meinen. Was in den Traumentwürfen der Befreierinnen aufleuchtet, ist ja die Befreiung von Geschlechtszugehörigkeiten überhaupt, es ist also mehr als die Eroberung der männlichen Domänen, mehr als die Verachtung der Brutpflege, mehr als die Verweigerung der Zuwendung zum vielgestaltigen Leben.

Was im Kampf um eine chemisch reine Zukunftshoffnung offenbar wird, ist das unaussprechliche Leiden an den Konditionen der menschlichen Natur selbst. Gespalten zu sein in Männer und Frauen, dies verwehrt der Menschheit nicht nur Wege in die Gleichheit aller; schon von Geburt an mit Verschiedenheiten gebrandmarkt zu sein, dies, so fühlen die Träumer einer humanen Zukunft, birgt die Prophezeiung des Scheiterns für alles Bemühen, aus Menschen nur einfach Menschen zu machen, die einander friedlich begegnen. Schon die Aufteilung der Menschheit in Mann und Frau legt den Keim jenes ewig unausweichlichen Zwiespaltes in die Seele der Menschen selbst.

Zur Spaltung verurteilt, spielt der Mensch auf der Privatbühne der Begegnungen von Mann und Frau permanent das kriegerische und überschwenglich umarmende Spiel der Weltbühne, das sich im Großen überall wiederholt. Die Leidenschaft der Kämpferinnen für eine Rollenaufhebung von Mann und Frau hat hier ihre geheimste Wurzel: Mit der Lösung der Konflikte zwischen Mann und Frau will man eigentlich den Menschen selbst heilen von seiner unseligen Zweiheit, die jeden Konflikt auf Erden vorzeichnet und für die Unentrinnbarkeit der Kämpfe auf Erden zeugt. Deshalb die Erregung der Frauenrechtlerinnen über das erschreckende Grundmuster, das sich zwischen Männern und Frauen, die zur reinen Ergänzung bestimmt scheinen, immer wieder herstellt und die Geschichte beherrscht: das Muster von Herr und Knecht. Daß Menschen die Gleichordnung des Lebendigen nicht gelingt, daß sie nur in Oben und Unten, in Gehorchen und Befehlen, in

Hochmut und Demut gliedern können und nur in ihren Träumen einen dem anderen gleichstellen, diese schmerzhafte Entdeckung spricht aus den wilden Parolen der Frauen.

Von hier aus verstanden, zeugt der Frauenaufstand von dem charakteristischen Versuch unserer Epoche, die Grundeinschränkungen des menschlichen Daseins abzuweisen. Wie wir uns seit über hundert Jahren in dem Glauben versuchen, alle Menschen seien nicht erst von Gott, sondern schon auf Erden gleichzumachen, so nehmen die Frauenbefreierinnen die kühne Hoffnung ernst, der Mensch könne sich aus der Last seiner Zweigeschlechtlichkeit lösen und einen Zustand überlegener Gleichheit erreichen, der ihn von den Zwängen der Geschlechterspannung freistellen soll.

Wie grundsätzlich die Ratlosigkeit dieses Zeitalters mit seinem Bilde vom Menschen ist, das läßt sich in den tieferen Schichten seiner großen Menschenrechtsbewegungen erkennen. Das Leiden an der Polarität der Geschlechter, die nur dürftig überbrückt und durch mancherlei Deutungsarbeit beschönigt werden kann, ist das Leiden an der qualvollen Vorläufigkeit des Vergänglichen, ein Leiden, das der moderne Mensch als besonders demütigend empfindet, nachdem er sich dicht vor kühnsten Zielen seiner humanen Weltdeutung glaubte.

In der partnerschaftlichen Organisation vieler Geschlechterbeziehungen unserer Zeit wird ja durchaus ein humanitäres Ideal geübt; wie schwer aber die Austreibung alter Übel gelingt, ohne daß wir neuen besten Glaubens untertan werden, dies erkennen manche Paare an neuartigen Konflikten, deren Ursache ihnen unerfindlich scheint. Partner der wechselseitigen Lebensvollzüge und Partner ihrer Kinder, als Gleiche unter Gleichen, wie ihr Programm lautet, leiden beide tiefer an der Unergiebigkeit des Daseins, als sie für ihre humanitäre Bemühung zu verdienen glauben.

Das Partnerschaftsideal lebt mit speziellen Verkennungen und Versäumnissen an Humanität, die für alle Beteiligten ein Lebensklima sensationsloser Mittelmäßigkeit herstellen: Jeder achtet sorgsam auf die Gleichrangigkeit aller Handlungen, alle fürchten, über das Pathos dieser Beziehung könne sich unversehens wieder Hierarchie einschleichen. Kaum gelingt es noch zu schenken, zu dulden, neugierig zu sein: Durchdrungen von unseren gleichen Rechten, verlieren wir jede Großzügigkeit und mit ihr die Genußfähigkeit, wie sie nur dann entsteht, wenn beide Ungleiches tun: nämlich der eine etwas für den andern.

Kinder aus solchen Partnerschaftsfamilien erscheinen oft rücksichtslos, während sie nur ein besonders ausgeprägtes Bewußtsein ihrer Rechte mit sich herumtragen. Sie erscheinen aber häufig auch ohne jede Erwartung, weil in der Sorgfalt der Gleichverteilung aller Rechte und Pflichten keine Erwartung mehr aufkommen kann: Überraschung wäre Ungerechtigkeit, ungeahnte Freude wäre das Signal eines Wankens im System, einer Ungleichverteilung der Ränge.

Die konsequenten Partnerschaftsversuche sind Bemühungen, einer größeren Last zu entkommen. Die größere Last ist die Gestaltung der Beziehung zwischen den Geschlechtern: Sie mutet jedem Einsamkeitserlebnisse zu, denen wir uns in unserer Daseinsangst heute nicht mehr gewachsen sehen, und sie fordert jeden auf, die Verschiedenheit der beiden nicht in schale Gleichheit abzubiegen, sondern schöpferisch zu gestalten. Solche Lasten mag sich heute eine zunehmende Zahl von Menschen nicht mehr zumuten. Frauen leiden an den Männern, Männer leiden an den Frauen, ohne einen anderen Ausweg zu sehen als jenen in die Rollennivellierung.

★

Nirgends aufgehoben und völlig auf sich selbst gestellt, können die Menschen aus der Knechtschaft der Materie nicht mehr ausbrechen in Opferlust und Hingabe, in freudige Erwartung, wahrhaft humane Ströme des Gefühls, die unbedenklich und großzügig wegschenken, statt nachzurechnen, was sie aus der Hand geben, um Gleiches einzufordern. Wie könnten diese Menschen unserer Zeit auch andere Maßstäbe in ihrem Gefühlsleben anwenden als jene, die sie in ihrem Alltag mächtig finden? Wie könnte der auf Egalitätsforderungen und in Rechte mehr denn in Pflichten Eingeübte plötzlich in Zonen seines Privatlebens eintreten und alle diese verinnerlichten Schonungslosigkeiten, diese Unbarmherzigkeiten im Gewande der Humanität ablegen?

Schon der Kampf der Frauen um die männliche Welt und gegen die Männer lebt von den Prinzipien der Märkte: Erwerb als Wert, Gewinn als pseudoethisches Recht, die Außenwelt als Maßstab für die Innenwelt, die Korruption der Konkurrenzwelt als Siegerin über die Moral von Jahrhunderten. Der materielle Profit, das Gesetz der Arbeitswelt, wird in diesem Kampf der Frauen ernster genommen als jeder immaterielle Wert. In einer Welt, der nur materielle Rechengrößen etwas gelten, kann nicht eine Mehrzahl der Frauen die Kraft finden, die gültigen Maximen zu verachten. Welche tristen Lebensräume sie stürmen, dies können die Neidgeplagten einstweilen nicht erkennen. Auf große Verletzungen mußte mit noch größeren Selbstverletzungen reagiert werden, anders war das notwendige Maß an Freiheit von männlicher Übermacht nicht zu erreichen. Gewinne und Zerstörungen halten sich, nachdem nun der Schlachtenrauch sich hebt, die Waage. Anders sind auch Teilsiege unter Menschen nicht zu erlangen.

Zu den Visionen der Feministinnen gehört die utopische Hoffnung, die Frauen könnten eine Humanisierung der Kultur erzwingen. Weltweit sehen die Frauenbefreierinnen eine humanisierende Wirkung des weiblichen Elementes voraus; das Böse halten sie für ausgesprochen männlich. Entsprechend dem Rollenbild von der emotional differenzierten, in Mitmenschlichkeit aufgehenden Frau, deren Zärtlichkeit die Grausamkeiten zum Schweigen bringen soll, entwerfen die Heldinnen einer weiblichen Zukunft das Bild einer Menschheit in Dauerumarmung ohne sexuelle Herrschaftszwänge, ohne Gewalt, ohne Folter, ohne Haß, Gewinnstreben und Neid.

Jene vorgeblich »weiblichen« Züge, die Frauen sich bisher ungern von Männern attestieren ließen, werden in dieses Idealgemälde unbefangen eingesetzt: Die zärtliche, umfangende, ausgleichende Weiblichkeit soll die Wettbewerbsinstinkte der Männer besänftigen, ihren Konkurrenzdruck überflüssig machen, ihre Rivalitäten beschwichtigen. Die Frau wollte die vom Manne zugeteilte moralische Überlegenheit loswerden und nimmt sie nun doch in Anspruch, wenn sie das eigene, das weibliche Geschlecht als den besseren Teil der Menschheit feiert. Wenn der Mann schon die Wettkampfplätze und Märkte der Welt befehligt, so möchte die Frau wenigstens der bessere Mensch sein. Zugleich aber, Widerspruch über Widerspruch, drängt die Frau in diese korrupte Männerwelt hinaus, weil sie sich als Hüterin der guten Sitte über die Maßen langweilt.

Die Tendenzen greifen ineinander: Mit dem Trend zum Humanitarismus beobachten wir bereits eine Verweiblichung der Politik, ein Wegstreben von bisher für männlich gehaltenen Kategorien und Qualitäten wie Härte, Positionsbehauptung, Mut zur Gegnerschaft. Das, wonach die Frauen rufen, ist gleichzeitig längst zu einem Merkmal unserer Kultur geworden. Sicherheitsbedürfnis und Friedenssehnsucht spielen für die Ausbreitung des humanitären Ethos auch in unserer Zeit, wie schon in der Spätantike, ihre Rolle.[115]

Die katastrophalen Vernichtungskriege des 20. Jahrhunderts haben nicht nur für Menschenrechtsideen, sondern auch für die Verdächtigung alles dessen, was als »männliche« Tugend galt und für die Kriege und Zusammenbrüche mitverantwortlich war, entscheidende Impulse geliefert. Die neuen Menschlichkeitsideologien zählen zu ihren Variationen auch die Frauenbefreiungsbewegung, die sich als spezielle Ausprägung des Befreiungsstrebens von Rechtlosen und Unterdrückten versteht. Die Welle des guten Willens, die einer ungestillten Gerechtigkeitssehnsucht nach den Leiden der Kriege entsprach, wurde vom Feminismus für seine Ansprüche genutzt, gleiches Recht und gleiche Chancen für alle herzustellen.

Während die Politiker sich unterdessen längst aus der Skala der humanitären Handlungsmotivationen bedienen, blieb bei den Frauenproblemen vieles, wenn nicht das meiste, einstweilen unerledigt. Die Politiker entschuldigten sich, wo sie gutwillig antworten wollten, mit Sachzwängen, die den Rollenzwang von Mann und Frau einschließen. Das Wirtschaftssystem wird zur allmächtigen Größe in diesen Beweisführungen. Der Riß quer durch die Ehen und Familien, den konsequente Befreierinnen von ihren Jüngerinnen herbeigeführt und ertragen sehen wollen, belastet die meisten Frauen schwerer als ihre verinnerlichte Frauenrolle.

Freilich verhalten sich die Paare zunehmend nach familienfeindlichen Idealen, während sie weiter unter dem traditionellen Dach ihre Zuflucht suchen. Sie lassen die Entwicklung eines eigengesetzlichen Kosmos »Familie« nur noch zögernd und nach langen Überlegungen zu; sie leiden zunehmend unter den

Verpflichtungen zur Seßhaftigkeit und Beständigkeit, die ihnen Nachkommen für Jahre auferlegen. Sie bedienen sich der wachsenden Angebote des Staates, ihren Nachwuchs außerhäuslich versorgen zu lassen, während sie für sich selbst dem Leitbild der »Selbstverwirklichung« folgen.

Der Widerspruch zwischen ihren eigenen Genußformen und den Versorgungstechniken, die sie ihren Kindern zumuten, wird ihnen hierbei schon durch die Angebote des Staates ausgeredet. Das Ideal der »Selbstverwirklichung«, dessen Dürftigkeit noch nicht hinreichend erkannt und dessen Alibicharakter immer noch sorgsam verschwiegen wird, spielt auch bei der Frauenbewegung eine führende Rolle. Welch radikale Variante der Selbstverwirklichungsidee in der Frauenbewegung vertreten wird, dies ist in der öffentlichen Diskussion noch nicht formuliert worden. Zu starr sind die Fronten, zu polemisch werden die Positionen verteidigt.

Was die Frauenbewegung als »Selbstverwirklichung« propagiert, das ist im Grunde eine Verabschiedung von der eigenen Identität, nicht deren Verwirklichung. Die Frauen wollen neben vielen sekundären Rollenmerkmalen, mit denen sie sich völlig zu Recht in der Knechtschaft einer männlich dirigierten Menschheit fühlen, auch ihre primären Geschlechtsmerkmale unwirksam machen – wenn nicht, wie ihre radikalsten Vertreterinnen, gänzlich ablegen. Ob die Humanisierung des politischen Handelns und insbesondere der Handlungsbegründungen, welche wir heute beobachten, ähnlich wie in der Völkermischung des Alexanderreiches im spätantiken 4. Jahrhundert, das Vordringen der Frauen begünstigt oder ob ihr Rollenausbruch sich demselben Trend zur Humanisierung verdankt wie die moralischen Aufbrüche der Politiker, ist eine lohnende Frage. Wenn sich beobachten läßt, daß auch in der Friedenssehnsucht des 4. Jahrhunderts die Frauen Rechte hinzugewinnen, während der Reichtum anwächst, die Gegner milder behandelt werden, die Wissenschaft blüht, so drängt sich die Frage auf, ob die Emanzipationswelle jener Zeit ein Sonderaspekt der allgemeinen Friedens- und Gerechtigkeitsliebe war oder das allgemeine Zurücktreten typisch männlicher Staatsideale, die von Abgrenzung nach außen und Verpflichtung der einzelnen auf das Ganze geprägt waren, das Vordringen des weiblichen Elementes begünstigt hat.

Bezeichnend ist die Verbindungslinie, die sich von den Maximen jener spätantiken Epoche zu unserer Gegenwart ziehen läßt: Die ethischen Vorstellungen orientieren sich am Konsumenten; vorwiegend in seiner Konsumentenrolle wird der Staatsbürger ernstgenommen; aus dieser Haupteigenschaft bestimmen sich seine Forderungen an den Staat. Aus solchen Leitvorstellungen ergibt sich zunächst eine auffallende Kultur der Wohltätigkeit: Auch das römische Reich entwickelt aus den hellenistischen Tendenzen zur Sozialisierung der Kultur eine intensive Sozialfürsorge für Benachteiligte und Schwache. Die Rechtsprechung gewährt bis dahin unbekannte Rücksichten und Schonungsmaßnahmen. Selbst den Tieren, die im Dienst des Menschen stehen, wird neue Humanität zuteil: Die allzu steilen Zugstraßen werden verlegt, damit Lasttiere sich schonen können.

Die moderne Tierschutzkultur tritt auch zu dieser Errungenschaft der Spätantike in Beziehung. Wo ist die Nahtstelle, auf der sich Frauenrechtsbewegungen und Humanitarismus treffen? Daß wir in Humanisierungsschüben immer auch die untergeordnete Rolle der Frauen entdeckten, reicht zur restlosen Erklärung des Phänomens noch nicht. Die Frauen selbst sind es ja, die gegen eine immer noch beharrende Männersicht ihrer Frauenrolle aufstehen; und ihre Erfolge sind bescheiden. Zwar kämpfen die Frauenrechtlerinnen mit der Flagge des humanitaristischen Ethos, das auch die intellektuellen Eliten und die Staatsmänner beseelt. Aber sie haben die gesamte Interessenlage der männlich dominierten Wettkampfgesellschaft gegen sich, und diese ist mindestens so stark wie die humanitaristische Ideologie.

Obwohl ihre Forderung dem Zeittrend entspricht, geraten die Frauen zwischen die Mühlsteine der zwei Grunderfordernisse unserer hochindustrialisierten Gesellschaft: Mit dem Strom der Menschenrechtsideen schwimmend, laufen sie auf das Riff der männlich-weiblichen Rollenteilung auf, an dem Männer immer noch wesentliche Energien festmachen, mit denen sie die Leistungsgesellschaft beliefern müssen.

Der Sinn für die eigene Rolle ist den Frauen über der Vergeblichkeit ihrer Proteste noch gründlicher abhanden gekommen. Schon deshalb ist die Lage der Frau beklagenswert und ihre Position gegenüber dem Mann ungünstig: Ohne Ressourcen in der männlichen Welt der Leistungsberufe, verläßt sie den ihr zugewiesenen Posten, gerät unter den Druck des männlichen Mißfallens und steht nun mit jedem Aspekt ihrer Rolle, als Frau und als Mitglied der erwerbsorientierten Gesellschaft, ohne Beifall und ohne Zuspruch auf ihrem erkämpften Platz.

Beides spendet sie sich deshalb selbst: Die Zusammenrottung der Geschlechtsgenossinnen ist nichts anderes als die Flucht in die monomanische Selbstbetrachtung, ins Selbstgespräch. Während sie solches Kochen im eigenen Saft mit Selbstverwirklichung verwechseln, fällt keiner unter den Frauen auf, daß sie sich in diesen reduzierten Zirkeln nicht für die Vielfalt der ersehnten Welt entwickeln können, sondern einer Art Sektenmoral anheimfallen, die zur Verkennung der Realität führt und die Isolation verschärft. Die Rollenverweigerung der Frauen, die sich als interessantester Aspekt der Frauenbewegung in den weiblichen Protesten gegen die Männerwelt verbirgt, sagt über den Zustand unserer Konsumentenkultur mehr aus als die allgemein bevorzugten Begründungen aus der Fibel der humanen Utopien.

Der Befreiungswille des Menschen von vorgegebenen Grenzen und biologischen Bestimmungen entspricht seinem noch anhaltenden Befreiungserlebnis von den weltanschaulichen Bindungen an die Religion. Immer noch voller Erwartungen an die menschliche Natur, ist der Mensch sich selbst zum interessantesten Gegenstand geworden, seit er nicht mehr über sich selbst hinauswill. Ohne höhere Weisungen nur mit sich selbst beschäftigt, entdeckt insbesondere die eine Hälfte der Menschheit, daß sie für die modernen Ideologien von Selbstbestimmung und Schrankenlosigkeit – das Fortschrittsgesicht der Freiheit – nicht optimal ausgestattet ist.

Gründlich angefaßt verlangt die Problemlösung, so fanden die Frauen, die Verabschiedung nicht nur von einer Rolle, sondern die Eliminierung der Natur. Der sexuellen Freizügigkeit folgte logisch die Entwicklung der »Pille«. Dieser schon äußerst wirksamen Absicherungsmaßnahme gegen die Herrschaft der Natur schloß sich dann auch noch die Ausschaltung verbliebener Fehlerquellen an: Im Namen der »Selbstverwirklichung« wurde der Abschuß unerwünscht nachdrängender

Nachkommen freigegeben. Die fortschrittlichsten unter den Feministinnen wollen auch noch die Produktion der wenigen eventuell erwünschten Nachkommen an die Wissenschaft delegieren. Anzeichen für entsprechende Bedürfnislagen sind bereits vorhanden: Die Forschung ist tätig.

Nun wird von den Feministinnen selbst die Radikalität der Verweigerung als Kampftaktik bezeichnet und ein friedliches Zukunftsbild des entspannten Miteinander entworfen. Auch in dieser Utopie steckt die Leugnung der Vorgaben, steckt der entschlossene Wille, an den Konditionen der menschlichen Natur vorbeizuleben und die Konfrontation der Geschlechter nicht mehr zu dulden. Daß Humanität bei Ablehnung dieser Grundbedingungen menschlicher Existenz überhaupt nicht mehr greifbar wird, dies vermag noch keine Verfechterin der feministischen Ideologie zu erkennen.

Den Feminismus als Ideologie unter Ideologien zu verstehen, dies schärft unseren Blick für die verborgenen Impulse, welche diese Strömung, die den Namen des neuen Humanismus im Schild führt, treiben.

»Ideologie« ist der Feminismus insoweit, als er eine Interessenlage entschiedener vertritt als das Prinzip der Menschenrechte, dem er zu dienen behauptet. Die Interessenten, welche hier kämpfen, suchen keineswegs das Gute schlechthin, sondern Vergünstigungen für eine Gruppe, was sie zur Feindschaft gegen andere Gruppen mit andersgelagerten Interessen verpflichtet. Die Feministinnen zögern nicht, eine weitere Gruppe, die Kinder, aus ihrer Vorstellungswelt auszuschließen, weil sie den angestrebten Vorteilen hinderlich, zumindest aber nicht förderlich erscheinen.

Auch diese »Selbstverwirklichung« ist also eine auf Kosten anderer, während man das nämliche Verhalten bei der Feindgruppe, den Männern, anprangert. Wie jede revolutionäre Gruppe, so beschwichtigen auch die Feministinnen solche Vorwürfe mit dem Hinweis, die Strategie des Übergangs müsse radikal sein. Noch nirgendwo aber haben sich die Folgen solcher Strategien des Übergangs wieder beseitigen lassen. Die Frauenbewegung bestätigt ein weiteres Mal die Regel, daß radikaler Idealismus aggressiv vorgeht und die Schädigung anderer im Namen der angestrebten Ziele heiligt. Im Schatten der allgemeinen Sensibilität für Egalitätsfragen haben die Feministinnen einen Aufstand inszeniert, der an unsere kollektive Ansprechbarkeit für Humanitätsfragen appelliert, im Grunde aber die Überwindung der menschlichen Biologie meint.

*

Der Frauenaufstand wurde unaufhaltsam in dem historischen Augenblick, als das Ansehen der nicht sozialisierbaren Tugenden endgültig vernichtet war. Die Frauenrolle in Haus und Familie war in dem Moment ethisch außer Kurs geraten, als die ethischen Energien sich auf ganz neue Felder schlugen, um das Wohlstandsdenken zur Tugend hochzustilisieren, den Konsum zur moralischen Verpflichtung zu machen und das Konkurrenzdenken samt dem Neid zu Sozialqualitäten aufzuwerten. Die Konsumethik ließ die Position der Gattin und Mutter aus. Zugleich erwartete die Erwerbswelt, daß die so ausgeraubten Frauen ihre moralisch wie ökonomisch stabilisierende Funktion weiter beibehielten.

Die Frauen, vom Konsumethos angesteckt und verführt von jenem Konkurrenzdenken, das in der Erwerbswelt allmächtig geworden war, nahmen plötzlich ihre Männer als Rivalen auf der Bühne der Prestigekämpfe wahr. Ihre eigenen unverkäuflichen Tugenden galten ihnen nur noch so viel, wie sie einer Erwerbswelt im Konsumterror wert waren – und weniger, denn daß die Leistungsgesellschaft sich an den überholten Tugenden der Frauen schadlos hielt, dies schürte den Zorn, mißbraucht zu werden.

Mit der Radikalität minderberechtigter Gruppen rissen die Frauen nun gleich alle Barrieren ein, durch die sie sich von der Männerwelt getrennt sahen, und das bedeutete: auch ihre Weiblichkeit, die sie vom Zugang zu männlichen Unabhängigkeitserlebnissen abschnitt, mußte geleugnet werden, damit die volle Egalität der Ausgangslagen eingefordert werden konnte. Daß die Verfallsdaten der nicht sozialisierbaren Tugenden regelmäßig in humanitaristische Epochen fallen, legt den Charakter solcher menschengläubigen Zeitalter offen: Der um sich greifende Hang zum Guten entspricht in Zeiten der Mutlosigkeit und der Enttäuschung höherer Hoffnungen dem Abbau der Unterscheidungsorgane für die Grenzen menschlichen Handelns.

Arnold Gehlen macht, wie vor ihm Georges Sorel, auf die humanitaristischen Bestrebungen in den Spätphasen der griechischen und römischen Kultur aufmerksam:

»Ulrich Kahrstedt (Geschichte des griech.-röm. Altertums, ²1952) beschreibt uns, wie vom Philosophenkaiser Marc Aurel abwärts aus allen Schichten derselbe Ton klingt: Milde, Mäßigung und Frömmigkeit tun not... Die Eroberer und Feldherren waren Verirrungen auf dem Wege zum wahrhaft Guten – hundert Jahre später allerdings mußte Aurelian gegen die Barbaren schon die Hauptstadt selber ummauern, und von geordneten Finanzen war keine Rede mehr, der einfache Zugriff auf Sachwerte ersetzte sie. Aber die Liebe zur stummen Kreatur klang auf...«[116]

Da man Gewalt erschrocken abwehrt, dominieren die friedlichen und defensiven Techniken der Feindbehandlung – kaum daß ein Feindbegriff noch geduldet wird. Vom Menschen in jeder Gestalt sind wir das Allerbeste zu halten bereit – in der Hoffnung, der so Bevorschußte werde sich unserer guten Meinung würdig erweisen. Daß ihm daran überhaupt gelegen ist, setzen wir deshalb naiv voraus, weil wir ihn der Idee des friedlichen Guten ebenso verfallen glauben, wie wir selbst es sind.

Der schwere Fehler, der hier liegt, wird am sprunghaften Ansteigen von Gewaltphänomenen in so vom Guten betörten Epochen deutlich. Denn ihre wesentlichen Gewaltakte können für sich eben diesen Hang zum Guten in Anspruch nehmen, freilich absolut gesetzt und damit radikalisiert. Den Menschen, der sein eigenes Maß geworden ist, führt der radikalisierte Hang zum Guten geradenwegs in die Rechtfertigung der Gewalt.

Auch die Frauenbewegung brodelt im Namen des Guten, sie ist ein Religionskrieg im säkularisierten Zeitalter, also ein ideologischer Kampf, in dem alle Mittel für die heilige Sache recht sind. So ist der Kampf wichtiger als die hilflosen Nachkommen und der Humanitarismus ehrwürdiger als der Mensch selbst. Die Menschlichkeitsidee erschlägt die Menschlichkeit. Wollten die Frauen nicht aus einer Knechtschaft in die nächste fliehen, so wäre bei ihrem Kampf vielleicht mehr strahlender Erfolg zu erkennen. Entschlossen, der Knechtschaft durch die Biologie zu entrinnen, geraten sie in die Sklaverei der materiellen Mächte, in die Konkurrenz der männlichen Macht, ohne mit unverwechselbaren Leistungen den Ausbruch rechtfertigen zu können. Der Entzug der männlichen Bewunderung für das Weibliche schwächt viele Frauen nun zusätzlich, und plötzlich entdekken sie, daß ihre biologischen Konditionen ein Machtpotential dargestellt haben, das sie im Verlangen nach Egalität der Geschlechter unterschätzt haben.

Die gealterte Befreierin Betty Friedan enttäuscht ihre jugendlichen Erbinnen mit einer solchen Läuterung ihrer Problemsicht:

»Die Frage ist doch: Wie können wir die echten menschlichen Geschlechtsunterschiede genießen«, fragt sie in einem »Offenen Brief an die Frauenbewegung« 1976, »die zahllosen Facetten von Männlichkeit und Weiblichkeit, die wir alle in unterschiedlicher Abstufung in uns tragen und in Liebe und Leben, in Leidenschaft und Dichtung ausdrücken möchten? Gibt es ein Ausweichen vor der Tatsache, daß wir als männliche und weibliche Wesen existieren, wenn wir uns selbst voll verwirklichen wollen?... Verhängnisvoll ist es, daß die Polarisierung der Geschlechter in der menschlichen Gesellschaft auch Arbeit und Liebe erfaßt und die Wirtschaft zur Welt des Mannes, die Liebe zur Welt der Frau gemacht hat...

Morgen früh werde ich aufwachen, dieses Buch endlich beendet haben und froh sein, daß ich eine Frau bin. Ich werde die gute Nachricht einem Mann mitteilen, den ich jetzt manchmal schon ganz hilflos lieben kann, stark und ohne Vorbehalte; in der Liebe zu ihm überwinde ich die Widersprüche in mir.«[117]

Die Hauptparole des Feminismus, die Forderung nach Angleichung der gesellschaftlichen Rollen, ist nicht so neu, wie die Frauenrechtlerinnen glauben machen wollen. Schon 1929 erkannte der Soziologe Max Scheler den Trend zur Angleichung, der nicht nur die Sachen, sondern den Menschen selbst erfaßt habe: Rassen und Schichten, Temperamente und geistige Zuschnitte, Männliches und Weibliches findet er in einer großen Bewegung des »Ausgleichs«,[118] die auch die Selbst- und Gottesauffassung und die großen ideologischen Systeme betrifft, die konkurrierten: Kapitalismus und Sozialismus.

Ein weltweit fortschreitender Abbau der Profile und Unterschiede, den Scheler voraussah, hat sich längst auch auf die Normen und Werte ausgebreitet und erfaßt ihre inneren Entsprechungen: die Schranken des Gefühls und der Sitte. Die große Umarmungsstimmung, in der sich die westlichen Völker auch gegenüber ihren Feinden befinden, ist im Grunde nichts anderes als der seelisch-geistige Ausdruck dieser Einebnung der Wahrnehmung von Unterschieden. Was als Egalitätsethos verkauft wird, ist im Grunde der Schwund der Differenzierungsorgane. Die Toleranz ist die zugehörige Forderung jener, die keine Unterschiede mehr sehen, an alle anderen. Die Unlust, Gegensätze wahrzunehmen, kann mit dem Anwachsen der Komplikationen in der modernen Welt und mit der Verfeinerung der Unterschiede bei gleichzeitiger Ermüdung der Empfangsnerven zusammenhängen.

In diese Zusammenhänge gestellt, bietet der Feminismus nur mehr einen Teilaspekt der großen Angleichungsbewegung, die alle Lebenspositionen erfaßt hat. Und es läßt sich auch nicht leugnen, daß die feminine Komponente der westlichen Gutwilligkeit eine übertragene Frauentugend aus dem Familienkreise ist. Ohne daß wir behaupten müßten, die aktive Mitwirkung der Frauen am politischen Geschehen und an kulturellen Trends sei derart angestiegen, daß deshalb die Anteile weiblicher Emotionalität überall zugenommen haben, läßt sich parallel zum Vordringen der Frauen ins öffentliche Leben eine Vermehrung der weiblichen Kategorien im politischen Handeln beobachten. Nach der Entgrenzung der Privatsphären und nach der Überführung privater Verantwortungen an den Staat gehört diese Erscheinung zu den Verwechslungsleistungen der westlichen Kultur, die, auch hier angleichend, keine Unterscheidungen, keine Differenz zwischen öffentlichen und privaten Tugenden mehr kennt.

7.
Feindschaft gegen die Nachkommen

Die Übererfüllung aller wesentlichen Bedürfnisse und die entsprechende Übersteigerung der gesellschaftlichen Ansprüche erschweren auch den Frauen die Orientierung in der nun zugänglichen größeren Welt. Einen Aspekt des weiblichen Befreiungsdranges, die Abwehr gegen Nachwuchs, hat die Gesellschaft bereitwillig zu ihrer eigenen öffentlichen Angelegenheit gemacht. Es gelang in der herrschenden Angleichung ohne Schwierigkeiten, das Scheinethos der Selbstverwirklichung mit der janusköpfigen modernen Humanitas so geschickt zu verbinden, daß die Vernichtung von unerwünschtem Nachwuchs als ein Akt der Menschenliebe ausgegeben werden konnte. Dem chemischen Instrumentarium zur Geburtenregelung sollte eine flankierende Maßnahme beigegeben werden, mit der jene Fälle von unerwünschtem Leben erfaßt werden konnten, die mit der chemischen Waffe nicht getroffen wurden. Die Reform des Abtreibungsrechtes war eine mühsame und konfliktreiche Angelegenheit; es kam zu Bekenntnissen, die ohnehin heute sehr geschätzt werden, und das »Gewissen« der demokratischen Vertreter war aufgerufen – eine unheimliche Größe, wie sich bei dieser Gelegenheit zeigte.

Die Gunst der Umstände erlaubte es sogar, die Dezimierung der Bevölkerung als Akt der Selbstbeschränkung auszugeben: Wer könne sich im Atomzeitalter, wer nach den kollektiven Sündenfällen der Judenvernichtung noch hemmungslos vermehren, so fragte eine intellektuelle Schicht mit Tugendblick. Es wurde zur anspruchsvollen Mode unter jungen Leuten, andere Väter und Mütter als verantwortungslose Toren hinzustellen, während jeder Nachdenkliche in diese Welt keine Kinder mehr setzen könne. Derweil bedienten sich diese Kritiker ohne Einschränkung der materiellen Annehmlichkeiten dieser Welt, fühlten sich ungebunden, verzehrten die doppelten Einkünfte zu zweit und lebten als Lust- und Zweckgemeinschaft: Selbstverwirklichung erscheint als das Kreisen um sich selbst.

Die Frauen drängen seit 1961 stetig auf den Arbeitsmarkt; ihr Zustrom verstärkte sich 1965 und läuft in der Bundesrepublik Deutschland parallel zum steigenden Reichtum des Landes.[119] Dennoch wird weiterhin das Alibi toleriert, Frauen müßten zur Sicherung des Existenzminimums beitragen. Unabweisbar ist inzwischen der Befund, daß der Geburtenrückgang tatsächlich weltweit mit dem Wohlstand verknüpft ist: Die als Selbstbeschränkung propagierte Nachkommenfeindlichkeit verbindet sich in aller Regel mit dem Anstieg des Lebensstandards. Daß auch unsere Diskussionen um Kinder und Familie in diesen Kategorien, nämlich in materiellen Größen, ablaufen, hängt mit der Orientierung am quantitativen Aspekt des Lebens zusammen. Es gelte die Familie finanziell zu stützen, so hieß es; die Mütter müßten für ihre Mutterrolle wie Erwerbstätige bezahlt werden. Unsere Kinder werden uns vom Staat bezahlt, und das ist gut und richtig. Die Behauptung aber, wir hätten aus Gründen materiellen Mangels heute immer weniger Kinder, ist deshalb unhaltbar, weil bei stets steigenden Realeinkommen immer weniger Kinder geboren werden.[120]

Freilich stimmt die Argumentation in einem anderen, viel ernsteren Sinne: Kinder werden tatsächlich bei uns ständig in Geldwert umgerechnet, weil unsere Vorstellungswelt die der zählbaren Werte ist. Das Kind ist ein Kostenfaktor auf der Verlustseite, so sieht es eine auf die Materie eingeschworene Gesellschaft – und distanziert sich mit der Miene des Moralisten von jenen barbarischen Jahrhunderten, die ihre Nachkommen in Arbeitskraft umrechneten.

★

Ein weiteres Mal erweist sich die Treffsicherheit des Vorwurfs, mit dem Alexander Solschenizyn die Verrechtlichung aller Lebensvorgänge und Entscheidungen in der westlichen Welt anklagt: Auch das unerwünschte Kind läßt sich, seit wir die chemischen Verhütungsmittel als Waren bestimmter Hersteller auf einem Markt erreichen, eindeutig rechtlich als Schaden definieren. Die Gerichte konkurrieren einstweilen noch in gegensätzlichen oder doch divergierenden Entscheidungen; der Bundesgerichtshof wird deshalb schon bald genötigt sein, eine verbindliche Entscheidung zu treffen, wie gravierend der Schaden für Eltern genannt werden muß, die ein unerwünschtes Kind heranwachsen sehen. »Die Kernfrage, ob die Geburt eines Kindes überhaupt rechtlich als ›Schaden‹ qualifiziert werden kann, ist bis heute unter Juristen außerordentlich heftig umstritten«, so hieß es noch im Dezember 1978. Ein deutsches Gericht in Bayern verneinte den Schadenersatzanspruch von Eltern, die einer Sterilisation vertraut hatten:

»In der Belastung der Eltern mit Unterhaltsansprüchen eines ungewollten Kindes kann... nach Meinung dieses Gerichts kein Schaden gesehen werden. Der Unterhaltsanspruch des Kindes sei nämlich begründet durch die ›Einheit des Blutes und die Bande der Familie‹, ein Kind müsse in seiner ›personalen Ganzheit‹ gesehen werden und bedeute ›in jedem Fall eine Wertverwirklichung und keine – auch keine teilweise – Wertnegation‹. Eine Abwälzung des Empfängnisrisikos auf Dritte könne es nicht geben; denn: ›Dem Geschlechtsverkehr ist die Zeugung neuen Lebens immanent, obwohl Menschen aus den verschiedensten Gründen auf mannigfaltige Art bemüht sind, den Geschlechtsakt ohne diese Folge zu lassen.‹ «

Der Presseberichterstatter der ZEIT kann darauf nur ironisch abwinken. Das Gericht ergänzt das Urteil durch ein weiteres Argument aus dem gleichen Sinnzusammenhang, der progressiver Intelligenz nur ein müdes Lächeln des Mitleids abnötigt:

»Durch Zubilligung eines Schadenersatzanspruchs würde die Unerwünschtheit des Kindes fixiert und daraus kann ein Jugendtrauma entstehen, vor allem, wenn das Kind erfährt, ›daß sogar die Rechtsordnung seine Geburt als Schadenereignis gewertet hat‹. Kurzum, einen Schadenersatzanspruch wegen der Unterhaltspflicht gegenüber einem unerwünschten Kind hält das Gericht für ausgeschlossen.«[121]

Ein anderes deutsches Gericht verbindet den Unwillen des journalistischen Kommentators mit großzügiger Duldung des Gedankens, daß ein Kind selbstverständlich ein Wert und kein Schaden sei. Dennoch qualifiziert es die Unterhaltspflicht der

Eltern als einen wirtschaftlichen »Nachteil«, der selbstverständlich als Schaden zu bezeichnen sei. Dem Kinde könnte das Elternpaar sich bei Schadenersatzleistung des »Dritten«, der hier das einzige Gegenüber in der Schadensfrage sei, noch liebevoller zuwenden – weil materielle Polsterung Liebe erzeugt? *Quantitas* schlägt um in *Qualitas*? – und so jede negative Einwirkung der eigenen Unerwünschtheit von ihm fernhalten. In der Tat war das Geld bei diesen Eltern knapp; den ethischen Verwicklungen, in die das Thema vom Schadensfall Kind führt, ist allein mit diesem Argument aber nicht zu steuern.

Nirgendwo unter uns kommt Peinlichkeit auf, wenn das Absinken des Lebensindex durch die Geburt von Kindern beziffert wird. Niemand meldet Widerspruch an, wenn die »Selbstverwirklichung« der Frau und des Paares als Alternative zur Aufzucht von Kindern behandelt wird; keiner fühlt ein objektives Unbehagen, wenn Frauen um ihrer »Identitätsfindung« willen den Umgang mit Kindern ablehnen.

Unser Verhältnis zu unseren Nachkommen ist in einem Maße gestört, daß man von einer kollektiven Neurose sprechen muß. Im derart gebrochenen Verhältnis zu den Erneuerungen, die das Leben anbietet, läßt sich die tiefe Störung unserer Bezüge zur eigenen Art erkennen: Wer die Fruchtbarkeit des eigenen Lebens ausschaltet, hat ein verfehltes Verhältnis zum Leben selbst.

Unsere Abwehr möglicher Nachkommen, unsere Feindseligkeit gegen das werdende Leben entspricht unserem ungeklärten Verhältnis zum Tode. Es liegt nahe, daß eines das andere bedingt: Wer die Schutzbedürftigkeit des werdenden Lebens als Bedrohung für das eigene Selbstverständnis auffaßt, der wird zum Vergehen des Lebens ebensowenig Sinn entwikkeln. Fixiert auf den Augenblick, starren wir auf jenes Stück Boden, das unsere Füße trägt, und halten es für den kostbarsten und verteidigungswürdigsten Flecken der Erde. Wer aus uns geboren wird, erscheint uns als Verdränger und Bedroher; und daß wir selber hier eine höchst flüchtige Rolle spielen, blenden wir ebenfalls aus unserem Bewußtsein aus.

Der Widerspruch verblüfft zunächst: Eine Menschheit, die über ungezählte Jahre ihrer Geschichte rückwärts blicken kann, die sich mehr Sicht in ihre eigene Vergangenheit freigeschaufelt hat als jede Generation vor ihr, eine Menschheit also, die mit ihrer Geschichte leben könnte und die Relativität der Gegenwart begreifen wie niemand vor ihr, verharrt im Augenblick, lebt punktuell und zeitlos, als gäbe es kein Vorher und kein Danach. Der Widerspruch geht weiter: Mit den höchsten Zukunftsplänen für die Besserung des Menschen und seiner Verhältnisse beschäftigt, wenden wir uns ab von jenen, die Zukunft sein werden: den Kindern. Was wir mit ihnen experimentieren, ist nicht menschliche Zuwendung zu ihnen, sondern ideologisches Programm, das Kinder auf Interessen zuschneiden will.

Die utopischen Ideologien unserer Zeit können Kinder ebensowenig brauchen wie die ideologisch desinteressierten Konsumenten. Das Kind nämlich wäre Kulminationspunkt jener nicht sozialisierbaren Tugenden, deren Kurswert in der Konsumethik um Null liegt. Der immer wieder vorgetragene Gedanke, unsere fortgeschrittene Einsicht in die Grausamkeiten des Lebens nötige uns, neuen Generationen den Zutritt zu ersparen, ist das charakteristische Produkt eines Zeitalters, das den Menschen und seine Einsichtskraft zu seinem Maß gemacht hat. Die Hybris, gottähnlich die Schicksale künftiger Generationen vorauszusagen, gehört in ein götterloses Zeitalter.

Hochmut, nicht Demut ist es, über das Leben Ungeborener zu deren vermeintlichem Wohl zu verfügen. Wer mit dramatischer Caritas beteuert, in diese Welt keine Kinder mehr gebären zu wollen, müßte sich zugleich für sein eigenes Leben weniger wohl befinden, wenn wir ihm glauben sollten. Da die derart philosophisch eingestimmten Paare in der Regel ein recht ungestörtes Verhältnis zum Lebensgenuß haben, dürfen wir argwöhnen, daß sie, wie heute üblich, mit unserer humanitären Überempfindlichkeit ein glückendes Spiel treiben, wenn sie zum Wohle einer künftigen Menschheit auf Mitwirkung am Brutgeschäft verzichten.

Der Hochmut in der Kinderfeindschaft auch der freiheitshungrigen Frauen hat noch weitere Aspekte. Sie verfügen mit der Ablehnung von Nachwuchs auch über ihr eigenes Schicksal, als könnten sie die Folge jeder Handlung, als könnten sie jede künftige Stimmung und Situation ohne Schwierigkeiten in der eigenen Zukunft lesen. Rar ist die Zurückhaltung geworden, mit der jeder Besonnene seine noch unbetretene Biographie betrachten müßte. Längst trägt in unserem Lande das Argument von der unkontrollierten Vermehrung nicht mehr, mit dem viele sich zunächst für die Verweigerung der Elternrolle rechtfertigen konnten. Die Ablehnung neuen Lebens klärt vielmehr ungewollt das Verhältnis, das wir zum Leben überhaupt haben.

Unsere Beziehung zum Leben wird ablesbar in unserem Verhalten gegen unsere Kinder. Wer das künftige Lebendige ablehnt, entscheidet damit zunächst scheinbar dezidiert für sich selbst. Für sich selbst entscheiden diese Männer und Frauen zwar im Sinne des Fetischs »Selbstverwirklichung«; wie aber dieser »Wert« beschaffen ist, das zeigt sich, wenn diese Erwachsenen sich selbst nicht mehr im biologischen Wunder wiederfinden, das Kinder bedeuten. Wer also sein eigenes Leben gegen ein Kinderleben verteidigt, hat auch das eigene Leben nicht begriffen. Wer eine »Wirklichkeit« seiner Person nur meint aufbauen zu können unter Ausschaltung der eigenen lebensspendenden Eigenschaften, der lehnt im Kinde sich selbst ab.

Wenn wir den Frauenaufstand gegen die Geschlechterbarrieren verstehen als die Weigerung, die Polarität der Geschlechter auszuhalten, dann gehört die Verweigerung von Mutter- und Vaterschaft in diesen gleichen Zusammenhang: Mit sich selbst im Zwiespalt lebend, kann der Mensch sich im Nachkommen nicht annehmen. Mit seiner biologischen Ausstattung in tiefe Fehde geraten, kann er sich nicht in den Kreislauf von Werden und Vergehen einordnen; er kapituliert vor seinen natürlichen Lebenskonditionen. Die Kapitulation tarnt sich als selbstbewußte Aktivität.

»Eine Stadt ohne Kinder wird in der kanadischen Provinz Ontario gebaut. Sie ruft schon Monate vor der Fertigstellung Proteste hervor, findet aber auch viel Interesse bei Wohnungssuchenden. 22 der ersten 60 Häuser wurden vom Initiator George Levitan bereits verkauft. Der Unternehmer verlangt von den Eigentümern für den Fall unerwarteten Kindersegens den sofortigen Auszug. Der kanadische Rat für Kindheit und Jugend spricht von Diskriminierung. Er sagte: ›Wenn man Bankiers oder Linkshänder aus einer Stadt verbannen wollte, liefe jeder gleich zum Kadi, aber so...‹ « (AFP, im Dezember 1978).

Nicht von ungefähr entspricht unserer wachsenden Virtuosität in der Ausschaltung von Nachkommen das Ansteigen unserer Selbstmordquoten: Wer sich im Anblick der materiellen Rauschzustände der Zeitgenossenschaft mit selbstgewissem Glück konfrontiert glaubt, der muß von Zweifeln befallen werden, wenn er die Selbstmordzahlen unter Zwanzig- bis Fünfundzwanzigjährigen betrachtet. Zehnmal so hoch sind die geschätzten Zahlen für Selbstmordversuche, und die Bundesrepublik steht mit DDR und Österreich, mit Japan und Dänemark an der Spitze.[122] Nur der Unfalltod reißt mehr jugendliche Menschen aus dem Leben als der Selbstmord. Rechnet man die ungezählten gescheiterten Versuche auch noch unter diese Zeugnisse des Lebensüberdrusses, so wird die Lebensverneinung zu einem mächtigen Strom unter der sozialen Glückslandschaft, in der wir leben.

Die Vernichtung neuen Lebens muß in denselben Motivzusammenhang gehören. Der Verlust des Zutrauens zum Leben spricht aus solcher Abwendung von seinen vitalen Quellen; und Zutrauen zum Leben scheint sich in der Kreatur selbst dauerhaft nur über eine transzendente Zuversicht herstellen zu lassen, die dem Gelebten einen übergeordneten Sinn verleiht.

Die jugendliche Abwendung vom Leben trägt freilich immer auch den Akt der Verachtung für die Unvollkommenheit des Vorgefundenen und den Akt des Mutes in sich. Die Unlust der gleichen Altersgruppe aber, neues Leben als ein Geschenk entgegenzunehmen, in dem die unerklärten biologischen Rätsel zusammenschießen, um von uns bewundert zu werden, zeugt für den Verlust einer Grundsubstanz des Lebendigen: für den Verlust der Hoffnung.

Wer sich für Nachkommen bewußt unfruchtbar macht – auf die Methode kommt es hier nicht an –, wer sich seelisch, geistig und körperlich unfruchtbar macht für das Leben, der weigert sich im Grunde zu hoffen. Lebten diese Menschen nun auch äußerlich sichtbar in Melancholie und Todesbewußtsein, so hätte ihre Lebensabwehr Würde, die Respekt verlangt. Solange die so philosophierenden Erwachsenen aber um die eigene Achse kreisend dahintreiben, monomanisch an den Augenblick gefesselt, daß schon die erste Kehre auf der Lebensmitte sie aus der schwindelnden Bahn wirft, so lange drehen sie die

Gebetsmühlen ihrer Humanität als Betrüger und Selbstbetrüger.

Nicht von ungefähr hat sich die Diskussion um das »Hand an sich legen«[123] auch in die philosophierenden Köpfe ausgeweitet. Der Ausbruch aus der Handlungsohnmacht in den einen entscheidenden Akt, dem niemand zu widersprechen, den niemand zu ändern und zu verfälschen vermag, steht nicht nur für den Willen zur Selbstvernichtung, sondern wohl auch für den verzweifelten Protest gegen die Knechtschaft des Sinnlichen und der Materie. Wenn Jean Améry die Preisgabe des eigenen Lebens als einen Triumph der Freiheit feiert, so spricht daraus deutlich das Bewußtsein der Aussichtslosigkeit, vitale Freiheit zu erreichen. Jean Amérys Selbstmord hat diese subjektive Hoffnungslosigkeit bestätigt.

Was die gesteigerte Sensibilität des verzweifelten Denkers Améry in die klare Formulierung treibt, das breitet sich als ungeklärte Trauer über unzählige junge Leben. Die Lebensabwehr dieser selbst blühenden jungen Menschen ist nicht nur krasse Egozentrik einer genußberauschten Diesseits- und Anspruchsgesellschaft. Ihr Lebensoptimismus, der in der biologischen Verweigerung neuer Leben endet, ist ein trügerischer Schatten. Unter der Oberfläche solcher Jahrmarktslust am Leben regt sich trübe Resignation, weil keine Ziele winken, kein Zusammenhang der Handlungen, Wünsche und Hoffnungen sich herstellen läßt, der seinerseits Tragfähigkeit entwickeln könnte. Stürzen die hastig gesteckten Ziele kurzatmiger Hoffnung, so stürzen die Menschen mit, sie stolpern in Hoffnungslosigkeit und Trauer, in eine Müdigkeit, wie sie flüchtigen Genüssen folgt, und finden nichts, das sie aufrichtet.

*

Würde die Nähe jungen Lebens solche Erwachsenen aufrichten? Die Abwehr ist mächtig, weil diese Menschen voller Hochmut künftige Gefühle vorausberechnen: Wir können ein Kind nicht lieben, so sagen sie mit humanitaristischer List. Nur wer sein Leben voll in der eigenen Hand glaubt, kann derart prophezeien. Er findet einen Chor von einverstandenen Schwestern und Brüdern: Wir vernichten Leben, das wir nicht lieben werden, um ihm das ungeliebte Leben zu ersparen. Ein Chor von diesseitigen Göttern und Göttinnen, der hier das Künftige ordnet, während das heillose Chaos in den eigenen sehr vorläufigen Seelen solche List diktiert.

Stünde einmal einer unter ihnen auf und spräche Klartext, etwa diesen: Wir haben Kindern nichts zu bieten. Wir haben alle Hände voll zu tun, die Woge der Hoffnungslosigkeit zu dämmen durch pausenlose Aktivitäten, unseren Hunger mit vorläufigen Speisen, unseren Durst mit schnell verdunstenden Getränken zu betäuben. Wir haben Angst vor dem Leben, besonders vor dem starken kleinen Leben, das jünger ist als wir und das wir unterdrücken werden, weil es uns belästigt – später dann, weil wir es beneiden. Wir werden mit uns selbst nicht fertig und erkennen nicht, daß wir über die Hingabe ans andere Leben mit dem eigenen zurechtkämen. Wir kennen überhaupt nur noch Hingabe an uns selbst und die ebenso ausweglose Hingabe an den andern. Uns gemeinsam verbindet nichts, zu dem wir Zuflucht nehmen könnten.

Einmütig schweigen deshalb viele unter uns von allen Hoffnungen, die über uns selbst hinausreichen, und halten sich beschäftigt. Die Mittel dazu haben sie glücklicherweise. Glücksmittel: das sind die Kinder nicht für sie. Allzuviele haben keine Zeit, Nachkommen zu lieben. Diese Erwachsenen haben einen korrupten Begriff von Freiheit, der sie in jeder Liebe zu Abhängigen die Knechtschaft wittern läßt. Sie sind geschickt in der Anordnung ihrer Sinnsurrogate: Sie bedienen sich einer geistigen Schicht, die ihre Lebensabwehr ethisch umdeutet. Dabei entsteht ein Portrait, das viele bewundern: Verantwortung hindert sie, so weiter zu gebären wie ehedem. Wer schon wahllos koitiert, will wenigstens nicht wahllos zeugen und gebären; als mache das eine das andere wett.

Wir haben ein humanitäres Großflächenethos entwickelt, mit dem wir weltweit Beglückung planen; auch mit dieser kosmischen Umarmung begründen wir erfolgreich unsere Verweigerung vor hautnahen Einsätzen. Diese ganz persönlichen Einsätze sind so undramatisch und so wenig publikumswirksam. Wir sind unser eigenes Publikum und klatschen einander Beifall. Der theatralische Einsatz für fremde Hungernde fordert weniger reale Zuwendung von uns – fast gar keine – und viel weniger von unserer kostbaren Konsumzeit: Eigene Kinder sind auf lange Jahre etwas Unwiderrufliches, schon deshalb passen sie nicht in unseren Genußrhythmus.

Selbst der Repräsentant des Staates, dem Vereinfachung gewiß ein vornehmes Recht seines Amtes ist, argumentiert am Höhepunkt seiner Ansprache zum »Jahr des Kindes«, 1979, mit Argumenten, die niemanden mehr erreichen in einem Staate, dessen Wohl den einzelnen eine indifferente Größe weit hinter dem persönlichen Wohlergehen ist. Als sei die *res publica* unter uns noch eine öffentliche Sache, für die man persönlich einsteht, sagt der Präsident:

> »Es wäre gut, wenn diese Bestandsaufnahme die Erkenntnis brächte, daß es mit unserer Einstellung zum Kind in unserer politischen Praxis, in unserer Lebenspraxis, nicht zum besten bestellt ist – und wenn wir daraus die richtigen Folgerungen zögen. Tun wir das nicht, dann wird, über kurz oder lang, auch der Staat Schaden nehmen. Keine staatliche Gemeinschaft kann gedeihen, wenn die innigste menschliche Gemeinschaft, die Familie, Schaden leidet.«[124]

Den Wohlstandskunden des Sozialversorgers Staat ist eher die umgekehrte Gedankenbahn vertraut. Sie leben, auch mit ihrem eigenen Gewissen, von eigenen Forderungen an den abstrakten »Staat«. Was läge ihnen ferner als der Gedanke, Kinder für eine öffentliche Sache, eine *res publica,* die alle trägt, zu hegen? Der Repräsentant muß so tun, als hätten sie alle, die Kunden im Supermarkt Staat, dieses sittliche Verhältnis zu dem Wohlstandslieferanten, den sie plündern. Er muß beschwören, was niemanden mehr ergreift. Mehr wird er schwerlich tun können; und täte er weniger, um der Wahrheit näher zu kommen, so verfehlte er die Würde seines Amtes. So schwierig ist das Verhältnis der Staatsmänner zu unserer Wirklichkeit.

Auch hier kann keiner die Verweigerer anklagen: Die Frauen können selbst nichts werden in dieser Welt, während sie Kinder pflegen. Längst haben wir einen öffentlich gebilligten Text für diese Litanei. Unter dem Titel »Selbstverwirklichung« verbuchen viele ihre Abwendung vom wachsenden Leben mit der Liebe zum Menschen: zu sich selbst. Ob das gemeint war im Gebot, den Nächsten zu lieben wie uns selbst? Die zeitgemäße

Version des Christuswortes jedenfalls lautet so: Wir werden unseren Nächsten lieben, wo unsere Eigenliebe es zuläßt.

Im Kinde uns selbst zu lieben, das gelingt uns deshalb nicht mehr, weil wir den Wert des Menschen, der nur sichtbar wird, wenn wir dem Leben einen anderswo verankerten Sinn zusprechen, nicht mehr zu realisieren vermögen. Uns selbst überlassen und auf unsere eigenen Bemühungen um Lebenssinn angewiesen, taumeln wir im magischen Quadrat der Verwechslungen: Tatsächlich wissen die meisten nicht mehr genau, was gut und böse ist.

Wir ersannen Hilfskonstruktionen: Auf irdische Götter angewiesen, hatten wir zunächst keinen Grund mehr, das Böse überhaupt in unsere Rechnung einzusetzen. Wir behandeln seine Erscheinungsformen als die Leidensspuren im Guten: Wer Unrecht tut, handelt aus Leidensdruck, seelischem oder physischem, er gehört in die Hände unserer Magier, der Wissenschaftler. Auf diese unsere Verständnisleistung sind wir stolz, wenngleich die Opfer, auch an Leben, die diese neue Tugend kostet, nicht zu übersehen sind. Auch hier aber handeln wir in defensivem Selbstvertrauen, wie es der ausgewanderte, mündige Mensch muß: Auch diese moderne Kardinaltugend verbirgt die Kardinalsünde der *Superbia,* des Hochmuts.

Mit der Humanisierung unseres Menschenbildes gelang es uns absurderweise auch, gegen den Menschen ganz radikal vorzugehen, ohne daß der Widerspruch zur juristischen *Humanitas* ohne weiteres auffiele. Die Juristen traten ohnehin mit gutem Recht den Rückzug an, als es an die ungeborenen Leben ging: Das geborene Leben ist rechtsfähig, so lautete ihr wohlbegründeter Bescheid. Unsere *Humanitas* ist wendig: Als Herren über Gut und Böse kennen wir sogar Stufen des Guten und Ränge des Bösen. Wir wenden unsere Humanität der Mutter zu, wenn sie das neue Leben nicht brauchen kann. Beiden können wir sie nur dann zuwenden, wenn die Mutter will.

Wer wüßte nicht, daß das alles so einfach nicht ist, wie es hier klingt! Hätten wir unsere Not mit der erschlichenen Verfügungsgewalt über das Leben, das wächst, obwohl wir mehrheitlich an seinen Schöpfer nicht mehr glauben: sie würde uns ehren. Immer hatten Menschen mit der eigenen Unzulänglichkeit, auch mit der Unterwerfung unter die gleichmachende Natur, ihre Not. Aber wir haben keine Not mehr mit der Verfügungsgewalt über Leben. Wir haben uns schrittweise befreit aus der Vormundschaft der Macht, mit deren biologischer Schirmherrschaft wir unverschämterweise immer noch rechnen, wenn wir einmal Leben wollen. Daß es wächst, das Leben, wo auch immer, dies kann keiner von unseren Spezialisten erzwingen. Sie alle bedienen sich aus der Schöpfung, ohne Scham.

Daß unser Staatsverständnis tatsächlich immer von unserem Gottesverhältnis geprägt ist, sei hier nebenbei in den Blick gerückt: Genauso bedenkenlos fordernd, bedienen wir uns aus den Angeboten unseres Staates, wie wir die Schöpfung Gottes plündern, verachten, verschmutzen. Unser Verwechslungslabyrinth hat uns wirklich ganz: »Verschmutzung« haben wir längst zu einem unserer Humanitätsstichworte gemacht. Wir lieben die Erde, signalisieren wir damit, wir ehren die Natur, wir rotten uns zusammen für Blumen und grünes Gras, also lieben wir auch den Menschen, dem sie blühen und sprießen sollen. Auch für unser Zeugungsverhalten läßt sich diese neue Tugend ausdeuten: »Die schlimmste Form der Umweltverschmutzung« besteht nach Kurt Mendelssohn »in der unkontrollierten Vermehrung des Menschen«.[125]

In solchen Kernsätzen einer futuristischen Ethik erweist sich unser Verhältnis zum Menschen deutlicher als der umweltbewußte Sprecher wünschen mag: Der Mensch, sofern er nicht wir selber ist, ist ein Schmutzteilchen in der Umwelt, in deren Zentrum wir selber, als die noch von uns zugelassenen Individuen, residieren. Der Mensch als Äquivalent für Abgas, Ruß, für chemisches Gift: der Mensch als das Umweltgift par excellence. Daß der Mensch für uns von der Materie nicht mehr unterscheidbar ist, seit er vollgesogen ist mit Materie, prall von seinen Giften, aufgedunsen von seinen verzweifelt selbstbezogenen Genüssen, dies läßt sich in der menschenverachtenden Geste des Vergleichs erkennen.

Ein Mensch, in dem wir nicht mehr das Abbild eines Schöpfers und auch nicht mehr die Krone der Schöpfung erblicken, kann freilich ohne großes Bedenken beseitigt werden. Wir brauchen »Indikationen«, deren brauchbarste die »soziale« ist – unser Wortschatz verfolgt und verrät uns –, weil ohne sie unser Aktionsrahmen zu eingeschränkt wäre. Und wir bleiben auch hier die moralischen Falschmünzer, die wir ohne verbindliche Wahrheit werden mußten: Wir geben diese vorgeburtliche Selektionstechnik aus als Ehrfurcht vor dem Leben. Nehmen wir etwa ein Leben nicht ernst, wenn wir es nach reiflicher, humaner Überlegung ausblasen, so fragen wir mit verstellter Stimme, die aus einem unaufgeräumten Herzen kommt.

Unentschieden und unsauber bleibt auch unsere Argumentationsarbeit: Fasziniert vom Unsichtbaren, das wir mit Eifer erforschen, argumentieren wir angesichts des werdenden Lebens plötzlich mit Maßband und Elle. Längst daran gewöhnt, auch unsichtbare Lebewesen für eminent lebendig zu halten und eine Rechnung nach »mehr« oder »weniger« Leben als abwegig zu belächeln, erforschen wir elektronenmikroskopisch kleine Ein- und Mehrzeller. Den Embryo des Menschen aber geben wir zur Vernichtung frei mit einer Quantitätenrechnung – wieder einmal: Wir zählen und rechnen um unseren Vorteil. Das Leben selbst nämlich, so haben wir bemerkt, kennt nur das Wort Ja oder Nein, nicht eine Skala von »ein wenig Leben«, das noch auf Null zurückkatapultiert werden kann, und ein wenig mehr, schließlich »viel« Leben. Bios kennt keine Zahlenskala, und nur wir verlogenen Rechner unternehmen komplizenhafte Selbsttäuschung, wenn wir den ganz kleinen Menschen, Bios selbst, für den Tod bestimmen und den etwas größeren, wenn wir ihn brauchen können, für das Leben.

Wir haben noch mehr Vorwände, uns als sensible Verwalter des Lebendigen auszuweisen: Auch in der Sterbeforschung sind wir dabei, unseren Forschereifer zu kontrollieren. Wiewohl die gegensätzliche Bemühung vorliegt, handeln wir beides, Töten des werdenden und Sterbenlassen des verlöschenden Lebens, in einem Atem ab: als Leistungen unserer fortgeschrittenen Humanität. Nur wenige unter den Zeugen solcher ethischen Akrobatik vermögen das Gaukelspiel, das hier getrieben wird, wirklich zu durchschauen, und eben davon leben die Gaukler. Den Selbstbetrug leisten sie leicht, denn ihre Moral ist dehnbar, ihr Gewissen ist elastisch.

Wiewohl die Kategorie schon brüchig wird, schon nicht mehr tragen will außer im abgesteckten juristischen Raum, der hier entschieden seine Pforten geschlossen hat: Es gibt noch ein unbestimmtes Einverständnis über die Unausweichlichkeit von

Schuld. Auch beim Abstecken des Tötungsterrains im werdenden Leben ist schlau und kühn von Schuld gesprochen worden, der wir schließlich ohnehin nicht entgehen. Das spekulative Element in dieser Rede ist ihr satanischer Zug. Aber wie hätte es ausbleiben sollen, daß der Mensch, der alles in seine Hand genommen hat, den Kosmos und sich selbst inmitten, wie hätte es ausbleiben können, daß er auch seine Schuld verwalten will wie ein Guthaben? Wo sich alle Werte umkehren, läßt sich aus allem alles machen.

Teil III

Die Suche nach Werten

8.
Die Wertediskussion

Die »spurlose Arbeit«, welche Mehrheiten in der hochtechnisierten Welt als Knechte der Maschinen leisten, erzeugt eine »Melancholie der Massen« (Alexander Mitscherlich)[126], die unabsehbare Potentiale an Erlösungssehnsucht und Heilshoffnung verbirgt. Die Diskussion um »Werte«, die in einer Gruppe von »Grundwerten« bekräftigt werden sollen, reflektiert den Mangelstand am intellektuellen und politischen Markt.

Die Politiker, in der Domestizierung von Problemen im faßlichen Flachwort geübt, haben mit dem neuen Markt noch am wenigsten Schwierigkeiten. Der Trend zum Wert entsprach der allgemeinen Linie aus Humanität und Frieden, Verständigung und Bagatellisierung ernster Themen. Das Wertewesen gab überdies Gelegenheit, als Staatsmann auch einmal philosophisch aufzutreten, sich mit den höheren Dingen auf gutem Fuße zu erweisen, Politik und Geist in traditionsträchtiger Manier einander zu verbinden und darüber selbst ein Format zu gewinnen, das auch die eigene Ehrfurcht vor den ehrenvollen Geschäften, die man zu handeln hat, wieder zum Schwingen bringt.

Unbesorgt um die wissenschaftliche Dimension des Wertbegriffs, können die Politiker relativ leicht darstellen, was sie sich unter Grundwerten vorstellen: Die Grundrechte, so sagt der Kanzler der Republik, gewähren den Raum für die Entfaltung von Grundwerten. »Mit der Gewährleistung der Grundrechte für den einzelnen Menschen, auch für Gruppen, eröffnet das Grundgesetz die Möglichkeit, Grundwerte zu verwirklichen.«[127] Dem Staatsmann ist der Potentialis seiner Aussage wichtig: Das Bekenntnis zum Pluralismus färbt seine Worte. Nicht nur eine Weltanschauung zu haben sei hier gestattet, sondern ebenso nachdrücklich sie *nicht* zu haben, so erläutert er.

Das Grundlegende dieser Grundwerte, das deutet sich an, liegt also mit Sicherheit nicht in ihrer Verbindlichkeit, sondern in der Hülse »Grundrecht«, die Wertansiedlung nach subjektiven Bedürfnislagen erlaubt und schützt. Die Grundrechte der Bürger unserer Demokratie sind garantiert im Grundgesetz; was jeder daraus macht, was Gruppen, Kirchen, was insgesamt also »die Gesellschaft« daraus macht, das ist nicht Sache des Staates. So der Staatsmann. Er glaubt an »sittliche Regulierungskräfte in der Gesellschaft«,[128] die nach irgendeinem geheimen Mechanismus, an den der mündige Zeitgenosse natürlicherweise viele gute Erwartungen knüpft, den Freiheitsraum ausfüllen, den der Staat für die Grundwertentwicklung gewährt. Blühender Pluralismus in diesem Genrebild des sozialen Demokraten: Das freie Wechselspiel der Kräfte, die Harmonie der Wertmodelle im Grundrechtsrahmen.

Unverkennbar ist in diesem Entwurf eines Wert-Raumes die zeitgenössische Vorliebe für Formalistisches: Den Wert kann der Politiker gar nicht formulieren, weil der Wert die Wertung einschließt, deren er sich, pluralistisch eingeschworen, enthalten will. Nach dem Tableau gefragt, kann er nur den Rahmen vorzeigen: Ein schöner Rahmen, so argumentiert er ungeniert, der auf ein vorzügliches Gemälde schließen läßt. Der Staat hält sich zurück, er ist kein Werteverordner mehr. Daß er an Werthaltungen mitwirkt, weil er bestimmte Bedürfnisse für besonders beachtungswürdig, bestimmte Wünsche für eminent berechtigt erklärt und zu erfüllen verspricht, dies gesteht der Staat nicht ein.

Die demokratische Opposition widerspricht denn auch dem Machtverwalter:

»Man macht sich diese Aufgabe zu leicht«, antwortet sie, »wenn man sich auf die Antwort zurückzieht, daß der Staat nur die Grundrechte, nicht aber die gesellschaftlichen Grundwerte zu schützen habe. Auch die Grundrechte drücken gesellschaftliche Werte aus. Sie stehen, wenn sie ihren fundamentalen Charakter für das Gemeinwesen nicht verlieren sollen, in einem engen Zusammenhang mit den Wertvorstellungen der Gesellschaft und ihrer Gruppen. Dies kann sicher nicht dazu führen, daß alle gesellschaftlichen Wertvorstellungen Verfassungsrang erhalten. Es mag auch in der konkreten Situation unterschiedliche Auffassungen über den Inhalt und die Reichweite des staatlichen Wert- und Güterschutzes geben. Der Staat ist aber nicht nur der Notar von Mehrheitsmeinungen, das Herrschaftsinstrument, um die Wertvorstellungen der jeweiligen Mehrheit – und sei sie noch so schmal – durchzusetzen. Unsere politische Ordnung ist vielmehr eine Ordnung des Maßes, der Geduld, des wechselseitigen Gebens und Nehmens. Sie vertraut auf die rationale Kraft der Argumente und Gegenargumente. Sie ist eine Ordnung, die in hohem Maße politische Tugenden vom Staatsmann, vom Politiker und nicht zuletzt vom einzelnen Bürger fordert... Es genügt nicht zu sagen, daß der Staat die Grundwerte nicht geschaffen habe, sondern sie vorfinde. Er findet sie vor – aber nicht empirisch in der Gesellschaft, sondern in der Natur des Menschen.

Anders als von dieser Ebene her lassen sich die Grundrechte dem mehrheitlichen Zugriff der Gesellschaft nicht entziehen, läßt sich die Gefahr einer normativen Verabsolutierung der Gesellschaft nicht bannen.«[129]

Daß er der Mitwirkung an Werthaltungen auch im qualitativen Sinne gar nicht entkommen kann, wie pluralistisch er auch immer abseits zu stehen vorgibt, dies wenigstens müßte der Staat durch seinen Diener der Gesellschaft sagen. Aber auch hier ist die Form wichtiger als der Gehalt. Der Staatsvertreter sagt Programmatisches, denn das Programm ist sein Profil; er kann sich nicht in Realitäten verlieren, die seine Kernsätze modifizieren würden. Er ist immer auch als Wahlredner unterwegs. Deshalb vermeidet er es, das Grundrecht an eine »Grundpflicht« zu koppeln, ein Begriff freilich, der bei uns, getreu dem Gläubigerverhältnis zwischen Bürger und Staat, in Vergessenheit gerät. Der Bürger fordert Rechte, die den Staat verpflichten. Ein ausgewogenes Geben und Nehmen gelingt nur noch in der Theorie, die niemand mehr so aufrollt: Der Staat gefällt sich als Gewährender, er lebt in Angebotsposen wie jeder gute Geschäftsmann, der verkaufen will. Die Währung, in der er bezahlt wird, ist die Wählergunst.

Nun funktioniert ja der Rahmen des Grundrechtskatalogs recht gut; man redet auch viel mehr von Rechten unter uns als von Werten; man läßt seine Rechte schützen durch die Jurisprudenz und findet nach und nach in allem eine solche rechtliche Dimension, in Sachproblemen und in Seelenkonflikten gleichermaßen, warum dann nicht in Wertfragen, wenn man sie umschneidert auf das juristisch faßbare Maß. Mit Werten hatte man deshalb bislang eigentlich kein Problem. Erst in den jüngsten Diskussionen tauchen sie beharrlich auf. Die Forschung hat in Windeseile eine ganze Disziplin entwickelt, die Wertforschung, an der Spezialisten wirken, gründlich und beharrlich. Einer von ihnen skizziert das Arbeitsfeld:

»Trifft das zu – und vieles spricht dafür –, was gegenwärtig häufiger als Zeitdiagnose in bezug auf eine Reihe westlicher Industrienationen vorgetragen wird, nämlich: Orientierungsunsicherheit, Sinndefizit, Handlungsambivalenz als Folge von

a) Übersteuerung des traditionellen, inzwischen weitgehend einseitig hypertrophiert geltenden Wertsystems (d. h. des Vorherrschens hedonistischer, materialistischer, egoistischer, unter Zurücksetzung ›humanitärer‹, soziopositiver Orientierungen, soweit sie konkret verhaltensbestimmend erscheinen) mit dem Ergebnis

b) einer permanenten Wertkonfliktlage – verbunden mit dem Eindruck des Wertverlustes – im Zuge des Zerfalls dieser teilweise dysfunktionalen traditionellen Orientierungen und des Aufbaus ›neuer‹, alternativer, allerdings noch nicht hinreichend sozial validierter, institutionell gestützter Orientierungen,

dann ist zunächst einmal sicher, daß wir noch lange Zeit mit gravierenden sozialen, ökonomischen, politischen Problemen zu kämpfen haben. Sie ergeben sich im Zusammenhang mit ökonomischen, politischen, technologischen Entwicklungen auch – und dabei zentral – aus der Veränderung von kulturellen/sozialen/personalen Wertstrukturen.

Zunehmend mit Sorge erfüllen kann angesichts dieser Lage, wie schwerfällig, indolent, wenig vorausschauend und aufgeschlossen sowie wissenschaftsabweisend die politisch-administrativen und -legislativen Systeme darauf noch größtenteils reagieren. Kurzfristig machtstrategisch ausgerichtetes Handeln scheint zu dominieren. Vernachlässigt wird die Entwicklung längerfristig tragender Perspektiven und überzeugend legitimierter Identifikationsanreize, die geeignet sind zu verhindern, daß sich angesichts des mittlerweile vielfach als beängstigend empfundenen heutigen Problemszenarios immer größere Bevölkerungsgruppen von den parlamentarisch-demokratisch institutionalisierten politischen Verantwortungsträgern distanzieren oder gegen sie wenden.«[130]

Die Wertediskussion tritt in einen Sinnzusammenhang mit Friedensforschung und Ökologie, ebenfalls Disziplinen, die als Forschungsrichtungen noch vor wenigen Jahrzehnten gar nicht denkbar waren, weil die Allmacht der Empirie vor den werthaften Bezirken noch zögerte. Heute, da man längst Qualitäten in zählbare Einheiten umschreibt, ist die Scheu der empirischen Wissenschaften vor den ethischen Bereichen verflogen. Simultan zu leben gewohnt, beobachten wir uns nun schon bei Tätigkeiten, deren Ausgang wir noch nicht kennen: Der Wertforscher »filmt« gewissermaßen die Suche nach Werten als Symptom, während er selbst mit seiner Wissenschaft Symptom ist. Der Forscher wird so zum Reporter des Zeitgeistes, ein Maler, der den malenden Maler malt. Wir sitzen, mit der Wertforschung, dicht neben uns, wahrscheinlich allzu dicht.

Vorbereitet wurde die Sehnsucht nach Werten schon in der großen Weltumarmungsgeste des Humanitarismus, der das Wertedefizit eine Weile tarnte, um nun nach und nach in die Formulierung des tieferliegenden Mangels durchzustoßen.

Seit wir uns daran gewöhnt haben, alle Fragen »sozial« zu lösen – folgerichtig für ein Zeitalter, in dem der Mensch des Menschen höchste Instanz ist –, wurde die Soziologie, selbst Symptomwissenschaft dieses Jahrhunderts, zum allzuständigen Orakel. Die schon nach kurzer Lebensdauer blühende Wertforschung liegt wesentlich in den Händen der Soziologen, die sich gelegentlich mit den anderen Signalwissenschaften dieses Zeitalters austauschen: mit Psychologie und Politologie. Tatsächlich auf Erkenntnis ausgehend, kann man es sich so leicht wie einige Politiker natürlich nicht machen, die eine Wertekulisse aufbauen, vor der sie dann stolz den Vorhang öffnen: Hereinspaziert, jeder sein Päckchen Werte unterm Arm, und pluralistisch drauflosgespielt. Die Wissenschaft hat schon Probleme mit der Definition: Was ist das, ein »Wert«? – Wenn solche Fragen auftauchen, wenn überhaupt die theoretische Klärung des ethischen Rückgrats einer Gesellschaft plötzlich so interessant wird, dann ist das ein sicheres Signal dafür, daß dieses Rückgrat morsch geworden ist.

Seit wir von Werten reden, ist der Prozeß des Wertwandels, in dem wir leben, offenkundig. Wertediskussion bedeutet Ungewißheit über unseren Grundbestand an Werten, bedeutet den Versuch der Bilanz dessen, was noch greifbar, vielleicht auch dessen, was unverlierbar ist, während man gewohnte Stützpunkte der Ethik und Moral in der Auflösung findet und Unsicherheit um sich greift, eine Heimatlosigkeit der Seelen, welche die Suche nach verläßlichen Unterkünften auslöst.

Die programmatischen Schlagwechsel der Politiker, die dem Wertewandel gegolten haben,[131] während man natürlich von Wandel nicht sprach, lassen alle, ob von rechts oder von links geführt, jene zentrale Frage offen, um die es geht: Was Werte eigentlich sind und warum wir nach ihnen hungern, warum wir plötzlich so aufgeregt von Werten reden. Wenn es mit den Politikerhinweisen auf das Grundgesetz getan wäre, so fänden wir uns bestens versorgt und müßten nur die dort verbrieften Grundrechtskataloge wieder lesen, um auf festem Boden zu stehen.

Offenbar aber gelingt das nicht. Die unantastbare Menschenwürde, das Recht auf freie Entfaltung, freie Meinung, freie Kunst und Lehre, Religion reichen allesamt nicht aus, uns in Werten einzubetten, die uns wärmen. Der Mangelstand ist also anders geartet als Politiker sehen wollen. Sie werden es längst fröstelnd bemerkt haben, daß die großzügige Gewährung von Freiheitsquantitäten nicht Wertqualität entfaltet, und sie werden, auch wenn sie Alexander Solschenizyn nicht zugehört haben, insgeheim wissen, daß die Allmacht ihrer Rechtsequilibristik im Wertbereich ein Gaukelspiel ist, das Oberflächen glättet, aber nichts und niemanden heilt.

Die Staatsmänner also ziehen sich wortreich und bemüht aus der Wertedebatte zurück. Die Substanz ihrer Reden bleibt dürftig, weil die Regierenden mit einladender Geste Türen zu leeren Räumen öffnen und ihre Gegner, die staatliches Inventar für diese Räume fordern, auch im polemischen Formelwerk steckenbleiben. Politiker sprechen so ungenau wie möglich – und vermutlich ebenso ungenau wie ihre Vorstellungen sind – von »ethosbezogenem Wirken gesellschaftlicher Kräfte«, auf das der Staat reagieren, das er aber nicht erhalten könne: »Wenn bestimmte ethische Auffassungen in der Gesellschaft nicht mehr vorhanden sind, dann verliert das Recht seine demokratische Legitimation.«[132]

Das ist die Kunst, mit Kernsätzen der Jurisprudenz, denen

niemand widersprechen kann, ein Thema zu umkreisen. Indirekt redet man in der Politik dann auch von »neuen sittlichen Grundhaltungen«; und was man unter diesem Etikett beschreibt, ist das Großprogramm des Humanitarismus: Zuwendung zu den Rassen, zu den Randgruppen, zu den »anderen« in jeder Gestalt, wenn sie weit genug von uns entfernt sind, äußerlich oder innerlich. Daß das ersehnte Gute nicht so nahe liegt, wie es das Sprichwort zusagt, dies ist freilich auch den großen Mehrheiten fühlbar, ohne daß sie Sprecher fänden, die ihre Mangelempfindungen in Worte faßten. Der Staatsmann lenkt sie ab, wie ein hilfloser Erzieher Kinder tröstet, die über Hunger klagen, indem er sie für ihre guten Taten gegenüber anderen Hungernden lobt. Solche Ablenkungsmanöver machen Hungernde nicht satt.

Ein politischer Kontrahent tadelt den listigen Rückzug des Gegners aus der Wertedebatte. Er meint, Staat und Gesellschaft und Kirchen insgesamt: alle Bürger sollten Werte erhalten, pflegen, schützen. Was eigentlich Werte seien, wird auch in seiner Rede nicht geklärt. »Die Sorge für ein vernünftiges, sinnvolles Leben«, sagt er einmal,[133] sei »Wertbegründung«. Was »vernünftig«, was »sinnvoll« sei, darüber sind wir uns jedoch so recht pluralistisch uneinig, und einen höheren Garanten der Vernunft als uns selbst haben wir nicht mehr zur Verfügung. Der einzige Schiedsrichter für unsere klaffenden Vorstellungen von Vernunft und Sinn, von Freiheit und Menschenwürde ist – das Recht.

Die Kompetenzen des Rechts sind im gleichen Maße ausgeufert in den Wertbereich, wie die Religion als verbindliche Wertgarantin zurücktrat in die Beliebigkeit. Als eine weltanschauliche Möglichkeit unter anderen läßt der pluralistische Staat sie zu; er delegiert ihr sogar ein Gutteil Werteverwaltung. Geht es aber um verbindliche Definitionen von Gut und Böse, Wert oder Unwert, so entscheidet die Gerichtsbarkeit. Wir haben eine ethisch aufgehöhte oberste Gerichtsbarkeit geschaffen, der wir die ethisch-rechtlichen Grenzfragen vorlegen, so daß Verlegenheit im Wertbereich nicht aufkommt: Weltanschauliches wird hier rechtlich desinfiziert, der Zwang zur Einigung wird formalisiert, ehe Bekenntnisse sich reiben, Konfessionen sich befehden können.

*

»Sinn« hat vor »Recht« zu weichen, eine andere Wahl bleibt dem Säkularstaat nicht, wenn er Ordnung halten will. So werden auch in Sinnfragen Rechtsentscheidungen verbindlich, und die sinnhafte Substanz der vorgelegten Fragen bleibt auf der Strecke – im Wortschatz der Staatsmänner: bleibt pluralistisch freigestellt. Nicht immer aber bleiben noch Freiräume für Sinnansiedlung, wenn das Recht gesprochen hat. Die ungeliebte Kassandra der westlichen Welt, Alexander Solschenizyn, hat mit ungetrübtem Blick diese Verrechtlichung unserer Lebensweise als Gefahr definiert. Mancher westliche Intellektuelle hat ihm widersprochen mit der tölpelhaften Hast des Besserwissers, der schneller zu sprechen als zu denken gewohnt ist.

Immerhin muß es uns auffallen, daß wir keinen politischen Redner zur Wortfrage hören, der nicht augenblicklich in den Bereich des Rechts abschwenkte. Das Recht kann Normen garantieren, schützen und verteidigen, Normen, in denen Werte zur juristischen Verbindlichkeit verfestigt sind. Soviel ist richtig. Warum aber antwortet uns heute aus allen Ecken das Recht, wenn wir nach dem Wert fragen? Was bedeutet es, wenn dies stimmt: daß unsere Rechtsprechung zur Werte-Verwalterin geworden ist, während es eine überlegene Ansiedlung der Werte über uns nicht mehr gibt? Denn wer wird ernsthaft die verblasene Größe »ethische Grundhaltungen der Gesellschaft« an die Stelle einer wertespendenden Macht setzen wollen? Und wenn es offenkundig ist, daß der säkularisierte Vielmeinungenstaat mit solchen windigen Wertbegriffen auskommen muß: Was bedeutet dann der ausgebrochene Hunger nach Werten, der Alarm der Sinndefizite, der Aufruhr pluralistischer Unterernährung der Seelen?

Die Politiker ahnen das Dilemma:

»Es genügt nicht, Grundwerte in Verfassungstexte festzuschreiben. Sie müssen, wenn sie ein tragfähiges Fundament des Staates bleiben sollen, ein Stück gelebter Verfassung sein.

Es genügt nicht, die Durchsetzung der staatlichen Grundwerte allein den Gerichten, voran dem Bundesverfassungsgericht, zu überlassen«,

sagt die Opposition im Staate.[134] Führende Politiker der siebziger Jahre legen Wert auf die sachliche Domestizierung des

Wertes im Recht, weil sie im Recht den Garanten der pluralistischen Entfaltung beliebiger Werthaltungen sehen, so daß der Staat in den Verdachtszonen weltanschaulicher Vorgaben grundsätzlich nicht anzutreffen sei.

»Es ist falsch, diese Grundrechte des Grundgesetzes mit transzendent orientierten, mit religiösen oder sittlichen Grundwerten gleichzusetzen. Das ist durchaus nicht dasselbe, sondern es sind ganz verschiedene Dinge, über deren Unterschiedlichkeit und deren Spannungsverhältnis zueinander ich zu reden habe.

Die Grundrechte unseres Grundgesetzes enthalten keine Garantie, keine Gewährleistung ganz bestimmter Auffassungen, Überzeugungen, Werthaltungen oder eines ganz bestimmten Glaubens oder Bekenntnisses. Wohl aber eröffnen die Grundrechte die Freiheit, Auffassungen, Überzeugungen, Glauben zu haben, dafür einzutreten und dementsprechend zu handeln. Anders ausgedrückt: Mit der Gewährleistung der Grundrechte für den einzelnen Menschen, auch für Gruppen, eröffnet das Grundgesetz die Möglichkeit, Grundwerte zu verwirklichen.«[135]

Alexander Solschenizyn als Beschauer von außen, der den Vorsprung des Leidens und den Scharfblick des Gepeinigten mitbringt, hält unsere rechtsbezogene Staatsorganisation, die wir als ethische Leistung feiern, schlicht für die uns »angenehmste«: »Jeder Konflikt wird juridisch gelöst – das ist die höchste Form seiner Lösung. Wenn der Mensch juridisch recht hat – nach Höherem braucht er nicht zu streben.«[136] Zu Verzichten und Selbstbeschränkungsakten sei der solcherart dem Recht verfallene Mensch nicht mehr zu bewegen, sofern der Rechtsrahmen sein Wohlergehen zulasse. Unmerklich tritt das Recht an die Stelle einer Wertquelle, wenn wir Wertfragen auf der Rechtsebene lösen.

Ermuntert, jeden seiner Lebensbezüge, auch die emotionalen Aspekte seiner Existenz, unter rechtlichem Aspekt zu sehen, verliert der Mensch seine ethische Dimension. Von Freiheitsgarantien in die Haltung eines Fordernden gelockt, bedient er sich in den westlichen Demokratien der Rechtsräume des Staates – jongliert auch und manipuliert in ihnen und entdeckt hierfür reiches Terrain. Die Wohlstandsnorm, der er sich anvertraut, ersetzt jede werthafte Orientierung. Um dem Konflikt zwischen der Bedürfnisbefriedigung und sittlichen Werten, wie sie in der christlichen Religion formuliert werden, zu entgehen, haben wir längst den Wohlstand selbst zum Wert erklärt und eine Wohlstandsethik etabliert, die es uns erlaubt, unseren Drang nach Lustgewinn als das Streben nach einem sittlichen Wert zu feiern.

Daß der Selbstbetrug nicht auf die Dauer gelingt, auch dies erweist die Ungeduld, mit der heute nach »Werten« gesucht wird, ohne daß eine Allgemeinheit wüßte, was eigentlich die Ursache ihrer ungewissen Unruhe ist. Der Kritiker aus den Katakomben, in denen die Spreu vom Weizen gesondert wird, sieht in der Verrechtlichung unserer Lebenssicht die Formalisierung des nicht Formalisierbaren: Freiheit nach den Grundsätzen des Rechts, so meint er, ist mehr Freiheit zum Bösen als zum Guten, weil das pluralistische Recht, sich dem Bösen auszusetzen, sofern man andere nicht damit belästigt, von Heranwachsenden extensiv genutzt werde. Will man diese formale Erlaubnis durch jene andere wettmachen, sich den Einflüssen des Bösen zu entziehen? fragt Solschenizyn. Wieder aber meint er mit seiner Kritik das, was der stolze Rechtsstaat nicht leisten wird: Schutz im Namen von Werten, die keine Mehrheit mehr finden.

Denn auch der Wert, heiße er nun Freiheit oder Würde des Menschen, ist bei uns in den Machtbereich der Mehrheiten geraten. Wie weit »Freiheit« zu reichen habe, dies bestimmt ein Mehrheitswille, und was der Würde des Menschen diene, dekretieren ebenfalls Mehrheiten nach Maßgabe des Wohlbefindens, nicht des Opfers oder der Beschränkung oder der Askese. Wer an die qualitative Überlegenheit von Mehrheitsentscheidungen glaubt, wird auch nicht zögern, den Mehrheiten Wertentscheidungen anzuvertrauen. Die »ethischen Grundhaltungen«, von denen der Staatsmann spricht, erscheinen auf diesem Hintergrund als die Vision eines Gutgläubigen; aber der Gutgläubige ist bei uns zur Standardfigur der Politik geworden, denn er ist niemand anders als der menschengläubige Verehrer des Guten, der das Böse nicht mehr recht ernstnehmen kann. Wir haben das Böse wegdifferenziert, wissenschaftlich und aufgeklärt wie wir sind.

Der ganz und gar nicht traumbefangene Beobachter aus den Vorhöllen berichtet vergebens, daß es das Böse wirklich gibt:

»In die entscheidende Phase des Angriffs ist das weltumfassende Böse eingetreten, und es lastet bereits auf uns... So wird also durch die Vermischung des Guten mit dem Bösen, der Wahrheit mit der Unwahrheit aufs Beste der Boden für den absoluten Triumph des absoluten Bösen in der Welt bereitet... So erweist sich die rechtliche Grundlage des Lebens als ungeeignet, sein Gedeihen vor dem Aussatz des Bösen zu schützen... Die juridische Denkweise erstarrt von einem bestimmten Punkt der Probleme an zu Stein: sie läßt nicht mehr Maß noch Sinn der Ereignisse erkennen.«[137]

Wer kein Maß über sich selbst mehr gelten läßt, kann zunächst mit einer beeindruckenden Liebe zum Menschen aufwarten. Solschenizyn übersieht diesen Zug der westlichen Geistigkeit keineswegs. Das »anthropophile Menschenbild« des Westens, der mit Rechtstechniken seinen Wertehaushalt regelt, kann diese Menschen zur Unterscheidung des Guten vom Bösen nicht befähigen. Auch dies weiß der düstere Warner, den man zum Schwarzmaler stempelt: Daß dem auf sich gestellten Menschen das Instrumentarium fehlt, Gut und Böse zu unterscheiden. Die unbedingte Liebe zum Menschen führt in den Zwang zur Bedürfnisbefriedigung.

Nur wenn der Mensch von Grund auf gut wäre, könnte diese Rechnung aufgehen: daß er nur im Guten sich wohlbefände. Diesem Irrtum leben die entgötterten Rechtsstaaten unseres Jahrhunderts. Die Diktatur des Wohlbefindens eint ihre Bevölkerungen an der Oberfläche; die Realität wird nach Maßgabe der Lustbedürfnisse wahrgenommen: was uns Mühsal zumutet, ist vom Übel, was uns schmeichelt, ist gut. Solschenizyn kämpft selbstverständlich mit seinen Verzichtsforderungen auf verlorenem Posten, solange der Hauptsatz unserer Wohlstandsethik lautet: Wo wir uns wohlfühlen, ist das Gute, wo wir opfern und entbehren müssen, lauert Böses.

Für die Verteidigung solcher Hohlwerte nach außen steht nichts zur Verfügung, sagt der Kenner unseres Gegners. Zunächst wird der Gegner nicht als solcher wahrgenommen: Von Wohlbefinden übermannt, treiben wir auf einer Woge des guten Willens wie ein satter Prasser, den das sinnliche Vergnügen verbrüderungsselig einwiegt. Die tiefe Unlust, über uns selbst hinauszudenken, lähmt unsere Bedürfnisse nach einem Lebenssinn, der dem Wohlbefinden hier und jetzt überlegen ist. Nur wer einen solchen Sinn noch zu erkennen vermag, wird nüchtern genug bleiben, um diesen Sinn und damit sich selbst zu verteidigen.

Die Psychologie kann belegen, daß unser Unbehagen auch aus Schuldgefühlen gespeist wird, da wir vieles vom erreichbaren Guten meiden, um dem Zeitklima unseren Tribut zu zollen. Der Psychoanalytiker Erich Fromm:

»Eine Ursache der Schuldgefühle, mit denen wir uns herumtragen, liegt darin, daß wir nicht nur das Schlechte, sondern auch das Beste in uns verdrängen, weil es nicht in die gesellschaftlich akzeptablen Normen fällt. Wir leben in einer Gesellschaft, die auf Erfolg und Profit aus ist, und nicht in einer, die auf Liebe aufgebaut ist. Daher schließt sich der, der im Sinne der Liebe handelt, vom gesellschaftlichen Denken selbst aus: man wird Outsider.«[138]

Wo das Wohlbefinden zum Sinn-Ersatz wird, bleibt wenig Zeit zur Nüchternheit und wenig Wille, sie herzustellen. Unsere Sinnfragen verkümmern auf der Ebene des Rechts; unsere Sinnbedürfnisse, die in Wirklichkeit ungestillt bleiben, haben zwar begonnen, uns zu beunruhigen, aber auch sie geraten in die betäubenden Dämpfe unserer materialistischen Wohlstandsküchen.

Alexander Solschenizyn wagt es, von Gott zu sprechen, der im westlichen Ideenjahrmarkt einen unter vielen billigen Plätzen innehat. Nur Minderheiten im Westen werden ihm folgen wollen; die Mehrzahl der Sinnverwalter, unsere Intelligenz, behandelt ihn von diesem Punkt an als Spielverderber: Nur Hinterwäldler reden bei uns im ernsthaften Disput von einem absoluten Gott. Der Gläubige, wo er noch auftritt, ist so etwas wie der nützliche Idiot unserer Podien.

Die Autonomie des Menschen, so sieht es Solschenizyn, ist die wirksamste Katastrophe des neuzeitlichen Bewußtseins. »Religionslos«, wie er den autonomen Menschen vorfindet, sieht er ihn seines »Innenlebens« beraubt:[139] eine hohle Maske, die jeder Windhauch von ihrer Bühne wehen wird. Wahrscheinlich sind die Wohlstandsgehirne zu aufgeweicht, um die einfache Beweisführung des unbequemen Propheten aufzunehmen:

»Wenn es tatsächlich wahr wäre, daß – wie der Humanismus propagiert hat – der Mensch nur für das Glück geboren wäre, so wäre er nicht auch geboren für den Tod. Aber eben aus der Tatsache, daß er körperlich dem Tod bestimmt ist, ergibt sich seine Aufgabe hier auf Erden als eine geistige.«[140]

Solche Worte muß dem christlichen Abendland heute ein Fremder sagen. Und wie eine Fremdsprache werden diese einfachen, klaren Wahrheiten von den westlichen Hörern behandelt. Hier haben nur wenige noch Ohren für die alte Botschaft, die in Hochkulturen schon vor dem Christentum galt: Daß der Mensch nicht zum materiellen Glück allein geboren ist. Was antike Philosophen aus ihrer Erfahrung mit dem Menschen selbst ablasen, ohne daß man hier die moderne Allergie gegen das Christentum strapazieren müßte, was Beobachtung und Nachdenken die Denker lehrten, die den Menschen geliebt und keineswegs verachtet haben: uns bleibt es vorbehalten, hinter alles dies zurückzufallen in die trostlose Barbarei der Anbetung des Leibes und seiner unmittelbaren Gelüste.

Was der Russe Solschenizyn dem Westen des 20. Jahrhunderts sagt, das lesen wir Satz für Satz bei dem antiken Denker Platon, den wir weit von uns entfernt und unvertraut mit unseren Problemen glauben möchten. Eben weil wir dies denken, hören wir ihm ruhiger zu als dem Zeitgenossen. Und so läßt er den Philosophen Sokrates sprechen, dessen Dialoge er aufzeichnet:

»Menschen also, die Einsicht und geistige Leistung nicht kennen, dafür sich immer nur mit Schmausen und ähnlichen Dingen abgeben, stürzen nach abwärts und lassen sich wieder bis zur Mitte emportragen, und so taumeln sie durchs Leben, ohne je zum wahren Oben emporzusteigen, nach oben zu blicken oder sich dorthin zu erheben: nie nehmen sie tatsächlich Dinge des wahren Seins in sich auf, nie genießen sie eine sichere und reine Freude, sondern blicken wie das liebe Vieh immer nach unten, zur Erde gebeugt und zu den Trögen, und leben so dem Fraß und dem Geschlechtsgenuß. Und nur um mehr zu haben, stoßen und schlagen sie sich mit eisernen Hörnern und Hufen und töten sich aus Unersättlichkeit, weil sie jenen Teil ihres Selbst, der wahrhaft ist und Empfangenes auch bewahren kann, nicht mit Dingen wahren Seins anfüllen.«[141]

Diese Sätze aus der langen Rede über das Glück tragen also nicht den Stempel des Christentums, der so viele Zeitgenossen irritiert. Es ist auch unwichtig, ob hier von der philosophischen Kategorie des »wahren Seins« die Rede ist oder vom Sinn des Lebens. Wovon der Philosoph hier redet, wird jedem klar, weil es eine der ältesten Fragen der Menschheit ist. Von eben dieser Frage redet auch der soviel jüngere Denker des 20. Jahrhunderts, und es muß uns erschrecken, wie sich die Gedanken gleichen. Die »geistige Aufgabe« des zum Tode geborenen Menschen beschreibt Solschenizyn so:

»Nicht die Jagd nach Alltäglichem, nicht die Suche nach optimalen Mitteln zur Erlangung von Gütern, um diese dann fröhlich durchzubringen, sondern das Tragen einer nicht ablegbaren, schweren Schuldigkeit, so daß der ganze Lebensweg in erster Linie zu einem Streben nach moralischer Erhebung wird: den Lebensweg als ein Wesen höheren Grades zu verlassen, als man ihn angetreten hat. Wir kommen nicht umhin, die Skala der Werte zu überprüfen, die unter den Menschen als solche gelten, und uns über ihre Fehleinschätzung heute zu wundern.«[142]

★

Völlig unabhängig vom philosophischen System Platons, vollkommen losgelöst von der ideengeschichtlichen Prägung Solschenizyns, läßt sich in der Menschensicht beider eine Grundlinie erkennen, die im Christentum wiederkehrt: jener Gedanke, den Menschen denken seit es Menschen gibt, daß nämlich die Bestimmung des Menschen über das Sichtbare und Endliche hinausgehe. Diese Gewißheit hat in jeder Philosophie, auch in jenen Systemen, die sie leugnen, ihre Spuren hinterlassen; sie kennzeichnet alle Religionen dieser Erde. Uns schließlich blieb es vorbehalten, diese Gewißheit auf einen kümmerlichen, zweifelreichen Rest zusammenzustreichen, der für unser öffentliches Leben keine Bedeutung mehr hat. Das soziale Zeitalter ist eine Epoche radikaler Diesseitigkeit, und sein Pathos der Mitmenschlichkeit ist die Ausweichbewegung vor dem transzendenten Gegenüber.

Der soziale Mensch ist jener, der immer nur sich selbst begegnet und überall nur sich selber vorfindet. Daher wird niemandem wirksame Hilfe zuteil, selbst die guten Willens geplante Mitmenschlichkeit gelingt nur mittelmäßig, weil keine überlegene Zuversicht sie überwölbt. Die »geistige Aufgabe«, von der Solschenizyn spricht, ist ja nicht irgendeine, sondern der Auftrag, sich selbst in der Vorläufigkeit seiner Existenz zu begreifen. Wer die Endlichkeit seiner Lebenszeit bedenkt, so meint Solschenizyn, der wird nicht nur dieser vergänglichen Hülle leben können. Immer schon haben die meisten Menschen die umgekehrte Folgerung gezogen: »Lasset uns essen und trinken, denn morgen sind wir tot«,[143] so beschreibt der Jude Paulus diese Lebenshaltung.

Wo die Staatsform eine solche Gesinnung fördert und bestätigt, wo obendrein ein machtvolles Korrektiv fehlt, das die Sehnsüchte der Menschen nach dauerhaften Hoffnungen an sich zieht, da wird die Lust am leiblichen Wohlergehen, die eine legitime Lust ist, zur ethischen Lehre erhöht. Das massive Wohlergehen der westlichen Völker hat einerseits die Gier nach immer mehr Gütern und Besitz und Bequemlichkeit geweckt.[144] Aber auch Leere macht sich bemerkbar, jene Leere der Unvernunft, wie sie Platon nennt,[145] die den Satten überkommt, der sich vollgestopft hat mit Materie. Es müßte uns ergreifen und schütteln, daß einer aus der Dürftigkeit uns die Beschränkung predigen muß; es müßte uns erschrecken, daß er nicht zunächst verstummt und sich an unseren Gütern labt, bis er sterbenssatt ist wie wir selbst. Es muß uns das Fürchten lehren, daß einer aus der Armut und Not der Unverführbare unter uns ist, der uns die Nichtigkeit des »Materialflusses« lehren will.[146]

Aber der Warner findet wenig Hörer. Wir haben uns aus unserer Schuldigkeit mit der Nobelpreisverleihung freigekauft. Daß das »Innenleben« der Menschen, wie es der Russe nennt, sich noch rührt, während es »zertreten« wird,[147] dies erweist die unter uns erwachte Suche nach »Werten«, womit wir wohl geistig-seelische Größen meinen, während wir nicht genau wissen, was wir eigentlich suchen. Schon sind die Politiker dabei, ihre Kapitulation vor diesem neuen und ungewohnten Hungerzustand ihrer Bürger zu verbrämen, indem sie sich als eifrige Wertewächter vorstellen. Alles steht zum Besten, so melden sie, aber niemand zeigt sich von diesem Zuspruch gesättigt. Die Suche geht weiter.

Die Zurückhaltung vieler Politiker vor den »Grundwerten« hat natürlich ihre Ursache. Der gernbenutzte Hinweis auf die Grundrechte täuscht über diese Ursache hinweg. Daß wir nämlich keine Wertordnung besitzen, die in die Zuständigkeit unserer Justiz fiele, dies verursacht den Spannungs- und Schwebezustand zwischen Poltik und Wertordnungen. Die demokratischen Poltiker müssen auf den freiwilligen Konsens der Mehrheiten und Minderheiten zählen und den Wertvorstellungen der Mehrheiten Raum geben: Dieser Zustand ist es, der den Ansprachen unserer Repräsentanten zum Wertproblem einen Akzent der Hilflosigkeit verleiht.

Der Italiener Pier Paolo Pasolini hat mit seinen »Freibeuterschriften« aufregende Dokumente apokalyptischer Visionen hinterlassen. Zum Schicksal der Mehrheiten schreibt er:

»In unserem Land vollzieht sich eine Umwälzung der Werte und Verhaltensmuster, bei der die Massenmedien, in erster Linie das Fernsehen, eine entscheidende Rolle spielen. Ich will nicht behaupten, daß diese Medien an sich schlecht sind; ich bin im Gegenteil auch der Ansicht, daß sie ein wichtiges Instrument des kulturellen Fortschritts sein könnten. Aber so, wie sie bisher eingesetzt wurden, haben sie nur einem erschreckenden Rückschritt gedient, eben der Entwicklung ohne Fortschritt und damit dem kulturellen Völkermord an wenigstens zwei Dritteln der italienischen Bevölkerung. Sicher – den segnenden Papst, Weihwasser spritzende Kardinäle, Prozessionen und Beerdigungen haben wir im Fernsehen oft genug sehen dürfen, aber das hat die Religiosität eher abgebaut als gefestigt. In Wirklichkeit kam es – zumindest unbewußt – zu einer tiefgehenden Auflösung der religiösen Werte, wodurch die Massen Mittel- und Süditaliens der Gewalt der Medien und damit der herrschenden Ideologie ausgeliefert worden sind: Dem Hedonismus der Konsumgesellschaft.«[148]

So ehrenwert das Bemühen sein mag, den demokratischen Mehrheiten ihre Wertvorstellungen freizugeben, so irreführrend ist die Folgerung, Politik sei kein wertbezogenes Handeln. Eben dieser Eindruck wird aber erweckt, wenn der Repräsentant des Staates die Gesellschaft in Freiräume zur Wertentwicklung einlädt, bei welcher der Staat nur lauschen und reagieren könne. Die Wertetrias aus der Französischen Revolution: Freiheit, Gleichheit, Brüderlichkeit – ist eminent politisch und prägt politisches Handeln. Das humanitäre Ethos, das heute die politischen Handlungen unseres Staates prägt, ist ebenfalls ein Wert; und die sozialen Tugenden werden als Werte behandelt, nach deren Maßgabe das Leben des einzelnen gestaltet werden soll. Dennoch ist es den Politikern wichtig, in der Wertedebatte die Rolle des großzügigen Zuschauers zu spielen. Liegt es daran, daß sie für eine Sichtung der geltenden Wertsysteme ebensowenig verantwortlich sein möchten wie für das Wertedefizit, das sich in der Diskussion um Werte endlich zu artikulieren sucht? Alexander Solschenizyn hat den Rückzug der Politiker aus der heiklen inneren Landschaft der Werte als ein Symptom dafür gedeutet, daß sie vor der Überprüfung unserer Werteskalen zurückschrecken – wortreich zwar und den Mund voller Grundwerte, aber ohne Antworten.

Der zwischen allen Stühlen sitzende, erfahrene Leidende hat die Kraft zu erkennen, daß der Verlust des »Innenlebens«, wie Solschenizyn das Sinndefizit nennt, eine west-östliche Krankheit ist: Was hier die Märkte zerstören, das vernichtet dort der Parteiapparat. In beiden Lagern wird der Mensch um das Kostbarste, das er besitzt, betrogen. Mit diesem Befund ist der Russe seinen westlichen Adressaten besonders unbequem, weil sie sich trotz aller Umarmungspolitik nicht in den wesentlichen Schwächen des Systems mit dem Gegner in einem Atemzug genannt finden möchten.

9.
Deutungsversuche der Wertforschung

In den westlichen Industrienationen breitet sich die Ahnung aus, daß ein absolut gesetztes Lustprinzip – auch dann, wenn es sich als Sozialprinzip tarnt – nicht das höchste Glück der größten Zahl bringt. Mit den »Werten«, so ahnt man jetzt, muß es eine kompliziertere Bewandtnis haben. Auf dem Direktwege über die Materie scheinen sie überdies nicht zuverlässig erreichbar. Die Wertforscher unserer Tage machen ihrem Publikum klar, was die Politiker längst wissen, ohne es zu sagen: daß die genaue Kenntnis von Werthaltungen einer Mehrheit für jeden entscheidende Bedeutung hat, der Mehrheiten beeinflussen will. Wer die Rangfolge der Güter kennt, die für eine Gruppe verbindlich ist, der kann Macht über diese Wertgemeinschaft erringen, wenn er sie mit ihren favorisierten Gütern versorgt. Den Markt der Werte zu kennen, dies scheint eine verführerische Möglichkeit für alle, die manipulieren, herrschen oder lenken wollen. Tatsächlich hat es die Wertforscher brennend interessiert, ob sich die Werthaltungen selbst auch manipulieren lassen, ob also der Wertwandel, dessen gesteigertes Tempo uns verwirrt, auch die Chance oder die Gefahr mitbringt, daß einflußreiche Interessengruppen Wertplanung und »Wertmanagement« betreiben.

Könnte man die Faktoren, die einen »Wert« für eine Gemeinschaft begründen, isolieren und darstellen, so müßte tatsächlich so etwas wie die Planung von Werten möglich werden, schlossen die Forscher. Um solche Vorstellungen prüfen zu können, bedarf man zunächst eines Instrumentariums. Die saubere Begrifflichkeit ist dessen Kernstück, und die Wertforscher sind um eine brauchbare Definition dessen, was ein »Wert« eigentlich sei, weltweit und vielstimmig bemüht gewesen. Nicht weniger als 180 Definitionen des Wertbegriffes waren das Ergebnis; was ihnen gemeinsam ist, läßt sich zu einem vagen Umriß des Phänomens zusammenfassen.

Eine Forschergruppe an der Universität Konstanz:

»Allerdings hat sich bis heute noch keine einheitliche Wertdefinition herauskristallisiert; nach einer Durchsicht von etwa 4000 Aufsätzen und Büchern aus dem Bereich der Sozialwissenschaften fand Rüdiger Lautmann etwa 400 Schriften, in denen ausdrücklich von ›Werten‹ die Rede ist, allerdings in Form von etwa 180 mehr oder weniger verschiedenen Wertdefinitionen (*Lautmann* 1969).

Anhand zentraler Veröffentlichungen jüngeren Datums zur Werteproblematik aus dem deutschen Sprachraum wird sichtbar, daß ein Trend zur Empirisierung der Wertforschung an Bedeutung gewinnt. Sozialwissenschaftler aller Sparten bemühen sich, die Erforschung von Wertstrukturen, Werthaltungen und Wertwandlungen empirisch zu fundieren (*Kmieciak* 1976; *Meyer,* in *Hoffmann-Nowotny* 1976; *Zapf* 1976). Diese Entwicklung wird vor allem mit der Intention forciert, eine methodisch gesicherte Basis zu erhalten, um Prognosen und Planungen im politischen und wirtschaftlichen Bereich effizienter gestalten zu können.«[149]

Werte, soviel zeigte sich schon in den Reden der Politiker, sind Vorstellungen, die für eine größere Gemeinschaft Gültigkeit haben. Sie werden freiwillig bejaht und haben den Charakter eines positiven Besitzes. Sie ragen in den ethischen Bereich einer Kulturgemeinschaft und sind Kulturleistung deshalb, weil sie sittlich kontrollierten Bedürfnissen entsprechen: Der Wert entsteht nicht aus der Verfolgung des Lustprinzips; die Erfüllung des Bedürfnisses, dem er entspricht, muß als erlaubt und sinnvoll, ja möglichst geradezu als nützlich erscheinen.

Die Forschung hätte hier in der Tat ergiebigen Boden: Was wird aus Werten in einer Gesellschaft, die dem Lustgewinnprinzip folgt, was wird aus ihnen – wenn sie tatsächlich kollektive Zustimmung voraussetzen – in einem pluralistischen Gemeinwesen? Werte leisten ganz offenkundig auch Bedürfniskontrolle, sie bändigen Triebe und bilden eine Ordnungsmacht in ihrer lebendigen Spannung zu den Bedürfnissen, die nach Direktbefriedigung suchen. Ein Wert bindet auf diese Weise Recht und Pflicht des einzelnen; er verbindet die Kulturgemeinschaft, weil jeder einzelne erlebt, daß die Bedeutung der gemeinsam gehüteten Werte über ihn selbst hinausreicht.

Darum lassen sich Normen und Gesetze auf Werten bauen: Die Norm ist der eingeforderte, abgerufene Wert; Normen leisten Schutz und Garantie für Werte. So weit vorgedrungen, bemerkt der Forscher bald, daß Werte sich nicht restlos aufklären, nicht vollends in die Formel bannen lassen. Ein irrationaler Rest bleibt undefinierbar: Die Gemeinschaft »glaubt« an ihre Werte, sie hält sie nicht nur für vernünftig, praktikabel, nützlich, sittlich gut, sie *glaubt* sie, ist ihnen emotional zugetan, ohne dafür eine vollständige Erklärung liefern zu können.

Wertwandel, wie wir ihn gegenwärtig mit gesteigerter Anteilnahme erleben, vollzieht sich in mehr oder weniger mäßigem Tempo zu allen Zeiten. Was wir gegenwärtig beobachten, ist eine beschleunigte Wandlung auf unseren Werteskalen, die weder erkennen läßt, was noch Bestand hat, noch auch befriedigende neue Wertformationen verfügbar macht, in denen sicherer Konsens von Mehrheiten Ausdruck fände. Die Wertesucher sind ausgeschwärmt auf die Felder der Ökologie und der Menschenrechte, der Sekten und – der Wertforschung selbst, um im Brodeln der Wandlungen die Gesetzmäßigkeiten des Wandels zu erkennen, die Struktur des Wertes womöglich in *statu nascendi* schauen zu können.

Daß wir kein funktionierendes Wertsystem haben, an dem sich die Bürger ohne Konflikterlebnisse orientieren könnten, darf als erwiesen gelten. Die Wertforschung bildet nur ein Symptom unter anderen für die Ratlosigkeit, die unserem unkenntlich gewordenen Wertgefüge gilt. Die auffallend nachhaltige Störung unserer Wertreserven verdanken wir dem Ungleichgewicht der beiden Wertkomponenten: Bedürfnis und ethische Kontrolle – einem Ungleichgewicht, das aus der Betonung der Bedürfnisstillung und dem Schwund verbindlicher sittlicher Wertquellen herrührt.

Der systemkritische Denker Jürgen Habermas hat diese Störung der Wertproportionen in ihren Auswirkungen auf die Freiheit der einzelnen verstanden: Der kulturelle Wert, so stellt er zutreffend fest, einigt die Kulturgemeinschaft und erfüllt das wertbezogene Handeln mit einem kommunikativen, also einem verbindenden Sinn, der über den einzelnen Handelnden hinausreicht. Überwiegen im Handeln nun aber Eigeninteressen des einzelnen oder der Gruppe, Wünsche und Triebe also, die nicht objektiv verankert und für alle sinnerfüllt sind, so wird der Wert in seiner Bedürfniskomponente überstrapaziert und verliert seinen Charakter: was individuellen Interessenlagen dient, ist nicht mehr nährender Wert für die Allgemeinheit.[150]

Habermas beschreibt mit dieser Unterscheidung von Wert und Interesse das zeitgenössische Wertproblem aus seiner Sicht. Wenn gemeinsame Werte einer Gesellschaft durch Interessenorientierung ersetzt werden, hat das nach Habermas seine Ursache in den unterschiedlichen Befriedigungschancen der Handelnden. Das »Interesse« ist ein wieder monologisch gewordener Wunsch, sagt Habermas, ein aus dem verbindlichen Wertgefüge herausgelöstes individuelles Bedürfnis, das jetzt auf eigene Faust auf Erfüllung ausgeht. Wer so seinen Interessen folgend handelt, tut es einsam, ohne soziale Harmonie mit der Gemeinschaft, folgert er. »Kommunikatives Handeln«, so Habermas' Fazit, »ist an kulturellen Werten orientiert, strategisches (monologisches) Handeln ist interessenorientiert.«[151] Das Schlüsselwort »Interesse« bezeichnet bei Habermas den Zielpunkt seiner schärfsten Kritik: Interesse im beschriebenen Sinne ist die Orientierung am persönlichen, »einsamen« Vorteil, der nicht für andere gleichzeitig gilt.

Der Philosoph trifft mit dieser seiner Unterscheidung von Wert und Interesse ins Zentrum unserer Wertkrise: Die Genußethik der bedürfnisgesteuerten Gesellschaft, in der materielle Erfüllungen obenan stehen, fordert den einzelnen unwiderstehlich auf, dem persönlichen Vorteil den ersten Rang unter seinen Handlungsmotiven einzuräumen. Die Wertschranke vor derart egozentrischen Prinzipien der Lebensgestaltung ist längst eingerissen. Nicht der Aufstand einsamer Rigoristen ist dafür verantwortlich, sondern der offizielle Tugendkatalog des »Wertepluralismus«. Habermas, wenngleich er ideologischen Prämissen verpflichtet ist, die ihrerseits Kritik herausfordern, macht deutlich, daß die Vielfalt der Werte, welche der gutwillige Politiker beschwört, im Grunde die Beliebigkeit der Werte und die Aufspaltung der Interessen beweist.

Wer daran gewöhnt wird, jedes Gegenüber als potentiellen Leistungsgegner zu erleben, wird keine Neigung verspüren, sich mit dem Marktrivalen friedlich in einer Enklave aus gemeinsamen Werten zu treffen. Werte sind zusammengeschmolzen auf den optimistisch zitierten, kläglichen »Minimalkonsens«, den kleinsten gemeinsamen Nenner, der kaum Wertniveau erreicht: Daß wir uns in elementaren Regeln des Zusammenlebens einig sind, dies fördert jedermanns Eigeninteresse und kann als Werteskala nur von resignierten Beschauern verstanden werden. Die sittliche Anstrengung, die zum Wert gehört, findet sich in unserem anspruchslosen Bodensatz von Wertresten nicht. Der kulturschaffende Triebverzicht, den alle längst verinnerlicht haben, kann nicht als werthaftes Handeln im anspruchsvollen Sinne verstanden werden.

Hätte Habermas recht mit seiner Lokalisierung des Kardinalmangels, so wäre unser Wertedilemma identisch mit unseren gesellschaftlichen Leitbildern: Nur die materiell verfremdeten Tugenden haben noch einen Kurswert; was sich materiell nicht nutzen läßt, findet keine einverstandene Abnehmerschaft mehr. Man erinnere sich der auf diese Weise außer Kurs geratenen Frauentugenden, deren Wertcharakter von wachsenden Gruppen, insbesondere von den Betroffenen selbst, nicht mehr realisiert werden kann, weil die breite Zustimmung fehlt. Das Privatisieren mit Werten, gegen welches Habermas sich wendet, führt in der Tat vom Hauptzug des Wertes weg und vernichtet damit wertbezogenes Denken zugunsten von interessengesteuertem Denken und Handeln.

Politiker unseres nun auch noch in Wertdefizite geratenen defizitär wirtschaftenden Staates verraten durchaus schon dieses Dilemma, wenn sie den Werten einen schmucklosen Rechtsrahmen anbieten. Sie versuchen mit dem Vexierbild der disponiblen Werteskalen darüber hinwegzutäuschen, daß dieses Angebot von »Freiheit« kein Klima für Werte ist. Werte brauchen große Felder der Übereinstimmung. Der Konflikt des pluralistischen Staates beginnt dort, wo er – getreu dem Wunschbild von der egalitären Glücksvermittlung – Übereinstimmung nicht verordnen und, folgenschwerer, über ein Tugendsystem im ethischen Raum nicht mehr verfügen kann. Nur die Einigkeit in einem solchen System könnte ein Wertegebäude begründen.

Solidarität und Toleranz, Wertsurrogate der ethischen Notstandsgesellschaft, erreichen trotz aller Beschwörungsformeln der Politiker nicht die Plastizität und die bergende Kraft von

Werten, weil sie in der absurden Spannung zu den Leitprinzipien dieser gleichen Gesellschaft überhaupt nicht mit Leben erfüllt werden können: Wo Erfolg und Gewinn, Prestige und Besitz die ineinander verflochtenen Kriterien der geglückten Existenz sind, wo eines das andere bedingt und keines von allen ohne materielle Komponente Gültigkeit hat, da dominiert die Anleitung zur Rivalität, nicht zur Solidarität, zur Aggression und nicht zur Toleranz. Daher die geheime Ratlosigkeit der Politiker, wenn sie ein Wertsystem offerieren sollen, deshalb ihr Ausweichangebot von »Freiräumen«, wo in Wirklichkeit der Wettkampf wütet und jeder von der Verdrängung des anderen lebt. In der eruptiven Anklage des Pier Paolo Pasolini klingt der Schmerz über die verkauften Seelen seiner Landsleute auf:

»Während mich noch dieser Schmerz quält, von Leuten umgeben zu sein, die nicht mehr wiederzuerkennen sind – von einer Jugend, die unglücklich, neurotisch, sprachgestört, stumpfsinnig und eingebildet wurde, als ihr der Wohlstand unvermittelt 1000 Lire mehr in die Tasche gezaubert hatte – kommt uns auf einmal die Austerity-Politik ins Haus geschneit, die obligatorische Armut. Als Regierungsmaßnahme halte ich diese Politik für geradezu verfassungswidrig, und es bringt mich ausgesprochen in Rage, wenn ich denke, wie schön sie mit dem Heiligen Jahr ›harmoniert‹. Doch als Vorzeichen einer Rückkehr zu echter Armut kann sie mich nur freuen. Ich sage Armut, nicht Elend. Selbstverständlich bin ich selbst zu jedem persönlichen Opfer bereit. Als Entschädigung würde mir genügen, auf den Gesichtern der Leute wieder das alte Lächeln zu sehen; den alten Respekt vor dem andern, der auch Selbstrespekt war; den Stolz, das zu sein, was die eigene ›arme‹ Kultur zu sein lehrte.«[152]

Wenn die Wertforschung die Grundbedingungen für Wertebildung freilegt, so leistet sie zumindest Vorarbeit für eine Erklärung des Wertverlustes, der in immer größeren Gruppen spürbar wird. Wenn wir erkennen, daß ein verbindendes Wertsystem nach dem Machtverlust der Religion keine sittliche Substanz mehr erreicht, weil das Zeitalter von materiellen Leitbildern beherrscht wird, tut sich eine weitere Dimension des Wertverlustes auf, die folgenreicher erscheint als der einfache Mangelstand, über den sich noch akademisch diskutieren läßt.

*

Werte verbinden sich zu Systemen der Lebens- und Weltdeutung. Die Wertkultur einer Gemeinschaft bildet ein ausbalanciertes Gefüge von Wertvorstellungen, die ineinander verquickt und voneinander abhängig sind. Bricht ein Wert heraus, so bröckeln weitere nach. Das Gleichgewicht von gegenseitiger Abgrenzung und Bestätigung erst erfüllt ein solches Wertgefüge mit Leben; denn das lebendige Wechselspiel der Werte entspricht dem Ursprung solcher Systeme in der Kulturgemeinschaft: Hier entstehen die Notwendigkeiten des Triebverzichts, und die Bändigungsversuche für Emotion und Aggression werden von allen in ihrer Nützlichkeit erkannt; die Schutzqualität von Werten wird erst einsehbar und wirksam in der Vollständigkeit eines Wertsystems, wo ein Wert den anderen bedingt und ein jeder dem anderen Schranken setzt.

Diejenigen Bestandteile des abendländischen Wertsystems, die sich auch nach der Ausblendung der Religion aus dem offiziellen Normenkatalog auf die neue Prioritätenskala umschreiben ließen, ergeben kein ausbalanciertes System mehr. Begründungen für liebgewordene Wertvorstellungen kommen Schritt für Schritt abhanden; der Wert selbst vegetiert noch eine Weile weiter, weil die auf ihn gerichteten Bedürfnisse sich nicht anderweitig beschwichtigen lassen. Eine Nächstenliebe aus dem Wertehaushalt des christlichen Abendlandes kollidiert auf die Dauer hart mit dem Rivalitätsprinzip der Märkte, das in die menschlichen Beziehungen eindringt.

Auch die politisch vielstrapazierten Werte: Freiheit, Brüderlichkeit, Gleichheit – schilllern, weil die Harmonisierung des Lustgewinnprinzips mit solchen Idealen nicht gelingen kann. Läßt sich schon die eingelagerte Spannung der drei Wertvorstellungen untereinander nicht lösen, so erweisen sich die Maximen unserer Ethik des Wohlbefindens als völlig unvereinbar mit Brüderlichkeit und Gleichheit; die Freiheit zeigt sich eingeebnet zu »Freiheitsrechten« und Freiheitsansprüchen, die man einfordert, statt sie zu leisten.

Wenn über intakte Wertsysteme Lebensdeutung geleistet und damit Leben erträglich gemacht wird, dann transportieren Wertsysteme Lebenssinn. Der »Sinn« überragt den Wert und das Interesse gleichermaßen; er ist beiden überlegen, weil er Glaubensgewißheiten bindet, die sich zu Überzeugungen verdichten. »Sinn« ist mehr als die »Qualität« des leiblichen und endlichen Lebens; auf Lebenssinn führen die Werte hin, weil sie in Überzeugungen von der Bestimmung des menschlichen Lebens, nicht nur von seiner materiellen Nutzbarkeit oder Ergiebigkeit ruhen.

Wenn Alexander Solschenizyn von der »Bestimmung« des menschlichen Lebens sagt, sie sei eine »geistige«, so ist es kein Zufall, daß er im gleichen Atemzug von den Werteskalen redet, denen eine Kulturgemeinschaft verpflichtet und in denen sie geborgen ist. Die Überzeugung, daß der Mensch mehr sei als nur ein Leib, daß auch der Sinn seines Daseins zum Teil verborgen und nicht materiell sichtbar sei, vermittelt sich über den menschlichen Geist.

Werte stellen also, auf diese Weise verstanden, Vermittlungsgrößen dar, mit denen der Mensch sich seiner Bestimmung als einer nicht nur leiblichen erinnert und vergewissert. Deshalb auch stillen Werte ein nicht mehr materiell erfüllbares Bedürfnis nach »Sinn«: weil sie das unzulängliche leibliche Leben in einen Zusammenhang stellen, der den einzelnen und seine Schicksale weit übertrifft, in einen Bezug, der »Sinn« als die Überwindung der eigenen Existenz und zugleich als ihre Geborgenheit spendet. Werte waren nicht von ungefähr immer an Religionssysteme gebunden. Ihr irrationaler Bestand aus Glauben und Überzeugung, die sich auf eine weiterreichende Bestimmung des menschlichen Daseins richten, verband sich ganz selbstverständlich den transzendenten Hoffnungen der Religion.

Die große Verlegenheit, die nun über dem Wertethema bei unseren politischen Vertretern ausgebrochen ist, hängt mit dem unbewältigten Problem zusammen, einem säkularisierten Jahrhundert Sinnbezüge liefern zu sollen, die man zugleich, getreu dem ideologischen Konzept der Epoche, freistellen will. Verlangten nicht die Mitglieder der Kulturgemeinschaft nach Werten, wäre die Debatte schnell beendet gewesen. Ihnen nun die Wertbegründung wieder zuzuschieben, wie die Repräsentanten der Mehrheit es versuchen, dies scheint nicht zu gelingen.

Es kann nicht gelingen, weil die Orientierungsnot übermächtig ist und die geltenden Schemata der Lebensbewältigung keine wertträchtige Kategorie mehr bereitstellen. Der Wert wird eben deshalb entbehrt, weil jede Ableitung aus unserer gesellschaftlichen Lebenspraxis immer wieder nur auf materielle Größen hinführt, auch wenn die Materie mit sozialen Gewändern getarnt wird. Die Selbstreinigung der Gesellschaft von der Bedürfnissteuerung glückt also keineswegs, und der Staatsmann, der seinen Bürgern mit der Vision ihrer ethischen Potenz schmeichelt, handelt teils als sozialer Idealist, teils als listiger Taktiker. Indem er sich als Politiker aus der Wertfrage zurückzieht, erklärt er die Politik für unzuständig. Zugleich delegiert er Wertbegründung und damit Sinnerzeugung an »die Gesellschaft«, die magische Größe unserer Tage.

Seit aber die Gesellschaft selbst nur noch »gesellschaftliche« Aspekte des Handelns kennt, seit sie einer Erfolgs- und Wohlstandsethik huldigt und Konsumzwängen ausgeliefert ist, die von den verantwortlichen Politikern wie ethische Erfordernisse behandelt werden, regelt die Gesellschaft das Zusammenleben ausschließlich nach diesen wertarmen Prinzipien. Um ein Wertsystem zu fügen, das Sinnvermittlung über die Wohlstandsgarantien hinaus leisten könnte, müßte die Gesellschaft über sich selbst hinaussehen und einen Sinn erkennen können, der die Zügelung der Genußlüste, die Kanalisierung des Wohlstandsappetits als lohnend und nährend erscheinen ließe. Ein solcher überlegener Sinn des Augenblicksdaseins steht für große Mehrheiten im sozialen Zeitalter nicht mehr zur Verfügung, weil alle Energien auf die Gestaltung dieses Augenblicks, auf die leiblichen Genüsse verwandt werden.

Das Klima des Wertwandels, in dem wir uns bewegen, ist kenntlich am Widerstreit zwischen traditionsstarken Wertvorstellungen – die Mehrheiten nicht mehr zu binden vermögen: eine Fülle moralischer und religiöser Gewißheiten – und Ideensystemen, welche die werthafte Verdichtung der Ideen zu Überzeugungen mit Wertcharakter anstreben. Die heftig diskutierten ideologischen Entwürfe zur Daseinsdeutung, die zwischen Rechten und Linken gehandelt werden, enthalten Wertangebote, die sich zur Gewißheit vieler verdichten, also Glaubenspotentiale auf sich ziehen müßten, um als Werte Macht über das Denken und Handeln der Menschen zu gewinnen.

Der Dichter Hermann Hesse hat in seinem Roman »Der

Steppenwolf« dieses Klima des Wertwandels treffend beschrieben:

»Zum wirklichen Leiden, zur Hölle wird das menschliche Leben nur da, wo zwei Zeiten, zwei Kulturen und Religionen einander überschneiden... Es gibt nun Zeiten, wo eine ganze Generation so zwischen zwei Zeiten, zwischen zwei Lebensstile hineingerät, daß ihr jede Selbstverständlichkeit, jede Sitte, jede Geborgenheit und Unschuld verlorengeht. Natürlich spürt das nicht ein jeder gleich stark.«[153]

Die streitenden Ideologien haben überwiegend politischen Charakter. Unter diesem Aspekt erscheint die Ausweichbewegung des Politikers vor der drängenden Wertenachfrage besonders problematisch. Mindestens diese Erkenntnisleistung ist dem Politiker zuzumuten: daß es sich bei den Auseinandersetzungen zwischen konservativen und progressistischen Entwürfen um die Konfrontation von Wertsystemen handelt. Auch die *Auskunft* über diese Erkenntnisleistung wäre vom führenden Politiker zu verlangen. Anstelle der bescheidensten Information über die Turbulenzen des Wertwandels, in denen die Mehrheit verständnislos treibt, verteilt der Staatsmann lächelnd Freikarten ns für die Wertansiedlung, so als handle es sich um ein peripheres Problem »der Gesellschaft«, die heutzutage und hierzulande vom »Staat« ebenso säuberlich wie künstlich getrennt wird.

Macht man sich aber klar, daß im Streit der Ideologen Wertedebatte stattfindet, dann wird die Entscheidungsträchtigkeit solcher Auseinandersetzungen deutlich. Statt auf Umweltwerte und abstrakte Menschenrechtskataloge auszuweichen, sollte die Intelligenz sich der Analyse ihrer eigenen maskierten Werteduelle zuwenden, um zunächst die Grundausstattung des zeitgenössischen Individuums zu klären, ehe man sein Umfeld mit Werten anreichert, zu deren Genuß ihm womöglich die Organe und die Disposition fehlen.

Die politische Position hängt so eng mit der Wertorientierung zusammen, daß sich die eine in der anderen darstellen läßt. Aus dem Widerstreit der politischen Überzeugungen, die unser politisches Leben in zwei gleich großen Blöcken seit mehr als einem Jahrzehnt bestimmen, läßt sich deshalb leicht ablesen, daß vergleichbarer Dissens auf dem Sektor der Werte herrschen muß. Die Wertforschung hat diese Feststellung erisch belegen können am Beispiel der drei Wertvorstellungen Freiheit, Wohlstand und Gleichheit. Das Spannungsverhältnis, aus dem solche Wertkombinationen ihr Leben erhalten, hat für Rechte und Linke verschiedene Akzente. Die Wertvorstellungen der politischen Fraktionen differieren also zumindest insoweit, daß die Rangfolge der Werte verschieden erlebt und beschrieben wird.

Eine 1976 durchgeführte Abiturientenbefragung ergibt eine enge Relation zwischen politischem Standort und den Vorstellungen, welche die jungen Schulabsolventen mit dem Begriffspaar Gleichheit und Wohlstand verbanden. Nur die Freiheit als Wert schien weniger abhängig von politischen Überzeugungen. Wer sich als politisch rechtsstehend einstuft, schätzt die Freiheit eher höher ein als die Gleichheit: Eine Mehrheit befürwortet Schmälerungen des Gleichheitsprinzips zugunsten der Freiheit, wenn die Alternative konstruiert wird.[154] Eher als die linksstehenden Abiturienten sind die Rechten auch bereit, eine Mehrung des Wohlstandes auf Kosten der Freiheit hinzunehmen. Ein Spannungsverhältnis zwischen den Werten »Freiheit« und »Gleichheit« wird eher auf der Rechten gesehen, und eine Mehrung der Freiheit durch weitergehende Gleichheit halten Rechte kaum für möglich, Linke dagegen eher für wahrscheinlich. In den Werthaltungen der Bürger finden sich also recht deutlich ihre politischen Überzeugungen bekräftigt. Wertepluralismus ist insofern ein unausweichliches Phänomen der Demokratie. Auf die Werthaltungen der Bürger nicht einzuwirken, kann aber nach diesen Ergebnissen kein Politiker mehr behaupten.

Das wichtigste Ergebnis der zitierten Umfrage ist aber dieses: Am engsten mit den Wertstrukturen verquickt zeigt sich die ideologische Position der Neuen Linken.[155] Damit bestätigt sich der Heilslehrencharakter der utopischen Ideologie von der elysischen Diesseitsentwicklung. Die auffallende Wertorientierung der linken Theorie liefert also von einem bisher vernachlässigten Blickpunkt aus Einsichten in die Unversöhnlichkeit der progressistischen Theorie gegenüber allen etablierten politischen Richtungen: Weder Gleichheit noch Freiheit sehen die

Neuen Linken verwirklicht; Demokratisierung und Spontaneität bleiben Forderungen mit glaubensbetonten Akzenten, die sie in der Wirklichkeit des demokratischen Staates nirgends erfüllt finden.

Je ausgeprägter der Glaubenscharakter einer politischen Lehre ist, so läßt sich folgern, desto mehr Wertstruktur enthält sie.

Die Wertedominanz in einer politischen Lehre weist diese primär als Heilsentwurf aus, der eher mit der Religion als mit der Politik wetteifert. Auch die etablierten politischen Richtungen haben heute bedeutende Anteile werthaltiger Argumentation aufgenommen, ohne daß dies zugegeben würde. Was die Linke in Reinkultur vorführt, ist ein durchlaufendes Kennzeichen der zeitgenössischen politischen Theorie: Sie zeigt Überschneidungen mit Glaubenssystemen und ist überlastet von ethischen und moralischen Begründungen für politisches Handeln; Ethik und Moral treten an die Stelle der Strategie. Auch die Handlungsrechtfertigung erfolgt vorwiegend in ethischen Kategorien.

Der Rückzug der Politiker aus der Wertediskussion scheint also auch hier begründet: Politik ist heute infiziert von werthaften Kategorien, während man einig ist, daß Werte zur Disposition der pluralistischen Gesellschaft stehen sollten. Der hochwirksame Bazillus des Humanitarismus hat aber so mannigfache Ersatzbildungen begünstigt, wo der Mut zum Handeln und die Demut zur Unzulänglichkeit fehlten, wo statt dessen mit Hochmut dem westlichen General-Alibi, der Liebe zum Guten, gefolgt wurde, daß die Politiker sich voller Unbehagen in Pseudowerte verstrickt finden, während sie verbaliter weiterhin dem ideologischen Programm einer selbsttätig wertschöpferischen Gesellschaft anhängen.

Die konservativ eingestellten jungen Bürger gaben bei der Befragung häufiger an, sie fänden Werte verwirklicht, als die an sozialistischen Zielen interessierten Jugendlichen. Dieselbe konservative Gruppe tritt nachdrücklich für Leistung ein und steht kritisch zur Verknüpfung von Freiheit und Gleichheit. Nach links tendierende Befragte halten dagegen häufig Freiheit und Gleichheit für untrennbar, ja sie sehen mehr Freiheit durch mehr Gleichheit gewährleistet. Den stärksten und engsten politischen Bezug zeigen überhaupt diese drei Werte: Freiheit, Mitbestimmung und Gleichheit. Hier verbindet sich die Werthaltung unmittelbar mit der politischen Stellungnahme, wie schon beim Begriffspaar Gleichheit-Wohlstand. Freiheit der Gleichheit vorzuordnen und andererseits den Wohlstand im Alternativfalle der Freiheit, dazu neigen konservative junge Menschen eher als sozialistisch orientierte.

Insgesamt ist die Bedeutung der Werthaltungen für politische Positionen der Bürger nicht erheblich, so meinen die Forscher abschließend.[156] Die Folgerung will nicht recht einleuchten, nachdem die Signifikanz der Relationen den Leser gefesselt hat. Wertpräferenzen wie die in der Studie ermittelten, die mit politischen Standorten regelmäßig nach bestimmten Mustern verknüpft sind, liefern uns im Gegenteil eine Beschreibung unserer Wertedifferenzen, wie sie aus der diffusen Diskussion der Ökologen, Politiker und Menschenrechtler nicht ohne weiteres entnommen werden kann.

Zur Überprüfung der links und rechts bevorzugten Wertegruppierungen hat die Forschung auch die Abiturienten selbst gefragt, welchen politischen Gruppierungen sie die Werte Wohlstand – Gleichheit – Freiheit – sozialer Friede eher zurechnen wollen: der Linken oder der Rechten.[157] Mehrheitlich waren die jungen Menschen der Auffassung, die Rechte sei an der Erhaltung materiellen Wohlstandes interessiert. Die Freiheit des einzelnen dagegen und den sozialen Frieden sehen relative Mehrheiten bei Rechten und Linken gut aufgehoben. Selbst wenn man berücksichtigt, welchem politischen Standort die Befragten zuneigen, bleiben die Mehrheitsverhältnisse in diesen Ergebnissen unverändert.

Für soziale Gleichheit hingegen möchte die Linke allein zuständig sein, während nur ein Teil der Rechten ebenfalls dieser Meinung ist: 35 Prozent der Rechten meinen aber, auch auf ihrer Seite habe die Gleichheit einen wichtigen Platz. 30 Prozent der Abiturienten sehen die individuelle Freiheit rechts wie links gut vertreten; Rechte wie Linke beanspruchen aber, konkret befragt, die bessere Freiheitsgewähr für ihre eigenen Lager. Den sozialen Frieden glaubt man ebenfalls auf der jeweils eigenen Seite besser aufgehoben; die Linke mißtraut hier der Rechten aber besonders deutlich, während die Rechte arglos votiert:

auch links sei der soziale Friede geschützt. Überhaupt zeigt die Linke deutlichere Abgrenzungstendenzen gegen die Rechte als diese umgekehrt.[158]

Die Überlegung, welche politische Richtung welchen Wert wirksamer und zuverlässiger vertrete, liegt unbewußt wahrscheinlich vielen Wählerentscheidungen zugrunde. Auf der Basis eigener Wertvorstellungen wendet sich also der Bürger den politischen Gruppierungen unter dem Gesichtspunkt zu, ob sie seine Werthaltungen optimal vertreten. Die Gesellschaft selbst also betrachtet die Politiker unter dem Blickwinkel der eigenen Werteskala. Werthaftes Handeln und Entscheiden aus dem politischen Tun auszublenden, wie es mancher Politiker versucht, ist abwegig angesichts der gesellschaftlichen Realitäten.

10.
Probleme des Wertwandels

Die Werte sind, während sie in den politischen Raum hineinragen, im Spannungsfeld zwischen Bedürfnissen und Zielen angesiedelt. Durch die beiden Komponenten ist ihr dualistischer Charakter aus Wunsch und ethischer Wunschkontrolle bestimmt. Der Wert erlaubt es, das kurzfristige und situationsbedingte Bedürfnis zu übertreffen und länger gültige Sinnzusammenhänge zu verwirklichen. Da der Wert aus Bewertungen der möglichen Ziele und aus den letztlich irrationalen Einlagerungen von Sinn seine Proportion erhält, hängt das Wertgefüge einer Gemeinschaft eng mit deren Zielen und ihrem Sinnverständnis zusammen.

Die Werteskala einer Kulturgemeinschaft führt in direkter Linie auf die transzendenten Gewißheiten dieser Menschengruppe hin; denn die Glaubensanteile, die den Werten zufließen, sind regelmäßig auch Bestandteile eines übergeordneten Systems von Glaubensgewißheiten, das über die Organisation des Zusammenlebens hinaus in die Transzendenz führt. Dieser enge Zusammenhang von Heilsgewißheiten und säkularen Wertekatalogen erklärt auch, warum die Mehrheit der Kulturangehörigen ihr Glaubenssystem und ihren Wertekatalog als Einheit erlebt und überzeugt ist, das eine leite sich aus dem anderen ab.

Hieraus wird nun aber auch ersichtlich, warum Turbulenzen im Wertsystem entstehen, wenn die Transzendenz-Gewißheiten sich verflüchtigen. Als überlegene Sinnvermittler sichern die Religionen die Sinnvermittlung durch Werte ab: In jedem der zehn alttestamentlichen Gebote werden Werte geschützt und bestätigt; wer diesen Werten dient, handelt mit der Zustimmung Gottes: Sein Tun und Lassen erhält Sinn. Der soziale Wert erscheint im Raum der intakten Glaubensgemeinschaft als bloße Ableitung des religiösen Wertes. Jede Nachfrage erübrigt sich daher; die Sinnhaltigkeit des Wertes ist außer Zweifel, weil er aus einer Liste von Werten abgeleitet ist, über die man nicht letztlich selbst zu befinden wagt.

Das irrationale Element im »Wert« wird von einigen zeitgenössischen Wertforschern zugelassen, von anderen wiederum übergangen zugunsten einer positivistischen Reihung von Daten und Zahlen, die den »Wert«, das scheue und schillernde Objekt der neuen Wissenschaft, einkreisen soll wie ein sagenumwobenes Wild.

Die Wertforschung selbst ist Zeitsymptom mit ihrem Versuch, das Irrationale peripher zu nennen und den Kern der Dinge in ihrer materiellen Gestalt, in ihren meßbaren Proportionen zu ermitteln. Im selbstverliehenen Prädikat »empirische Wertforschung« liegt weniger weise Beschränkung als der Anspruch, nun endlich objektiver Nachweisarbeit zuzuführen, was bis dahin nur philosophisch bedacht, theologisch dogmatisiert wurde und was in den Rechtsnormen nur eine rechtsrelevante Rolle spielt. Tatsächlich entspricht dieser wissenschaftlichen Position gegenüber den Werten auch ein allgemeiner Trend, der das rationalistische Zeitalter charakterisiert: Der Ansehensschwund der Religion zeugt bereits von der zunehmenden Distanz der modernen westlichen Welt gegenüber tradierten Glaubenshaltungen.

Die neuen Glaubensformen tarnen sich rationalistisch, vernünftig, intellektuell, wie es den geistigen Prestigevorstellungen der Zeit entspricht. Das Verhältnis zu Werten hat sich entsprechend diesen Trends rationalisiert; die emotionalen Elemente treten im Zuge der Verstandesherrschaft in allen Lebensbereichen zurück, und die reflektierende Haltung breitet sich auch unter Laien aus. Das Tempo des gegenwärtigen Wertwandels macht uns aufmerksam auf die Veränderungen, weil sie die Anpassungsgeschwindigkeit des menschlichen Selbst- und Weltbildes übertreffen. Der Wertwandel wird in eine ähnliche Beschleunigung versetzt, wie sie die technische Entwicklung vorgibt, die uns ebenfalls überholt und überfordert, was den geistigen und seelischen Nachvollzug der Wandlungen angeht.

Friedrich Nietzsche hat den erst im 18. und 19. Jahrhundert

in die Philosophie und Nationalökonomie eingedrungenen Wertbegriff[159] erstmals bewußt im Wort »Umwertung« von seiner dynamischen Seite gefaßt.[160] Die Relativität der Wertvorstellungen freilich war schon in der Antike begriffen worden. Das mythische Weltverhältnis des Menschen ist werthaft geprägt, die Anfänge von Kultur bestehen in wertbezogenem Handeln; die Ratio schaltet sich später ein als die Emotion. Kultisches Handeln ist eher wertgeprägt als rational, und der Kultus ist die früheste Gemeinschaftsform der Menschen. Wenn der Mensch sich im Geschichtsprozeß seiner Art zuerst am Wert orientiert und erst dann an der Ratio, so gibt dies Zeugnis von seinem Sinnbedürfnis, das alle anderen Bedürfnisse dominiert. Tritt das leibliche Wohl an den Platz von Sinngehalten, so rangiert damit eine der Transzendenz abgewandte Seite der menschlichen Existenz plötzlich vorn: Nach der Sicherung unseres Überlebens, nach der Bannung der Dämonen, denen die frühen Kulte der Menschen galten, nach der Abkehr selbst vom persönlichen Gott tritt die fortgeschrittene Menschheit, der fast alles untertan ist, was ihre Vorahnen fürchten mußten, in einen Zustand sublimer Barbarei ein: Sie erhebt das leibliche Wohl, die vorläufigsten Genüsse, die Lustempfindungen des Augenblicks in den Rang von Werten.

Jener Mensch nun, der nicht mehr nach oben und nicht mehr in die Natur blickt, um die Gefahren zu bannen, um die Zukunft zu lesen, um die Todesgewißheit auszuhalten, der Mensch, der keine Götter mehr hat, hat nur den Menschen. Blickt er nur auf sich selbst, so begegnet er sich nur in der Leiblichkeit und ihren Erfordernissen. Nimmt er überdies seinen Leib, diese Ballung von Materie, ernster als seinen Geist und seine Seele – eine zwangsläufige Folge aus seiner Abwendung von jeder Bestimmung über seinen Leib hinaus –, dann muß er alle werthaften Vorstellungen in seinem Leib und dessen Bedürfnissen ansiedeln.

Als sei er nicht mehr als seine fleischliche und hinfällige Hülle, entwickelt der Mensch des 20. Jahrhunderts ein Sozialethos und eine Lehre von der Humanität, die der permanenten trostlosen Selbstbegegnung des Menschen in einem Spiegel entspricht. Die Ideologen, als die modernen Verwalter seiner religiösen Energien, machen ihm wiederum Hoffnungen, die nur zur Selbstbegegnung führen; das Elixier der Hoffnung gewinnen sie mit einem winzigen Trick: mit der magischen Vokabel »Zukunft«.

Die Zukunft erst werde ihn in seiner vollen Entfaltung zeigen, reden sie dem müden Sozialgenießer zu. Sich selbst zum Lebenssinn zu werden, das will ihm, er ahnt es und entbehrt des Mutes laut davon zu reden, nicht glücken. Es schafft zwar Linderung, daß er zur werthaften Betrachtung der Welt zurückkehrt in der Ökologie, aber der Kern eines solchen werthaften Weltverhältnisses läßt sich nicht wiedergewinnen: Auch die Natur bleibt bei sich selbst, auch Wasser und Luft, denen er seine umgewandelte Humanität zuwendet, stehen nur für sich selbst und für den Menschen; sie weisen nicht über sich hinaus und können den engagierten Wertesucher deshalb nicht von sich selbst erlösen, nicht einmal erquicken. Welt, die nicht Schöpfung ist, sondern nur ein größerer Naturpark, säkularer riesiger Gesteinsbrocken im All, gewinnt nur noch bescheidene Wertstrukturen, die sich mit dem überquellenden Reichtum der Mythen und Kulte nicht messen können. Neue Mythen, wir wissen es alle, siedeln sich unterdessen zwischen den Hungernden an; Kulte wuchern und fesseln die jugendlichen Seelen. Nur Surrogate von Sinn stellen sich ein, nur kleine Gruppen fühlen sich machtvoll geeinigt durch ihre Wertentwürfe, nur ganz wenigen schießt wirklich Sinn ein, Transzendenz, das Labsal, in größere Zusammenhänge gestellt zu sein.

Die Meinungsforscherin Elisabeth Noelle-Neumann weiß von einem Werteabbau seit dem Ende der sechziger Jahre zu berichten, der vor allem durch sein Tempo Aufmerksamkeit weckt.[160a] Zwischen 1967 und 1972 sinkt aber nicht nur die Zahl der Anhänger für die sogenannten bürgerlichen Werte: Sparsamkeit, Verzicht auf kurzfristige Bedürfniserfüllung zugunsten langfristiger Pläne, Arbeit, Respekt vor Leistungen und ihrer Belohnung, Bejahung des Wettbewerbs, Anerkennung sittlicher Normen.

Auffallender ist das Aufbrechen einer Kluft zwischen den Wertvorstellungen der Jugend und der Älteren. Die Forscherin meint, angesichts des in den siebziger Jahren fortschreitenden Wandels der bürgerlichen Wertvorstellungen, dessen Umfang erst schrittweise erkennbar wird, sei dieser signifikante Riß zwischen Jung und Alt generell als ein zuverlässiges Vorzeichen umfassender Veränderungsprozesse im Wertsystem zu begreifen.

Eine Epoche des Wandels, wie die unsrige, hat nicht von ungefähr das ideologisch explosive Stichwort »Veränderung« hervorgebracht. Verändern als Prinzip, unabhängig von Objekten der Veränderung, ist nicht nur Protestvokabel gegen die »Bewahrer«, die Traditionalisten, sondern Kampfsignal, Schlachtruf einer destruktionssüchtigen Jugend, die das Wertevakuum auf ihre Weise bewältigen will, indem sie es bekräftigt.

Der Prozeß der Umwälzung, den wir in unserem Wertsystem erleben, ist nicht zu trennen von den politischen und ideologischen Konzepten zur »Veränderung«, die in der Jugend seit dem Beginn der sechziger Jahre die bevorzugte Ausdrucksform für Sinnverluste und Wertkonflikte geworden sind. Die Vokabel »Veränderung«, deren kämpferischer Charakter erst in der Diskussion dieser anderthalb Jahrzehnte aufgebrochen ist, gibt Zeugnis von der Ungeduld mit bestehenden Strukturen und von der Orientierungsnot bei der Suche nach neuen, tragfähigeren Werten. Wandel als Prinzip, wie das Signalwort »Veränderung« ihn ausruft, wird von einer Jugend erträumt, die sich gegen jede Tradition zur Wehr setzt und der Beharrung überhaupt den Kampf angesagt hat: Sie macht damit den Übergang zum Dauerzustand, erklärt den Wandlungsprozeß, der eine instabile und kräftezehrende Zwischenphase ist, zum Idealklima einer erwünschten künftigen Gesellschaft. Das Motto »Veränderung« verabsolutiert die Haltlosigkeit jener Phase, in der diese Jugend aufgewachsen ist. Es verdeutlicht besser, als die Wertebeschwörer es vermöchten, daß ein neues System, das Halt gewähren könnte, so weit außer Sicht geraten ist, daß junge Menschen es nicht einmal mehr erdenken möchten.

Dolf Sternberger beschreibt in seinem Buch »Drei Wurzeln der Politik« den Stellenwert dieser Alarmvokabel:

»Es ist ein einziger klassischer, zitierbarer und in der Tat tausendfach zitierter Satz aus der literarischen Überlieferung, der wohl immer mitklang oder mitraschelte, wenn das Wort ›Veränderung‹ ausgeprochen wurde, und dieser Satz macht auch das Aufkommen der Emphase verständlich: die elfte und letzte der Thesen über Feuerbach von Karl Marx. Sie lautet: ›Die Philosophen haben die Welt nur verschieden interpretiert, es kömmt drauf an, sie zu verändern.‹ Ein Aphorismus, eine Parole, eine Antithese, eine Kampfansage, ein Aufruf, eine scharf blitzende Formel. Sie stammt aus dem Jahre 1845. Ich zweifle nicht, daß ihre Faszination den Grund für die jüngste, sonst so erstaunliche Laufbahn des Wortes ›Veränderung‹ abgibt, daß von dieser kunstvollen und kühnen Prägung des jungen Marx sich sein emphatischer Gebrauch herschreibt, ganz gleich, ob das den jeweiligen Sprechern deutlich ist oder nicht.

Dieser jüngste Begriff von Politik ist als ›ideologisch‹ und sogar als utopisch nur erst vorläufig bezeichnet. Jenes Zauberwort ›Veränderung‹ deutet besser an, woher ihm seine Wurzel wächst. Denn die Veränderung, die hier in vielerlei Varianten intendiert wurde – als Auszug aus der etablierten Gesellschaft, Leistungsverweigerung, neuer Anfang hier und jetzt mit Emanzipations-Zellen, ›Kohorten‹ und ›Kommunen‹, schließlich auch als Schreckenstat zur Erschütterung des Bestehenden, Signal der Destruktion des schlechten ›Systems‹ –, diese Veränderung zielte, ob mit vollem oder nur mit halbem Bewußtsein, aufs Ganze der Gesellschaft wie des Menschen selber.«[161]

Selbstverständlich ist der Wertwandel, den wir erleben, auch eine Folge der gewandelten Lebensformen. Dennoch wird einem bei dieser Feststellung nur vorübergehend wohl: Gewandelte Wertvorstellungen begründen auch Veränderungen der Lebensformen; der Begründungszusammenhang ist offenbar ein wechselseitiger. Ursache und Folge sind austauschbar. Wertneutrale menschliche Lebensformen sind zudem undenkbar; und ohne kulturell geprägtes Denken und Handeln, ohne »Lebensform«, können wir den Menschen nirgends beobachten. Wo er lebt, entwickelt er Kultur und in ihr »Werteant«Der in Brüssel arbeitende Wertforscher und Ökologe Manfred Siebker hat versucht, eine »Symptomliste« zusammenzustellen, welche die Kennzeichen für den »Verfall eines Wertsystems« aufzählt. Alle hier aufgeführten Phänomene sind uns vertraut aus der öffentlichen Diskussion der letzten Jahre, die teils auf dem politischen, teils auf dem kulturellen Felde geführt wurde. Siebkers Liste klärt auf, wie viele der aktuellen Probleme in Wirtschaft, Kultur und Politik im Grunde Konfliktstoffe unseres bröckelnden Wertsystems sind.

»– wachsende Unzufriedenheit bei wachsendem materiellen Wohlstand (Meinungsumfrage der Kommission der Europäischen Gemeinschaften; ›reiche‹ Mitgliedsländer zeigen größere Unzufriedenheit als ›ärmere‹, ›mächtigere‹ mehr als kleinere)
– zunehmender Zukunftspessimismus der Jugend
– explosive Bildung von Bürgerinitiativen gegen ›Willkür des Systems‹
– ansteigende Drogensucht, vor allem in der Jugend
– stark wachsende Kriminalität, vor allem Jugend- und Wohlstandskriminalität, Vandalismus
– Zunahme der Selbstmordrate
– Aufbegehren gegen entfremdende Arbeitsteilung und Tätigkeiten ohne Sinnzusammenhang
– Forderung nach mehr Zusammenhangwissen statt spezialisierendem Jobtraining
– Autonomiebestrebungen regionaler und ethnischer Gruppen; Identitätssuche über Landschaft, gewachsene ›Stadtschaft‹, Brauchtum, Sprache und Dialekt.«[162]

Wertwandel läßt sich verstehen als die Reaktion der Kulturgemeinschaften auf veränderte Situationen ihres Lebens, auf die der Wertekanon, mit dem man gelebt hat, nicht mehr paßt. Einen Wandel der Lebenssituation festzustellen, dies wird nur teilweise über wissenschaftliche Kriterien möglich sein. Und im objektiven Wandel wirken die Veränderungen der menschlichen Maßstäbe mit, so daß gleiche Kultursituationen von einer Gruppe anders erlebt werden können als von einer anderen: Alle ethischen Normen einer christlich geprägten Gesellschaft verändern ihr Gesicht, wenn die dominierende Rolle der Religion anderen Instanzen anvertraut wird. Das materialistische Mißverständnis, die Werthaltungen der Gesellschaft folgten aus der äußeren Situation, verfehlt die empfindliche Wechselbeziehung zwischen beiden. Sicheres Kriterium für Epochen des beschleunigten Wertwandels sind Wertediskussion und das Bewußtsein des Wertmangels.

Das Mangelbewußtsein entspricht der Übergangslage, in der tradierte Wertvorstellungen nicht mehr wärmen und gewandelte noch nicht klar erkennbar sind: Insbesondere der Glaubensanteil in den Werthaltungen läßt sich nicht so schnell verlagern und neu verankern. Das Verhältnis zu gültigen Werten setzt sich zusammen aus der Erwartung ihrer Tauglichkeit und der Erfahrung ihrer Tragfähigkeit; um der Schutzfunktionen willen, die intakte Werte erfüllen, respektieren die Menschen ihre impliziten Forderungen an die sittliche Substanz des einzelnen.

Das rhythmisch geordnete Gefüge von Erwartung und Genuß läßt sich nur Schritt für Schritt entflechten und auf neue Werte richten. Bei der Wandlung eines jeden Einzelwertes geraten alle ihn abstützenden und von ihm abgestützten Werte in der Skala aus ihrer Balance. Notlagen der Wertgemeinschaft scheinen besonders begünstigt durch Epochen rascher Entwicklungen, zahlreicher Entdeckungen, die schneller in die Lebensbedingungen der Kulturgruppe eingreifen, als diese reagieren kann. Unser Kardinalproblem, das uns überfordernde Tempo der technischen Entwicklungen und die überstürzte Anpassung unserer Lebensformen, die wir äußerlich vollziehen, ohne ihr innerlich gewachsen zu sein, ist mitverantwortlich für unsere Wertkrise.

Auf das Wertsystem strahlt nun der hastig durchlebte Wandel unübersehbar aus; längst durchlaufene Perioden der sexuellen Tabustürme, der Autoritätsentblößung, des erstickenden Wohlstandswachstums, erweisen sich als unbewältigte Phasen gieriger Landnahme. Die vergleichende Überprüfung des Wertekanons unterblieb. Im Überfluß glaubte man ohne Werte auskommen zu können: Werte schienen Wegzehrung für brotlose Zeiten, Tugenden der Besitzlosen. Neuer Güterbesitz relativiert alte Bedürfnisse. Die neuen Güter erwecken zugleich weitergehende Bedürfnisse und berühren in beiden Aspekten unter Umständen den Wertbereich. Die Bedürfnisweckung durch die Erfüllung von Bedürfnissen ist als Merkmal der Anspruchsgesellschaft hinreichend bewiesen. Hier wurden nicht in solcher Masse Mangelempfindungen befriedigt, wie Güter erzeugt, erworben und konsumiert werden, sondern die plötzlich beschleunigte Güterherstellung aktivierte die Wunschphantasie, in unerprobte Richtungen vorzudringen.

Mit der unerwartet üppigen Erfüllungsmöglichkeit schoben sich die Ansprüche in die neu geöffneten Schneisen vor: Die leibliche Versorgung erreichte solche Ausmaße der Sättigung, daß Bedürfnisse über diese Sattheit hinaus erdacht werden mußten, wollte man das Sammeln von materiellen Gütern nicht plötzlich gegenstandslos sehen. Die Optimierung der leiblichen Versorgung ging einher mit einer wachsenden Hochschätzung des Leibes und seiner Bedürfnisse. Nachdem sich diese Wunschpotentiale immer weiter auffächerten, wuchs die Überzeugung von einer überragenden Bedeutung der materiellen Erfordernisse für das Wohlbefinden.

Einmal auf die Fährte dieser unerschöpflichen Spur ins leibliche Behagen gesetzt, entwickelte man Wertenergien in materieller Richtung. Die Versorgung mit Sachgütern über den unmittelbaren Bedarf hinaus erwarb den Rang eines Wertes, weil sie starke Bedürfnispotentiale an sich band und eine Steigerung der Wünsche im gleichen Maße verzeichnet wurde wie die Mehrung der Erfüllungen: Wir finden uns abhängig und konstatieren folglich Unentbehrlichkeit der Güterfülle, in der wir uns tummeln.

*

Der Wertwandel in Richtung auf die Sachwerte und materiellen Güter ist im letzten Jahrhundert der signifikanteste Vorgang im Wertsystem der westlichen Welt. Der gesamte Säkularisierungsvorgang der letzten Jahrhunderte, der mit dem aufgeklärten Humanismus seinen Anfang nimmt, wird begleitet von einer Umwertung umfassenden Ausmaßes: Der Mensch selbst beginnt, sich anders in der Welt zu verstehen.

Nicht mehr einzig relatives Gegenüber eines Schöpfers, der die Welt in Händen hält, sondern Souverän einer geistigen Tradition von ungeheurem Reichtum, Nachfahre der antiken »auctores« und Verwalter eines stolzen geistigen Erbes, beginnt der Europäer in den Spiegel zu schauen und sein eigenes Antlitz zu studieren, ehe er zu Gott emporblickt. Die wirtschaftliche Entfaltung mit dem Aufblühen der weiträumigen Handelsgeschäfte tut ein übriges, dem selbstbewußten Individuum seinen Wert zu bestätigen. Selbst gewisse Kaufleute verlassen den schirmenden Bau der allein zuständigen Weltdeuterin Religion und versehen ihre Geschäfte mit dem Lustgewinn der autonomen Vernunft. Basler Großkaufleute sind es, die bei dem Maler Hans Holbein um 1520 Bilder in Auftrag geben, die den Verlorenen Sohn[163] des Lukasgleichnisses als stolzen Jüngling zeigen, der seine Schicksale selbst in die Hand nimmt.[164]

Gewaltige Macht in der Selbstvergewisserung des Menschen ist die Forschung. Das Erlebnis des Objektiven und Beweisbaren, die Faszination der Empirie, des genau Gewußten und Beherrschten weckt den verführerischen Gedanken des unendlichen Fortschritts, der jedes Dunkel aufhellen, damit Ängste gegenstandslos machen werde und die Welt, nun endlich, dem erwachten Menschen untertan. Die nachprüfbaren Befunde der Naturwissenschaften sind es, die mit ihrer greifbaren Nutzanwendung ebenso viele neue Hoffnungen wecken, wie sie alte erfüllen.

Im größeren Zusammenhang dieser Welt- und Selbstentdekkung erscheint die programmatische Zusammenfassung solcher Hingabe an die eigene Macht über den Menschen und die Materie in der Lehre des historischen Materialismus eine logische Folge der Konzentration auf die Diesseitigkeit der menschlichen Existenz. Aus der Vorübung, die Transzendenz auszublenden und den Kosmos unter dem Blickwinkel des Erfahrbaren und Machbaren neu in Besitz zu nehmen, fließt soviel Bestätigung für das Aufbruchsgefühl des aufgeklärten Abendländers, daß die Neugierde wächst, diese neugewonnene Macht bis an ihre Grenzen zu erproben. Nachdem die Herrschaft über die Natur grenzenlos erweiterbar scheint, ist der Gedanke, den Menschen selbst aus den Unzulänglichkeiten seines subjektiven und objektiven Daseins zu befreien, unabweisbar. Der Gleichheitstraum, den die Französische Revolution zum realisierbaren Anspruch erhoben hatte, war die zwangsläufige Folgerung, nachdem die Heiligung der Verschiedenheiten durch die christliche Kirche nicht mehr allmächtig blieb.

Erschütterungen gewaltigen Ausmaßes im Wertsystem einer Kultur sind zu erwarten, wenn sich das Bewußtsein der eigenen Situation derart tiefenwirksam verändert. Betrachtet man die wachsende Beschleunigung der technisch-industriellen Entwicklung, die seit der Mitte des 19. Jahrhunderts das gesellschaftliche Leben prägt, so wird die zusätzliche Irritation begreiflich, die das Individuum des Massenzeitalters in seiner widersprüchlich gewordenen Lage befällt: Eben erst zum Herrn des Kosmos erstarkt und von grenzenlosem Zutrauen in die Wissenschaft erfüllt, findet es sich im 20. Jahrhundert vom dämonischen Antlitz des neuen Mythos geängstigt, vom Tempo der fortzeugenden Entdeckungen und technischen Kettenreaktionen überrollt und in jedem Landgewinn von Verlusten bedroht: Einbußen werden spürbar, die in die Substanz des menschlichen Wesens greifen. Die eben erst zu Ehren gekommenen Güterwerte scheinen erdrückende Macht zu entwikkeln, der das Individuum nicht mehr auswählend und souverän zu steuern vermag.

Manfred Siebker macht auf den Widerspruch aufmerksam, der in der Wertkrise unserer westlichen Kultur virulent wird: Wirtschaft, Politik und Kultur folgen unterschiedlichen Werteskalen, deren Aussöhnung nicht gelingen kann, weil sie kontradiktorischen Leitwerten verpflichtet sind. Siebker meint, die Neubelebung eines intakten Wertsystems könne nur über die Revision dieser Widersprüche gelingen. Seine Befunde sind treffend; seine Folgerungen für die Konsolidierung neuer Werte wirken dagegen nur zum Teil realistisch. Wo er Wertplanung für erforderlich und möglich hält, Wertmanagement für notwendig erklärt, wirkt sein Wertverständnis ebenso utopisch wie sein Zutrauen in die menschliche Kollektivvernunft.

»Kohärente, organisch funktionierende Wertesysteme nennt man Kultur. Inkohärente, aus linearen Gebilden bestehende Wertemengen sind charakteristisch für kulturellen Zerfall und eventuelle Vor-Synthese. Bewußte Wertesynthese erscheint heute nötig, um das Selbstzerstörungspotential der Überflußsituation unter Kontrolle zu bringen. Dies ist nicht gleichbedeutend mit ›Werte-Management‹, dessen Aufgabe, wie die des Krisen-Managements, darin besteht, die Dinge so zu ändern, daß sich nichts (Entscheidendes) ändert. Werte-Synthese ist Aufgabe von Gemeinschaften, nicht von isolierten Eliten. Dabei ist die Ratio notwendiges aber nicht hinreichendes Element.

Bewahrungsethik und Rücksicht auf schwache bzw. auf zukünftige Generationen kann nicht auf die zur Zeit in Ost und West dominierende Ideologie von Herrschaft und Ausbeutung (Natur durch Mensch und damit auch Mensch durch Mensch) ›aufgeklebt‹ werden, sondern es ist ein Paradigmenwechsel nötig. Dieser setzt Katharsis und damit das Eintreten von Individual- und Kollektiv-Katastrophen voraus. Das gehäufte Wahrnehmen von Identitäts- und Öko-Krisen gibt dafür Anzeichen.«[165]

In der Umklammerung seiner »Werte« ahnt der Mensch nun gegen Ende des 20. Jahrhunderts, daß er sich seiner wertenden Tugenden offenbar schlecht bedient hat, daß er den Verführungen und Überredungen der Sachwerte verfallen ist, ohne zu beachten, daß er bei dieser Wertwahl seine Autonomie preisgegeben hat.

Die Diktatur der Sachwerte entwickelte sich aus dem Fortschritt der Wissenschaften unmerklich. Den Wertcharakter der materiellen Güter fand man zunächst in ihrer Eigenschaft bestätigt, das Leben durch beschleunigte Bedarfsdeckung zu erleichtern. Seit der wirtschaftliche Wettkampf als Prinzip in die Privatsphäre abfärbte, verbanden sich mit den im Wettstreit errungenen Gütern Wertgefühle. Der Sachwert überhaupt war in die Werteskala aufgerückt, nachdem der historische Materialismus den Besitz zum Angelpunkt der Klassifizierungen von menschlicher Substanz erklärt hatte. Angehalten, den einzelnen nun vordringlich nach seiner Plazierung in der Besitzpyramide zu beurteilen, entwickelte man nicht nur Neidgefühle und ehrgeizige Aggressivität gegen solche Rivalen; die Sachwerte selbst erhielten den Rang schicksalhafter, existentiell bedeutender Faktoren.

Mit dem Anbruch des materialistischen Zeitalters beginnt die Werteskala sich in Richtung auf die neu etablierten Lebens- und Arbeitsprinzipien zu wandeln: Das gewinnorientierte Denken und Handeln räumt den Gütern einen werthaften Rang ein. Wenn es zutrifft, daß Werte sich dort kristallisieren, wo Mangel empfunden wird, dann kann der Wertekanon, dessen Ermüdung wir gegenwärtig erleben, als der adäquate Katalog von Zielvorstellungen begriffen werden, die eine Gesellschaft in der Kriegsmüdigkeit entwickelt, bestochen von den Glückszuständen einer reibungslosen leiblichen Existenz.

Solche kurzatmigen Erläuterungsversuche können aber nicht darüber hinwegtäuschen, daß die Wertkrise, in der wir leben, eine schwererwiegende Vorgeschichte hat und daß die Werte, deren heute insbesondere die Jugend müde ist, nur eine trügerische Tragfähigkeit entwickelt haben. Der Überdruß der Jugend hat freilich auch dort Ursachen, wo den Jungen der Blick in die Vergangenheit nicht gelingt und deshalb Werte der Älteren keine Würde mehr entwickeln. Im Wohlstand aufgewachsen, können die sattgegessenen Söhne und Töchter, von Bequemlichkeiten in ihrer körperlichen und geistigen Leistungsfähigkeit beeinträchtigt, nur die abgenutzte Hülle einer Wertvorstellung erkennen, die für ihre Eltern durch die Erinnerung des Mangels mit Sinn gefüllt wird.

Daß unsere Werte keinen Sinn mehr vermitteln, dies kann aber nicht nur an der Generationenkluft liegen, der es zur Vermittlung vieler Werte an Brücken mangelt. Auch die Saat dieser Werte finden die Jungen nirgends aufgegangen: Die Spuren des Wertekatalogs ihrer Eltern sind schwer lesbar, wenn diese jungen Leute sich selbst und ihre Umwelt betrachten. Es kann ihnen nicht gelingen, ihre üppige Jugendausstattung auf dem verbrannten Boden des Weltkrieges zu verstehen und ihre Versorgung mit Nahrung und Kleidern als werthaltiges Geschehen zu erleben. Freiheit und Gleichheit, Solidarität und Gerechtigkeit, das sind die Tugenden ihres alternativen Wertekatalogs.

Im Kampf um die Fruchtbarkeit des Ackerbodens haben die frühen Kulturvölker die Frucht und den Samen als hohe Werte geheiligt. »Wert« war, was lebenerhaltend und mangeldeckend wirkte: das Haus, die Nahrung und die Vorgänge, bei denen sie errungen wurde: Jagd, Saat und Ernte. Das Leben war ein Wert, weil es zu all diesen Leistungen befähigte, der Tod war ein Wert, weil er der große Feind war, den man nicht unterwerfen konnte. Für alle diese Werte rief man die Götter zu Hilfe, beschwor man die Dämonen. Die Schöpfung lebte; Mythos kristallisierte sich um alle wesentlichen existentiell bedeutsamen Erlebnisse und vor allem um die Rätsel der menschlichen Existenz.

Mit dem Schwinden der Rätsel zog sich Mythos zurück und blühten die Werte des Zusammenlebens auf: Den frühesten Inzestverboten und Solidaritätshaltungen unter Blutsverwandten traten anspruchsvolle geistig-sittliche Regeln des sozialen Umgangs zur Seite. Vorbild solcher Wertordnungen blieb der absolute Wertekanon der Religion. Wie man den Menschen einzuschätzen hatte, das erfuhr man in den Büchern der christlichen Religion; und was man vom Menschen zu halten hatte, das leitete sich lückenlos ab von dem, was man Gott schuldete.

»Werte« waren im Mittelalter, und weit in die späteren Jahrhunderte hineinreichend, modifizierte Gottesgebote. Das

Wertsystem der christlichen Jahrhunderte war deshalb eng mit dem hierarchischen Weltentwurf verquickt, in dem die Heiligkeit des Gottes unantastbar war wie seine Gerechtigkeit, wie seine Gnade, wie sein Zorn auf seine Feinde. In der Abwendung der letzten Jahrhunderte von der christlichen Weltdeutung läßt sich zu allererst die Abwehr des Menschen gegen diese heilige Gottperson erkennen, die das menschliche Handeln relativiert und einzäunt, vor allem: die es richtet.

Erst im Zuge der Entflechtung dieser Bande zur Religion weitete die aufgeklärte Menschheit ihre Abwehr gegen das »Hierarchische« auch auf die innerirdischen Zustände aus. Im »patriarchalischen« Prinzip wird letztlich das Prinzip des persönlichen allmächtigen Gottes abgelehnt, das dem patriarchalischen Organisationsmuster parallel läuft. Die hierarchische Glaubenswelt der Christen erschien nun als die üble Garantin aller Ungleichheiten unter den Menschen; die christliche Lehre sanktionierte die Ungleichheit, indem sie jeden lehrte, auf seinem Platz auszuhalten und seine Dürftigkeit im Namen des einen großen Patriarchen, des Christengottes, in der Gewißheit einer späteren Gleichstellung aller, nach dem Tode freilich erst, demütig zu ertragen.

Alle Werte im Umkreis der christlichen Tugenden gerieten in die Zonen des Mißtrauens, nachdem die Lockerung dieser Bindungen fortschritt. Die gesamte christliche *Humanitas* ist im letzten Jahrhundert auf diese Weise neu bewertet, abgewandelt, abgetan worden, je nach der Eignung ihrer Einzelstücke für eine um den Menschen gruppierte Welt. Die Virulenz der Sachwerte hängt mit dem Abbau der immateriellen Werteskalen eng zusammen. Tugenden ohne Materialwert und Werte ohne sozialisierbaren Aspekt siechten dahin, weil sie in das veränderte Weltbild nicht mehr paßten. Auch die Wertekonservierung in der Familie mißlang im Endeffekt.[166]

*

Sigmund Freud hat lange vor dem offenen Ausbruch unserer historisch gewachsenen Wertkrise die enge Verknüpfung von Mythos und Religionen mit der Werthaltigkeit der menschlichen Weltsicht zum Gegenstand seines glühenden Interesses gemacht. In seiner Schrift über »Das Unbehagen in der Kultur« berührt er alle Fragen der Wertstruktur, die heute von den Wertforschern neu gestellt werden, als gäbe es keinerlei Antworten älteren Datums.

Ohne den Wertbegriff häufig zu bemühen, kommt Freud sehr bald in seiner Abhandlung auf den Wertcharakter des Glücks; und ohne dem christlichen Glauben anzuhängen, erkennt er, wie schon Platon[167], die komplizierte Balance zwischen Glück als Erfüllung von unmittelbaren Lustbedürfnissen und sittlicher Kontrolle, die den Genußcharakter der kurzfristigen Freuden für längere Zeiträume nutzbar macht und zusätzlich werthaft auflädt.

In Übereinstimmung mit dem Philosophen Immanuel Kant erkennt auch der Psychoanalytiker die Rolle des Schönen für den Glücks- und Wertgenuß. Daß weder das Glück noch die Schönheit ohne sittliche Elemente Wertcharakter entwickeln, dies steht für beide, den Forscher und den Denker, außer Zweifel. Liest man Kants »Kritik der Urteilskraft« und in ihr die Paragraphen über das Schöne, folgt man Freuds Überlegungen zum »Unbehagen in der Kultur«, so möchte man für unsere Gegenwart die Diagnose versuchen, daß wir gegenwärtig das Scheitern des Versuchs erleben, Glück und Schönheit des Lebens losgelöst von ihrer sittlichen Substanz zu genießen.

Sigmund Freud antwortet auf die Frage, »was die Menschen selbst durch ihr Verhalten als Zweck und Absicht ihres Lebens erkennen lassen, was sie vom Leben fordern, in ihm erreichen wollen«: »Sie streben nach dem Glück, sie wollen glücklich werden und so bleiben.«

Die unmittelbarste und auf primitiver Stufe von allen Völkern zunächst erprobte Möglichkeit, das Glück in Besitz zu nehmen, ist die Wahrnehmung der körperlichen Lust. Daß Gemeinschaften aber nur mit Hilfe einschneidender Regelsysteme ihre Glückszugänge abwandeln und für viele nutzbar machen können, ist hinreichend bekannt und diskutiert worden. Was Freud in diesem Zusammenhang aber zum Mangelempfinden sagt, dem die moderne Gesellschaft mit der Freigabe des Lustgewinnprinzips auf dem Sektor der Sexualität zu steuern versucht hat, auf jener Ebene also, die keinerlei Sublimierung des Glücksstrebens verlangt, das sollte uns Nachfahren darauf aufmerksam machen, wie lange schon unsere heute noch unlösbaren Probleme zutage liegen. Womit haben wir uns unterdessen aufgehalten, statt sie zu erledigen? Die Zerstörung unseres Wertsystems scheint nicht zuletzt eine Frucht unserer kulturhistorischen Unbelehrbarkeit.

»Aber vielleicht machen wir uns auch mit der Idee vertraut«, schreibt Freud, »daß es Schwierigkeiten gibt, die dem Wesen der Kultur anhaften und die keinem Reformversuch weichen werden. Außer den Aufgaben der Triebeinschränkung, auf die wir vorbereitet sind, drängt sich uns die Gefahr eines Zustandes auf, den man ›das psychologische Elend der Masse‹ benennen kann. Diese Gefahr droht am ehesten, wo die gesellschaftliche Bindung hauptsächlich durch Identifizierung der Teilnehmer untereinander hergestellt wird... Der gegenwärtige Kulturzustand Amerikas gäbe eine gute Gelegenheit, diesen befürchteten Kulturschaden zu studieren.«[168]

Die jüngsten Ausbrüche der jungen Menschen aus ihren Familien hängen mit der Übergangssituation des Wertwandels zusammen: Die Älteren hängen emotional noch an Werten, von denen ihr Verstand weiß, daß sie im Lebensalltag nicht mehr verwendbar sind. Das Übel, das den Jungen nicht entgeht und das ihren Aufstand rechtfertigt: Mit einem verinnerlichten Zynismus leben viele Ältere im Berufsalltag nach einer anderen Werteskala als zu Hause; auch auf die Kindererziehung wenden sie ihre alte, liebgewordene Werteskala an und greifen zu harten Maßnahmen, wenn die Kinder dieses doppelte System aufdecken.

In einem Gespräch mit Alexander Mitscherlich hat Iring Fetscher 1978 diesen vieldiskutierten, speziell verschärften Generationenkonflikt erörtert.

Fetscher: »Angesichts eigner Schuld flüchteten die meisten Deutschen in eine ›entschlossene Aufbauleistung‹, die sie vorwiegend als Tätigkeit im Dienste des eigenen materiellen Wohlergehens oder der eignen Karriere auffaßten. Das Wirtschaftswunder kompensierte die verdrängten Schuldgefühle und ermöglichte ein – oberflächlich – stabilisiertes Selbstwertbewußtsein.

Die ältere Generation – meist zu feige, um über die eigene Vergangenheit während des Dritten Reiches offen zu sprechen – verschleierte die Rolle, die sie selbst damals gespielt hatte. ›Was aber nicht gründlich durchgearbeitet, sondern lediglich verdrängt wird, das kommt, wie die Analyse überzeugend nachgewiesen hat, mit verdoppelter Energie wieder‹.«[169]

Die Generationenkluft dieser jüngsten Nachkriegsjahrzehnte wird nicht zuletzt deshalb allseits so schmerzlich erlebt, weil die Alten mit dem Verlust der Liebe ihrer Kinder ihr altes Wertsystem endgültig verlorengeben müssen. Die neuen Werte, mit denen ihre Kinder in Theorien spielen, sind das Alternativangebot einer intellektuellen Schicht zur Werterenovierung. Aber die Forschung weiß auch hier optimistische Prognosen zu liefern: Wertplanung, Wertmanagement lauten die Hauruck-Vokabeln einer Generation von Wissenschaftlern, die alles für machbar hält, dessen Mechanismus sie verstanden zu haben glaubt.

Die Werte, mit denen ihre Eltern leben, haben dieser jungen Generation nur teilweise eingeleuchtet; der Gegensatz zwischen Postulat und Lebenspraxis blieb immer so erschreckend deutlich: Wo die Ware regiert, glaubt kaum ein junger Idealist an brotlose Tugenden oder an Werte, die den Leib übertreffen. Diese Alten waren auch müde: Ihnen war im Geschützdonner und unter Bombenteppichen das Wertgefüge gründlich ins Wanken geraten. Ihre liebsten und edelsten Werte wagten sie einer hohnlachenden Jugend kaum noch zu präsentieren. Katastrophen von einer solchen Ausstrahlungskraft wie die Weltkriege greifen in den Glauben des Menschen an seine Welt und in seinen Glauben an sich selbst ein. Erniedrigt und ausgeraubt wie er ist, regt sich nichts in ihm als der Wille zu leben. Den Wert diktiert der Mangel: Essen, sich kleiden, wohnen, das werden die vitalen Werte im Kampf um die menschenwürdige Existenz.

Hat er sie, diese Werte, dann greifen sie freilich schnell nach ihm und halten ihn fest: Der Konsum hat ihn, der Luxus, der »Lebensstandard«, das »Sozialprestige« kostümieren sich zu Wertattrappen und narren den Armen, der von bösen Erfahrungen ausruhen will. Er liebt noch eine ganze Weile alles, was er einmal schmerzlich entbehrt hat. Er wird auch schon geformt durch seine Güter, die ihn polstern, innerlich wie äußerlich, die ihn plötzlich sogar nach außen vertreten: Er ist, was er hat, er braucht selber niemand mehr zu sein. Seine »Werte« sind selbständig geworden und stecken ihn in die Tasche. Er konsumiert und reist weiter, er wetteifert mit anderen, weil das Spiel einmal so begonnen wurde, aber ganz leise, tief unter dieser Oberfläche, beginnt er zu leiden: Er fühlt sich unfrei und stimmt ein Hohelied auf die Freiheit in der Demokratie an wie das Kind im dunklen Keller. Er weiß, daß er insgeheim der Feind aller anderen ist, weil er sie alle als seine Rivalen sieht: Er stimmt den Choral von der Solidarität mit der Zusatzstrophe von der Toleranz an. Er spürt die steigende Sehnsucht, sich als guter Mensch fühlen zu dürfen und beginnt deshalb viel Gutes zu wollen: Gerechtigkeit, Menschenrechte. Aber der Mangel wuchert.

Neuer Mangel, dem alte Versäumnisse, alte Irrtümer das Gesicht geben: In der nackten Not wurde ein bescheidener Wertehaushalt entwickelt. Die dürftig-einseitigen Werte konnten sich zu Herren machen und den Werte-Herrn zum Sklaven. Als alle Direktbedürfnisse befriedigt waren, praßte zwar der leidgeprüfte Zecher noch eine Weile weiter, weil Genuß nach Ewigkeit verlangt. Dann aber kam der Überdruß doch, und die unbequeme Jugend verstand ihn zu steigern, was den Prasser zum Verharren in seinem Tun anregte, da er sich in seinen Leiden verkannt sah. So verbrauchte man gemeinsam gegeneinander Zeit. Heute brennt das Defizit an tragfähigen Werten in jungen und älteren Seelen, verschweigen läßt es sich nicht mehr; die Konfrontationen sind leiser geworden. Der gemeinsame Mangel eint zumindest die Nachdenklichen.

Winston S. Churchill hat schon im Jahre 1932 die Beschleunigung des Wandels als Kardinalkennzeichen unserer Epoche bezeichnet.[169a]

»Es läßt sich nicht daran zweifeln, daß die Entwicklung in sich steigerndem Tempo weitergehen wird. Wir wissen genug, um sicher zu sein, daß die wissenschaftlichen Errungenschaften der nächsten fünfzig Jahre bedeutend größer, schneller und überraschender sein werden als die, die wir bereits kennengelernt haben.«

Churchill zeigt sich im gleichen Zusammenhang aber ohne jede Illusion, was die Entwicklungsfähigkeit des Menschen betrifft.

Von einer Beschleunigung seiner Anpassung an die rasende Entwicklung kann nur im technischen, nicht aber im sittlichen Sinne geredet werden. Die Warnungen, die in solcher Einschränkung liegen, sind damals und später zwangsläufig überhört worden: Gebannt von immer neuen Überraschungen, atemlos von Eroberung zu Eroberung wissenschaftlich vorwärtsdrängend, ließ sich der Fortschrittsenthusiasmus erst heute mäßigen, nachdem die Opfer, welche er fordert, immer schmerzhafter werden.

»Es ist gewiß, daß die Tugenden und die Weisheit der Menschen im Verlauf der Jahrhunderte, während sie in grenzenlos wachsendem Tempo Wissen und Macht ansammelten, keinerlei bemerkenswerte Besserung gezeigt haben...«

Schon damals war für die Analytiker das Phänomen der Verspätung als Charakteristikum unserer psychischen Situation erkennbar. Die Intelligenz des Menschen, so Churchill 1932, sei seiner moralischen Entwicklung vorausgeeilt. Freilich hält der Politiker damals noch eine bewußte Kontrolle dieses Verspätungsproblems für möglich. Wir sehen heute, daß die Schizophrenie des Zeitalters, welche in der Diskrepanz von Sittlichkeit und Rationalität aufgebrochen ist, vergebens nach Versöhnungshandlungen der widerstreitenden Positionen von technischer Intelligenz und ethischer Sensibilität sucht. Winston Churchills vor fast fünfzig Jahren ausgesprochene Mahnungen nähren sich zwar aus einer Zuversicht, die dem Menschen solche Korrekturen anvertrauen und zutrauen möchte. Die Diagnose ist aber ungetrübt von solchen Hoffnungen:

»Ohne eine entsprechende Vermehrung von Barmherzigkeit, Mitleid, Frieden und Liebe kann die Wissenschaft selbst alles zerstören, was das Leben majestätisch und erträglich macht.«

*

Die Spannung zwischen den offiziell verkündeten und den erlebten Werten wird heute verschärft durch die zunehmende Passivität des Bürgers, der im Staat nicht nur den Sozialbetreuer, sondern auch den Werteversorger sieht. Das Bewußtsein von Wertverlusten, das der Orientierungsnot des einzelnen im bürokratischen Dschungel zugrunde liegt, unterstützt die Passivität des Individuums und vertieft zugleich seine Angst. Der Charakter der vorgetragenen Wertmodelle und Grundwertkataloge bleibt theoretisch und entbehrt des Realitätsbezuges. Die Jugend ist eben deshalb von diesen realitätsfernen Werteskalen besonders fasziniert; sie bieten die Chance, Glaubenskraft zu investieren, und sie erlauben es, den tristen Alltag zumindest in der Phantasie zu verlassen.

Wertbegründung geschieht keinesfalls auf dem Wege über solche Beschwörungen eines Ideals. An die Stelle der zerfallenen Werte tritt die Utopie als Trösterin in dürftiger Zeit. Die Einbildungskraft eilt voraus in die Zukunft, weil die Gegenwart nicht so umgestaltet werden kann, daß der Leidensdruck erträglich würde.

Unser Wertekanon wird verspätet erreicht von einem Prozeß des Wandels, der im sozialen und ökonomischen Bereich längst vollzogen ist: Auch so läßt sich das Faktum fassen, daß unsere Werteskala auf unsere Lebensrealitäten nicht mehr passen will. Die generelle Verspätung des kulturellen Wandels hinter dem ökonomischen und sozialen scheint einer kulturgeschichtlichen Gesetzmäßigkeit zu folgen. Ist nun eine Epoche schon durch ein extremes Tempo sozialer Veränderungen überfordert wie die unsrige, so muß die Diskrepanz zwischen Wertkatalogen und sozialen Realitäten noch schmerzhafter spürbar werden.

Wir erleben überdies eine hochkomplizierte Verquickung von wertschöpferischem Bemühen und wertvernichtendem Tun: Gewohnt, mit der Nutzung und Erforschung der Natur auf Werterwerb auszugehen, müssen wir nun das Fortschreiten unserer Erkenntnis im Spannungsfeld von Wertvernichtung und Werterwerb prüfen. Abzuwägen, welchem Gut der Vorrang zu geben sei: dem erstrebten, das die Forschung verspricht, oder dem in unversehrter Natur greifbaren, dies ist unsere moralische Aufgabe. Das Bewußtsein von der neuen Wertungspflicht gegenüber den Entwicklungen der Technik und Naturwissenschaften beschäftigt bislang die fachfremden Köpfe intensiver als die Forscher der betroffenen Disziplinen.

Jahrhundertelang hat der Mensch in dieser Haltung verharren dürfen, die er nun plötzlich differenzieren und partiell gänzlich aufgeben soll: die Natur zu unterwerfen, sie dem Menschen und seinen Bedürfnissen untertan zu machen. Plötzlich sieht sich der fortschrittsgewohnte Forscher aufgefordert, seinen Entdeckerdrang zu messen an Kategorien, die er bisher aus seiner Wissenschaft ausgeschieden hat: der Ethik, der Moral. Diese Neuorientierung fällt um so schwerer, da man noch nicht allzulange aus den Fesseln der Religion befreit ist. Noch sind die Tabus im Bewußtsein, gegen die sich das universale Recht der wertfreien Forschung durchgesetzt hat. Der Versuch, ein neues Umweltbewußtsein zu entwickeln, wird sich deshalb einerseits auf sehr drastische Beweise stützen müssen; andererseits werden wir mit langen Zeiträumen für die Entfaltung dieser neuen Richtung des Wertbewußtseins zu rechnen haben.

Von Jahrhunderten der Wertbestätigung muß auf diesem Sektor Abschied genommen werden: Der Mensch war daran gewöhnt, seine Kulturleistungen trotz der Widerstände der Natur, weithin regelrecht *gegen* diese, durchzusetzen. Seine spezifische Leistung war der Sieg über die Naturkräfte, den er mit Hilfe seiner geistigen Potenz erreichte. Als Herr der Schöpfung machte er die Natur nutzbar und urbar, domestizierte ihre Gewalten und nahm ihren elementaren Angriffen den Schrecken. Auch den Mikrokosmos unterwarf er seiner experimentierenden Vernunft und speiste die Ergebnisse ein in seine Erkenntnis. Forschen, das schien ein unbegrenztes Vorwärtsschreiten im Aufdecken aller Geheimnisse des Kosmos.

Die Überwindung der kulturfeindlichen Mächte in der Natur trug wesentliche Lebenswerte: nicht nur jene des Überlebens in Gefahr, sondern auch alle von ihnen abhängigen Werterlebnisse wie Schutz und Sicherheit. Die natürliche Grenze für den Forschertrieb des Menschen liegt nun erwiesenermaßen nicht dort, wo seine Bedürfnisse gedeckt sind. Vielmehr wachsen seine Bedürfnisse mit, wenn die Deckung der vorhandenen geleistet ist. Auch darin unterscheidet sich der Mensch vom Tier: Er will mehr haben, als er braucht.

Dem Wunsch, angesichts vieler Güter immer mehr Güter haben zu wollen, muß der Mensch unter Aufbietung seiner moralischen und ethischen Energien steuern. Die Wissenschaft stellte eine Zeitlang das Alibi bereit, über die Bedarfsdeckung hinaus die Natur auszubeuten, weil die Autorität der Forschung den Platz der transzendenten Autoritäten in Besitz genommen hatte. Wissenschaft, das war legitime, ja edle Neugierde, und das Odium der Unfehlbarkeit ihrer Ergebnisse vereitelte zunächst jede moralische Nachfrage. Erst als Sklave seiner Maschinen und in Angstträumen vor den Weiterungen seiner Entdeckungen besinnt sich der fortschrittliche Europäer auf den Menschen selbst.

*

Freilich können sich gründliche und furchtlose Reflexion dieser Menschlichkeitsverluste nur wenige Unbeteiligte leisten. Interesse bindet die Politiker, Interessen lähmen die ins Wettkampfprinzip Verstrickten bei der Erkundung unserer Wertdefizite. Der gedankenreiche Europäer ist ins Abenteuer Fortschritt enthusiastisch und gutgläubig hineingestürzt und findet sich nun in ungewohnten Problemen wieder, die allein durch ethische Prinzipien nicht bewältigt werden können.[170] Wieder weicht er in der gewohnten Richtung den pragmatischen Problemen aus: Er denkt das Gute und verfehlt das gute Handeln. Die Realitätsuntüchtigkeit, als Adelsprädikat der Dichter und Denker besonders in Deutschland gern genutzt, ist ein abendländisches Problem, das die philosophierenden Eliten im Idealismus überdeutlich belegt haben.

Heute tarnt sich die Realitätsferne unseres Denkens komplizierter: Die utopischen Ideologien geben sich als Vorsorge-Institute für künftige Realitäten aus; das kann darüber hinwegtäuschen, daß sie der zeitgenössischen Wirklichkeit nicht gerecht werden. Eine um sich greifende Überschätzung des trefflich Gedachten vor dem richtig Gehandelten hat unsere Weltsicht jahrhundertelang geprägt, bis heute der Überdruß der Jugend an den Denkspielen der Intelligenz dieses Fehlverhalten in den Blick rückt.

Helmut Klages beschreibt diesen Zustand so:

»Die Orientierung an der Erfüllung gesellschaftlicher Bedürfnisse und an der Verbesserung der Lebensverhältnisse der Bevölkerung stützt sich in wachsendem Maße auf philosophische oder anthropologisch-psychologische ›Menschenbilder‹ oder ›Grundwertekonzepte‹, durch welche die Tendenz zur Loslösung des internen Umweltmodells des Staates von der unmittelbaren Umwelterfahrung eine nachdrückliche Verstärkung und Steigerung erfährt. Die durch eine fehllaufende ›Verwissenschaftlichung‹ gestützten ›autonomen‹ Menschenbilder entwickeln eine Tendenz, mit subjektiven Wertprioritäten und mit normativen Leitvorstellungen der politisch-administrativen Eliten zu verschmelzen. Das seinem Selbstverständnis zufolge umweltbezogene politisch-administrative Handeln verwandelt sich im Verlauf dieses Vorgangs unmerklich in eine Tätigkeit, deren wirkliche Funktion in der Selbstverwirklichung der Eliten besteht. Hierzu gehört eine wachsende Überzeugung, die ›Menschen im Lande‹ seien substanziell Objekte (›Klienten‹) der eigenen Planungs-, Betreuungs- und Wartungstätigkeit und -verantwortung.«[171]

Mit dem überstürzten Fortschritt der wissenschaftlichen Erkenntnis schien zunächst die Macht des menschlichen Geistes eindrücklich bestätigt. Die Überschätzung der Ratio führte zur Überbewertung von Vollzugs- und Organisationsformen. Die Verwechslung von Verfahrensweisen zum Wertetransport mit den Werten selbst stammt direkt von der Fehleinschätzung der Ratio ab: Geblendet von den reibungslosen Abläufen geistiger und materieller Vorgänge durch rationale Organisation, zögerte man nicht, der Organisation selbst Wertcharakter zuzusprechen.

Eine parallele Überbewertung gilt der Information, die nichts weiter ist als wohlorganisierter Nachrichtentransport. Man verwechselt Information mit Wissen und hält die quantitativ perfekte Information für einen Wert. Solche Verwechslungen lassen sich nur erklären aus der noch anhaltenden Faszination durch die technischen Möglichkeiten unseres Jahrhunderts. Daß man mit der Aufwertung der Hüllen die Wertprüfung in den Zentren der veränderten Kultur versäumt hat, dies beginnt man nun beklommen zu erkennen.

Daß auch die moderne Kardinaltugend, die Humanität, nur eine Transportform für Werte ist, hat der Philosoph Karl Jaspers 1949 in seiner Rede in Genf[172] erläutert. Diese wie andere Warnungen vor dem Mißverständnis zwischen Vollzugsform und Inhalt der Werte sind ohne Echo geblieben. »Der Humanismus«, so Karl Jaspers, »ist nur das Medium, aber nicht die Vollendung des Menschseins.«[173] Was er damit meint, das erläutert Jaspers im Begriff der »Unabhängigkeit«:

»Der Humanismus ist nicht das Endziel. Er schafft nur den geistigen Raum, in dem jeder um seine *Unabhängigkeit* ringen muß.«[174]

Die geistige Unabhängigkeit des einzelnen dringlich zu beschwören, dazu bestand nach der Phase der Diktatur lebendiger Anlaß. Dreißig Jahre später könnte Alexander Solschenizyn, freilich ungehört, erklären, wie entscheidend die Unabhängigkeit des einzelnen ist.

Unsere Version der Humanität aber, von der man sich noch heute so viel verspricht, vertraut auf die Selbstregulation von Gruppen. Sie traut dem einzelnen, getreu der Ideologie von der Egalität, immer weniger zu, ja erlaubt ihm keine Sonderrollen.

Karl Marx' Begriff der »realen Humanität« ist nicht ohne Wirkung geblieben. Elemente dieser geschichtslosen Vision vom Gemeinschaftsmenschen, dem Freiheit, Gerechtigkeit und Glück zufallen, spielen eine überdeutliche Rolle in den humanistischen Idealen unserer Demokratie. Der Philosoph Karl Jaspers hat schon 1949 auf die Verfehlung des angestrebten Humanismus in dieser Version hingewiesen.[175] Der sozialistische Idealismus hat seine Entartung zur politischen Propaganda, die Jaspers damals voraussah, inzwischen voll entfaltet.

Wenn heute die östlichen Beobachter meinen, der Westen sei für Katastrophen nicht gerüstet, so treffen sie mit diesem Urteil zunächst den Zustand der Wertkrise, in dem wir auf unsere eigene Irritation starren. Die Warner beschreiben aber auch die Verstümmelung der Humanität, der wir huldigen, in äußeren Freiheitsgarantien, denen keine innere Freiheit mehr entspricht, weil die Menschen unseres Weltteils an ihre Wohlstandsansprüche gefesselt verharren. Wahre Humanität blüht nur auf aus dem Bezug zur überlegenen Größe, zum Göttlichen. Weder Sokrates noch die Propheten des Alten Testaments, weder die mittelalterlichen Philosophen noch Immanuel Kant im 19. Jahrhundert – noch auch der Zeitgenosse Solschenizyn – reden vom Menschen ohne den Hintergrund einer Gottheit.

Der Irrtum, Freiheit und Humanität seien nur gegen den Glauben an eine göttliche Macht zu erringen, beherrscht aber die Mehrheiten. Als könne man Freiheiten wie ein disponibles Gut handeln, bestätigen die Politiker noch den Irrtum ihrer

Zuhörer, indem sie Freiheit zusagen und sie weitab von der Transzendenz ansiedeln. Solschenizyns so einfach klingender Befund vom »Verlust unseres Innenlebens«[176] erscheint bei Karl Jaspers im Begriff der »inneren Freiheit«, die er zur Voraussetzung der Humanität erklärt.[177] Solche Freiheit hält er aber, wie schon Platon, für unerreichbar ohne die Hinwendung des Menschen zur Transzendenz. Ohne einen Götterbezug sieht er den »Sinn von Freiheit« »an die Zufälligkeiten des materiellen und psychischen Daseins« ausgeliefert.[178] Träfen diese Sätze nicht ins Zentrum unserer gegenwärtigen Wertirritation, so klängen sie uns vielleicht theoretisch.

Die Zufälligkeit und Beliebigkeit ihrer Schicksale ist es aber, die heute das Mangelempfinden so vieler Menschen in der westlichen Welt verursacht. Verwechselbar und ohne individuelles Gewicht, fühlen sie sich Prozessen preisgegeben, an denen ihnen jede Mitwirkung versagt wird und in denen jede Sinnfindung vereitelt scheint. Schon vor dreißig Jahren spricht Jaspers diesen Zustand wie in einer hellwachen Vorahnung aus:

»Der moderne Mensch, der sich in das Äußerste hineingewagt hat, ist in einen Wirbel der Falschheit geraten, in das Unheimliche eines Verdrehtseins bis in den Grund, derart, daß Wahrheit und Wirklichkeit überhaupt ihm verschwinden.«[179]

Der Philosoph hat 1949 in seiner Genfer Rede schon derart exakt die Wurzeln des Ausbruchs in die Gewalt bezeichnet, daß wir erschrecken müßten, seine wie so viele andere Worte nicht bedacht, ja nicht einmal gehört zu haben.

»Alle Bewegungen, die enthüllen, die die Unwahrheit der Zustände brandmarken, die aggressiv auf Vernichtung des zur Zeit Gültigen gehen, haben eine gewaltige Zugkraft. Sie fangen alle Unzufriedenheit und alle Ratlosigkeit auf, die mit sich und der Welt nichts anfangen kann. Hier liegen die Bahnen für wilde Lust am Zerstören, für den Machtwillen der Ohnmacht. Zugleich damit erwächst die Energie eines fanatischen Glaubens an Erlösung, die bevorsteht, der Drang zur Rettung im blinden Gehorsam.

So wird gerade mit der enthüllenden Wahrhaftigkeit heute eine Fülle neuer Verschleierungen vollzogen, ... werden mit der Zerstörung von Fiktionen neue Fiktionen geschaffen... Doch wenn selbst aus dem Willen zum Heil gesteigertes Unheil erwächst und mit der Einsicht in die Verkehrungen der Ruin doch nur immer größer geworden scheint, wie ist dann noch Hilfe möglich, wie eine Wegleitung zum eigentlichen Menschsein durch Bezug auf das Sein selbst, auf die Transzendenz?«[180]

Es ist also durchaus nicht nur der Christ, keineswegs allein die Kirche, die den Menschen zurückholen will in ein beschränktes und beschränkendes Dasein, aus dem er, dem katastrophalen Mißverständnis von Freiheit folgend, ausgebrochen ist in die Gefangenschaft der Materie. Selbst der jenseits des abendländischen Religionssystems nach Sinn und Werten suchende philosophierende Kopf weigert sich, in der Diesseitigkeit den Daseinssinn erschöpft zu sehen.

Während die Zeitgenossen meinen, sich gegen die würgende Macht der großen abendländischen Kirchen zu wehren, haben sie die Substanz des Menschen selbst preisgegeben in der monomanischen »Humanität«, die keine der in sie gesetzten Erwartungen zu erfüllen vermag, weil sie sich nur von den Energien der Suchenden nährt, ohne ihnen etwas Überlegenes anbieten zu können.

Werte in der permanenten Selbstumkreisung zu gewinnen, dies Unternehmen scheitert gegenwärtig auf verschiedenen Ebenen gleichzeitig. Der Wertwandel scheint damit in eine unerträgliche Phase des Vakuums zu treten, die kaum ableitbare Spannungen produziert. Auch jene in die Gewalt ausbrechenden Jugendlichen leiden unter dem Wertvakuum, für das sie, entsprechend ihrer jugendlichen Lebensphase, diejenigen verantwortlich machen, von denen sie herkommen: ihre Lehrer und Eltern, generell die ältere Generation.

Der Zusammenbruch bewährter und zeitloser Werte, wie ihn das moderne Freiheitsverständnis belegt, hängt mit einer Disproportion zusammen, die das bedürfnisorientierte Zeitalter erzwingt, indem es die »Pflichtanteile« in den Werten reduziert und seine Rechte auf den Genuß ihrer wärmenden Qualitäten exzessiv zur Geltung bringt. Die Bedürfnisdeckung überholt die sittliche Pflicht, und die Werte zerbrechen unter der einseitigen Belastung.

Diese Verkümmerung sittlicher Pflichtanteile zu kontrollieren, dies wird erschwert durch die Schwächung unserer Kraft, das Gute vom Bösen zu unterscheiden. Die dominierende Menschensicht setzt einen Schwerpunkt beim psychologischen Aspekt. Unter diesem Blickwinkel gibt es das Böse nicht; jedenfalls ist es irrelevant. Bei gleichzeitigem Verblassen der kirchlichen Einflußmacht findet sich niemand mehr, der entschieden die Existenz des Bösen verträte. Auch deshalb haben wir es schwer mit unserem Freiheitsbegriff: Als eine Freiheit zum Bösen möchte sie heute niemand unter den maßgebenden Kulturvertretern und Politikern verstehen.

Daß unser Wertproblem auch in der Krise unseres Freiheitsverständnisses beschrieben werden kann, dies zeigt sich deutlich dort, wo auch die heute so glühend betriebene Suche nach dem Guten wieder in eine Diskussion des Freiheitsbegriffes mündet. Schon der Wille, das Gute zu finden, ohne das Böse in seiner Machtvollkommenheit wirklich ernstzunehmen, zeichnet die Dürftigkeit der Erfolge vor, die dieser Suche beschieden sind.

Daß im Bösen nicht irgendeine Disziplinierungsgröße auf den Menschen wartet, die von Religionen ersonnen wurde, daß im Bösen vielmehr das Wohlbefinden und das Glück des Menschen scheitern, häufig ohne daß er diese Ursache erkennt, das muß heute gegen allgemeinen Widerspruch betont werden. Schon Augustinus hat das Böse als die Umkehrung der Wechselbeziehung zwischen Glücksstreben und sittlichem Gehorsam beschrieben. Immanuel Kant variiert im 19. Jahrhundert diese Definition und fügt sie in sein eigenes System ein. Augustinus formuliert mit entwaffnender Klarheit unser zeitgenössisches Problem: Das Böse wächst aus der Vertauschung von Unbedingtem und Bedingtem, sagt er – und er meint damit: wenn der Daseinsgenuß als die Versenkung in die Güter dieser Welt maßgebend wird für die Hinwendung zu – oder Abwendung von – dem, was über diese Dinge und Güter hinausreicht, dann ist ein Leben im Guten nicht möglich. Bei Kant tritt für den Gott des Augustinus das Gesetz ein; auch in seiner Darstellung aber ist die Verpflichtung des Menschen auf etwas, das ihn überragt, entscheidend.

Mit dem Bösen haben wir heute aus einem ganz besonderen Grunde unüberwindliche Schwierigkeiten: Auch wenn wir verstehen, daß unsere Suche nach dem Guten so lange mißlingt, wie wir das Böse totschweigen, sind wir bereit, in dieser verfehlten Haltung zu verharren, weil uns das Böse vor gänzlich unlösbare neue Probleme stellt. Wenn wir das Böse als Gegenbild des Guten ernstlich in unsere Rechnung einbringen, so können wir nicht mehr sicher sein, den Sieg des Guten, den wir schon allenthalben für unsere Zukunft beschwören, aus eigener Kraft zu erreichen. Darum aber geht es den zeitgenössischen Glücks- und Heilssuchern: das Gute ohne eine Teilnahme transzendenter Mächte für den Menschen in Besitz zu nehmen.

Bringen wir das Böse in unsere Rechnung ein, so müssen wir erkennen, daß unsere Suche nach dem Guten mißlingt, weil das Böse überall an den Anfängen des Guten nagt – häufig im Kostüm des Guten selbst, noch öfter in der Larve des Heilsboten, meistens verkleidet, getarnt, in die Rolle des Guten schlüpfend.

Die Religionen dieser Erde haben gerade diese Eigenschaft des Bösen immer zutreffend beschrieben; die Dichter sind nicht müde geworden, eben diese Verkleidungskünste als ein Urproblem der Menschheit darzustellen: Faust führt die verwechselbare Gestalt des verführerischen Bösen am eigenen Leibe vor, lebenslang, so wie sie jeden von uns begleitet. Aber wir aufgeklärten Nachfahren der gebannten Faustleser des 16. Jahrhunderts, wir Überwinder der deutschen Klassik, Überwinder des christlichen Abendlandes, im brennenden Hause sitzend, wissen es besser: Wir entmachten das Böse durch Psychologie und Ideologie und wenden uns ohne Umwege dem Guten zu.

*

Der tiefste Grund, warum wir das Böse nicht brauchen können in unserem humanitären Plan, wird streng geheimgehalten: Wir müßten, um bei angemessener Würdigung der Macht des Bösen dennoch an das Gute glauben zu dürfen, eine Größe einsetzen, die in den gesamten Sozialbeglückungsplan nicht passen will: die Gnade. Nicht von ungefähr hört man von diesem hohen Wert in unseren Beschreibungen der Wege zum Glück absolut nichts. Die Gnade, als Auslöschung der errechneten Gleichungen, wäre die Bankrotterklärung der Sozialreligion. In der Lehre vom chancengleichen Glückszugang durch Egalität, in den Lektionen der Solidarität, der Humanität und der Toleranz ist nirgends Platz für die Vorbedingung der Gnade: für den Zugriff aus der Transzendenz.

Fjodor Dostojewskij schreibt in seinem großen Roman von den »Brüdern Karamasow« Sätze, die wie eine Voraussage unserer Lage klingen:

»Nach meiner Ansicht ist es gar nicht nötig, etwas zu zerstören; man braucht in der Menschheit nur die Idee von Gott auszurotten; das ist's, womit man anfangen muß!... Sobald sich die Menschheit einstimmig von Gott lossagt (und ich glaube, daß diese Periode, als Parallele zu den geologischen Perioden, eintreten wird), dann wird ganz von selbst und ohne Menschenfresserei die ganze frühere Weltanschauung zusammenstürzen und vor allem die ganze frühere Moral, und etwas völlig Neues wird kommen. Die Menschen werden sich zusammenschließen, um aus dem Leben alles herauszuholen, was das Leben geben kann, aber unbedingt für das Glück und für die Freude nur in dieser hiesigen Welt. Der Mensch wird sich im Geiste göttlichen, titanischen Stolzes erhöhen, und der Gott-Mensch erscheint...«[181]

Wenn wir den Zugang zum Glück trotz leidenschaftlicher Suche verfehlen, so liegt dies an unserer Weigerung, die Freiheit als ein Spannungsfeld, zum Guten und Bösen hin offen, zu begreifen – und weiter an unserer Unfähigkeit, den Wert des Guten als die Kontrastharmonie aus Genuß und sittlicher Pflicht zu begreifen – und endlich: an unserer Weigerung, uns vom Weg zum Guten jenes Stück schenken zu lassen, das wir mit unserem Unterscheidungsvermögen nicht aus dem Bann des Bösen freikaufen oder freirechnen können.

Gnade ist in den Augen der fortgeschrittenen, mündigen Rechner und Spezialisten unserer Tage die Kapitulation des menschlichen Geistes vor der soeben abgeschafften Transzendenz. Das Gute aber, das wir mit Formeln und Wertforscher-Eifer einzukreisen suchen, öffnet uns, wie schon Platon wußte,[182] den Weg zum Glück nur dann, wenn wir bereit sind, Teile dieses hohen Wertes von Mächten entgegenzunehmen, die unseren Verstand übertreffen.

Wer meint, das Gnadenproblem sei für ihn gegenstandslos, wenn er das Christentum ablehnt, dem er diesen Begriff zuzuordnen geneigt ist, der wird ernüchtert sein, wenn er Philosophen wie Kant und Jaspers oder den antiken Denker Platon liest. Kann er den Augustinus noch bei den Kirchenvätern spöttisch zur ewigen Ruhe betten, so muß der selbstgewisse Weise des 20. Jahrhunderts hinnehmen, daß mit seinem eigenen Instrumentarium der Beweis geführt wird: Der Zugang zum Guten ist als Drahtseilakt der wissenschaftlichen Intelligenz, selbst beim Hinzutreten einer träumerischen Leidenschaft für das Glück der größten Zahl, nicht zu leisten.

Wenn Platon das Gute auf dem Wege zum Glück unentbehrlich nennt und im Guten die Mitwirkung der Götter unabdingbar,[183] so faßt er damit jene Essenz, die wir heute »Lebenssinn« nennen würden: Jenes Bewußtsein, über den Augenblick hinaus und über die Spanne des eigenen Lebens hinweg in Zusammenhänge zu gehören, die ebenso undurchschaubar wie zuverlässig sind. Wenn wir uns nicht bereitfinden können, im Guten und damit im angestrebten Glück den Zugriff einer Macht zu dulden, die unsere Verstandesarbeit in unermeßlicher Weise ergänzt, dann können wir uns nicht in »Sinn« gebettet fühlen. Wenn wir alles, was wir sind, uns selbst verdanken und alles, was wir ersehnen, von unserer eigenen Leistung erwarten müssen, greift nirgends die Gewißheit von Lebenssinn Platz.

Daß der Gnadenakt in der Leistungsgesellschaft selbst als säkulares Schenkungserlebnis keinen Raum findet, dies erklärt sich leicht aus dem Begriffssystem von »Erwerb« und »Konsum«, von »Recht« und Sozialbewußtsein. Sozialismus ist trotz der Umarmungsgeste gnadenfeindlich, weil er auf »Rechte« starrt und in der Egalität nur Rechtsansprüche verwirklichen will, nicht Gnadenakte. Sozialgeschenke sind nicht Akte der Gnade, sondern Werbegaben der demokratisch gewählten Staatsmänner; Gnadenobjekt will keiner mehr sein.

Eine Menschheit, die sich durch Gnadenangebote beleidigt fühlt, lebt nicht nur im Stande der Unwissenheit über ihren gnadenwürdigen Zustand. Sie lebt auch, wie das Wort von der »Erbarmungswürdigkeit« schon sagt, in Verkennung der menschlichen Würde. So reichlich wird unter uns von Menschenwürde geredet und so hochmütig wehrt dieselbe Menschheit es ab, daß sie von höheren Mächten abstammt und folglich würdig ist, von ihnen getragen und beim Gewinn der unentbehrlichen, menschenwürdigen Güter und Werte gestützt zu werden.

Es ist nicht das Rauschgift des Christentums, das die Unmündigen in die Demut vor einer leitenden Instanz zwingt: Der menschliche Geist selbst erinnert sich seiner Bestimmung über die Materie hinaus, wenn er sich ins Menschliche vertieft und dem Menschen seine volle Aufmerksamkeit zuwendet – nicht den Sachen, nicht den Glücksgütern, sondern dem Menschen selbst. Sooft es Menschen gelungen ist, sich in relativer Freiheit von den Gütern dieser Welt dem vergänglichen Menschen zuzuwenden, sooft haben sie wenigstens den Zipfel dieser Ahnung erfaßt, daß mit dem Menschen mehr gemeint sein müsse als nur die komfortable Einbettung in Materie.

Dem Zeitgenossen des 20. Jahrhunderts will es nicht mehr gelingen, irgendwo seine Rechen- und Forscherarbeit ruhen zu lassen zugunsten der Teilnahme jener Macht an seinem Glücksverlangen, die immerhin das Phänomen verantwortet, das er bis heute nicht nachbauen kann: das Leben selbst. Unser Scheitern bei der Suche nach dem Glück hat also leider keine beiläufigen und keine zufälligen Ursachen. Seine Ursache liegt im Kern unseres Selbstverständnisses, wo wir die größten Errungenschaften unseres Jahrhunderts vertäut haben: Selbstbestimmung, Rationalität und Humanismus, Freiheit, Brüderlichkeit, Gerechtigkeit und Solidarität. Eine stolze Liste selbsttätiger Glücksvermittler, wie wir meinen.

Der Psychoanalytiker Horst Eberhard Richter hat es unternommen, die Geschichte der abendländischen Ablösung von der göttlichen Vaterschaft als die Geschichte einer Selbsterlösungsidee des Menschen zu schreiben. »Gotteskomplex«[183a] und Allmachtstraum des aufgeklärten Abendländers sieht Richter in die zeitgenössische Unfähigkeit zum Leiden münden, die im Verlust des Mitleidens ihr verräterisches Indiz hat. Aber auch Richter bleibt als ein Kind seiner Zeit in Humanitätsappellen stecken; er fordert zu einer weiteren Variation der Selbsterlösung auf, indem er alle Heilungen von der Humanität erwartet. Transzendenz scheint auch diesem so klarsichtigen Zeitanalytiker immer noch entbehrlich.

*

Solange wir keine transzendente Macht in unsere Mitte lassen, wird uns vom Guten, wird uns auch von den Vorahnungen des Glücks immer ein letzter, entscheidender Schritt trennen. Der Durst nach dem Glück und der Hunger nach dem Guten werden größer. Die Jugend verzehrt sich in ihrem Verlangen nach »reinen Werten«, sie bricht aus in Protest und Aggression, aber auch in radikale Heilsgläubigkeit, wo ihr Verlockendes angeboten wird. Sie ist zugleich allergisch gegen die herkömmlichen Formen christlichen Glaubens. Und geduldige Lehrer, die ihnen nicht Zukunft predigen, sondern sie erfüllte Gegenwart lehren, finden diese Jungen weder auf der Rechten noch auf der Linken. Die Rechte überfährt den jugendlichen Zorn mit väterlicher Arroganz, und die Linke führt die verführbaren Idealisten in die Tempel der utopischen Ideologie, wo ihnen die kritischen Sinne vergehen.

Daß mit so vielen guten Absichten so wenig vom Guten erreicht wird, dies wird manche von den Menschen mit den guten Absichten beschäftigen. Ist denn nicht auch die Gerechtigkeit, einer der heute beschworenen »Grundwerte«, ein hohes Ziel, das den Gutwilligen adelt? Selbst in den Systemen fortgeschrittener Gerechtigkeit, in den sozialistischen Ländern, greifen nicht Glück und Zufriedenheit um sich, sondern graue Resignation. Die sozialistische Vision der Gerechtigkeit bedeutet in Wahrheit einen Verlust an Humanität, weil sie die Menschen mit ihrer Individualität bezahlen läßt.

Und mehr: Diese »Gerechtigkeit« und die Chancengleichheit, ihre Wegbereiterin im Bildungswesen, vermindern entschieden die Anzahl der Alternativen für den einzelnen. Alle können gleichbehandelt werden nur unter der Bedingung, daß die Zahl der Varianten in der Lebensgestaltung drastisch herabgesetzt wird. Über die Schmälerung des Katalogs an Bedürfniserfüllungen wird die Skala der Bedürfnisse reduziert: Jedermann hat sich in einem bestimmten Rahmen zu bewegen, in welchem formale »Gerechtigkeit« herrscht, die aber in der Substanz das verfehlt, was Gerechtigkeit zu einem Wert macht: jedem das individuell Förderliche zu gewähren. Wenn die individuell angemessene Chance die gerechte Chance ist, so hat man schnell begriffen, daß wahre Gerechtigkeit nur in Näherungswerten zu erreichen ist. Wer »Gerechtigkeit« bis zur letzten Nuance verwirklichen will, der muß sich entweder der Unwahrhaftigkeit oder der Einebnung der Individualität schuldig machen.

Als begabte Denker hängen wir aber Ideen mit einer Entschiedenheit an, die durch Fakten nur mühsam und in langen Fristen in Frage zu stellen wäre. Die Idee galt dem Abendländer schon lange mehr als die Tat. Sogar für die Idee von der Liebe Gottes haben wir unzählige Zweifler sterben lassen. Für die Idee von Gerechtigkeit und Egalität, von Humanität und Toleranz sind wir heute bereit, die Individualität des einzelnen Menschen zu planieren, bis wir eine gestaltlose Masse von »gerecht« und chancengleich Ausgebildeten werden, in der sich nichts Originelles mehr regt, in der niemand mehr aufsteht, um andere zu umarmen, weil das Zusammenspiel der geträumten Werte in der Realität nicht gelingt.

Gerechtigkeit, die mit der Ungerechtigkeit gegen eine Minderzahl erkauft wird, Chancengleichheit, die mit der verminderten Chance einer Minderzahl die gesteigerte Chance vieler erzwingt, sind die Verkehrung des Wertes, den man sucht. In derart »sozialer« Ungerechtigkeit, die für ihre Absichten belohnt sein will durch das Etikett der Gerechtigkeit, kann sich keine Solidarität der unterschiedlich Behandelten entfalten, kann nur die falsche Toleranz, eine Larve der zynischen Gleichgültigkeit, Platz greifen.

Wir beurlauben uns heute allzugern aus den Handlungs- und Sachzwängen, die wir eifrig zitieren, um unseren Werthunger in Ideenreichtum zu stillen. So erfüllt von guten Absichten, so betäubt von den Düften einer glückseligen allgemeinen Harmonie in Gerechtigkeit und Gleichheit, schließlich so begeistert von unserer eigenen Wohlgeratenheit, die wir aus unseren schönen Plänen ablesen, fühlen wir uns schlecht belohnt von einer unverändert mittelmäßigen Wirklichkeit, in der jeder dem anderen Schlechteres gönnt als sich selbst und niemand dem Bilde, das wir schon so lange und so liebevoll in unseren Entwürfen pflegen, gleichen will. Konkrete Tugenden beeindrucken uns deshalb wenig, weil sie nicht den Glanz unserer Ideen tragen. Die ideologietrunkenen Erfinder der zukünftigen Glückseligkeit können die Werte, nach denen sie streben, deshalb nicht ergreifen und Fleisch werden lassen, weil sie das System ihrer Ideen über den Menschen stellen und damit untauglich werden zur konkreten Humanität.

»Das Gute zu fördern und die Bösen zu strafen«, wie Gustav Heinemann die moralische Pflicht des Staates umrissen hat,[184] dies kann heute so kaum noch jemand verwirklichen, weil niemand mehr weiß, daß es das Böse, noch weniger jemand glaubt, daß es »die Bösen« unter den Menschen wirklich gibt. Unser Mangelempfinden arbeitet hier zuverlässiger als uns lieb ist: Gegen unseren Hinweis auf die Ordnungsleistungen unseres Rechtswesens wuchert es weiter, weil auf der Ebene des Rechts unser Durst nach unbezweifelbarer Wahrheit nicht gestillt werden kann.

Ohne die Gewißheit einer überlegenen Wahrheitsquelle, einer Ordnung über unseren Rechtsordnungen, haben wir unsere sittlichen Postulate radikalisiert und auf jedes Gebiet des Lebens ausgeweitet, insbesondere in die Politik den Anspruch vorgeschoben, eher das Gute wollend handlungsunfähig zu verharren als bescheidenere Handlungen zum Schutze des eigenen Gemeinwesens in sittlicher Mittelmäßigkeit zu praktizieren.

Der steile Anspruch der terroristischen Gewalttäter muß unseren Staat insbesondere deshalb beschämen und seiner Ohnmacht vergewissern, weil er ein Prinzip ad absurdum treibt, dem unsere Staatsmänner unbeirrt folgen: das Gute zu wollen und für die Idee, nicht für das Tun des Guten große Opfer zu riskieren.

Dolf Sternberger geht im Terrorismuskapitel seines neuen Buches auf den Heilslehrencharakter der zeitgenössischen Ideologien ein:

»Dem Terrorismus liegt Eschatologie zugrunde, das ist es. Die jüngste Bedeutung des Politischen ist die eschatologische Bedeutung. Eine uralte religiöse Kategorie hat sich in eine politische verwandelt oder ist unter dem politischen Namen wiedergekehrt. Der Name ›Eschatologie‹, zu deutsch die Lehre vom Letzten oder, wie man üblicherweise sagt, von den letzten Dingen, ist eigentlich ein ungenügender Name, denn es ist ja in dergleichen Visionen und Weissagungen nicht nur vom Ende der alten Welt, Untergang der Reiche, vom letzten Gefecht und jüngsten Gericht die Rede, sondern zugleich von einem Anfang jenseits dieser apokalyptischen Ereignisse, von einem neuen Himmel und einer neuen Erde, wie der Verfasser der ›Offenbarung‹ sagt, und von der heiligen Stadt und Wohnung Gottes bei den Menschen. Eschatologie ist, vollständig betrachtet, die ›Wissenschaft‹ vom Ende des alten Bestehenden und vom Aufgang des neuen Zukünftigen – ›Siehe, ich mache alles neu‹, spricht die Stimme, die der Apokalyptiker vernahm –, und das heißt: Eschatologie ist ein Wissen von der großen oder der absoluten Veränderung.

Es ist gewiß nicht das erste Mal, daß eschatologischer Geist in die politischen Verhältnisse einbricht...«[185]

Der soziale Idealismus, der unsere Politik nach innen wie nach außen bestimmt, verfehlt mit Sicherheit den angestrebten Zweck, weniger Schuld anzuhäufen und sittlich sauberer zu handeln. Wir leugnen die Macht des Bösen und verfangen uns um so folgenschwerer in seinen Schlingen. Immer noch aber argumentieren wir vor dem Tribunal der Opfer mit unseren guten Absichten.

Mit diesem Plädoyer bewegen wir uns im absolut unpolitischen Raum, so als müßten wir irgendwo unsere religiösen Energien loswerden. Heute scheint es bei vielen politischen und kulturellen Aktivitäten, als habe die religiöse Energie, deren Sammlung in einem klaren Rahmen nur noch wenigen gelingt, sich verteilt auf alle Interaktionsfelder unseres gesellschaftlichen Lebens. Nur so läßt sich die unermüdliche Reklamation der guten Gesinnungen in der Politik verstehen, die trotz dürftigster Erfolge – während uns doch im wirtschaftlichen Leben der Erfolg alles gilt! – unerschütterlich aufrechterhalten werden.

*

Wir bewegen uns bei unserer Wertsuche wie der Wanderer ohne Kompaß in der finsteren Nacht. Wenn wir nur das Ziel wollen und dies möglichst häufig lautstark allen zurufen, dann muß sich das Ziel auf uns zubewegen, so glauben wir, selbst dann, wenn wir, benommen von unseren guten Absichten, stehenbleiben und jede Entscheidung über die Wegrichtung vertagen.

Die Wertlandschaft, nach der wir mit der Seele, weniger mit Taten suchen, bleibt uns auch deshalb verborgen, weil wir die

Kontrastharmonie leugnen möchten, das kontrapunktische System, in dem Werte gedeihen wie das Gute als Gegenbild des Bösen, die Aggression neben der Sympathie, ja sogar in ihr, und die Toleranz neben und in der Rivalität.

Ein Jahrhundert der Einebnungen geht in seine Endphase. Die Egalitätsvision ist der Traum von der Nivellierung aller Profile. Ein solches Zeitalter zeigt den Menschen unfähig, in Gegensätzen zu denken, deren Komposition erst die Plastizität der Werte ausmacht. Wir wollen Werte etablieren, ohne sie auf einen klaren Hintergrund des Unwertes zu stellen, weil unser psychologischer Einblick in den Menschen das Böse durch Differenzierung zerfasert. Wir paralysieren unsere Erfolge in der Abwehr des Feindlichen durch Verständnis.

Weil wir kein klares Bild des Wünschbaren haben, sondern einer allgemeinen Umarmungsstimmung huldigen, sind wir unfähig zur Abwehr des Schädlichen und ungerüstet für die Verteidigung dessen, was uns Opfer wert ist. Denn was ist uns schon wahrhaft Opfer wert? Wir sind in der Sozialreligion erzogen, die jedermanns Rechte auf unerschöpfliches Wohlergehen verbrieft. Wir folgen der Idee, daß uns das Gute eigentlich ohne Opfer zufallen müßte und daß unser Wohlbefinden, weil wir ein Recht darauf haben, nicht unseren Einsatz fordern könne. Wir sind mit dem Experiment beschäftigt – mehrheitlich festen Glaubens an den positiven Ausgang übrigens –, unser Recht auf Wohlergehen so weit zu verinnerlichen, daß wir jeden Gedanken an Gefahr abweisen. Wir folgen dabei der sozialstaatlichen Bürgermoral, alles, was unsere Rechte schmälert, einfach abzulehnen, um es unschädlich zu machen.

Wenn wir den Feind in unser Haus aufnehmen, so wird er unser Freund werden, glauben wir. Das hat man freilich irgendwo schon gehört: Religiöse Lehren beschreiben die transzendente Heilsvermittlung mit solchen Handlungen. Die moralische Hypertrophie unserer politischen Irrtümer ist nichts anderes als die vagierende, freigesetzte Sehnsucht nach Heilshoffnungen, die sich nun wahllos Ziele im säkularen Raum sucht. Unserer Gleichgültigkeit gegen die Macht über unserer Macht entspricht das Absterben der Unterscheidungsorgane für menschliche und göttliche Handlungsgesetze. Wir *denken* im weltlichen Raum, wie der Heilsbringer des Neuen Testaments *han-*

delt, und wundern uns, daß für solche moralische Vollkommenheit nicht besserer Lohn bereitsteht.

So ergeht es Menschen, die der göttlichen Macht keine Handlungsräume mehr zugestehen wollen: sie ursurpieren göttliche Handlungsformen als Gesinnungen und müssen mit diesen scheitern, ohne ihr Scheitern zu begreifen. Da wir uns weigern, die Vorläufigkeit und Unzulänglichkeit unseres Kosmos anzuerkennen, handeln wir mit untauglichen Instrumenten transzendenter Mächte im zeitlichen Raum. Die Hybris solcher Fehlleistungen ist kompliziert: Die Anmaßung, mit einer Idee des Guten im Kopf des Handelns enthoben zu sein, entspricht der hochmütigen Weigerung, das Unvollkommene zu tun – und wenn wir die Idee in Richtung auf die Praxis verlassen, bleibt nichts anderes als das Unvollkommene.

Zu radikalen Anhängern des Guten werden nur Gruppen, die sich unter keine höhere Macht mehr mit Demut stellen wollen. Unser brennender Mangelzustand ist die um sich greifende Verzweiflung, zur Demut nicht fähig zu sein, sich selbst und das narzißtisch geliebte Wohlstandsglück nicht mehr aus der eigenen Hand geben zu können.

11.
Realitätsverluste in der Wertkrise

Ohne die Demut vor einer höheren Instanz regt sich Aggressivität in der Verteidigung des radikal vertretenen Guten, Gerechten, Egalitären: Die Gewalttätigkeit der größtenteils aus akademischen Kreisen kommenden Jugendlichen hat Züge verrohter Forschungsneugier und ungezügelten Wissensdurstes, der sich mit verfehlen Mitteln Bahn bricht. Die Symbolhaltigkeit der menschlichen Umgangsformen ist im Zuge des Hangs zur Wahrheit abgeräumt worden: eine bezeichnende Frucht der radikalisierten Liebe zum Guten.

Wie früh schon ähnliche Befunde ablesbar waren, das muß uns immer wieder erschrecken: Es genügt also nicht, daß scharfe Denker unter uns sind, die kritische Analysen leisten. Arnold Gehlen hat schon 1957 auf die gefährlichen Folgen des Verlustes an unmittelbarer Erfahrung hingewiesen.[186] Die Hochschuljugend lebt heute, wie zu Ende der sechziger Jahre deutlich wurde, in erfahrungsverdünnten Räumen. Die Hochschulen bilden Spezialisten aus, die wiederum unter Realitätsmangel ihr schmales Fachgebiet beschicken. Störungen der Realitätskontakte lassen sich auch bei den Verehrern utopischer Massentugenden wie der Brüderlichkeit, Solidarität und Toleranz erkennen.

Der Psychologe Manfred Sader beschreibt das gebrochene Realitätsverhältnis der jungen akademischen Generation:

»Bei politischen Diskussionen mit Studenten finde ich es immer wieder erschreckend, in welch hohem Ausmaß völlig unrealistische, unerreichbare und nirgendwo auf der Welt verwirklichte Utopievorstellungen stillschweigend als naheliegende Handlungsziele vorausgesetzt werden.

Ich könnte mir vorstellen, daß ein wesentlicher Teil der politischen Apathie insbesondere in der heutigen jüngeren Generation darauf zurückzuführen ist, daß politisches Handeln in der öffentlichen Diskussion an utopischen Zielvorstellungen gemessen wird. Im Vergleich dazu muß natürlich jegliches praktische Handeln als wirkungslos angesehen werden.

Wer die Abschaffung der Ungleichheit und der Macht von Menschen über Menschen, die fehlerlose und irrtumsfreie Regierungstätigkeit als Selbstverständlichkeiten ansieht, der kann von der Realität nur enttäuscht werden. Ich habe in Gesprächen mit Studenten häufig den Eindruck, viele würden ihre gegenwärtige schneidende Verachtung gegenüber aller Regierungsarbeit in der Bundesrepublik allenfalls dann etwas mildern, wenn der Numerus clausus abgeschafft, die Regelstudienzeit nicht eingeführt, eine Garantie für einen akademisch bezahlten Arbeitsplatz gegeben und die Abschaffung der sozialen Ungerechtigkeit in der Bundesrepublik garantiert würde.«[187]

Arnold Gehlen war es, der schon Ende der fünfziger Jahre die Genese der Verantwortungsscheu aus den Störungen der Realitätskontakte beschrieben hat:

»Hat jemand das Gefühl, nur ein austauschbares und überhaupt etwas abgeschliffenes Rad in der großen Maschine zu sein; hat er die übrigens berechtigte Überzeugung, daß sie auch ohne ihn läuft, und bekommt er die Folgen seines Handelns gar nicht oder nur chiffriert als Zahlen und Kurven oder bloß in Gestalt der Lohnabrechnung zu Gesicht, so muß der Sinn für Verantwortlichkeit sich in demselben Verhältnis verengen, wie das Gefühl der Hilflosigkeit steigt.«[188]

Diese seither eher noch zum Negativen veränderte Situation in den demokratisch regierten Industriestaaten nötigt die Menschen, ihre Zuflucht zu Gesinnungen, Gefühlen und Meinungen zu nehmen. Je mehr das rationale Bild von den Zusammenhängen verschwimmt, desto entschiedener richten sich Affekte und Emotionen auf diese Realitäten, denen man mit den konkret zufassenden Sinnen von Augen, Ohren und Händen nicht gewachsen ist. Selbst die zum Überblick verpflichteten Politiker und die zur geistigen Aufarbeitung angehaltenen »Intellektuellen« fliehen in gefühlsbetonte Beweisführungen, denen sie die Form rationaler Urteile geben. Auf der Ebene solcher emotionalen Humanität fühlt sich jedermann unmittelbar zum Mitreden und Urteilen ermuntert. Die allgemeine Informationsverehrung tut ein übriges, um Mehrheiten den Eindruck zu vermitteln, sie seien auch wirklich urteilsfähig. Die mehrheitsabhängigen Politiker vermitteln möglichst vielen Wählern das Selbstgefühl eigener Kompetenz, um aus ihnen möglichst anhängliche Wähler zu machen.

Unser Aufbruch nach neuen Werten ist also auch von Realitätsmangel diktiert, einem Mangel, der aus der ertränkenden Informationenfülle scheinbar widersprüchlich zurückbleibt: Die Überschätzung der Information hat sowohl am akuten Verständnisstau als auch am Ausbruch des Wertmangelbewußtseins ihren Anteil. Informationen sind im Rausch der Medienmöglichkeiten in den letzten Jahrzehnten bei uns angehäuft worden wie Wohlstandsgüter. Auch hier folgen wir der Verwechslung von Quantität und Qualität: Mehr Information gilt als »bessere« Information, und unser fieberhaftes Sammeln von Informationseinzelteilen betreiben wir im Bedürfnis nach Durchdringung der Zusammenhänge. Dabei wird vielfach verkannt, daß die Anhäufung von Nachricht und Meldung noch nicht den Sinn der Ereignisse preisgibt.

Das Mengendenken und Quantitätenrechnen hat auch unsere Bemühungen um Weltverständnis auf eine falsche Fährte geführt. Dem Problem freilich, das Ganze überhaupt nicht mehr als einzelner in den Blick zu bekommen, ist mit Patentlösungen ohnehin nicht zu begegnen. Die Informationsindustrie aber tat das Ihrige, um die Verwechslung von Sinntransport und Meldungsmasse zu verschleiern. Die Bürger werden mit Informationslawinen vom Nachdenken befreit und zu leichtfertigsten Illusionen über ihren eigenen Wissensstand angeregt. Daß die angesammelten Quantitäten nicht zur Sinnqualität zusammenschießen, dies wird den wenigsten Informationskonsumenten bewußt. Ihr Mangelempfingen meldet sich als Unbehagen, für das sie die Nachrichtenfülle nicht verantwortlich machen können, weil sie selbst dem Ideal der totalen Information huldigen. Daß Information mit Auswahl verbunden ist, die manipulative Elemente enthält, dies ist lebhaft diskutiert worden, weil es in die Pathologie unserer Verdachtsbildungen gehört und den Ideologenstreit nährt. Der durchschnittliche Informationsverbraucher fühlt sich gut versorgt und hegt die Illusion, tiefe Blicke in die weite Welt zu tun, wenn er sich im täglichen

Informationsbad als selbsternannter Kommentator reckt und streckt. Daß ihn trotzdem Weltverluste plagen, während ihm quantitativ immer mehr »Welt« ins Haus kommt, kann er weder begreifen noch ganz realisieren. Er reagiert deshalb auf die unverarbeitete – in dieser Form auch meist nicht zu verarbeitende – Information mit emotionalen Abfertigungen, mit hybriden Pauschalurteilen, wie er sie alle Tage von Politikern hört, und versucht auf diese Weise sein Unbehagen zu betäuben.

Der in Krakau lebende polnische Publizist Stefan Kisielewski, Katholik und mehrfach mit Schreibverbot belegt, erläutert in einem kürzlich im Westen erschienenen Buch seine Sicht der westlichen Presse:

»Eine spezifische Rolle spielt... die mächtige westliche Presse. Im Westen darf man den Kapitalismus kritisieren – und alle machen gern davon Gebrauch. Den Sozialismus darf man im Prinzip auch kritisieren, aber das tun nur wenige, weil man nicht genau weiß, was das eigentlich ist. Deshalb ist er für viele Nicht-Informierte weiterhin eine geheime Hoffnung oder Alternative geblieben (wozu natürlich die Verschwommenheit des Wortes ›Sozialismus‹ beiträgt). Im Osten dagegen darf man nur den Kapitalismus kritisieren. Also ist dieser einer zweifachen Kritik ausgesetzt, auf beiden Seiten der Welt, wodurch die Fiktion von der ideologischen ›Einheitsfront‹ der Linken auf der ganzen Welt aufrechterhalten bleibt. (Was ist heute übrigens rechts und was links, wenn die mancherorts herrschende extreme Linke auf mannigfache Weise die politischen Attribute des reaktionären Staates übernommen hat?)«[189]

»Alle haben das Recht, alles zu wissen«, so faßt Alexander Solschenizyn den Grundsatz der westlichen Freiheit für die Presse.[189a] Er fährt fort:

»Die verlogene Parole eines verlogenen Jahrhunderts: weit höher zu bewerten ist das in Verlust gegangene Recht des Menschen, nicht zu wissen, nicht auf seine von Gott gegebene Seele mit Geklatsch, Geschwätz und hohlem Unsinn einzutrommeln. Menschen, deren Dasein ausgefüllt ist mit echtem Werk und Inhalt, bedürfen nicht dieses Überflusses an Informationsballast.«

Den Zusammenhang zwischen den neuen Wertbedürfnissen und der Untauglichkeit der Informationsindustrie zur Sinnvermittlung würde man vergebens klarzumachen suchen, denn niemand fühlt sich heute beschenkt, wenn ihm irgendetwas von seinem Mengenbesitz entzogen werden soll, handle es sich nun um Warenberge oder Nachrichtenpakete. Die Menge betört uns im geistigen wie im materiellen Bereich, weil unser Maßstab nur Mengenwachstum, nicht Substanzzuwächse kennt.

Pier Paolo Pasolini in seiner vehementen Anklage gegen die Nivellierung aller Profile:

»Die Straßen, die Motorisierung usw. haben die Peripherie heute bereits eng ans Zentrum gebunden und jede wirkliche Distanz aufgehoben. Weitaus radikaler und entscheidender jedoch war die Revolution im Informationswesen. Mit Hilfe des Fernsehens hat das Zentrum den gesamten Rest des Landes seinem Bilde angeglichen, eines Landes immerhin, das unerhört mannigfaltig in seinen Geschichtsabläufen und reich an originären Kulturen war. Ein Prozeß der Nivellierung wurde eingeleitet, der alles Authentische und Besondere vernichtete. Das Zentrum erhob seine Modelle zur Norm; und diese Norm ist nichts anderes als die der modernen Industrialisierung, die sich nicht mehr damit zufriedengibt, daß der Konsument konsumiert, sondern mit dem Anspruch auftritt, es dürfe keine andere Ideologie als die des Konsums geben.«[190]

In der Güterwelt die Sklaven unseres Wohlstandes, sind wir unversehens im geistigen Bereich zu Informationsnarren geworden. Alexis de Tocquevilles Satz, daß der Hang zum Wohlsein die Mutter der Knechtschaft sei, trifft auch auf die Gegenstände und die Komposition unseres geistigen Konsums zu.

Wir haben die Informationsverehrung in Schul- und Bildungsreformen großen Ausmaßes umgesetzt, um unserem Mengenwahn auch dort Geltung zu verschaffen und ein junges Sklavenheer von »informierten« Schülern, informationssüchtigen Jugendlichen heranzuziehen, als sei der Fakten- und Ereignishaufen schon ein organisches Gebilde, mit dem Welt erobert und begriffen werden könnte.

Unser Wachstumsbegriff ist dominiert von den Vorstellungen, die wir im wirtschaftlichen Bereich mit abenteuerlicher Lust zur Vereinfachung an ihn knüpfen: Wir setzen »Wachsen« für das zählbare Mehr, für das meßbar Größere, und begannen auch Wissen zu zählen: in »Fakten«, in »Informationen«. Ganze Müllhalden von Wissen wurden in Schülergehirne, in Studentenköpfe transportiert – nicht von ungefähr bedient man sich dabei tatsächlich dieses Wortschatzes: Transport, Transfer für die Umschlagplätze des Wissens, die Hochschulen. Auch in diesen Institutionen hat sich Unbehagen breitgemacht, mit dem wir wenig anzufangen wissen.

Die Wertforscher, überwiegend ebenfalls an Hochschulen tätige Wissenschaftler, bleiben beim Primat des Zählens und Rechnens, wenn sie den Notstand der Wissenschaftsverehrer aufarbeiten. Womöglich wird es damit auch ihnen unmöglich, die Grenzen des Unbehagens zu durchstoßen. Die Unlust der Spezialisten, ihr Imperium, die Empirie, zugunsten zahlenärmerer Beweisgänge verlassen zu müssen, ist lebhaft. Die Welt der Statistiken aus Informationen, der zu Häufchen geordnete Informationenberg also, spendet ihnen nicht nur subjektive Sicherheit. Sie liefert auch das Odium, dem die Wissenschaft unserer Tage ihre Autoritätsposition verdankt, den Ruf der Unwiderlegbarkeit, eben dessen, was man heute mit Wahrheit verwechselt.

★

Der Psychoanalytiker Erich Fromm erläutert unsere Probleme mit dem ersehnten Guten aus der Sicht der psychologischen Wissenschaft. Die »Wahrheit«, von der er spricht, ist gewiß nur eingeschränkt auf einen Begriff diesseits der Transzendenz, welcher Theologen und Philosophen ihren Wahrheitsbegriff zuordnen. Fromm meint erkennbare, greifbare Wahrheiten, die wir verschleudern, um unseren Täuschungen über die Wege zum Glück zu folgen.

»Es wird nun nicht nur das Gute in uns verdrängt, sondern – wie mir scheint – zum großen Teil auch die Wahrheit. Wir leben in einer Welt, die einem Kehrichthaufen von Illusionen und Schwindel gleicht. Entschuldigen Sie, ich will damit niemanden beleidigen, aber das ist meine Auffassung. Wir verdrängen nicht so sehr das Schlechte in uns, sondern weigern uns, die Wahrheit zu sehen, die wir eigentlich alle kennen. Denn ich glaube, im Grunde genommen wissen wir alles. Dafür gibt es viele Anzeichen, die das beweisen. Wenn man einem Menschen die Wahrheit auf den Kopf zusagt, dann fällt es ihm sehr schwer, sie zu verleugnen. Gewöhnlich ist die Wahrheit mit viel Bitterkeit, Haß und Entstellungen verknüpft; sagen Sie aber einem Menschen in freundlicher Weise die Wahrheit über ihn, wie das zum Beispiel ein Psychoanalytiker tun sollte, dann allerdings wird der Mensch gewöhnlich gar nicht ärgerlich, sondern erlebt einen Schock, einen sehr positiven Schock.

Aber leider ist das nur in Ausnahmefällen möglich, denn wenn die Menschen die Wahrheit sehen würden, müßten sie anders handeln, und wenn sie anders handeln würden, dann könnten sie nicht so bleiben, wie sie sind, und dann gerieten sie in einen Konflikt mit der Gesellschaft, mit ihrem Erfolgsstreben, mit vielen, vielen Dingen, die ihnen heilig sind. Und deshalb ist es fast zwangsläufig, daß man zwar die Wahrheit weiß, aber gleichzeitig dieses Wissen von der Wahrheit verdrängt.

Ich bin im Laufe von vielen Jahrzehnten zu der festen Überzeugung gekommen, daß wir zwar viel Schlimmes in uns verdrängen – aber wer will entscheiden, was wirklich schlimm ist. Was wir aber am meisten verdrängen, das ist die Wahrheit, weil die für unsere ganze Lebensweise das Gefährlichste ist.«[191]

Umstellt von Fakten, umzingelt von Informationen, sehnt sich der emotional zu kurz gekommene Bürger nach Feldern der Gefühlsentfaltung, nach Gemütszonen, in denen ihn die Menge verschont zugunsten der Fülle, die Häufung des Ungeordneten zugunsten der organischen Substanz, die in sich Sinn entwickelt und ihn nicht alleinläßt mit der Unordnung der äußeren und inneren Welt. Warenbesitz, Wissensbesitz und Glücksbesitz werden als Bürgerrechte gehandelt und von den Staatsmännern als solche angeboten. Die Perversion unserer Werteskala zu einem Katalog von Rechten könnte zur Folge haben, daß auch die Revision dieser Werte, der man sich zugewendet hat, nur in falscher Richtung gelingt.

Denn es erweist sich, daß aus dem Blickwinkel des *Rechtes* auf Wertbesitz die Vertauschung von Gut und Böse umstandslos gelingt. So läßt sich ohne Zögern das Recht des Kindes auf Liebe – das klingt gut und wahr – zur Begründung für seine Vernichtung benutzen. Das »Recht« auf Freiheit verzerrt nicht nur deren Charakter, der dem Freien die Öffnung zum Guten und zum Bösen zumutet, sondern es verdunkelt auch die ungeheuren Ansprüche an ihre Nutzer, welche die Freiheit stellen muß, um nicht korrupt zu werden. Uns ist der Umgang weder mit dem Warenbesitz noch mit dem Besitz der Freiheit nach dem zweiten Weltkrieg geglückt, eben weil wir Freiheit, Glück und Wohlstand, Wissen und Gerechtigkeit als einklagbare Besitztümer betrachtet und behandelt haben – und dies bedeutet weithin, daß wir ihre Substanz verfehlt haben.

Angesichts des Mißbrauchs, den wir mit Glücks- und Wissensgütern, mit Freiheitsrechten und Wohlstandsansprüchen treiben, kann man die Tragfähigkeit dieses Staatswesens bewundern, wenn man von Kurzstrecken-Bilanzen etwas hält. Daß die Unfreiheit uns von unerwarteter Seite einholt, nämlich als Frucht unserer Glücksverwaltung, ließ sich voraussehen – und es wurde vorausgesehen. Aber die Besitzmehrung auf allen Gleisen interessierte mehr. Daß unser Wohlstand Probleme ungelöst läßt, die wir auf der Jagd nach dem materiellen Behagen nicht wahrgenommen haben, macht viele unwillig, und daß Wissenshalden nicht zu fruchtbaren Plantagen geistiger Fülle heranwachsen, dies ruft wieder die Einkläger von Rechten auf den Plan: Warum organisiert man den Wissenstransport in die Gehirne nicht besser, daß auch die Frucht mitgarantiert werden kann?

Wir erschöpfen unsere Kraft zur Hoffnung in Ausweichbewegungen: organisieren um und neu, täuschen uns und die noch weniger Kundigen auf jedem Sektor durch formale Maßnahmen über die Auszehrung im Innern hinweg: in den Hochschulen, in den Wohnstuben, in den Schulen, in den Kirchen, in den Rathäusern. Das Palaver wächst, der Sozialritus wird immer komplizierter, Verfahrensweisen überwuchern Zielsetzungen und in allen Beteiligten nagt ein unklares Bedürfnis nach eindeutigen Strukturen, nach freundlichen und verdaulichen Tatsachen, nach einfachen Erlebnissen ohne Sensation. Die Ursachen des kriechenden Unbehagens an der Wurzel zu packen gelingt so wenig wie der Schnellauf eines Lahmen angesichts drohender Gefahr. Und wir lieben unsere Güter samt all den Verwechslungsprodukten unserer Gütersucht, die wir im Arm halten und im Kopf vergebens zu ordnen versuchen: Kinder, in deren weniger verstellte Gesichter wir noch blicken könnten, um die Orientierung wiederzugewinnen, haben wir kaum noch. Da waren wir so hellwach, Jahre der antiautoritären Besinnung auf die Untat zu verwenden, daß Eltern Kinder als Besitz betrachten könnten! Dann lieber keine Kinder mehr. Die einen könnten den Fehler begehen, sie besitzen zu wollen, die andern den, sie nicht zu lieben. Solche Moralisten sind wir! Sensibel mit dem Leben unserer Nachkommen beschäftigt, immer unsere Warensammlung im Rücken, ohne jede Scham die Perversion von Moral erprobend.

Muß es nachgetragen werden, daß wir natürlich auch vom »Recht« auf ein Kind sprechen? Wie hätten wir, die alles über »Rechte« regeln, nicht auch auf ein Kind unser Recht? Das Kind übrigens hat keineswegs ein eigenes Recht auf uns, das stellen wir schnellstens klar, weil dann wieder andere unter unseren Rechten geschmälert würden. Nur wenn wir begründen wollen, daß wir das Kind *nicht* brauchen können, argumentieren wir mit seinem »Recht« auf Liebe. Wir können dabei auf den einmütigen Beifall der kollektiven Heuchelei rechnen.

*

Zum Realitätsverlust tritt unsere Kontaktstörung zur Geschichte. Die Hypertrophie des Interesses für die allerjüngsten Abschnitte dieser Geschichte kann nicht darüber hinwegtäuschen, daß insbesondere die junge Generation nicht dazu neigt, sich in einer historischen Reihe von Vorfahren als Nachfahren zu erleben und zu verstehen. Arnold Gehlen hat solche Kontaktverluste zur Historie als Kennzeichen der Dekadenz eines Zeitalters interpretiert.[192] Bei gleichzeitiger Diktatur des humanitären Ethos zeichnet sich im Geschichtsverlust die Abwehr gegen die zeitliche Dimension und gegen die Relativität unserer Geschicke ab, die zu den utopischen Zügen der vordringenden Ideologien paßt.

Die junge Generation leitet die Abwehr gegen ihre Geschichte direkt aus der Ablehnung der Vätergeneration her; ihre betonte Auseinandersetzung mit deren jüngster Vergangenheit ist Generationenkrieg, nicht Geschichtsinteresse. Im Gesinnungsstreit der Ideologen läßt sich obendrein die jüngst vergangene Epoche deutscher Verfehlungen besonders nutzen: Forschendes Geschichtsinteresse ist nur bei den wenigsten am Werke. Die Älteren leisten so etwas wie Bußarbeit, wenn sie hier tätig werden, und die Jüngeren suchen Punkte der Anklage, um, nach rückwärts nur Schande erblickend, sich für die einseitige Blickrichtung in eine erträumte Zukunft rechtfertigen zu können.

Das gebrochene Verhältnis zur Geschichte, das von der jungen Generation mit der kulturellen und sittlichen Katastrophe des Dritten Reiches begründet wird, erschwert die Wert-Herstellung zusätzlich; denn Werte sind geschichtlich gewachsene Übereinkünfte zu sittlichen Erfordernissen der Gemeinschaft. Die vordringenden Ideologien der Zukunftsträumer enthalten Wertentwürfe mit überwiegend utopischem Charakter, denen die Dimension des Wachstums fehlt: Sie erreichen deshalb nicht Wertcharakter, sondern ähneln religiösen Heilshoffnungen, denen überdies auch ihre Inhalte entsprechen. Die Heilshoffnung unterscheidet sich vom lebendigen Wert durch die entschiedene zeitliche Ausgrenzung aus dem erlebten Alltag; sie steht als Zukunftsversprechen am Horizont und entfernt sich im gleichen Maße, wie der Gläubige auf sie zugeht.

Für die traditionellen eschatologischen Hoffnungen ist die Zeitmauer im Tode gesetzt. Die säkularen Heilslehren unserer Ideologien bieten aber einen innerweltlichen Heilsentwurf an, der freilich die Lebensspanne aller jetzt Lebenden transzendiert und damit für die Zeitgenossen in ein Klima religiöser Hoffnung rückt, so wie das christliche Heilsversprechen. Die Kirchen selbst haben an den Sickerprozessen zwischen säkularen Heilslehren und der christlichen Botschaft ihren Anteil: Sie sind dem Trend zur Säkularisierung dieser ihrer Botschaft gefolgt und haben anpasserische Versionen der Diesseitsbewältigung entwickelt, um der Abwehr gegen ihr zentrales Heilsversprechen – die eine Abwehr des Messias ist und damit das Zentrum der christlichen Lehre meint – entgegenzukommen.

Dem Schwund der Heilsgewißheit folgend – dem wesentliche Teile der Daseinsangst entsprechen, die man heute gern gänzlich innerweltlich motiviert –, haben die Kirchen ihr Heilsversprechen zurückgestellt zugunsten mittlerer und zumutbarer Temperaturen: Ein allgemeines, verblasenes Ethos vertritt den steilen Anspruch und das unnachahmliche Versprechen des Christus. Die Religion hat sich dem Druck des humanitären Pathos gebeugt und geht im Gewande einer Humanitätsanleitung einher. Auch die Kirchen sind teilweise der Umarmungsstimmung erlegen, die alle müden Rechner und Kalkulierer schubweise von ihren Geschäften entspannt.

Die Gnade ist nicht nur deshalb eine vergessene Dimension, weil die säkularen Selbsterlöser vor ihr zurückweichen; sie ist auch von den Kirchen nicht mehr entschieden vertreten worden, weil diese den geistigen Märkten verfallen sind, auf denen »Gnade« nichts gilt. Die transzendente Gnadenhandlung nun vollends, ohne die das Christliche inhaltslos bleibt, wird von »fortschrittlichen« Kirchenvertretern sehr verschwiegen behandelt, so als sei sie eine Peinlichkeit: Wer kann dem allwissenden Menschen des 20. Jahrhunderts noch Wunderglauben zumuten wollen?

Die neuen Zusammenschlüsse Wundergläubiger sollten die Kirchenmänner längst eines Besseren belehren; aber viele von ihnen hat der Bazillus der öffentlichen Wirksamkeit infiziert, so daß ihnen »Erfolg« ihres Auftretens höher steht als die Heilswahrheit, der sie zu dienen hätten. Viele Kirchenlehrer haben deshalb begonnen, den Menschen ins Zentrum ihrer Lehre zu setzen statt die Zuwendung der göttlichen Macht. Auch in den Kirchen regiert weithin das Geschöpf die geistlichen Geschäfte, deren Herr der Schöpfer sein sollte. Die Lehre verkommt zu einer ethischen Allerweltslehre von der Mitmenschlichkeit.

Niemandem wird mehr die Erschütterung der bedingungslosen Gnade zugemutet, weil die Zeitzeichen auf Leistung und Konsum stehen, Gegengrößen des Messias, der weder an das eine noch an das andere anknüpft. Die Kirchen haben deshalb auch schon begonnen, den Christus als eine Art Sozialfürsorger, *Primus inter pares* oder als lächelnden Schirmherr unserer Wohlgeratenheit feilzubieten. Die Verharmlosung regiert – wie in der Politik, so in der Religion. Letzte Wahrheiten werden heute niemandem zugemutet, weil wir von der Spaltung der Wahrheit zugunsten unserer »Rechte« auf das soziale Glück leben.

Der Christus wird von Gutwilligen als eine Art anregender Lebenspartner zur Veredelung der eigenen moralisch-sittlichen Qualitäten akzeptiert; konkurrenzlose Ansprüche auf uns kann er nicht geltend machen, dazu sind wir zu kundig und zu beschäftigt. Der Messias hat sich einzurichten bei uns, und die

Kirchenmänner halten sorgsam mit seinen unerhörten Ansprüchen zurück, unter die auch seine unvergleichlichen Angebote fallen: Unsere Kategorien sind Rivalität, gesunder Wettkampf, Prestige. Unsere Sehnsüchte möchten wir selbst beschwichtigen.

Das in der Tat »gnadenlose« Dasein, das wir wählen, stört auch unsere Kontakte zum entscheidenden Gnadengegenstand: zum Tode. Unsere Domestizierungsmühen mit dem Tode lassen sich tatsächlich erklären aus der Gnadenabwehr, die unser Zeitalter kennzeichnet. Epochen, die sich ernstlich auf den Tod einlassen, brauchen wirksame Äquivalente, um seine lebenslange Drohung auszuhalten. Die Jahrhunderte, in denen mit großem Publikum gestorben wurde – wie man mit Publikum geboren wurde –, Zeitalter somit, in denen die Integration des Todes in die Lebensrealitäten gelang, waren religiöse Epochen.[193]

Das Sterben wurde als der Durchbruch des Menschen zu seiner Bestimmung, als seine Erlösung von den Vorläufigkeiten und Leiden der Erde verstanden. Der Schritt über die Schwelle war deshalb ein feierlicher Akt, bei dem alle Angehörigen teilnahmen, so als begleiteten sie den Sterbenden an eine Pforte. Die Motive zur Teilnahme an diesem Schritt über die Grenze sind also eindeutig in der Glaubenshaltung der Menschen zu suchen, die den Tod so erwarten. Ein Tor, das ins Nichts führt, wird nicht mit solchem Geleitschutz, nicht mit solcher sorgsamen Einstimmung aller und auf keinen Fall mit Gebeten an die Gottheit zum feierlichen Ort gemacht werden.

Vergleicht man die bis auf uns abgelaufenen Epochen der abendländischen und antiken Menschheitsgeschichte, so findet man nirgends eine so radikale Ausblendung von Wertvorstellungen im Umkreis des Todes und zu seiner Funktion. Wir hüten uns vor der eingehenden Begegnung mit dem Tode tatsächlich, weil wir Trostmittel suchen müßten, wenn wir uns der Konfrontation mit dem Tode stellen würden. Auch in dieser ungeklärten Zone unserer Sinnentwürfe für unser Leben halten wir uns beschäftigt: mit medizinischen Waffen, mit Euthanasiediskussionen, mit fachkundigen Dialogen der Spezialisten. Den Tod selbst überschwatzen wir dabei.

Im Vorfeld beschäftigt, denken wir nicht daran, endlich unserer virulenten Unruhe ernstlich ins Auge zu blicken oder ihr die Stirn zu bieten.

Winston Churchills 1932 geschriebener Aufsatz über den Fortschritt[193a] erweist wie viele andere Zeugnisse eine Gesetzmäßigkeit, mit der zu rechnen wir lernen sollten: Von der Erkenntnis kultureller Situationen bis zu realen Aktivitäten, die dieser Situation gerecht zu werden versucht, vergeht in der Regel mindestens eine Generation. Was Churchill zu Anfang der dreißiger Jahre für das Gebot der Stunde hielt, was andere Denker vor und nach ihm voraussahen, das blieb so lange ungehört, bis nun die Verstrickung perfekt ist und uns den Atem zu nehmen droht. Schon 1932 meinte Churchill, seine Folgerungen verlangten nach angemessenen Taten. Wir zögern noch heute – vielleicht sogar heute mehr, weil wir tiefer verstrickt sind in unsere Errungenschaften –, Verzicht zu leisten.

Was Churchill damals schrieb, findet unseren Beifall, gewiß. Aber wir möchten schmerzlose Heilung, und für eine solche ist es mit Sicherheit zu spät. Also begnügen wir uns mit Beifall für die richtige Diagnose – auch hier des Glaubens, unsre gute Gesinnung könnte uns zur guten Tat geraten.

»Nie gab es eine Zeit«, so der Engländer damals, »da Hoffnung auf Unsterblichkeit und Geringschätzung irdischer Macht und irdischer Errungenschaften für die Sicherheit der Menschenkinder notwendiger gewesen wären.

Schließlich befriedigt dieser materielle Fortschritt, so glänzend er auch an sich ist, nichts von dem, was das Menschengeschlecht wirklich braucht. Kein materieller Fortschritt, ... wie immer er die Fähigkeiten des Menschen entwickeln möge, kann seiner Seele Ruhe bringen.

Komfort, Beschäftigungen, Erleichterungen, Vergnügen werden zuhauf auf unsere Nachkommen eindringen, aber die Herzen werden ihnen weh tun, ihr Leben wird leer sein, wenn sie nicht nach Dingen Ausschau halten, die über das Materielle hinausgehen.«

Wir sind die Nachkommen. Nach transzendenten Tröstungen Ausschau zu halten, dies gelingt uns einstweilen nur auf den Umwegen über Sekten und Drogen: Dreißigtausend praktizierende Sekten-Anhänger zählen wir in Deutschland, 150 000 Mitglieder haben die Jugendsekten sammeln können. Die Realität ist für diese jungen Menschen tatsächlich unergiebig, ihre

Herzen sind leer, wie es der Beobachter vor knapp fünfzig Jahren für diese seine Enkel und Urenkel prognostizierte. Selbstheilung kann Kollektiven nicht gelingen; und Prophetenämter waren zu allen Zeiten die undankbarsten.

*

Viele Menschen sagen heute, sie leben ohne eine Jenseitshoffnung recht gut, als ungestörte Genießer des Endlichen, ohne im Tode einen Wert für das eigene Leben zu erblicken. Der Tod ist für die meisten Menschen der niedrigste Wert, den sie ringsum ausmachen können; schon die Zumutung, in der Vergänglichkeit ihres Leibes und ihrer Besitztümer einen transzendenten Wert erblicken zu sollen, weisen sie von sich. Es scheint, daß eine Epoche, die auf den Menschen baut, den Tod in ihre Entwürfe von Daseins-Sinn nicht aufnehmen kann. Da der Abtritt der einzelnen Akteure von der Bühne nirgendwohin mehr vorwärts weist, ist er als solcher uninteressant, ja eigentlich unheimlich, aber hier beginnt schon die Verdrängungsarbeit.

Wir verbrauchen sehr viel mehr Verdrängungsenergie für die Ausschaltung des Todes aus unserem Existenzgefühl, als wir selbst erkennen. Wahrscheinlich aber stehen auch deshalb unsere Wertentwürfe für »Glück«, »Freiheit«, »soziale Sicherheit« auf so schwachen Füßen, weil wir im Schatten eines ungezähmten Raubtiers unsere Felder bestellen. Es gibt eine stillschweigende Übereinkunft des Schweigens über diesen letzten Feind, die unter Lebenden ganz gut funktioniert, von einem Tod der ihrigen bis zum nächsten.

Die Rituale für die Bändigung der eigenen Todesfurcht sind abgesprochen und laufen geordnet ab. Man spricht am Grabe mit dem Toten, als sei er noch anwesend, und hütet sich vor gründlicheren Phantasien. Wer den Toten geliebt hat, neigt zu harmonischen Träumen, die er nicht ernstlich zu Glaubensinhalten macht. Mit dem Tode zu leben, dies können wir jedenfalls nicht leisten, weil zuviel Unerledigtes verstörend in unsere Lebensentwürfe einbräche, nähmen wir den Tod wirklich in unser Menschenbild auf.

Wer sein Ethos auf eine Schutzmacht des Wohlbefindens schrumpfen läßt, der müßte zusätzlich in diesem Ethos unerträgliche Widersprüche ansiedeln, wollte er zugleich, ohne verbindende Göttermacht, den Tod als positiven Wert aufnehmen. So rigoros im Endlichen beschäftigt, wie wir es sind, dürften wir uns nicht wundern, daß viele sensible junge Geister diesen Tod, von dem niemand spricht, suchen, um sich in seinem Schoß zu bergen.

Es kann kein Zufall sein, daß eine Gesellschaft mit brennenden Wertmangelständen eine Gesellschaft ohne Todesbewußtsein ist. Vom Tode her erst ist der Mensch voll zu würdigen, und wenn er mit dem Bewußtsein seiner Vergänglichkeit nicht die Auseinandersetzung sucht, so ist das ein Zeichen seiner Selbstentwürdigung, weil er offenkundig die Sehnsucht eingebüßt hat, über seine kläglich bemessene Spanne hinauszureichen. Mehrheiten scheinen heute ohne jenes Organ zu leben, mit dem wir fühlen, daß mehr als diese kurze, unsichere und bedrohte Lebensspanne mit uns, mit dem Menschen überhaupt gemeint sein muß. Menschen, die sich zufriedengeben mit diesem ungewissen Vorspiel, die nicht Teilnahme an der Überwindung ihrer unzulänglichen Einzelexistenz von irgendeiner Macht verlangen, Menschen, die nicht einmal mehr Hunger und Durst nach Götterzuwendung verspüren, wie alle Kulturvölker der Erde sie verspürt haben, solche Menschen müssen die Essenz des Menschlichen eingebüßt haben.

Der humanitaristische Furor ist ein lächerliches Spektakel von Maskenträgern, ein Wohltätigkeitsfest, das Leute mit schlechtem Gewissen geben, solange er von Menschen inszeniert wird, die nicht einmal das Allermenschlichste verdaut haben, ihren eigenen absolut sicheren Tod, bevor sie das große Hohelied von der weltweiten Menschlichkeit anstimmen.

Weil wir den Tod nicht begriffen haben, deshalb können wir so leichten Herzens den Tod verordnen, den unsere ungeborenen Kinder sterben sollen, weil wir den Tod nur als die Beseitigung von Leben wahrnehmen, nicht aber als das Verlöschen einer Flamme, die ein Schöpfer angezündet hat, von dem wir abhängen. Muß es uns wundern und klagen wir nicht wie die Heuchler, wenn manche von den Kindern, die dennoch geboren werden, etwas später ihr Leben unter diesen Eltern und Erwachsenen selbst austilgen?

Wir fahren mit den Methoden fort, die wir für unsere Stärke

halten: mit Wissenschaft und Forschung. Wir kommen ihm auf die Schliche, dem Tod, wir wandern schon fast hin und her zwischen ihm und dem Leben: Nichts von Transzendenz, wenn die Wand durchstoßen ist, nur Variationen des Lebens, sagen diese Forschungen und Befragungen. Die zahlreichen Bücher, die in diesem Jahrzehnt von den Kontakten mit dem Tode berichten, wie sie Menschen wiedergeben, deren Leben dicht vor dem Verlöschen gewesen ist, spiegeln eine fieberhafte Aktivität, das Todesphänomen zu bannen, auf unsere Weise, und sie spiegeln in der Art dieser Versuche auf erschütternde Weise unseren zähen Willen, auch das Tor zum Tode selbst zu öffnen und dahinterzublicken, ohne eine Religion zur Verwaltung dieser Todesräume heranzuziehen. Bemerkenswert ist der Trotz dieser Menschheit, ihre unerhörte Zähigkeit in der Behauptung ihrer Position: ohne transzendenten Beistand zu leben und Schritt für Schritt dem Tode selbst die Macht zu nehmen, ohne in eschatologische Hoffnungen zu verfallen.

Je mehr Berichte aus dem »langen Tunnel«[194] wir bekommen, desto entspannter werden wir alle auf diese Reise gehen, von der wir bisher keine Berichte hatten, weil niemand zurückkam. Wir haben auch dies erreicht: Unsere Psychologie entwickelt Sensibilitäten bei den Kandidaten, die diese plötzlich erzählen läßt, wie es »drüben« aussieht. So wird auch diese Landschaft Schritt für Schritt erkundet, sagt sich der Zeitgenosse, und bald wird jeder wissen, wohin er kommt, wenn sein soziales Glück an die Zeitmauer stößt. Da die Rückkehrer überwiegend Freundliches berichten, braucht man sich endlich auch über diese bislang unerforschten Landstriche unseres Lebens keine ernsthaften Gedanken zu machen. Beistand von oben scheint gänzlich überflüssig, wenn es dort drüben so hell und überwältigend ist, wie die Heimkehrer berichten.

Das Buch, welches der Arzt und Philosoph Raymond A. Moody nach einem erfolgreichen Vorgängerwerk über das »Leben nach dem Tode« vorlegt, trägt eine Widmung, die der Illusion Vorschub leistet, wir seien mit der Todesüberwindung beschäftigt. Die Widmungsworte richten sich an »Vi, Andy und Dannion, drei, die zurückgekehrt sind«. Nicht die Inhalte in erster Linie, die Kostüme dieser Bücher sind das Symptom. »Leben nach dem Tod« heißt die Berichtsammlung über Phasen in

Todesnähe, aus denen Menschen berichten. Erregung ergreift unzählige Leser dieser Bücher, weil sie Befreiung von ihrer heimlichen Todesangst erhoffen aus einer Richtung, die nur Täuschung für diese Hoffnungen liefern kann.

Die Schrecken des Todes sind wesentlich Schrecken des Unvorstellbaren: Das Nichts läßt sich nicht denken, und das Ausbrennen des Lebens im eigenen Körper, den wir nur fühlen, weil wir »ich« sind, läßt sich ebenfalls nur sagen, nicht denken. Der Tod ist das ganz andere und ängstigt deshalb mit großer Gewalt, seit Menschen ihm begegnen. Wir tauen diese Ängste auf, wenn wir Schneisen ins Todeserlebnis schlagen, Durch- und Einblicke öffnen, spähen wie durch ein trügerisches Fenster, in das Terrain, das dann zunächst zu durchqueren sein wird. Es ist, als zeigte uns ein Kundiger aus einem fremden Gebiet zwei Kilometer Weg in die gesuchte Richtung: Die Angst läßt nach und Hoffnung meldet sich, daß wir auch nach diesen ersten Schritten weiterfinden werden. Das sind die Trostformen einer daseinshörigen und zur Gottesabwehr entschlossenen Gesellschaft. Menschen, die nichts mehr für möglich halten, das »größer ist als unser Herz«,[195] leiden an einer Ichbezogenheit, die schwere Ängste erzeugen muß: Das Gesicht im Staub, ziehen sie ihres Weges, selbstbetrügerische Formeln murmelnd, mit Festlärm die Angst betäubend.

12.
Zuflucht bei den Umweltwerten

Um unsere Todesabwehr durchhalten zu können, entwickeln wir Sensibilitäten in Richtung auf »Lebenswerte«, die im Sterben von Pflanzen und Tieren vernichtet werden. In den Medien wuchs währenddessen als Reaktion auf die allgemeine Kultur der Schonung und Humanität eine Gewaltkultur heran, die dem heimlichen Vergnügen an der Vernichtung Wehrloser Nahrung bietet. Unser Wertproblem zeigte sich, den Strukturen unserer Kultur entsprechend, zunächst als ein Mengenproblem. Da für die Besitzgier des Menschen nicht die Bedarfsdeckung die Grenzmarke bildet, entstanden Wertungs- und Auswahlprobleme auf Gebieten, die jahrhundertelang weiterentwickelt worden waren: Mehr Produktion von Waren, Luxusgütern, Freizeitgenüssen waren selbstverständliche Ziele: auf sie richtete sich schließlich das Pseudoethos der modernen Gesellschaft.

Diese Vermehrungsbesessenheit müssen wir heute revidieren; wir müssen Güterabwägung leisten, wo wir ans Sammeln und Horten, ans Raffen und Hüten gewöhnt waren, weil sich die Natur nicht mehr folgenlos ausplündern läßt. Ein neues Wertbewußtsein bricht sich recht geräuschvoll Bahn und formiert sich in modischen Gruppen, den Bürgerinitiativen. Auch sie sind schon wieder auf dem Wege zur Institution, zum Passepartout für Querulantenaktivitäten und unausgegorenes Unbehagen: Die allgemeine Wertmangelsituation macht auch die Politiker unsicher und vorsichtig, wie sie es grundsätzlich werden, wenn sich Spontanes regt. Die Bürgerinitiativen müssen deshalb in der Regel keine gründliche Prüfung ihrer Ziele befürchten: Emotionenstaus schießen hier in ihre Bahn, und das Erlebnis der individuellen Wirksamkeit wird greifbar, das der Institutionenstaat der großen Mehrheit nicht mehr gewährt.

Die Bürgerinitiativen entsprechen in der Regel Teilaspekten des Wertmangelgefühls; sie erlauben für kurze Fristen den aktiven Gruppen von Bürgern die Illusion, ihr Mangelempfinden bannen, lokalisieren und bekämpfen zu können. Die Initiativen genießen auch deshalb den teils aufrichtigen, zum andern aber auch vorgetäuschten Respekt der Politiker, weil sie diese zu Beweisen ihrer humanitären Menschensicht nötigen. Begeben solche Bürgergruppen sich gar auf das gegenwärtig wertempfindlichste Feld, das der Ökologie, so wagen die Staatsvertreter kaum noch eine Entgegnung, weil sie selbst ständig als Apostel der sauberen Wiese unterwegs sind.

Das Vordringen des Ökologiethemas läßt sich nicht allein aus der Häufung der hier drängenden Probleme erklären. Daß sich der öffentlichkeitswirksamste Teil der Wertediskussion auf das Umweltthema konzentriert, dies ist nicht ohne Aussagewert für unsere grundsätzliche Strategie im Wertkonflikt. Während wir entdeckt haben müßten, daß unser Wertedefizit eine Diffusion von Lebenssinn bezeichnet, während zumindest viele unter uns wissen, daß die Erosion von Sinnzusammenhängen, seit fast zweihundert Jahren fortschreitend, nun so schmerzhaft fühlbar wird, daß unser Bewußtsein sie nicht länger unterdrükken kann, wenden wir unsere Augen von der heillosen Unordnung in unserem Innern ab auf die »Umwelt«.[195]

Umwelt als magische Größe bildet den Ausweichposten für unsere Wertmangelstände und ein Ausdrucksfeld für unsere Lebensangst. Wollen wir das Wertsystem über unser Umweltverhältnis reformieren? Wäre es nicht näherliegend, den Menschen, der diese vordringenden Umweltkatastrophen ausgelöst hat, in dieser Rolle des Vernichters, Verschwenders und Verschleuderers zu erkennen? Welche Werte haben ihn regiert, daß er unwiederbringliche Naturwerte der Vertilgung preisgab, ohne einen Augenblick zu zögern? Wer ist der Mensch, daß er einen solchen elementaren Schaden wie die Verseuchung seines Wassers, die Vergiftung seiner Saaterde, die Versteppung seines fruchtbaren Bodens auslöst und vorantreibt, ohne sich dabei der Selbstvernichtung bewußt zu werden, die er treibt? Für die Schändung der Schöpfungslandschaft dürfte vielen heute der Sinn fehlen.

Erweist sich hier der Mensch nicht wieder als das korrupteste aller Lebewesen, dessen Sinne für die Selbsterhaltung, für das Überleben der Art abgestorben sind, während er sich mit Zukunftsethos täuscht? Gehört die leichtfertige Verschmutzung der Schöpfung, die wir betreiben, nicht mit unserer überzeugt betriebenen Nachwuchsvernichtung zusammen? Und wir Listigen scheuen uns nicht, das eine mit dem anderen zu begründen!

Die systematische Schwängerung unserer Lebenswelt mit Giftwolken und Giftwassern geschah im Namen eines Wertsystems, dies eigentlich ist das Wesentlichste, eines Wertekanons, den wir uns mit dem Wachsen der Wettstreitgesellschaft zugelegt haben, in dem das Mehr anstelle des Besser figuriert, die Quantität die Qualität ersetzt. Nun brechen wir wieder auf und kämpfen für die Dämmung des Schadens, während wir uns weigern, unser eigenes Antlitz in diesem riesigen Desaster zu erkennen.

Was wir unter dem Motto der Umweltreinigung begonnen haben, ist wieder einmal mit verdeckten Karten gespielt: Wir beklagen unsere Gewässer und ihre Fische, wir pumpen hingebungsvoll für Millionen Teiche leer, um sie mit gesundem Wasser neuen Fischen anzubieten, wir drucken zuweilen auf »umweltfreundlichem« Papier, wir bestellen naturgedüngte Felder hier und dort – wir lassen unseren Emotionen freien Lauf, ganz wie im Kult der Heilsideologien, und wir suchen zu ordnen, so als seien hier ganz andere Ungeheuer am Werke gewesen als wir. Es täte uns not, uns selbst in diesen Wüsten und Kunstdüngersaaten, in den vergifteten Gewässern zu erkennen, unseren ehrfurchtslosen Umgang mit den geheimnisvollsten Abläufen des Lebens, die uns geschenkt sind, einmal ganz auf uns zu nehmen, ehe wir uns in fieberhafte Kundgebungstätigkeit stürzen, um wieder einmal unsere Sinnverluste im Humanitätsrausch, im Selbstgenuß, in der Selbstgerechtigkeit zu ertränken.

Daß wir uns in der schweren Wertkrise, die eine Sinnkrise verbirgt, der Natur zuwenden ohne einen Sinnspender in der Transzendenz, dies zeigt unsere Konsequenz auf dem einmal beschrittenen Wege: Unsere Dinge selbst zu ordnen ist unser entschiedener Anspruch. Wie jeder Leidende die Ursachen für seine Schmerzen in der Umgebung sucht und findet, so projizieren wir unser Leiden am Sinnmangel auf die Umwelt und finden darin momentan Erleichterung – so als könnten wir unser Leiden delegieren, unseren Schmerz ableiten und vorübergehend einschläfern, vielleicht sogar weitergeben an eine abstrakte Sache außer uns, die uns plötzlich von der existentiellen Pein befreit.

Wir wenden uns zurück zur Natur; wir wollen ihr ihren Wertcharakter wiedergeben, so als könnten gereinigte Luft und giftfreies Korn uns läutern; so als hätte die saubere Natur die Macht, uns von uns selbst zu befreien. Viele Sehnsüchte zum einfachen Leben fließen der ökologischen Bewegung zu; ihr breiter Strom trägt sie alle und beschwichtigt ihre unbewältigte Todesfurcht, während sie dem Tier- und Pflanzensterben zu steuern versuchen. Die Appelle, die wir uns nun gegenseitig zurufen, finden an unseren materiellen Interessen eherne Grenzen, die nur partiell durchstoßen werden können. Die Selbstmordraten werden nicht schwinden, während wir unsere Gewässer reinigen; unsere gefilterte Luft wird nicht glücklicheren Kindern durch die Lungen strömen. Da unser Kern nach dem Diesseitsmonopol unserer Glaubensrichtungen fleischlich ist, tun wir mit der Umweltreinigung tatsächlich »letzte Dinge«. Aber noch einmal: Es wird weitergestorben. Keinen der Todesentschlossenen werden die frischgebohnerten Dielen zurückhalten und keinen der Kindermorde werden wir stoppen, während wir die Vergiftung unserer Nahrung, die Trübung unseres Trinkwassers bekämpfen.

Wir selbst bleiben bei all unserem Pathos für viele gute Sachen unverändert. An unsere Seele lassen wir niemanden heran. Nur einige von den unseren: den Psychiater, der uns die Gewißheit schenkt, daß wir jemand sind und unverwechselbar. Nur keinen Gott in diese Seelen! Die Befreiungsarbeit von Jahrhunderten wäre zunichte.

Rund um uns restaurieren und pflegen wir die Wertzeugen unserer Vorfahren mit neuer Sorgfalt: Denkmalschutz ist eines unserer moralischen Ablenkungsmanöver vom eigenen ruinösen Zustand. Ob wir über die Wiederherstellung solcher Werte uns selbst wieder in Wertgefüge einbetten können? Unsere Idealismen nehmen bedrohliche Formen an im gleichen Maße, wie wir mit der Herstellung völliger Keimfreiheit in ihrer Struktur beschäftigt sind.

Wertsysteme als Theoriegebäude sind ebenso lebensfremd und im Stadium der Verselbständigung mindestens so lebensbedrohlich wie die aggressiven Idealismen der modernen Ideologien. Noch immer in die Verehrungsgeste gegenüber unseren Wissenschaften gebannt, sind wir zu spontanen Sehnsüchten ebenso unfähig geworden wie zu elementaren Aufbrüchen.

Der Hunger nach einer bergenden Wertlandschaft wird von uns übersetzt, weil wir an Verdrängungsakte kompliziertester Art gewöhnt sind. Von Existenzangst geschüttelt, unfähig geworden, Götter zu beschwören, wie frühere Phasen der Kulturmenschheit es konnten, wenden wir uns voller gequälter Hingabe unserer zerschundenen Erde zu, um unseren Vandalismus auszugleichen.

Unser Lebens- und Todesproblem wird bei diesen Aktionen nur betäubt; es schlummert unter einer Decke aus Vorwänden und eilig erdachten Beschäftigungen. Unzählige junge Menschen fliehen die Selbstbegegnung, die sie kein Erwachsener mehr lehren kann, in Alkohol und Drogenkonsum, andere in Ideologien und Glaubenszirkeln. Die Realität vermag ohne solche Narkotika, zu denen auch die selbstzerstörerische Arbeit vieler gehört, der auf sich selbst angewiesene Mensch offenkundig nur durch Nebelschleier auszuhalten.

Das Ideal der Wertevielfalt leistet nur Wertzerfaserung, und ohne die weiträumigen Übereinkünfte, die ein Wertsystem tragfähig machen, bleiben Werte überhaupt nicht fühlbar. Die ideologische Linke favorisiert den reinen Wert, ein Theorieprodukt im Sinne unserer hybriden Selbstsicht: In unvermischten Gefilden wollen wir leben, deren Topographie wir unserer Vernunft danken. Da der reine Wert sich nicht bewohnbar machen läßt, zertrümmert eine enttäuschte Jugend, von realitätsfremden Schwärmern unterrichtet, die verhaßten Werte der älteren Generation, um wenigstens Fackeln für ihren Willen zum Guten lodern zu lassen.

Der Reinheitswille, der jede Jugend auszeichnet, wurde den Jungen der späten sechziger Jahre durch ihre Universitätslehrer angereichert mit ideologischer Unerbittlichkeit, mit blindem Zorn auf ihre Väter. Daß diese Jugend den schmerzlichen Schritt über diese Träume hinaus nicht tun konnte, sondern ausharrt in resignativem Vorwurf und mißtrauischer Enttäuschung, das haben ihre Pseudoväter, intellektuelle Lehrer, die in ihre eigene Rolle nicht fanden, mit zu vertreten.

Zwar konsumiert der Konsum sie fast alle, diese Jungen, und die zornigen Tränen ihrer enttäuschten Jugend trocknen. Aber sie rächen sich, ohne dies zu wollen, an ihren Kindern. Nicht selten sind die Mütter dieser Kinder zwiespältig mit ihrem Rollenkonflikt beschäftigt, die Väter irritiert von der eigenen unerledigten Jugend. Sie sind ihnen kühle Partner, die keine Illusion mehr zulassen und keinen Traum mehr abschirmen.

Sie tauchen ihre Kinder gnadenlos in diese gnadenfremde Sozialwelt ein, diese jungen, aufgewühlten Eltern, so wie man sie selbst hat gleiten und untertauchen lassen, als sie es am ernstesten meinten mit ihren Hoffnungen. Diese Jugend wird es ihren Lehrern nicht verzeihen, daß sie ihr Träume geraubt haben, in denen all ihre jugendliche Kraft schlummerte, Träume, deren Stoff von den Alten vorgesungen wurde wie ein verschwörerisches Wiegenlied.

Die Jungen, die heute an den Universitäten nachrücken, sehen uns aus müden, in hohen Hoffnungen ganz ungeübten Augen an. Bei einigen glimmt er noch, der Funke aggressiver und irrationaler Zuversicht. Die meisten aber sind jetzt schon erschöpfter als ihre Lehrer, sie haben keine Fragen und wollen nichts wissen. Die Quellen ihrer Neugierde sind versiegt.

Schlußbetrachtung

Vom gültigen Anspruch der Geschöpfe

Den unverstandenen Verlusten, die wir im staatlichen, sozialen und geistigen Leben spüren, entsprechen emotional gesteuerte Zufluchtversuche: Eine Mehrzahl von Menschen möchte, daß die Minderzahl, welche sie im Besitz von Vorteilen wähnt, ihr gleich werde. Der Traum vom herrschaftsfreien Glück ist Paradiesessehnsucht, für die das Jahrhundert der Mündigen hier und jetzt Erfüllung fordert. Die Demut der abendländischen Religiosität wird weithin als Torheit belächelt: Der Verstand regiert und tilgt die Spuren der hierarchisch geordneten Welt. Autoritäten sollen fallen, damit der Weg zur allmächtigen Gerechtigkeit frei wird.

Die Ablehnung einer väterlich geordneten Geschichte prägt nicht nur die modernen Staatsutopien; sie zeichnet ihre Spuren auch in den kleineren Einheiten des Zusammenlebens, in den Familien mit ihren Zweierbeziehungen und Generationenspannungen. Der Egalitätstraum der jungen Ideologien greift in diese Zusammenhänge ein und verschiebt das Rollenverständnis der Menschen: Jüngere und Ältere suchen der natürlichen Spannung ihres Umgangs in Partnerschaft zu entkommen; Frauen sehen sich in ihren überlieferten Rollen um die Welt und das Leben betrogen. Die Kinder, welche die Zukunft gestalten werden, kämpfen mit der Verstörung, die aus den Konflikten der Erwachsenen in ihnen aufkeimt. Ihre Eltern wissen ihnen häufig genug nichts Überzeugendes zu zeigen, für das es sich lohnt zu leben.

Mit den sozialen Glücksgütern ließ sich nicht die Gewißheit erkaufen, daß unser Leben auch jenseits dieser Güter einen Sinn habe. Dieser Eindruck verdichtet sich, seit die meisten materiellen Wünsche erfüllt sind. Von dieser Zielmarke wurden Sättigung und innerer Frieden erhofft, als man noch weit genug davon entfernt war. Nicht erst die demonstrative und häufig genug widersprüchliche Verachtung der Jugend für die Warensucht der Älteren beunruhigte die wohlversorgten Bürger. Die Bilanz des Mangels ergab sich sehr einfach: aus der Enttäuschung über die Verweigerung des Glücks. Das vorausberechnete Wohlbefinden stellte sich zwar mit den Gütersegnungen ein; das Glück aber, das sich ohne eine geistige Zuversicht für den Sinn unseres Daseins verweigert, ließ sich nicht fassen. Ratlos begannen wir, im Inventar der Wohlstandswelt nach Fehlbeständen, nach Organisationsmängeln in der sozialen Segnungsmaschinerie zu suchen.

Vokabeln fanden sich, unseren brennenden Mangel so vage zu umschreiben, wie er empfunden wird: Die »Werte« fehlen. Nach dem Schlagwort griff die Politik; sie formuliert ihren eigenen politischen Superlativ, wenn sie »Grundwert« sagt, weil wir von »Grundrechten« reden, wenn wir im verblasenen Jargon von jedermanns Rechtsansprüchen etwas ernster verstanden werden wollen. Der Zwiespalt der Sprachbenutzer, ihr Unbehagen durchzieht solche Kraftworte, deren magische Macht den Benutzer führen soll: Mythische Erinnerung, die immer dann eintritt, wenn das Forschen und Rechnen sich ohnmächtig zeigt.

Die Suche nach Werten ist die getarnte Frage nach dem Sinn unseres Lebens jenseits der Güterwerte, die sich als unzulänglich erwiesen haben. Wir erkennen zutreffend, daß im kulturellen »Wert« die Aussöhnung des Materiellen mit dem Geistigen und Spirituellen erreicht wird. Was wir in »Lebenswerten« eigentlich suchen, ist Heilsgewißheit; denn nur auf ihrem Boden gedeiht die Zuversicht, ein sinnerfülltes Leben zu leben.

Der Zusammenhang aller vorgeführten Problemkomplexe läßt sich nicht leugnen: Wenn eine Gesellschaft ohne überlegene Gewißheit lebt, die ihre geschichtliche Zufälligkeit und Bedingtheit überragen, so ist sie den Zufällen ihrer historischen Stunde ausgeliefert, ohne Urteilskraft über den eigenen Zustand und über die Eignung ihrer Maßstäbe zur Lebensbewältigung entwickeln zu können. Wir reden zwar viel von Zusammenhängen und haben begonnen, unsere Geschichtlichkeit wiederzuentdecken.

In unseren Weltanschauungs-Entwürfen haben wir dagegen

weitgehend mit den eigenen Herkünften gebrochen. Wir verstehen einige unserer sozialen Errungenschaften und unserer ideologischen Konzepte als so überlegen, daß wir auf engem Raum mit der bescheidenen Erfahrung unserer jüngsten Kulturepoche operieren. Verschärft wird diese historische Selbstisolation durch die Beschleunigung, welche den historischen Wandel seit ungefähr 150 Jahren prägt. Nicht nur die Geschwindigkeit unserer Verkehrsmittel hat sich in kürzester Zeit vervielfältigt; auch die technische und naturwissenschaftliche Entwicklung überholt unsere Anpassungs-Elastizität in immer neuen Schüben. Ruhende Pole des Traditionskontaktes, die einen Schonraum für die Zumutungen des kulturellen Geschwindschrittes bieten sollten, drehten sich, wie die Familie, bald selbst mit im Strudel der Veränderungen. Denn auch der geistige und geistliche Halt, der den Vorfahren fast zwei Jahrtausende lang eine ausgleichende Kulisse für ihre wechselhaften Neigungen und Geschicke geboten hatte, ist ins Kreuzfeuer der selbstbewußten Anfragen und Zweifel geraten: Der mündige Bürger fordert selbst den Gott seiner Väter in die Schranken. So schwand für die großen Wagnisse, schwand für die Aufbrüche in Neuland der feste Horizont; alles, auch der Sinn des menschlichen Lebens selbst, wird seither debattiert, als läge auch geistliches Heil in Mehrheitsmeinungen beschlossen.

Hätten wir nur die Aufgabe, uns psychisch auf den beschleunigten Wandel einzustellen wie vom Landschaftserlebnis des Reiters auf jenes des D-Zug-Kunden und Flugpassagiers, so wäre diese Leistung unserer seelischen Elastizität wahrscheinlich zuzutrauen. Was uns auf fast allen bedeutsamen Gebieten unseres Lebens verwirrt, das ist die Folgenlosigkeit unserer Handlungen, das Beliebige unserer moralischen Positionen und die ethische Indifferenz, die als Saat des Pluralismus aufgeht. Toleranz wird gegenstandslos, wo niemand eine wirklich verteidigungswürdige Position bezieht. Das pluralistische Prinzip ist uns unter der Hand zu einer Grundstimmung aus Gleichgültigkeit und Beliebigkeit verkommen. Die Toleranz, von der wir reden, ist nur ein Alibi für unsere Indifferenz gegenüber unserem Nächsten.

Wenn wir die Frage stellen, was außer der gründlichen Bilanz unsere Aufgabe wäre, wenn wir dem »Wertmanagement« mißtrauen, dann ist dieser Blick in die eigene Zukunft ein Blick auf unsere Nachkommen, auf die Jugend. Was ihr an Lebensfreude und an Zielen mangelt, das macht nicht nur die Fehlerbilanz der Älteren aus; es gibt außerdem zuverlässig Auskunft über die Verluste an innerer Gewißheit über den Sinn unseres Lebens. Die Orientierungsmarken, nach denen eine Gesellschaft ihre Ziele in dieser Welt formuliert, sind immer abgeleitet von transzendenten Gewißheiten, die den unanfechtbaren Kernbestand an Werthaltungen sichern. Einen solchen verbindlichen Bestand gibt es in der pluralistischen Gesellschaft nicht mehr. Der Minimalkatalog an Werten, nach dem wir zwar unseren Nachbarn nicht totschlagen, aber unsere Eltern schon nicht mehr ehren müssen, reicht zur Sicherung eines Sinnbewußtseins offenbar zumindest der Jugend nicht aus.

Forschen wir in den Gedanken, Gefühlen und Taten der Zwanzigjährigen, welche die Zukunft dieser Gesellschaft sind, so finden wir Berechnung neben Naivität, Zynismus neben fröhlicher Offenheit, die eruptiv aufbricht, wenn man sich ihnen ganz zuwendet. Daß sie selbst keine hohen Ziele mehr haben, nehmen sie den Älteren übel. Ihre aggressive Grundstimmung schlägt empfindliche Gesprächspartner häufig zurück, weil sie die Anklage spüren: Was diese Anklage eigentlich meint, wüßten die wenigsten unter den jungen Menschen zu formulieren. Sie meint die kurze Vergangenheit dieser Kinder, die ein Werk der Älteren ist; Schulalltag ohne Vorbilder und fast ohne Träume; von Wissensballast vollgestopfte Kinderhirne, die nicht zur Reflexion ihres vielversprechenden jugendlichen Zustandes kommen; partnerschaftlich unsicher agierende Eltern, von Reformwellen verunsicherte Lehrer; viel zuviele erreichbare Materialgenüsse und viel zuwenig realisierbare Bildungsträume; kaum noch geistige Ziele.

Diese Kinder wurden erzogen für eine kurzatmige, ihrer selbst noch nicht gewisse Gegenwart, die überall nach Neuerungen jagt und keine beständige Grundmelodie zu diesem Verwirrspiel der Angebote bieten kann. Ein Pluralismus, dem der klare Hintergrund fehlt, hat diese Kinder breits überfordert, wenn sie sich den reglementierenden Schleusen und Sackgassen in die Weiterbildungswege nähern. Sie haben nicht nur zu vieles Materielle zu leicht erreichen können, sind nicht nur korrumpiert durch das Anspruchsdenken ihrer Eltern und der Miterzieher in den Medien. Sie haben vor allem, in diesem »Zuviel«, nirgends ein gültiges Grundmuster entdecken können, das die Folie für ihre unsteten Alltagseindrücke bilden könnte.

Gewiß ist der lebhaft ausgebrochene Schutzwille für die Umwelt nicht leichtfertig aufzuschieben; aber er muß in seinem nachgeordneten Rang erkannt werden. Das steigende Bewußtsein der Wertvernichtung in unserer Umwelt kann freilich als ein Zeichen vertiefter Sensibilität verstanden werden, die sich nicht mehr in guten Absichten erschöpft, sondern nach angemessenen Taten sucht.

Sicherlich aber wollen viele von uns als Umweltschützer auch vor der viel schwereren Aufgabe ausweichen, im Menschenbild dieser unserer Zeit Wandlungen herbeizuführen. Dazu müßten wir in uns selbst Bilanz machen, oft eine recht schmerzhafte, weil wir die zeitgemäße Fassade durchschlagen und in das persönliche Kunstwerk von Sozialprestige und Anpassung eine empfindliche Bresche schlagen müßten, durch die es kalt hereinweht. Ungeschützt, wie wir dann sind, würden wir aber klarsichtig und voll von Neugierde. Unser Interesse am Menschen würde die Jugend überzeugen, wenn wir es fertigbrächten, den Menschen zu lieben, ohne ihn zum Maß aller Dinge zu machen. Angemessen können wir den Menschen nur lieben, wenn wir ihn nicht für das letzte Wort der Schöpfung, vor allem aber: wenn wir ihn überhaupt für ein Geschöpf aus einer höheren und weiseren Hand halten. Nur dann werden wir seinem Leben einen weiterreichenden Sinn zusprechen können. Und nur aufgrund dieser ernsteren Bestimmung seines unsicheren Lebens werden wir den Menschen achten und ehren, bewundern und lieben können, wie er es braucht: nicht als das Maß der Erde, sondern als das Ebenbild einer vollkommenen Macht, die das Wunder des Lebendigen nicht in den Zufällen seiner Vergänglichkeit verkommen läßt.

Lebensziele bestimmen sich aus Werten und Glaubensgewißheiten, die mit keinem anderen Gut in Konkurrenz treten können. Hat ein Mensch – hat eine Gesellschaft – solche Gewißheiten, so versteht sie sich nicht mit unumschränkten Vollmachten ausgestattet, das Glück ihrer Mitglieder herzustellen und zu garantieren. Versteht eine Kulturgemeinschaft sich unter dem Schutz und Anspruch einer höheren Macht, als einen Zusammenschluß von Geschöpfen also, deren Leben noch ein anderes Ziel hat als die Güterbeglückung, so werden die Mitglieder einander als Erben dieser Gewißheiten achten.

Wir verlieren darin keineswegs uns selbst, wie die moderne Selbstverwirklichungsideologie glauben machen will. Wir finden uns im Staunen über die unendliche Variationenvielfalt der Natur, über das ungeklärte Wunder des Lebendigen, über das ungeheure Zutrauen, das ein Schöpfer in uns setzen muß, daß er uns Mördern, Folterern, Henkern immer wieder Kinder anvertraut, wohlgelungen fast ohne unser Zutun, atmend, mit erwartungsvollen Blicken tief in unser hastiges Herz schauend. Den Männern, die das vielleicht nie getan haben, den Frauen, die es selten ohne Unrast tun, sei nur dieser eine, lange, ausgeruhte Blick in die Augen eines ganz kleinen Kindes empfohlen: So unverstellt schaut kein menschliches Wesen länger als wenige Monate seines Lebens; so voller Urvertrauen hält kein erwachsenes Auge unseren Blicken stand; so unverwandt und schutzlos gibt sich niemand preis wie diese neue, unerfahrene Kreatur.

Die im Massenstaat unterdrückte Individualität des Menschen wird sich mutiger und freier entwickeln, als sie es in den Zirkeln wechselseitiger Bestätigung Erwachsener, in den Bürgerinitiativen könnte, wenn uns die kostbare und schutzwürdige Individualität jedes Menschen aus unserer persönlichen Erfahrung wieder vertraut geworden ist. Für abstrakte Menschenrechte einzutreten erfordert nicht nur Phantasie, die vielen fehlt, sondern es läßt auch unsere Anschauungsbedürfnisse unversorgt und lähmt damit unseren Einsatzwillen. Wenn wir aber in unserem engsten Umkreis begonnen haben, den Menschen als einen Gottesbeweis zu verstehen, werden wir ihn achten und ehren müssen als ein lebendiges Pfand des göttlichen Willens. Ideologien büßen ihre Macht ein, wo das Lebendige als Zeugnis eines Dauernden ins Zentrum unserer Handlungen gestellt wird. Befriedigungen bislang unbekannter Art stellen sich ein, wenn die blutlose Idee gegen die einfallsreiche Natur des Lebendigen eingetauscht wird als Gegenstand unseres brennenden Interesses. Bildungsreformen, die sich auf die Beobachtung und auf die reichlich fließenden Forschungsdaten zu Kindern und Jugendlichen stützen, können nicht mehr eine abstrakte Ideenlehre zu ihrem Maßstab machen.

Wenn wir begreifen könnten, daß Eltern und Erzieher die ehrwürdigste Aufgabe auf dieser Erde wahrnehmen, an der sie selbst erst die Chance erhalten, zur Menschlichkeit des eigenen Wünschens und Wertens durchzustoßen, dann wäre mancher Rollen- und Identitätskonflikt gegenstandslos.

Als Knechte unserer Errungen- und Machenschaften sind wir erfolglos auf der Suche nach Zielen, nach dauerhaftem Zuspruch, nach eindeutigem Selbstverständnis und nach tragfähigen Werten. Als Knecht des Menschen ist der Mensch verloren, weil er in Melancholie fallen muß über der Unergiebigkeit seines Eifers. Als behutsamer Bewunderer des Geschöpfes befindet der Mensch sich besser: Er erlebt sich im Schatten einer Macht, die viel mehr zu wissen und viel Besseres zu können scheint als er. Er gewinnt die Hoffnung, daß mit dem Auf und Ab des Geborenwerdens und Sterbens mehr gemeint sein müsse als dumpfe Repetition eines einmal angeworfenen Mechanismus.

Blickt der Mensch in dieser Hoffnung um sich, so füllt sich vieles in dem verwirrenden Treiben, dessen Zeuge er täglich werden muß, mit Sinn; die Güterwelt tritt ins Ensemble der Lebenszutaten zurück und läßt davon ab, ihn zu versklaven.

Der Zusammenhang ist zwingend: Seit es den Menschen nicht mehr paßt, sich als »Kinder« eines Schöpfers zu fühlen, haben sie auch für ihre menschliche Würde, die darin liegt, daß ihnen wiederum kleine Geschöpfe anvertraut werden, keinen Sinn mehr. Seit der Staat nur noch die Randzonen des Menschlichen, Leibesbehagen und Warenbesitz, regelt und sich nicht mehr als beauftragte Schutzmacht seiner Bürger versteht, als Verwalter des Auftrags, den Menschen seiner Würde gerade jenseits dieser Güter zu versichern, fehlen für die Mehrheit der Bürger die Anhaltspunkte für einen höheren Sinn ihrer so dürftig definierten Existenz.

Auch der Pluralismus könnte mehr als den betont weltlichen Minimalkonsens vertragen, ohne zum weltanschaulichen Totalitarismus zu entarten. Ein Staat, der seine Bürger bürokratisch versklavt, um ihnen seine Segnungen wohlorganisiert zukommen zu lassen, sitzt bereits im Dilemma seiner Ansprüche. Er hätte deshalb Anlaß, seine Bürger dessen zu versichern, daß er sich als unzulänglicher Verwalter eines Schöpfungsausschnittes definiert. Er könnte die vielbeschworene Solidarität seiner Bürger gewinnen, wenn er nicht von deren Existenzangst so stolz und aufgeklärt Distanz nähme.

Nein, hier ist nicht von einer Staatskirche die Rede, sondern vom mangelnden Mute der Mächtigen, sich selbst und ihre Mandatsverleiher daran zu erinnern, daß ihr Geschäft der sozialen Heilsvermittlung ein höchst vorläufiges und irdisches ist. Nein, hier wird keineswegs von den Staatsmännern verlangt, sie sollten Glaubensbekenntnisse ablegen. Sie sollen ihre Bürger, die zu Geschöpfen des Wohlfahrtsstaates geworden sind, als Geschöpfe Gottes erkennen und behandeln, dann wird die Schutzpflicht des Staates weniger lau verstanden werden, seine Verbrüderungslust mit den Bedrohern von außen weniger leichtfertig sich rechtfertigen lassen und seine Autorität bei den Anbefohlenen steigen.

Solange dieser Staat materiell mehr gibt, als er hat, wird er seine Bürger zu steigenden Ansprüchen und Forderungen erziehen, die jene selbst nicht glücklicher machen, sondern nur tiefer in ihre Irrtümer über den Weg zum Glück verstricken. Solange die Menschen in dieser Gesellschaft sich gegenseitig weniger geben, als sie haben – Pluralismus als Indifferenz, Toleranz als müde Duldung –, werden sie zu »Werten« nicht durchstoßen. Unsere Glücksansprüche haben uns vergessen lassen, daß auch zum Glück, das wir ersehnen, unsere eigene Mitwirkung gehört. Beobachten wir die Kinder! Ihre Glücksaugenblicke sind Momente reiner Daseinslust, deren Kennzeichen nicht nur Wunscherfüllung und Lustgewinn, sondern lebendiger Austausch mit dem erwachsenen Menschen und Schutzgewißheit sind. Das Kind ist, wenn es solches Glück erlebt, auch im absolut Guten aufgehoben, weil die Zustimmung des Erwachsenen ihm sein Recht auf dieses Glück zusichert.

Jeder Mensch verbindet Glücksgefühle mit solchen Erlebnissen der Erfüllung und Geborgenheit. Den Erwachsenen birgt nicht sein Staat und nicht sein Besitz oder sein Ansehen in diesem erstrebten Glück. Ihn kann nur die Gewißheit schützen, daß sein Leben mehr ist als eine Flamme, die folgenlos verlischt.

Anmerkungen

1 Vgl. Willy Strzelewicz, Herrschaft ohne Zwang? Systeme und Interpretationen der Autorität heute. In: Kritik, Bd. 1, Die autoritäre Gesellschaft. Hrsg. v. G. Hartfiel, Opladen [3]1972, S. 38 f.

2 Vgl. den Aufsatz »Von der Autorität« in: Karl Marx/Friedrich Engels, Werke, Berlin 1969, Bd. 18, S. 305–308.

3 Vgl. Niklas Luhmann, Macht. Stuttgart 1970, S. 75.

4 Vgl. A. Solschenizyn, Neigt sich die Freiheit zur Seite des Bösen? In: FAZ Nr. 148, 14. Juli 1978, S. 10 f.

5 Platon, Der Staat. Übs. u. eingel. v. K. Vretska, Stuttgart 1958, achtes Buch, 562 b–e, S. 373; 562 e–563 d, S. 374; 563 d–564 c, S. 375.
Platon (427–347 v. Chr.), griechischer Philosoph, entwirft in seinem Werk »Politeia« (»Staat«) einen idealen Drei-Stände-Staat, in dem jeder Stand eine Tugend vertritt: Dem obersten, dem Herrscherstand, kommt die Einsicht zu, dem Kriegerstand die Tapferkeit und dem dritten, dem Erwerbsstand, das Maßhalten. Eine vierte Kardinaltugend, die Gerechtigkeit, umgreift alle Stände und koordiniert ihre Tugenden.

6 Vgl. dazu u. a. Hans Maier, Zur Diskussion über die Grundwerte. Vortrag vor der Kath. Akademie in Hamburg am 31. Januar 1977. In: Grundwerte in Staat u. Gesellschaft. Hrsg. v. Günter Gorschenek (= Beck'sche Schwarze Reihe, Bd. 156), München 1977, S. 179–185.

7 Daniel Bell, Die Zukunft der westlichen Welt. Frankfurt/Main 1978.

8 Zu den Ergebnissen im einzelnen vgl. Elisabeth Noelle-Neumann, Wie demokratisch sind unsere Studenten? Aufschlüsse aus einer demoskopischen Untersuchung. In: FAZ Nr. 216, 2. Oktober 1978, S. 5.

9 Vgl. dazu Bertrand de Jouvenel, Über Souveränität. Auf der Suche nach dem Gemeinwohl. Neuwied 1963.

10 Beide Autoren zitiert bei Wolfgang Hochheimer, Die permanente Reproduktion der autoritären Persönlichkeit. In: Kritik,

Bd. 1, Die autoritäre Gesellschaft, aaO., S. 54–96. Hier: S. 59, 83.

11 Zum Problem vgl. Robert Michels, Zur Soziologie des Parteiwesens in der modernen Demokratie. Stuttgart 1957.

12 Vgl. Neues Testament, Markus 12, 17; Lukas 20, 25.

13 S. u., Zur Autoritätskrise der Erzieher, S. 59–79.

14 Vgl. Gerhard Szczesny, Das sogenannte Gute. Vom Unvermögen der Ideologen. Reinbek 1974, S. 63.

15 Vgl. Helmut Schmidt, Ethos und Recht in Staat und Gesellschaft. In: Grundwerte in Staat und Gesellschaft, aaO., S. 16 f.

16 Heinz Hartmann handelt den Begriff systematisch ab: H.H., Funktionale Autorität. Systematische Abhandlung zu einem soziologischen Begriff. Stuttgart 1964, hier: S. 57 ff.

17 Vgl. B. de Jouvenel, Über Souveränität. Auf der Suche nach dem Gemeinwohl, aaO., S. 50 f.; S. 111.

18 Vgl. R. Arons Aufsatz: Die düsteren Ahnungen des Herrn Alexis de Tocqueville. In: DIE WELT Nr. 216, 16. Sept. 1978, »Geistige Welt«, S. I.

19 S. u., Teil II, S. 81–183.

20 S. u., Teil III, S. 185–276.

21 Arnold Gehlen, Moral und Hypermoral. Eine pluralistische Ethik. Frankfurt/Main 1969; [3]1973, Kap. »Institutionen«, hier: S. 97 f.

22 Pier Paolo Pasolini, Freibeuterschriften. Die Zerstörung des einzelnen durch die Konsumgesellschaft. Aufsätze. Aus d. Ital. v. Th. Eisenhardt. Berlin 1978.

23 Vgl. Arnold Gehlen, Moral und Hypermoral. Eine pluralistische Ethik. Frankfurt/Main [3]1973, S. 40.

24 Vgl. R.P. Wolff, B. Moore, H. Marcuse, Kritik der reinen Toleranz. Aus d. Amerikan. v. Alfr. Schmidt. Frankfurt/Main [9]1978, hier: S. 58 f.

25 Kritik der reinen Toleranz, aaO., S. 94, 96f., 93, 102.

26 Der 1975 ermordete Regisseur Pier Paolo Pasolini berichtete über seinen Roman, der als Wanderung durch die Unterwelt konzipiert war, in einer Rede, die 1978 in dem Band »Freibeuterschriften«, aaO., erschien.

27 Vgl. Erich Fromm, Das Undenkbare, das Unsagbare, das Unaussprechliche. In: Psychologie heute, Nov. 78, S. 23–31, hier: S. 28.

28 Vgl. dazu Karl Jaspers, Über Bedingungen und Möglichkeiten eines neuen Humanismus. Drei Vorträge. Stuttgart 1974, hier: S. 36.

29 Zur Definition des Ideologiebegriffs vergleiche man Karl Mannheim, Ideologie u. Utopie. Frankfurt/Main 1952, S. 36.

30 H. Schelsky, Vortrag vor Freunden der Industriekreditbank Berlin. Zit. in FAZ vom 5. Dez. 78, S. 3.
31 S. o. Anm. 15.
32 S. u., Teil III, Die Suche nach Werten, S. 186–202.
33 Daniel Bell, Die Zukunft der westlichen Welt, o. Anm. 7.
34 Zitiert in der FAZ Nr. 247 vom 7. Nov. 78, S. 7.
35 Vgl. die Rede über »Ethos und Recht in Staat und Gesellschaft«, aaO., S. 16.
36 Vgl. dazu unten die Kapitel »Rollenkonflikte der Paare« (S. 134) und »Die Rollenkonflikte der Frauen« (S. 146–169) sowie »Zuflucht bei den Umweltwerten« (S. 271–276).
37 Vgl. dazu J. Habermas, Protestbewegung und Hochschulreform. Frankfurt/Main 1969, S. 42–50.
38 J. Habermas, Protestbewegung u. Hochschulreform, aaO., S. 16.
39 Vgl. dazu Max Scheler, Nation und Weltanschauung. Bern/München 1923.
40 S. dazu Teil III, Die Suche nach Werten, S. 185–276.
41 Helmut Schmidt in seiner Rede über »Ethos und Recht...«, aaO., S. 20 f.
42 Vgl. Max Scheler, Die Wissensformen und die Gesellschaft, 2. Aufl., durchges. u. hrsg. v. Maria Scheler, Bern/München 1960, S. 171.
43 Vgl. Götz Briefs, Das gewerbliche Proletariat. In: Grundriß der Sozialökonomik IX, 1., Tübingen 1926.
44 Vgl. Arnold Gehlen, Moral und Hypermoral, aaO., S. 115.
45 Vgl. Max Horkheimer, Gesellschaft im Übergang. Aufsätze und Reden und Vorträge 1942–1970. Hrsg. v. Werner Breder, Frankfurt/Main 1972.
46 Vgl. die Tragödie des Ödipus.
47 S. Freud, Das Unbehagen in der Kultur. Studienausgabe Bd. IX (= Conditio humana. Ergebnisse aus den Wissenschaften vom Menschen. Hrsg. v. A. Mitscherlich, A. Richards u. J. Strachey). Frankfurt/Main 1974, S. 191–270; Max Weber, Wirtschaft und Gesellschaft. Tübingen [6]1976; Arnold Gehlen, Moral und Hypermoral. Frankfurt/Main [3]1973.
48 Vgl. dazu den Roman der Madame de La Fayette: La Princesse de Clèves, Editions Delmas, Paris 1949, in dem die Seelenzustände der Akteure entscheidend auf die Handlung ausstrahlen.
49 Vgl. Michel de Montaigne, Essais. Ausgew. u. übertrg. v. H. Lüthy, Zürich 1953.
50 J.-J. Rousseau, Emile oder Über die Erziehung. Hrsg. u. übs. v. Ludwig Schmidts, Paderborn 1971, S. 74 (künftig zit. als: Emile).
51 J.-J. Rousseau, Emile, aaO., S. 70.

52 Vgl. dazu die Textsammlung: Kritik, Bd. 1. Die autoritäre Gesellschaft, aaO., S. 60 u. ö.
53 Emile, aaO., S. 168.
54 S. dazu unter Teil II, Kapitel 5 bis 7 über die sozialen Rollenkonflikte.
55 Emile, aaO., S. 74.
56 Emile, aaO., S. 242.
57 Vgl. den schon oben, S. 22, zitierten Bertrand de Jouvenel, Über Souveränität. Auf der Suche nach dem Gemeinwohl. (Paris 1953) Neuwied 1963.
58 Emile, aaO., S. 506.
59 J. Habermas, Selbstreflexion als Wissenschaft: Freuds psychoanalytische Seinskritik. In: Erkenntnis und Interesse. Frankfurt [4]1977, S. 262–332.
60 Vgl. dazu Max Webers Aufsatz »Wirtschaft und Gesellschaft«, o. Anm. 47.
Horkheimer ist Schüler Max Webers.
61 Vgl. dazu Wolfgang Hochheimer, Die permanente Reproduktion der autoritären Persönlichkeit. In: Kritik 1, Die autoritäre Gesellschaft, o. Anm. 52, S. 54–96.
62 S. dazu unten, Teil II, S. 104–133.
63 Vgl. dazu M.S. Mahler/Fred Pine/Anni Bergmann, Die psychische Geburt des Menschen. Symbiose und Individuation. Übs. v. Hilde Weller, Frankfurt 1978 (in New York erschienen 1975).
64 Vgl. Helmut Schelsky, Die Herrschaft der Reflexionselite. In: Die Arbeit tun die andern. Klassenkampf und Priesterherrschaft der Intellektuellen. München 1975, [2]1977, S. 101–222.
65 Vgl. dazu Gertrud Höhler, Gesinnungskonkurrenz der Intellektuellen. Zürich/Osnabrück 1978.
66 Zur Begriffsgeschichte vgl. Dietz Bering, Die Intellektuellen. Geschichte eines Schimpfwortes. Stuttgart 1978.
67 Vgl. das Buch: Tendenzwende? Zur geistigen Situation in der Bundesrepublik. Hrsg. v. Clemens Graf Podewils, Stuttgart 1975.
68 So formuliert von Helmut Schmidt, Ethos und Recht, aaO., S. 16: »In unserer Gesellschaft ... wird ... eine Vielzahl von weltanschaulichen Begründungen angeboten.«
69 Platon, Der Staat, aaO., 378 e–379 c, S. 147.
70 Platon, Der Staat, aaO., 378 e–380 b, S. 147–149.
71 Vgl. dazu und zur Geschichte des Todes-Verhältnisses im Abendland: Philippe Ariès, Studien zur Geschichte des Todes im Abendland. Aus d. Französ. v. Hans-Horst Henschen. München/Wien 1976.

72 Der Arzt Raymond A. Moody veröffentlichte zwei Bücher: »Leben nach dem Tod« und »Nachgedanken über das Leben nach dem Tod«. Reinbek 1977 und 1978. In diesem zweiten Band führt Moody auch Literatur zur Todeserfahrung auf.
Zur ideengeschichtlichen Rolle des Todes vergleiche man auch: Grenzerfahrung Tod. Hrsg. v. Ansgar Paus, Frankfurt/Main 1978.

73 Man vergleiche zum Beweis dieser Behauptung die neue Bedeutung der Intellektuellenrolle in Ungarn: György Konrád/Iván Szelényi, Die Intelligenz auf dem Weg zur Klassenmacht. Deutsch v. H.H. Paetzke, Frankfurt/Main 1978.

74 Man vergleiche Alexander Solschenizyns Bemerkungen über die Macht der westlichen Presse in seiner Harvard-Rede, FAZ Nr. 148, 14. Juli 1978, S. 10 f.

75 Alexander Solschenizyn in Harvard, 1978.

76 Neues Testament, Lukas 16, 19–31, hier insbes.: Vers 31.

77 Matthias Meesen in der Deutschen Zeitung Christ und Welt vom 13. Oktober 1978, S. 2.

78 FAZ Nr. 148 vom 14. Juli 1978, S. 10.

79 Matthias Meesen, s. o. Anm. 77.

80 Aus dem zitierten Kommentar von Matthias Meesen.

81 Matthias Meesen, s. o. Anm. 77.

82 Karl Marx formuliert 1844: »Der Kommunismus ist naturalisierter Humanismus.« Zit. bei A. Solschenizyn, FAZ Nr. 148 vom 14. Juli 1978, S. 11.

83 Vgl. u. a. Edward Shorter, Die Geburt der modernen Familie. Reinbek b. Hamburg 1977.

84 Vgl. Philippe Ariès, Geschichte der Kindheit. Aus dem Franz. v. C. Neubaur u. K. Kersten, München/Wien 1975.

85 Edward Shorter, Die Geburt der modernen Familie, aaO., S. 175 f.

86 Vgl. Gottfried von Straßburg, Tristan. Hrsg. v. Karl Marold, Berlin 1969.

87 Man vergleiche im »Tristan«, aaO., die Verse 16720–16776.

88 Erich von Kahler, Die Verinnerung des Erzählens (1957–58). In: Untergang und Übergang. Essays. München 1970, S. 52–197.

89 von Kahler, aaO., S. 57, 61, 64.

90 Vgl. dazu Jürg Willi, Die Zweierbeziehung. Spannungsursachen/Störungsmuster/Lösungsmodelle. Reinbek b. Hamburg 1975; Jürg Willi, Therapie der Zweierbeziehung. Reinbek b. Hamburg 1978.

91 Vgl. dazu Philippe Ariès, Geschichte der Kindheit, aaO.; vgl. außerdem: Erna M. Johansen, Betrogene Kinder. Eine Sozialge-

schichte der Kindheit. Frankfurt/Main 1978; Irene Hardach-Finke/Gerd Hardach (Hrsg.), Deutsche Kindheiten 1700–1900. Autobiographische Zeugnisse. Kronberg/Ts. 1978.

92 S. dazu unten Teil III, Werte, S. 185–276.

93 Th. Lidz: zitiert bei Jürg Willi, Die Zweierbeziehung, aaO., S. 35.

94 Vgl. Edward Shorter, Die Geburt der modernen Familie, aaO., S. 164–175.

95 Vgl. Erich Fromm, Analytische Sozialpsychologie und Gesellschaftstheorie. Frankfurt/Main 1970, S. 16 f.

96 Vgl. Karl Mannheim, Wissenssoziologie (= Soziolog. Texte 28). Auswahl aus dem Werk. Eingel. u. hrsg. v. Kurt H. Wolff, Neuwied/Berlin ²1970.

97 Helmut Möller in der Rheinischen Post Nr. 226 vom 28. Sept. 1978.

98 Zum Prestigebegriff und seiner Rolle s. o. S. 50–52.

99 Vgl. FAZ Nr. 270 vom 5. Dezember 1978, S. 3.

100 Daniel Yankelovich ist Präsident einer Sozial-Forschungsfirma in New York und Professor für Psychologie an der New School for Social Research. Über seine Umfragen berichtet er in Psychologie heute, Nov. 78, S. 15–21.

101 Jürg Willi, Die Zweierbeziehung, aaO., S. 17 f.

102 S. u. S. 146–169.

103 Vgl. den Bericht von Gudrun Cyprian, Sozialisation in Wohngemeinschaften (= Sozialisation und Kommunikation Bd. 8). Stuttgart 1978.

104 Vgl. Jürg Willi, aaO.

105 So das Ergebnis von Cyprians Untersuchung, vgl. Cyprian, aaO., S. 24–39.

105a Man vergleiche Hermann Schreibers Bericht: Singles. Allein leben – besser als zu zweit? München 1978.

106 Gail Sheehy, In der Mitte des Lebens. Die Bewältigung vorhersehbarer Krisen. München 1976.

107 Vgl. dazu das bald nach Gail Sheehys Buch erschienene Pendant von Hermann Schreiber: Midlife Crisis. Die Krise in der Mitte des Lebens. München 1977.

108 S. u. S. 170–183.

109 S. u. S. 186–202.

110 Betty Friedan, Das hat mein Leben verändert. Beiträge und Reflexionen zur Frauenbewegung. Reinbek b. Hamburg 1977, S. 10.

111 Shulamith Firestone, Frauenbefreiung und sexuelle Revolution. Frankfurt/Main 1975.

112 Man vergleiche die Forschungen Sigmund Freuds, über die er in

»Totem und Tabu« berichtet, man lese seine Schrift »Das Unbehagen in der Kultur« und die Forschungsberichte der Amerikanerin Margaret Mead.

113 Sigmund Freud, Vorlesungen zur Einführung in die Psychoanalyse und Neue Folge (= Conditio humana. Ergebnisse aus den Wissenschaften vom Menschen Bd. 1). Studienausgabe, hrsg. v. A. Mitscherlich u. a., Bd. 1, S. 557 u. 561.

114 Andrea, Guido, Marcello und Roberto, Der letzte Mann. Hrsg. u. m. einem Vorwort von Marco Lombardo-Radice, übs. v. W.S. Baur u. D. Schwarz, Reinbek b. Hamburg 1978. Die Zitate stammen aus dem Vorwort, S. 23, 24 f., 28 f.

115 Vgl. Arnold A.T. Erhardt, Politische Metaphysik von Solon bis Angustin. 1959.

116 Man vergleiche dazu Arnold Gehlen, Moral und Hypermoral, aaO., S. 81.

117 Betty Friedan, Das hat mein Leben verändert, aaO., S. 317, 318, 319.

118 Vgl. Max Scheler, Der Mensch im Zeitalter des Ausgleichs. In: Lichtenberger/Shotwelt/Scheler, Ausgleich als Aufgabe und Schicksal, Berlin 1929.

119 Vgl. Helmut Boehncke, Geburtendefizit oder praesuicidale Gesellschaft. In: Der Kinderarzt, Jg. 9 (1978) H. 7, S. 922–925, hier: S. 922.

120 Vgl. Boehncke, aaO., S. 922.

121 Eva Marie von Münch in der ZEIT Nr. 50 vom 8. Dez. 1978.

122 Vgl. Helmut Müller, Suicid bei Kindern und Jugendlichen. In: Therapie der Gegenwart 144 (1975) 7.

123 Jean Améry, Hand an sich legen. Stuttgart 1976.

124 Aus der Weihnachtsansprache 1978 des Bundespräsidenten Walter Scheel, in: Die Welt Nr. 300 vom 27. Dez. 1978, S. 5.

125 Vgl. Kurt Mendelssohn, Das Rätsel der Pyramiden. In: Ärzte. Reise- und Kulturjournal, 2 XI. 1977.

126 Iring Fetscher in FAZ Nr. 203, 16. IX. 78, »Die psychoanalytische Dimension unserer Kultur«.

127 Helmut Schmidt, Ethos und Recht in Staat und Gesellschaft, aaO., S. 18.

128 H. Schmidt, aaO., S. 20.

129 Helmut Kohl, Freiheit, Solidarität, Gerechtigkeit. In: Grundwerte in Staat und Gesellschaft, aaO., S. 57.

130 Peter Kmieciak im Vorwort zu einer Sammlung von Tagungsbeiträgen zur Tagung »Werteinstellung und Wertwandel« (= Werkstatthefte für Zukunftsforschung 12), hrsg. v. Gesellsch. f. Zukunftsfragen e.V. und Gesamthochschule Paderborn, FB 1 u. FB 5, Berlin/Paderborn 1978.

131 Vgl. dazu die Textsammlung »Grundwerte in Staat und Gesellschaft«. Hrsg. v. G. Gorschenek, München 1977.
132 Ethos und Recht..., aaO., S. 21.
133 Vgl. den Vortrag von Hans Maier vor der Kath. Akademie Hamburg am 31. Jan. 1977, in »Grundwerte in Staat und Gesellschaft«, aaO., S. 172–190, hier: S. 179.
134 Helmut Kohl, Freiheit, Solidarität, Gerechtigkeit. In: Grundwerte in Staat und Gesellschaft, aaO., S. 61.
135 Helmut Schmidt, Ethos und Recht..., ebda, S. 18.
136 FAZ Nr. 148, 14. Juli 78, S. 10. Rede an der Universität Harvard.
137 FAZ, aaO., S. 10.
138 Erich Fromm in der o. Anm. 27 zitierten Rede. In: Psychologie heute, Nov. 1978, S. 30.
139 FAZ Nr. 148 v. 14. Juli 78, S. 11.
140 Ebda.
141 Platon, Der Staat, aaO., S. 405.
142 FAZ Nr. 148 v. 14. Juli 78, S. 11.
143 Vgl. Altes Testament, Jesaja 22, 13 und Neues Testament, Brief des Paulus an die Korinther: 1. Kor. 15, 32.
144 FAZ Nr. 148 v. 14. Juli 78, S. 10.
145 Platon, Der Staat, aaO., S. 405.
146 FAZ, aaO., S. 11.
147 FAZ, aaO., S. 11.
148 Pier Paolo Pasolini, aaO.
149 E.R. Wiehn, J.M. Birner, H. Mansch u. K. Schuhmacher, Umweltsoziologische Theorienversuche, unveröffentlichtes MS., 1977. In: Werteinstellung und Wertwandel, aaO., S. 149.
150 Habermas wird zitiert in der o. Anm. 149 angeführten Konstanzer Studie, S. 147.
151 Ebda.
152 Pier Paolo Pasolini, aaO.
153 Hermann Hesse, Der Steppenwolf. Frankfurt/Main 1978, S. 27 f.
154 Vgl. Johann-Ulrich Sandberger, Zu Struktur und Relevanz von sozio-politischen Grundwerten – Am Beispiel von Abiturienten. In: Werteinstellung und Wertwandel (= Werkstatthefte für Zukunftsforschung 12), Berlin/Paderborn 1978, S. 231–287.
155 J.U. Sandberger, aaO., S. 278 f.
156 J.U. Sandberger, aaO., S. 279.
157 J.U. Sandberger, aaO., S. 282 f.
158 J.U. Sandberger, aaO., S. 284.
159 Bis dahin war »Wert« der Tausch- oder Geldwert eines Gutes, sein Preis.

160 Vgl. Friedrich Nietzsche: Entwurf für die »Umwertung aller Werte«.

160a Man vergleiche Elisabeth Noelle-Neumann, Werden wir alle Proletarier? Wertewandel in unserer Gesellschaft. Zürich/Osnabrück 1978.

161 Vgl. Dolf Sternberger, Drei Wurzeln der Politik. Frankfurt/Main 1979.

162 Aus einem Vortrag von Manfred Siebker, im Mai 1977 gehalten auf der UNESCO-Tagung über Human Ecology in Wien.

163 Vgl. das Gleichnis vom verlorenen Sohn im Neuen Testament, Lukas 15, 11–32.

164 Eine um 1520 entstandene getuschte Federzeichnung von Hans Holbein d.J. hängt in Basel, Öffentl. Kunstsammlung.

165 Vgl. Werteinstellung und Wertwandel, aaO., S. 641–646.

166 S. o. S. 104–133.

167 S. o. S. 92 f.

168 Vgl. S. Freud, Das Unbehagen in der Kultur, II und V.

169 Iring Fetscher, Die psychoanalytische Dimension unserer Kultur, FAZ Nr. 203 vom 16. Sept. 1978, Beilage »Bilder und Zeiten«.

169a Churchills Aufsatz aus dem Jahre 1932 wurde nachgedruckt in der WELT am Sonntag Nr. 15, 15. April 1979, S. 8, unter dem etwas reißerischen Titel – dessen der alarmierende Textfund nicht bedurft hätte –: Winston Churchill und Harrisburg.

170 Vgl. Gerhard Szczesny, Das sogenannte Gute, aaO., S. 44.

171 Helmut Klages, Eliten im Getto? Schwierigkeiten der Wertverwirklichung in der sozialstaatlichen Demokratie. Unveröff. Thesenreferat.

172 Vgl. Karl Jaspers, Über Bedingungen und Möglichkeiten eines neuen Humanismus. (Künftig zit. als: Genfer Rede). Stuttgart 1974, S. 43.

173 Ebda.

174 Ebda.

175 Ebda.

176 Harvard-Rede Solschenizyns, FAZ Nr. 148 v. 14. Juli 1978, S. 11.

177 Jaspers, Genfer Rede, aaO., S. 45.

178 Jaspers, aaO., S. 46.

179 Ebda.

180 Jaspers, Genfer Rede, S. 47 f.

181 Fjodor M. Dostojewskij, Die Brüder Karamasow. Übs. v. H. Ruoff u. R. Hoffmann, München 1978, S. 860.

182 S. o. S. 92 f.; 198 f.

183 S. o. S. 92 f.

183a Horst Eberhard Richter, Der Gotteskomplex. Die Geburt und die Krise des Glaubens an die Allmacht des Menschen. Reinbek 1979.

184 Gustav Heinemann, Reden und Interviews, Bd. 3, Bergisch Gladbach 1972, S. 32 f.

185 Vgl. Dolf Sternberger, Drei Wurzeln der Politik, o. Anm. 161.

186 Vgl. Arnold Gehlen, Die Seele im technischen Zeitalter. Hamburg [11]1969, Teil III, Sozialpsychologische Befunde, 2. Erfahrungsverlust, S. 44–47.

187 Manfred Sader in: Psychologie heute, November 1978.

188 Vgl. Arnold Gehlen, Die Seele im technischen Zeitalter, aaO., S. 45.

189 Stefan Kisielewski, Polen – oder die Herrschaft der Dilettanten. Sozialismus der Wirtschaftspraxis. Zürich/Osnabrück 1978.

189a Vgl. den oben Anm. 4 zitierten Text der Rede in der Universität Harvard.

190 P. P. Pasolini, zitiert in der ZEIT Nr. 2 vom 5. Januar 1979, S. 30.

191 Vgl. dazu die oben, Anm. 27, zitierte Rede von Erich Fromm, nachgedruckt in: Psychologie heute, Nov. 1978, hier: S. 44.

192 Vgl. Arnold Gehlen, Die Seele im technischen Zeitalter, aaO., S. 82.

193 Vgl. Philippe Ariès, Geschichte des Todes im Abendland, aaO.

193a Vgl. den oben Anm. 169a zitierten Aufsatz.

194 Vgl. R.A. Moody, Nachgedanken über das Leben nach dem Tod, übs. v. H. Gieselbusch, Reinbek b. Hamburg 1978.

195 Neues Testament, 1. Joh. 3,19.20:
19 »Daran erkennen wir, daß wir aus der Wahrheit sind, und können unser Herz vor ihm damit stillen,
20 daß, so uns unser Herz verdammt, Gott größer ist denn unser Herz und erkennt alle Dinge.«

Literatur

I Autorität

ADORNO, Theodor W.: Aufsätze zur Gesellschaftstheorie und Methodologie. Frankfurt am Main 1970.

ALTHUSIUS, Johannes: »Politica Methodice Digesta« with an introduction by C.J. Friedrich. Cambridge 1932.

ALTHUSIUS, Johannes: »Grundbegriffe der Politik«. Aus »Politica methodice digesta«, in: Deutsches Reichsdenken, Heft 3, hrsg. v. Erik Wolf. Frankfurt am Main 1948.

ARENDT, Hannah: Was ist Autorität?, in: Fragwürdige Traditionsbestände im politischen Denken der Gegenwart. Frankfurt am Main 1957.

ARNIM, Hans H. von: Gemeinwohl und Gruppeninteressen. Die Durchsetzungsschwäche allgemeiner Interessen in der pluralistischen Demokratie. Frankfurt am Main 1977.

ASSEL, Hans G.: Demokratischer Sozialpluralismus. Zur Theorie und Kritik pluralistischer Gesellschaft. München 1978.

AUGUSTINUS: Ausgewählte Schriften. In: Bibliothek der Kirchenväter, 10 Bde. (1911–1925).

AUTORITÄT. Hrsg. v. Hans J. Türk. Mainz 1973.

BIEN, Günther: Die Grundlegung der politischen Philosophie bei Aristoteles. Freiburg, München 1973.

BOCHÉNSKI, J. M.: Was ist Autorität? Einführung in die Logik der Autorität. Freiburg/Br. 1974.

BOCHÉNSKI, Joseph M.: Was ist Autorität? Freiburg/Br. 1974.

BURCKHARDT, Jacob: Staat und Kultur. Eine Auswahl. Zürich 1972.

CAESAR, Beatrice: Autorität in der Familie. Ein Beitrag zum Problem schichtenspezifischer Sozialisation. Reinbek 1972.

DAHRENDORF, Ralf: Gesellschaft und Demokratie in Deutschland. München 1965.

DER TRAUM vom besten Staat. Texte aus Utopien von

Platon bis Morris. Hrsg. von Helmut Swoboda. München 1972.
DIBELIUS, Otto: Obrigkeit. Stuttgart 1963.
DIE CHRISTLICHE KONZEPTION der pluralistischen Demokratie. Akten des Internationalen Symposiums Madrid 1976. Hrsg. v. Arthur F. Utz/Heinrich B. Streithofen. Stuttgart 1977.
DIEHL-THIELE, Peter M.: Partei und Staat im Dritten Reich. Untersuchungen zum Verhältnis von NSDAP und allgemeiner innerer Staatsverwaltung 1933–1945. 2., durchges. Aufl., München 1971.

EISFELD, Rainer: Pluralismus zwischen Liberalismus und Sozialismus. Stuttgart 1972.
ENGELS, Friedrich: Von der Autorität. In: Marx-Engels, Werke, Bd. 18. Berlin 1962, S. 305–308.
ERLINGHAGEN, Karl: Autorität und Antiautorität. Erziehung zwischen Bindung und Emanzipation. Heidelberg 1973.
ESCHENBURG, Theodor: Über Autorität. Frankfurt am Main 1976.
ESSENER GESPRÄCHE zum Thema Staat und Kirche. Hrsg. von Josef Krautscheidt/Heiner Marre. Münster 1977.
ETHIK und Politik des Aristoteles. Hrsg. von Fritz P. Hager. Darmstadt 1972.

FISCHER, Erwin: Trennung von Staat und Kirche. Die Gefährdung der Religionsfreiheit in der Bundesrepublik. 2., neu bearb. Aufl. Frankfurt am Main 1971.
FORSTHOFF, Ernst: Der Staat der Industriegesellschaft. Dargestellt am Beispiel der Bundesrepublik. München ^{2}1971.
FREIHEIT – ohne Autorität? Hrsg. von Wilhelm Bitter. Stuttgart 1972.
FRIEDRICH, C. J.: Tradition und Autorität. München 1974.
FREUD, Sigmund: Ges. Werke in 18 Bdn. London und Frankfurt am Main 1940–1952/1968.
FREUD, Sigmund: Massenpsychologie und Ich-Analyse. Frankfurt am Main ^{10}1975.
FROMM, Erich: Analytische Sozialpsychologie und Gesellschaftstheorie. Frankfurt am Main 1970.
FROMM, Erich: Die Furcht vor der Freiheit. Köln ^{5}1972.
FUNCKE, Liselotte / HEYL, Cornelius / NIEMEYER, Johannes: Kirche in Staat und Gesellschaft. Trennung und Partnerschaft – Gegensatz oder Ergänzung? Hrsg. v. Alois Rummel. Bonn ^{2}1975.

GEHLEN, Arnold: Studien zur Anthropologie und Soziologie. Neuwied 1963.
GEHLEN, Arnold: Moral und Hypermoral. Eine pluralistische Ethik. Königstein/Ts., ^{3}1973.
GIERKE, Otto von: Über die Geschichte des Majoritätsprin-

zipes. In: Schmollers Jahrbuch für Gesetzgebung, Bd. XXXIX, 1915.
GOGARTEN, Friedrich: Politische Ehtik. 1932.
GOGARTEN, Friedrich: Wider die Ächtung der Autorität. 1930.
GOTTSCHALCH, Wilfried: Schülerkrisen. Autoritäre Erziehung, Flucht und Widerstand. Band »Politische Erziehung«, Reinbek 1977.
GREIFFENHAGEN, Martin: Das Dilemma des Konservatismus in Deutschland. München 1977.
GREIFFENHAGEN, Martin: Konservatismus. In: Meyers Encyklopädisches Lexikon Bd. 14.
GUDRICH, Hannelore / FETT, Stefan: Die pluralistische Gesellschaftstheorie. Grundpositionen und Kritik. Stuttgart 1974.

HABERMAS, Jürgen: Erkenntnis und Interesse. Frankfurt am Main. 4 1977.
HABERMAS, Jürgen: Protestbewegung und Hochschulreform. Frankfurt am Main 1969.
HABERMAS, Jürgen: Legitimationsprobleme im Spätkapitalismus, Frankfurt am Main 1973.
HARTFIEL, Günter (Hrsg.): Die autoritäre Gesellschaft. Wiesbaden 3 1972.
HARTMANN, Heinz: Funktionale Autorität. Systematische Abhandlung zu einem soziologischen Begriff. Stuttgart 1964.
HAUSER, Richard: Autorität und Macht. Die staatliche Autorität in der neueren protestantischen Ethik und in der katholischen Gesellschaftslehre. Heidelberg 1949.
HEINEMANN, Gustav: Reden und Interviews (III). Bergisch-Gladbach 1972.
HENNEN, Manfred / PRIGGE, Wolfgang U.: Autorität und Herrschaft. Darmstadt 1977.
HENNIS, Wilhelm: Demokratisierung. Zur Problematik eines Begriffs. Köln-Opladen 1970.
HOBBES, Thomas: Leviathan oder Stoff, Form und Gestalt eines bürgerlichen und kirchlichen Staates. Hrsg. und eingeleitet von Iring Fetscher. Neuwied und Berlin 1966.
HORKHEIMER, Max: Gesellschaft im Übergang. Aufsätze und Reden und Vorträge 1942–1970. Hrsg. von Werner Breder, Frankfurt am Main 1972.

JASPERS, Karl: Die geistige Situation der Zeit (1931). 7. Abdruck der 1932 bearb. 5. Aufl., Berlin 1971.
JASPERS, Karl: Bedingungen und Möglichkeiten eines neuen Humanismus. Stuttgart 1974.
JOUVENEL, Bertrand de: Über die Staatsgewalt. Du Pouvoir. Aus d. Franz. v. Herbert R. Ganslandt. Freiburg 1972.
JOUVENEL, Bertrand de: Über Souveränität. Auf der Su-

che nach dem Gemeinwohl. Neuwied 1963.

KAHLER, Erich von: Die Auflösung der Form. Tendenzen der modernen Kunst und Literatur. München 1971.
KALTENBRUNNER, Gert-Klaus (Hrsg.): Die Herausforderung der Konservativen. Absage an Illusionen. Deutscher Konservatismus vor und nach Hitler. München 1974.
KIRCHE und moderne Gesellschaft. Mit Beitr. v. G. Apel / F. Alt / N. Blüm / W. Dirks / L. Funcke / H. Geller / O. von Nell-Breuning / J. Neumann / H. Weber. Hrsg. v. Heinz W. Brockmann. Düsseldorf 1976.
KIRCHE und Staat. Fritz Ekkert zum 65. Geburtstag. Hrsg. v. Herbert Schambeck. Berlin 1976.
KIRCHE und Staat auf Distanz. Hrsg. v. Georg Denzler. München 1977.
KÖRNER, Jürgen: Vorurteilsbereitschaft und autoritäres Verhalten. Eine empirische Untersuchung an 9–12jährigen Grund- und Hauptschülern. Stuttgart 1976.
KREMENDAHL, Hans: Pluralismustheorie in Deutschland. Entstehung, Kritik, Perspektiven. Leverkusen 1977.
KRÜGER, Hartmut: Interessenpolitik und Gemeinwohlfindung in der Demokratie. München 1976.

LESSON, Gustave: Psychologie der Massen. Stuttgart [14]1973.
LÖFFLER, Henner: Macht und Konsens in den klassischen Staatsutopien. Eine Studie zur Ideengeschichte des Totalitarismus. 1972.
LUHMANN, Niklas: Macht. Stuttgart 1970.
LÜTCKE, Karl Heinrich: Auctoritas bei Augustin. Stuttgart 1968.

MAIER, Hans: Kirche und Gesellschaft. München 1972.
MANNHEIM, Karl: Wissenssoziologie. Auswahl aus dem Werk. Hrsg. v. Kurt Wolff. Neuwied [2]1970.
MANNHEIM, Karl: Mensch und Gesellschaft im Zeitalter des Umbaus. Königstein/Ts. 1967.
MANNHEIM, Karl: Ideologie und Utopie, Frankfurt am Main [6]1978.
MANNHEIM, Karl: Diagnose unserer Zeit. Wien 1951.
MARCUSE, Herbert: Triebstruktur und Gesellschaft. Essay. Aus d. Amerik. v. Marianne von Eckhardt-Jaffe. Frankfurt am Main 1973.
MARCUSE, Herbert: Der eindimensionale Mensch. Studie zur Ideologie der fortgeschrittenen Industriegesellschaften. Neuwied [9]1977.
MARCUSE, Herbert: Ideen zu einer kritischen Theorie der Gesellschaft. Frankfurt am Main 1976.
MARCUSE, Herbert: Kultur und Gesellschaft. 2 Bde.,

Frankfurt am Main 1975 und 1970.
MARTIN, Alfred von: Macht als Problem. Hegel und seine politische Wirkung. Wiesbaden 1976.
MATERIAL zum Problem der Legitimität im modernen Staat. Versch. Beitr., hrsg. von der Konrad-Adenauer-Stiftung / Politische Akademie Eichholz, verantw. Bernhard Gebauer. Bonn 1975.
MEYER, Alfred G.: Autorität. In: Sowjetsystem und demokratische Gesellschaft. Bd. 1 Freiburg 1966.
MICHELS, Robert: Zur Soziologie des Parteiwesens in der modernen Demokratie. Stuttgart 1957.
MILIBAND, Ralph: Marx und der Staat. Berlin 1971.
MITSCHERLICH, Margarete: Das Ende der Vorbilder. Vom Nutzen und Nachteil der Idealisierung. München 1978.
MITSCHERLICH, Alexander: Auf dem Weg zur vaterlosen Gesellschaft. Ideen zur Sozialpsychologie. München 1963.
MOHLER, Armin: Die konservative Revolution in Deutschland. Stuttgart 1950.

NEILL, Alexander: Theorie und Praxis der antiautoritären Erziehung. Reinbek 1969.
NOELLE-NEUMANN, Elisabeth: Werden wir alle Proletarier? Wertewandel in unserer Gesellschaft. Zürich/Osnabrück 1978.

PFAFFEROTT, Gerhard: Politik und Dialektik am Beispiel Platons. Methodische Rechenschaftsleistung und latentes Rechtfertigungsdenken im Aufbau der »Politeia«. Kastellaun 1976.
PLATON: Der Staat. Stuttgart 1976.
PLURALISMUS. Konzeption und Kontroversen. Hrsg. von Franz Nuscheler / Winfried Steffani, München ³1976.
PODEWILS, Clemens Graf (Hrsg.):Tendenzwende? Zur geistigen Situation in der Bundesrepublik. Stuttgart 1975.
PÜTTNER, Günter: Toleranz als Verfassungsprinzip. Berlin 1977.

RABE, Horst: Autorität – Elemente einer Begriffsgeschichte. Konstanz 1972.
REGIERBARKEIT. Studien zu ihrer Problematisierung. Hrsg. von Wilhelm Hennis / Ulrich Matz / Peter Kielmannsegg. Stuttgart 1977.
RÖDER, Karl H. / WEICHELT, Wolfgang: Das Dilemma des Antikommunismus in der Staatsfrage. Frankfurt am Main 1974.
ROUSSEAU, J.-J.: Emile oder Über die Erziehung. Paderborn 1971.

SCHARPF, Fritz: Demokratietheorie zwischen Utopie und Anpassung. Konstanz 1970.
SCHELSKY, Helmut: Die Arbeit tun die anderen. Klassen-

kampf und Priesterherrschaft der Intellektuellen. München 1977.
SCHUMACHER, Kurt: Der Kampf um den Staatsgedanken in der deutschen Sozialdemokratie. Stuttgart, Köln 1973.
SCHUMPETER, Joseph A.: Kapitalismus, Sozialismus und Demokratie. Bern 1946.
SCHWAN, Alexander: Wahrheit – Pluralität – Freiheit. Studien zur philosophischen und theologischen Grundlegung freiheitlicher Politik. Hamburg 1976.

SOZIALISTISCHER PLURALISMUS. Texte zur Theorie und Praxis sozialistischer Gesellschaften. Hrsg. v. Udo Bermbach / Franz Nuscheler. Hamburg 1973.
SPANN, Othmar: Der wahre Staat. Voraussetzung über Abbruch und Neubau der Gesellschaft. Jena 1921.
STAUDINGER, Hugo: Mensch und Staat im Strukturwandel der Gegenwart. Überlegungen aus der Sicht eines Historikers. Paderborn 1971.
STERNBERGER, Dolf: Autorität, Freiheit und Befehlsgewalt. Tübingen 1959.
STRZCELEWICZ, Willy: Herrschaft ohne Zwang. In: Die autoritäre Gesellschaft. Opladen ³1972.
STUDIE über Autorität und Familie. Forschungsbericht aus dem Institut für Sozialforschung, hrsg. v. E. Fromm, M. Horkheimer, H. Mayer, H. Marcuse u. a., 2 Bde., Paris 1936.
SZCZESNY, G.: Das sogenannte Gute. Vom Unvermögen der Ideologen. Reinbek 1974.

TOCQUEVILLE, Alexis de: Erinnerungen. Eingel. von Carl J. Burckhardt. Stuttgart 1954.

WEBER, Alfred: Die Krise des modernen Staatsgedankens in Europa. Berlin und Leipzig 1925.
WEBER, Erich: Autorität im Wandel. Autoritäre, antiautoritäre und emanzipatorische Erziehung. Donauwörth 1974.
WEBER, Max: Wirtschaft und Gesellschaft. Grundriß der verstehenden Soziologie. Mit textkritischen Erläuterungen. Hrsg. v. Johannes Winckelmann. 2 Halbbd., 5. rev. Aufl. Tübingen 1976.
WOLFF, Robert Paul / MOORE, Barrington / MARCUSE, Herbert: Kritik der reinen Toleranz. Frankfurt am Main ⁹1978.
WOLFRAM, Kurth: Menschen und Massen. Erkenntnisse der psychologischen Phänomene der seelischen Massenerkrankungen in der Geschichte und Gegenwart. Kastellaun 1975/1976.

ARIÈS, Philippe: Geschichte der Kindheit. Aus d. Franz. v. Caroline Neubaur. Vorw. v. Hartmut v. Hentig. München/Wien 1975, ²1976.
ARIÈS, Philippe: Studien zur Geschichte des Todes im Abendland. München 1976.

BAKER MILLER, Jean: Die Stärke weiblicher Schwäche. Zu einem neuen Verständnis der Frau. Frankfurt am Main 1977.
BEAUVOIR, Simone: Das andere Geschlecht. Sitte und Sexus der Frau. Reinbek 1978.
BECHSTEIN / WEITSCH: Verlorene Kinder. Massenpflege in Säuglingsheimen. Appell an die Gesellschaft. München 1972.
BLEUEL, Hans Peter: Kinder in Deutschland. München 1971.
VON BRAUNMÜHL, Ekkehard: Zeit für Kinder. Theorie und Praxis von Kinderfeindlichkeit, Kinderfreundlichkeit, Kinderschutz. Frankfurt am Main 1978.
VON BRAUNMÜHL / KUPFER / OSTERMEYER: Die Gleichberechtigung des Kindes. Programm zur Beendigung des Erziehungskrieges zwischen den Generationen. Frankfurt am Main 1976.

CHESLER, Phyllis: Frauen – das verrückte Geschlecht. Reinbek 1977.
CHOTJEWITZ-HÄFNER, Renate: Feminismus ist kein Pazifismus. Dokumente aus der italienischen Frauenbewegung. Biberach a. d. Riss 1977.
CLAESSENS, Dieter: Familie und Wertsystem. 3. überarb. Aufl., Berlin 1972.
COOPER, David: Der Tod der Familie. Reinbek 1972.
CYPRIAN, Gudrun: Sozialisation in Wohngemeinschaften (= Sozialisation und Kommunikation Bd. 8). Stuttgart 1978.

DEUTSCHE KINDHEITEN 1700–1900. Autobiographische Zeugnisse. Hrsg. v. Irene Hardach-Pinke und Gerd Hardach. Kronberg/Ts. 1978.
DIE FAMILIE ALS SOZIALISATIONSFAKTOR. Hrsg. von G. Wurzbacher, 2. neu bearb. Aufl., Stuttgart 1977.
DIE FAMILIE ALS PATIENT: Internationales Symposium Graz 1973. Hrsg. v. Erich Pakesch, Wiesbaden 1974.
DIE FRAU IN DER GESELLSCHAFT. Frühe Texte. Zur Psychologie der Frau. Versch. Beitr., hrsg. von Gisela Brinker-Gabler. Frankfurt am Main 1978.
DIE ZUKUNFT DER MONOGAMIE. Analysen und Entwürfe. Hrsg. von Josef Duss-von Werdt, Tübingen 1972.

EHRENREICH, Barbara / ENGLISH, Deidre: Zur

Krankheit gezwungen. Krankheitsideologie der Frau im 19. und 20. Jahrhundert. Aus dem Amerik. v. Martina Weitsch. München 1976.
ELTERN-KIND-BEZIEHUNG. Hrsg. von Helmut Bonn / Kurt Rohsmanith, Darmstadt 1977.
EMANZIPATION. Ideologischer Fetisch oder reale Chance. Hrsg. von Günter Hartfiel, Wiesbaden 1975.
EMANZIPATION DER MÄNNER. Versch. Beitr. In: Vorgänge. Zeitschrift f. Gesellschaftspolitik. Jg. 15 Nr. 19 H. 1. Weinheim 1976.

FAMILIE UND KIND in der Gesellschaft unserer Zeit. Hrsg. v. Gerd Biermann, München und Basel 1975.
FAMILIE IM WANDEL. Sozialethik und Gesellschaftspolitik. Hrsg. von Rudolf Weiler/Valentin Zsifkovits. Wien 1975.
FASSNACHT, Dieter: Ehe, Familie, Kommune. Frankfurt am Main 1972.
FEUERSTEIN, Thomas: Emanzipation und Rationalität einer kritischen Erziehungswissenschaft. Methodologische Grundlagen im Anschluß an Habermas. Mit e. Vorwort v. Herwig Blankertz. München 1973.
FIRESTONE, Shulamith: Frauenbefreiung und sexuelle Revolution. Frankfurt am Main 1975.
FIRKEL, Eva: Die selbst-bewußte Frau. Zur Identitätskrise der Frau in der westlichen Welt. Frankfurt am Main 1976.
FLANDRIN, Jean-Louis: Familien. Soziologie, Ökonomie, Sexualität. Frankfurt/Berlin/Wien 1976.
FORD, Arthur: Bericht vom Leben nach dem Tode. Der Mann, der mit Menschen im Jenseits redete. Der Kronzeuge der Wissenschaft für das psychische Weiterleben des Menschen nach seinem Tode. Bern/München/Wien [11]1978.
FRIEDAN, Betty: Das hat mein Leben verändert. Beiträge und Reflexionen zur Frauenbewegung. Aus d. Amerik. von Angela Praesent. Reinbek 1977.

GASTAGER, Heimo / GASTAGER, Susanne: Die Fassadenfamilie. Ehe und Familie in der Krise. Analyse und Therapie. München 1973.
GIESECKE, Hermann: Bildungsreform und Emanzipation. Ideologiekritische Skizzen. München 1973.
GREER, Germaine: Der weibliche Eunuch. Aufruf zur Befreiung der Frauen. Frankfurt am Main 1971.
GREER, Germaine: Der weibliche Eunuch. Aufruf zur Befreiung der Frau. Frankfurt am Main 1974.
GREIFFENHAGEN, Martin: Emanzipation. Hamburg 1973.
GRENZERFAHRUNG TOD.

Hrsg. v. Ansgar Paus. Frankfurt am Main 1978.

HASSENSTEIN, Bernhard: Verhaltensbiologie des Kindes. München ^{2}1976.
HAT DIE FAMILIE NOCH IHREN SINN? Familie – Kommune – Wohnkollektiv. Hrsg. von Peter M. Pflüger. Stuttgart 1975.
HEIDER, Fritz: Psychologie der interpersonalen Beziehungen. Aus d. Amerik. v. Gerhard Deffner. Stuttgart 1977.
HELLE, Horst J.: Familie – Zwischen Bibel und Kinsey-Report. Osnabrück 1974.
HENNIG, Margaret / JARDIM, Anne: Frau und Karriere. Der Weg zur Spitze in einer männerbestimmten Arbeitswelt. Reinbek 1978.
HERVÉ, Florence / KONZE, Marianne: Frauen kontra Männer – Sackgasse oder Ausweg? Frankfurt am Main ^{2}1977.
HÖRT IHR DIE KINDER WEINEN. Eine psychogenetische Geschichte der Kindheit. Hrsg. v. Lloyd de Mause. Frankfurt am Main 1977.

ILLICH, Ivan: Fortschrittsmythen. Schöpferische Arbeitslosigkeit – Energie und Gerechtigkeit – Wider die Verschulung. Reinbek 1978.
INDIVIDUUM-FAMILIE-GESELLSCHAFT im Spannungsfeld zwischen Zwang und Freiheit. Vorträge des V. Internationalen Forums für Psychoanalyse, Zürich 1974. Hrsg. v. Gion Condrau / Alois Hicklin. Göttingen und Zürich 1977.

JEZIOROWSKI, Jürgen: Kein Platz für Kinder. Wie wir ihnen einen freudlicheren Lebensraum schaffen können. Freiburg 1977.
JOAS, Hans: Die gegenwärtige Lage der soziologischen Rollentheorie. 3. erw. Aufl., Wiesbaden 1978.
JOHANSEN, Erna M.: Betrogene Kinder. Eine Sozialgeschichte der Kindheit. Frankfurt am Main 1978.

KAHLER, Erich von: Untergang und Übergang. Essays. München 1970.
KESTLER, Marianne: Feminismus und Psychotherapie. Psychische Aspekte der Emanzipation. München/Basel 1978.
KINDESWOHL CONTRA ELTERNWILLEN. Aspekte eines neuen Familienrechtes. Referate, Statements, Arbeitspapiere und Resolutionen einer Tagung der Evangelischen Akademie Loccum 1973. Hrsg. v. Uwe Gerber, Berlin 1975.
KLOEHN, Ekkehard: Verhaltensstörung. Eine neue Kinderkrankheit. Ursachen, Symptome, Therapie. München 1977.
KOCH, Rüdiger: Berufstätigkeit der Mutter und Persönlichkeitsentwicklung des Kindes. Köln 1975.
KOLLEKTIVE ERFAHRUNGSBERICHTE. Wohn-

gruppe, Kommune, Großfamilie. Gegenmodelle zur Kleinfamilie. Reinbek 1972.
KOMMUNE UND GROSSFAMILIE. Dokumente, Programme, Probleme. Hrsg. von Josef Duss-von Werdt. Tübingen ²1973.
KOMMUNE UND GROSSFAMILIE. Dokumente, Programme, Probleme. Redaktion v. Josef Duss-von Werdt, Bern 1972.
KÖNIG, René: Die Familie der Gegenwart. Ein interkultureller Vergleich. München ²1977.
KORCZAK, Janusz: Das Recht des Kindes auf Achtung. Aus d. Poln. von Armin Dross. Göttingen und Zürich ²1976.
KÜHN, Ekkehard: Kinder zwischen Leistung und Konsum. Erziehung in der Wohlstandsgesellschaft. Tübingen 1972.

LAING, Ronald D.: Das Selbst und die Anderen. Aus d. Engl. v. Hans Hermann. Köln 1976.
LANGENMAYR, Arnold: Familiäre Umweltfaktoren und neurotische Struktur. Experimentelle Überprüfungen einiger tiefenpsychologischer Untersuchungen. Göttingen und Zürich 1975.
LEMPP, Reinhart: Die Ehescheidung und das Kind. Ein Ratgeber für Eltern. 3., durchges. Aufl., München 1978.
LEVY, René: Der Lebenslauf als Statusbiographie. Die weibliche Normalbiographie in makrosoziologischer Perspektive. Stuttgart 1977.
LINNHOFF, Ursula / SAUER, Brunhilde: Berufliche Bildungschancen von Frauen. Analyse der Literatur in der BRD, Frankreich, Schweden sowie in der CSSR, DDR und UdSSR. Unter Mitarbeit von Lujza Szücs. Göttingen 1975.
LOMBARDO-RADICE, Marco (Hrsg.): Andrea, Guido, Marcello und Roberto: Der letzte Mann. Machismus und Feminismus. Die Krise der Rolle des Mannes. Vier Bekenntnisse. Reinbek 1978.

MAHLER, Margaret S. / PINE, Fred / BERGMANN, A.: Die psychische Geburt des Menschen. Symbiose und Individuation. Frankfurt am Main 1978.
MANTELL, David M.: Familie und Aggression. Zur Einübung von Gewalt und Gewaltlosigkeit. Eine empirische Untersuchung. Frankfurt am Main 1978.
MAYER, Hans: Außenseiter. Frankfurt am Main 1977.
MENDEL, Gérard: Plädoyer für die Entkolonisierung des Kindes. Aus d. Franz. v. Gisela Hesse. Freiburg 1973.
MILLET, Kate: Das verkaufte Geschlecht. Die Frau zwischen Gesellschaft und Prostitution. München 1973.
MILLET, Kate: Sexus und Herrschaft. Die Tyrannei des

Mannes in unserer Gesellschaft. München 1974.
MINUCHIN, Salvador: Familie und Familientherapie. Theorie und Praxis struktureller Familientherapie. Aus d. Amerik. v. Ulrike Stopfel. Freiburg/Br. 1977.
MITTERAUER, Michael / SIEDER, Reinhard: Vom Patriarchat zur Partnerschaft. Zum Strukturwandel der Familie. München 1977.
MOODY, R. A.: Nachgedanken über das Leben nach dem Tod. 1. Aufl., Reinbek 1978.
MOODY, R. A.: Leben nach dem Tod. Reinbek 1978.
MORITZ, Hans: Die Neuentdeckung der Familie. Die Bewertung und Begrenzung der Erziehungseinflüsse in Elternhaus und Schule. München und Basel 1972.

NAVE-HERZ, Rosemarie: Das Dilemma der Frau in unserer Gesellschaft. Der Anachronismus in den Rollenerwartungen. Darmstadt und Neuwied [2]1975.
NEIDHARDT, Friedhelm: Die Familie in Deutschland. Gesellschaftliche Stellung, Struktur und Funktion. 4., überarb. Aufl. Opladen 1975.

O'NEILL, Nena / O'NEILL, George: Die offene Ehe. Konzept für einen neuen Typus der Monogamie. Reinbek 1975.

PFEIL, Elisabeth: Die Familie im Gefüge der Großstadt. Zur Sozialtopographie der Stadt. Hamburg [2]1975.
PIZEY, Erin: Schrei leise. Mißhandlungen in der Familie. Mit einem Nachwort von Sarah Haffner. Frankfurt am Main 1978.
POLLEY, Trude: Kampfabsage. Frauen in der Männerwelt. Frankfurt am Main 1977.
PIPITZ, Heinrich: Der Begriff der sozialen Rolle als Element der soziologischen Theorie. Tübingen [4]1975.
PROSS, Helge: Die Männer. Eine repräsentative Untersuchung über die Selbstbilder von Männern und ihre Bilder von der Frau. Reinbek 1978.
PROSS, Helge: Die Wirklichkeit der Hausfrau. Die erste repräsentative Untersuchung über nicht erwerbstätige Ehefrauen. Wie leben sie – Wie denken sie – Wie sehen sie sich selbst. Reinbek 1975.

RUSH, Anne K. / MANDER, Anica V.: Frauentherapie I. Aus d. Amerik. von Anita Eichholz. München 1976.

SCHMIDT-RELENBERG, N. / LUETKENS, Ch. / RUPP, K. J.: Familiensoziologie. Eine Kritik. Stuttgart 1976.
SCHREIBER, Hermann: Singles. Allein leben – besser als zu zweit? München 1978.
SCHREIBER, Hermann: Midlife Crisis – Die Krise in der Mitte des Lebens. München 1977.

SCHWÄGLER, Georg / VON MÜHLMANN, W. E.: Soziologie der Familie. Ursprung und Entwicklung. Mit einem einleitenden Essay: Die Bevölkerungsexplosion und die Zukunft der Familie. Tübingen ²1975.
SCHWARZER, Alice: Der »kleine« Unterschied und seine großen Folgen. Frauen über sich. Beginn einer Befreiung. Frankfurt am Main 1975.
SEIBERT, Katharina: Rechtlose Kindheit. Ein Kapitel über Ursachen und Entstehung einer chancenlosen Minderheit in unserer Gesellschaft. Weinheim 1974.
SHEEHY, Gail: In der Mitte des Lebens. Die Bewältigung vorhersehbarer Krisen. München 1976.
SHORTER, Edward: Die Geburt der modernen Familie. Aus d. Amerik. v. Gustav von Kilpper. Reinbek 1977.
SIME, Mary: So sieht ein Kind die Welt. Piaget für Eltern und Erzieher. Aus d. Engl. v. Rainer Kober. Freiburg 1978.
SOZIALGESCHICHTE DER FAMILIE in der Neuzeit Europas. Neue Forschungen. Hrsg. von Werner Conze. Stuttgart 1976.
SPIEGEL DER REGIERSICHTIGEN BÖSEN WEIBEREN. Nachdr. d. Ausg. 1733. Lindau 1977.
STERNBERGER, Dolf: Über den Tod. Frankfurt am Main 1977.
VILAR, Esther: Das Ende der Dressur. Modell für eine neue Männlichkeit. München 1977.
VILAR, Esther: Das polygame Geschlecht. Ein Buch über die Liebe. München 1974.

WALLNER, Ernst M. / POHLER-FUNKE, Margret: Soziologie der Familie. Heidelberg 1977.
WEBER, Erich: Autorität im Wandel. Autoritäre, antiautoritäre und emanzipatorische Erziehung. Donauwörth 1974.
WILLI, Jürg: Die Zweierbeziehung. Spannungsursachen, Störungsmuster, Klärungsprozesse, Lösungsmodelle. Analyse des unbewußten Zusammenspiels in Partnerwahl und Paarkonflikt. Das Kollisionskonzept. Reinbek 1975.
WILLI, Jürg: Therapie der Zweierbeziehung. Analytisch orientierte Paartherapie. Anwendung des Kollisionskonzeptes. Handhabung der therapeutischen Dreiecksbeziehung. Reinbek 1978.
WILHELM, Theodor: Jenseits der Emanzipation. Pädagogische Alternativen zu einem magischen Freiheitsbegriff. Stuttgart 1975.
WINN, Marie: Die Droge im Wohnzimmer. Fernsehen – Gift für die kindliche Psyche. Reinbek 1979.
WINKLER, Klaus: Emanzipation in der Familie. Mainz 1976.
WOMEN'S LIB in der Bundes-

republik. Versch. Beitr., in: Vorgänge – Zeitschrift für Gesellschaftspolitik, Nr. 8, 13. Jg. 1974, Heft 2. Redaktion: G. Hirschauer, Weinheim 1974.

ZUR EMANZIPATION VERURTEILT. Der Preis unserer Mündigkeit. Freiburg 1975.

III Werte

AMÉRY, Carl: Das Ende der Vorsehung. Reinbek 1974.

BRUCKMANN, Gerhard/SWOBODA, Helmut: Auswege in die Zukunft. Was kommt nach der Konsumgesellschaft? Wien 1974.

DIE GRENZEN DES WACHSTUMS. Bericht des Club of Rome zur Lage der Menschheit. Beitr. v. Dennis Meadows / Donella Meadows / Erich Zahn / Peter Milling. Reinbek 1973.

DIE KRANKE UMWELT. Um die Wiedergewinnung des ökologischen Gleichgewichts. Versch. Beitr., Bonn 1973.

DEUTSCHER DOKUMENTARTAG 1976. Münster vom 4. 10. bis 7. 10. 1976. Information und Dokumentation zum Umweltschutz. Das IuD-Programm der Bundesregierung. Bearb. v. Mathilde von der Laake / Peter Port. München-Pullach 1977.

EHRLICH, P. R. / EHRLICH, A. H. / HOLDERN, J. P.: Humanökologie. Der Mensch im Zentrum einer neuen Wissenschaft. Aus dem Engl. übers. und bearb. v. H. Remmert, Heidelberg 1975.

GRENZEN DER MENSCHHEIT. Vorträge, gehalten auf der Tagung der Joachim-Jungius-Gesellschaft der Wissenschaften, Hamburg am 2. und 3. Oktober 1973. Göttingen und Zürich 1974.

GRUHL, Herbert: Ein Planet wird geplündert. Die Schrekkensbilanz unserer Politik. Frankfurt am Main 1976.

KMIECIAK, Peter: Wertstrukturen und Wertwandel. Grundlegungen einer interdisziplinären Sekundäranalyse von Umfragedaten. Göttingen 1976.

KUMM, Jürgen: Wirtschaftswachstum – Umweltschutz – Lebensqualität. Eine systemanalytische Umweltstudie für die Bundesrepublik Deutschland bis zum Jahr 2000. Mit e. Vorw. v. Gert v. Kortzfleisch. München 1976.

MARTZ, Georg: Einführung in den ökologischen Umweltschutz, 1975.

MARX, Karl / ENGELS, Friedrich: Werke Bd. 18, Berlin 1973.

MENSCHENRECHTS-KONVENTION. Berlin, Bielefeld, München 1979.
MYRDAL, Gunnar: Das Wertproblem in der Sozialwissenschaft. Mit einer Einl. u. einem Schlußkapitel für die dt. Ausgabe v. Paul Streeten. 2. Aufl., Bonn 1975.

NORMEN NOCH AKTUELL? Zur Problematik der Gültigkeit einer christlichen Moral. Die Vorträge des religionspädagogischen Kurses 1970 im Cassianeum, Donauwörth. Hrsg. v. Valentin Hertle. Donauwörth 1971.

ÖKOLOGIE UND LEBENSSCHUTZ in internationaler Sicht. Ecology and Bioprotection. International Conclusions. Zusammenfassungen in Deutsch, Englisch, Spanisch und Französisch. Hrsg. v. Harald Sioli. Freiburg 1973.
OLTMANS, Willem L.: Grenzen des Wachstums. Pro und Contra. Reinbek 1974.

PROMINENTE IN DER UMWELT-DISKUSSION. Beiträge zum III. Internationalen WWF-Kongreß. Berlin/Bielefeld/München 1974.

SCHOLL-SCHAAF, Margret: Werthaltung und Wertsystem. Ein Plädoyer für die Verwendung des Wertkonzepts in der Sozialpsychologie. Bonn 1975.
STIMPFLE, Josef: Die Grundwerte in der Sicht der katholischen Kirche. Stuttgart 1979.

THE CLUB OF ROME. Ansprachen anläßlich der Verleihung des Friedenspreises des Deutschen Buchhandels 1973. Frankfurt 1973.

WERTE-RECHTE-NORMEN. Referate der Salzburger Hochschulwochen 1978. Im Auftr. d. Direktoriums d. Salzburger Hochschulwochen hrsg. v. Ansgar Paus. Kevelaer/Graz 1978.
WERTEINSTELLUNG UND WERTWANDEL. Hrsg. von der Gesellschaft für Zukunftsfragen e. V. Gesamthochschule Paderborn, Fachbereich 1/5, Berlin/Paderborn 1978.
WERTVERZICHT IN DER INDUSTRIEGESELLSCHAFT? Versch. Beiträge. Hrsg. von der Konrad-Adenauer-Stiftung: Politische Akademie Eichholz, 1976.
WITSCHEL, Günter: Die Wertvorstellungen der Kritischen Theorie, Bonn 1975.

Personenregister

Sachregister